NAHE AN ZWEITAUSEND JAHRE

M. KAHIR

NAHE
AN ZWEITAUSEND JAHRE

Gegenwart und Zukunft
in prophetischer Schau

8. Auflage
1992

TURM-VERLAG - BIETIGHEIM/WÜRTT.

ISBN 3 7999 0077 2
Alle Rechte, insbesondere das der Übersetzung, vorbehalten.
Nachdruck, auch auszugsweise, nur mit Genehmigung des Verlages.
Copyright by Turm-Verlag, Bietigheim/Württ.
Gesamtherstellung: Otto Zluhan, Bietigheim/Württ.

INHALT

                                                            Seite

I. VORWORT 9

II. ZUR EINFÜHRUNG 15
    Wesen und Zweck der Prophetie / Symbolik und Entsprechungslehre / Die Zukunftserwartung des Christentums

III. DAS NEUOFFENBARUNGSWERK EMANUEL SWEDENBORGS 27
    Der „nordische Geisterseher" und sein Schrifttum / Die Neue Kirche — Inhalt der biblischen Weissagung

IV. DAS NEUOFFENBARUNGSWERK JAKOB LORBERS 35
    „Der Schreibknecht Gottes" und sein Schrifttum / Das inspirierte Große Evangelium Johannis

    Allgemeines über Weissagungen: 39
    Willensfreiheit / Das Zeitproblem

    Die Vergangenheit im Lichte der Weissagung: .. 42
    Erfüllte Prophezeiungen / Historische Beweise

    Die Gegenwart im Lichte der Weissagung: 49
    Entartung der Religion und Evangelienlehre / Ersatz durch äußeres Kirchentum / Zeremonienkult und Buchstabenglaube / Sekten und falsche Propheten

    Entartung von Wissenschaft und Kultur / Mißbrauch von Entdeckungen und Erfindungen / Im Banne des Materialismus / Verstandeskultur ohne Herzenskräfte   55

    Entartung des sozialen Lebens / Wirtschaftliche Existenzkämpfe / Politik als Machtinstrument / Krieg um Besitz und Weltgeltung   61

Seite

Die Zukunft im Lichte der Weissagung: 67
Das kommende Weltgericht / Propheten als Vorläufer / Revolutionszeit der Menschheit / Geistige Umwälzungen / Naturkatastrophen / Kosmischer Eingriff? / Geburtswehen des neuen Zeitalters / Scheidung der Geister

Erneuerung der Religion / Die Wiederkunft Christi 79
im Menschengeiste / Das Innere Wort als Führung des Heiligen Geistes / Brücken zur unsichtbaren Welt

Erneuerung von Wissenschaft und Kultur / Inspiration des Erfindergeistes / Gottverbundene Naturerkenntnis / Geistige Kunstschöpfungen 85

Erneuerung des sozialen Lebens / Gerechte Lebensordnung / Dienst am Mitmenschen / Christliche Sozialität 88

V. DIE WEISSAGUNGEN DER HEILIGEN SCHRIFT 95
Inspiriertes Sehertum / Sinngleichheit mit den Neuoffenbarungen / Schauungen der „Endzeit"

Die Propheten des Alten Testamentes: 100
Die großen Propheten Israels und Judas / Die Symbolik ihrer Sprache

Der Prophet Daniel / Die Vision von den vier 103
Weltreichen

Der Prophet Jesaja / Schauungen des Welt- 109
gerichtes / Vom kommenden Immanuel

Der Prophet Jeremia / Die Strafvölker von 125
Mitternacht / Der Fall Babels

Der Prophet Hesekiel / Die Visionen der Welt- 133
zeitalter / Der „Neue Tempel"

Der Prophet Maleachi / Gericht über die falschen 140
Priester / Der „Tag des Herrn"

Sonstige Prophetenworte über die Endzeit / 144
Hosea / Joel / Amos / Obadja / Micha / Sacharia / Habakuk (Ein alter Kommentar zu alter Prophetie)

	Seite
Die Weissagungen des Neuen Testamentes:	153

Jesus Christus bestätigt die alten Propheten / Weltgericht und Scheidung der Geister / Vom kommenden Reiche Gottes

Die „kleine Apokalypse" der Evangelien / Ev. Matth. 24, Mark. 13, Luk. 21	157
Ähnliche Hinweise der Apostelbriefe	162
Die Offenbarung des Johannes — Grundlage aller späteren Prophetie	165

VI. MITTELALTER UND NEUZEIT — VERKÜNDER DER WELTWENDE ... 183

Träger der Reichserwartung / Zukunftsblicke

Joachim von Fiore und seine Dreizeitenlehre	189
Die große Päpsteweissagung des Malachias	198
Paracelsus und sein prophetisches Vermächtnis	216
Nostradamus, ein Seher der Weltgeschichte	229
Jakob Böhme, der Verkünder des Lilienreichs	241
A. K. Emmerich, Visionärin der Kirche	250

VII. STIMMEN DER GEGENWART ZUR NAHEN ZEITWENDE ... 257

Prophetie ist nicht erloschen / Vielfältige Formen der Weissagung / Letzte Mahnungen und Warnungen

Das Innere Wort spricht / Nähe des Weltgerichts	264
Kundgaben auf spirituellem Wege / Botschaften des Jenseits	279
Schauungen der Hellseher / Teilblicke in die Zukunft	293
Astrologische Zeichen / Die Schrift des kosmischen Himmelsbildes	303
Das Zeichen am Himmel	307
Rückblick — Synthese — Ausblick	319
Eine zeitnahe Deutung der Apokalypse	325

VIII. SCHLUSSWORT UND AUSKLANG ... 337

Literaturnachweis	351

VORWORT
zur ersten Auflage

„*Das Licht schien in der Finsternis, und die Finsternis hat es nicht begriffen.*" (*Ev. Joh, I*)

Nahe an zweitausend Jahre sind vergangen, seit Christus, das lebendige Wort Gottes, der Menschheit die Frohbotschaft aus den Himmeln brachte und von der Liebe kündete, die der Weg, die Wahrheit und das Leben ist. Eine Gesamtschau des seitdem verflossenen Zeitraumes läßt jedoch erkennen, daß die göttliche Christuslehre einem Samenkorn gleicht, das bisher noch keinen fruchtbaren Boden zur vollen Entfaltung seines ewigen Lichtkeimes gefunden hat. Noch hat der „Antichrist" — ein für die Dunkelmächte der Herrschsucht und Habgier gebrauchtes Symbol der Johannesoffenbarung — seine Regentschaft über die Welt nicht verloren. Im Gegenteil: seine Herrschaft steigerte sich durch alle Jahrhunderte in dem Maße, als die verblendete Menschheit immer tiefer dem Ungeiste des Materialismus und der Veräußerlichung der Religion verfiel. Die beiden weltumspannenden Kriege unseres Jahrhunderts waren das sichtbarste Zeichen dieser Entwicklung, an deren Ende nun Gottentfremdung, die große Weltangst und das Gespenst einer völligen Vernichtung durch die Atomwaffen steht.

Wir leben heute in einer Zeit seelischer und irdischer Gärungen, die durch die Umwandlung aller bestandenen Werte ihr Gepräge erhält. Zwei Kriegskatastrophen mit ihren nachfolgenden Erscheinungen von Not und Elend drücken unserer Gegenwart trotz hoher Zivilisation den Stempel einer scheinbaren Gnadenlosigkeit auf, wie sie die Menschheit bisher noch nicht erlebt hat. Millionen verloren in einer Art neuer Völkerwanderung ihre alte Heimat und sind seelisch vereinsamt und materiell entwurzelt. Beinahe kein Land der Erde, wo nicht der Kriegstod grausame Ernte hielt oder bange Menschen noch immer um das Los Vermißter zittern. Ein Teil der Welt schmachtet unter politischem und weltanschaulichem Druck und ist durch eiserne Vorhänge und Stacheldraht von der Weltgemeinschaft der Menschheit ausgeschlossen.

Kein Problem von Bedeutung, das die Staatsmänner und Diplomaten im Sinne einer göttlichen Lebensordnung zu lösen vermögen, trotz aberhundert Konferenzen und wortreichen Resolutionen. Eine Politik der Stärke mit gigantischer Aufrüstung der Großmächte soll den Frieden sichern — jenen Frieden, der nach dem Evangelium nur den Menschen guten Willens verheißen ist! Wild schwankt die Kompaßnadel der Mächte zwischen West und Ost, nur — nach oben ist sie niemals gerichtet. So triumphieren noch immer die Dämonen der Sorge, des Leides und der Verbitterung und bilden den Nährboden für neuen Haß, für Unduldsamkeit und alle niederen Triebe der menschlichen Natur.

Es ist daher begreiflich, wenn durch die heutige Menschheit mehr denn je ein Suchen nach dem Sinn und Ziel des Lebens und des Weltgeschehens geht. Gerade die vom Leid Heimgesuchten sind es, die nach dem geringsten Lichtschimmer spähen, der auf eine tröstlichere Zukunft hinweisen könnte. Immer wieder taucht im Bewußtsein der Menschheit wie eine dumpfe Ahnung das Bild eines geistigen Emporstiegs trotz allem Kampfe in der Materie auf. Niemals erlischt die Sehnsucht nach dem „ewigen Frieden" und Schlagworte wie „Goldenes Zeitalter" oder „Tausendjähriges Reich" irren noch unverstanden durch die Gedankenwelt der hellerfühlenden Zeitgenossen. Da entsteht nun die Frage, ob die großen Propheten, Seher und Mystiker vergangener Zeiten auch die kommende Entwicklung der Menschheitsgeschichte mit geistigem Auge vorauserblickten und uns hierüber Aufzeichnungen hinterließen. Die Antwort ist durchaus bejahend und soll den Inhalt dieses Buches bilden.

Darf der moderne „aufgeklärte" Mensch solchen Weissagungen Glauben schenken? Was ist denn Glaube seiner wahren Bedeutung nach? Doch nicht bloßes Fürwahrhalten, sondern eine Art liebenden Erkennens der Wahrheit mit inneren Organen. Ist dieser Erkenntnisdrang auf die Dinge des Geistes gerichtet, bedarf es dazu der Verinnerlichung, der Mobilisierung aller Herzens- und Vernunftkräfte durch Wille und Tat. Den Weg dahin wies uns in seiner reinsten Form Jesus Christus. Es ist die Tragik unserer Zeit, daß sie zum *wahren* Christentum kaum noch echte Beziehungen hat. Es bedeutet dem Menschen kein Problem mehr, dafür oder dagegen Stellung zu nehmen. Tradition macht ihn zwar zum Anhänger irgendeiner Konfession, aber er hat vergessen, daß die Christuskraft *im* Menschen jene höchste geistige Energie darstellt, deren Erweckung ihn völlig umzugestalten vermag.

Im selben Maße, als der Materialismus und eine überspitzte technisierte Lebensordnung den kalten Nur-Intellekt über alle tieferen Gemütswerte siegen ließ, wuchs damit zwangsläufig das Reich des Antichristen. Er ist eine in dieser Welt ebenso wirksame Macht wie die Christuskraft der Liebe — solange die Menschheit ihm stattgibt. Sein furchtbares Walten hat die Welt zwar auf einen Höhepunkt der Zivilisation, zugleich aber auf einen Tiefpunkt jeglicher Kultur geführt. Bedarf die Wahrheit Gottes noch eines anderen Beweises als den ihrer Verneinung? Das ist die geistige Finsternis unserer Tage: daß wir über das Woher, Wohin und Warum des Lebens nicht mehr Bescheid wissen, daß wir mit der Leugnung Gottes unseren eigenen Geist verhöhnen, daß Symbole und Gleichnisse nicht mehr lebendig zu uns reden, daß wir die Herrlichkeit des Geistes und die verborgenen Kräfte des Kosmos nicht mehr empfinden, und daß wir uns als Menschen selbst fremd geworden sind ... *Muß* da nicht als Weltwende eine gewaltige Wandlung kommen, um die Menschheit wieder zum Lichte zu führen?

Die Stellung jedes Einzelnen zum Gottesbegriff ist stets seiner inneren Entwicklungsstufe angepaßt. Wer im Kirchentum die Wahrheit mehr liebt als Dogmen, Kulte und Zeremonien, ist ebenso ein Gottsucher wie der, welcher in Natur und Weltall das Walten eines höchsten Geistes ahnungsvoll und demütig erkennt. Der Wissenschaftler und Denker mit aufgeschlossenem Herzen muß zu den gleichen metaphysischen Ergebnissen gelangen wie ein schlichtes Gemüt mit reinem Wollen. Zwei Wege gibt es, um Gott zu erleben. Einen kürzeren: die *Liebe*, die durch das Gute zum Wahren gelangt — und einen längeren: die *Weisheit*, die durch das Wahre zum Guten geleitet wird. Die Vereinigung von beiden als „Himmel im Menschen" ist der innerste Kern jeder echten Religion.

So werden sich auch die nachfolgenden Offenbarungen in jedem Leser nach seiner Eigenart widerspiegeln. Wer das Gute liebt, wird darin auch das Wahre erkennen. Wer die Wahrheit liebt, dem wird auch der Ruf zum Guten nicht entgehen. Am Buchstaben jedoch soll keiner hängen oder kritisieren, denn nur der geistige Inhalt ist es, der lebendig macht. Mit der Auswahl und Gegenüberstellung bedeutender Weissagungen — die jedoch keineswegs Anspruch auf Vollständigkeit erheben — wendet sich diese Schrift, frei von jedem Kirchendogma oder Sektentum, an solche Leser, die in tieferer Weise als nur verstandesmäßig nach Erkenntnis der großen Zusammenhänge streben. Allen Menschen mit etwas geistiger Einsicht ist doch gemeinsam die Überzeugung, daß es zwischen Himmel und Erde noch immer Dinge gibt, von denen sich unsere Schulweisheit nichts träumen läßt.

Bevor eine grundsätzliche Ablehnung den zarten Keim einer aufdämmernden Ahnung von der Erhabenheit des göttlichen Schöpfungsplanes wie ein Frost zunichte macht, sollte ein jeder seine Unvoreingenommenheit bezeugen und — abwarten, was die ungeheure Wende der nahen Zukunft bringt. Es gibt heute schon Unzählige, welche die sinnfälligen Zeichen der Zeit als anschauliches Gleichnis zu deuten wissen und eine fast magische Feinfühligkeit für das Kommende besitzen. Möge sich die Zahl derer stets mehren, die mit hellwachem Glauben intuitiv erfassen, was sich jetzt hinter dem Vorhange der Materie, im Bereiche der geistigen Sphären abspielt: ein entscheidender Schritt der Menschheit nach vorwärts in ein neues Zeitalter, das nicht ohne heftige Reaktionen in unsere Welt eintritt. Darum ist Weltwende niemals Weltuntergang, immer aber Weltgericht! Das Wie und Warum der Gegenwart und Zukunft dem Menschen zu vermitteln, ist das Anliegen aller hier wiedergegebenen Prophezeiungen. Sie strahlten aus dem Lichte wahrer Religion in den Menschengeist, um ihn für ein Neues und Höheres zuzubereiten. Wie sagt doch das Evangelium? „Wer Augen hat, der sehe, und wer Ohren hat, der höre!" ... M. Kahir

VORWORT
zur vierten Auflage

Was eine weitere Neuauflage dieses Buches nach knapp zwei Jahren notwendig machte, ist die tiefgründige Sehnsucht vieler Menschen, nach einem Werke zu greifen, das — unter Ausschaltung aller Sensationen — dem Thema der *echten* Prophetie aus drei Jahrtausenden gewidmet ist. An dieser wollen sie die Zeichen der Zeit messen und erkennen, welcher Sinn und Zweck dem Weltgeschehen unserer Tage zu Grunde liegt und welche Zukunft das Wort der Weissagung seherisch vorauskündet. Echt aber ist nur, was als wirkliche Inspiration des *Geistes* begnadete Menschen ergriff und sie drängte, ihre Schauungen der Mitwelt zugänglich zu machen. Damit ist jede wahre Prophetie immer mit dem religiösen Bereiche des Menschen aufs innigste verbunden. Sie allein vermag Einblick zu gewähren in die verborgenen Ursachen der Weltgeschichte, die sich als Folge geistiger Entscheidungen in der irdischen Welt sichtbar offenbart.

Wir stehen unmittelbar an der Schwelle eines neuen Zeitalters und der Zeiger der Weltenuhr rückt unablässig weiter. Niemals war eine Zeitenwende so von Spannung geladen wie die Tage unserer Generation. Denn alles Ringen der Menschheit um neue Werte ruft auch die dunklen Kräfte der Vergangenheit nochmals auf den Plan. Erst aus diesem Kampf der Gegensätze wird sich das Antlitz des neuen Äons formen, für den der Name „Wassermann" das kosmische und der Name „Tausendjähriges Reich" das christliche Symbol bilden.

An den Warnungen, aber auch Verheißungen alter und neuer Prophetenworte vermag sich der Mensch emporzuranken zu einem Weltbild, das ihn aus seiner inneren Vereinsamung und Gottferne hinführt zur Erkenntnis eines göttlichen Führungsplans, der die Gesamtmenschheit ebenso wie das Schicksal jedes Einzelnen einschließt. Wenn die Propheten und Seher von uns Glauben und Gottvertrauen fordern, sollte dies nicht ungehört verhallen in einer Zeit, wo der Dämon Weltangst das Leben der Menschheit vergiftet; in einer Zeit des nahenden Weltgerichtes, wo allein die innere Haltung jedes Menschen sein Erleben bestimmen wird. Möge daher der Ruf der Erweckten seine geistige Kraft bewähren an allen, die es mit offenem Herzen aufnehmen!

Im Herbst 1961   Der Verfasser

ZUM GELEIT

Ihr nennt uns Träumer — träumen wir nicht Taten?
Steigt nicht aus uns des Reiches ewige Kraft?
Wir sind das Samenkorn, wir sind die Saaten,
Doch auch der Pflug, vor dem die Scholle klafft.

Ihr kennt den Kampf nicht, der an unsern Seelen
Gleich einer Welle unablässig reißt.
Wir murren nicht, wir folgen den Befehlen,
Die uns die Gottheit zu vollführen heißt.

Günther Gablenz

Geistige Seher und gotterleuchtete Verkünder sind die wahren Propheten, deren innere Stimme den Völkern der Erde das kommende Geschehen weissagt. Ihnen widmete der Dichter obige Verse mit der Einfühlung tiefster Geistverbundenheit.

Kh.

ZUR EINFÜHRUNG

Wesen und Zweck der Prophetie

Das Neue Testament berichtet vom pfingstlichen Ereignis der Ausgießung des Heiligen Geistes über die Jünger Christi: „Und sie fingen an zu predigen mit anderen Zungen, wie ihnen der Geist gab auszusprechen". Dieser Vorgang der Erleuchtung durch das innere Wort, als Einsprache des Göttlichen im Menschen, wird auch im Alten Testament immer wieder bezeugt, von den Büchern Mosis bis zu den großen Propheten Israels. Zahlreich sind jene verkündenden Offenbarungen, die mit den Worten beginnen: „So sprach Gott, der Herr" ...

Die Gabe, die Stimme des göttlichen Geistes in sich zu vernehmen, wird weiterhin durch viele Mystiker des Mittelalters bekundet. Auch in der Neuzeit und bis in die Gegenwart finden sich Menschen mit der seltenen Fähigkeit, Mittler zu sein für Inspirationen, die sie wie Worte im Herzen empfinden und sodann sprachlich zum Ausdruck bringen. Wohl finden viel häufiger auch Kundgebungen jenseitiger Geisteskräfte durch irdische Sprechmedien statt, Tausende von oft sehr beachtlichen spirituellen Jenseitsbotschaften geben einwandfreie Beweise hierfür. Das eigentliche prophetische „Innere Wort" ist aber eine *direkte* Berührung der Menschenseele mit ihrem innewohnenden Geistfunken, dem ewigen oder höheren Ich des Menschen. Wie ein jeder Tropfen des Meeres qualitativ dem ganzen Meere gleicht, so ist auch ein jeder Geistfunke als Teil des universalen Gottesgeistes mit dessen Attributen begabt. Zweifellos zählt hiezu auch die Erhabenheit über die irdischen Raum- und Zeitbegriffe mit ihren einschränkenden Bedingungen.

Nur so lassen sich wahres Sehertum und jene überragenden Geisteskundgaben deuten, die über Jahrtausende hinweg die Entwicklungsgeschichte der Menschheit in Symbolen vorauserblickten. Zumeist war ihr Inhalt — geschildert in visionären Bildern von eindringlicher Kraft — dem menschlichen Denken ihrer Verkünder selbst unfaßbar: sie mußten einfach aussprechen oder niederschreiben, wozu sie ihr Geist antrieb. Fragen wir nach Sinn und Zweck solcher Prophetien, so müssen wir in ihnen Belehrung, Mahnung und Warnung zugleich erblicken. Zu allen Zeiten, jedoch besonders vor entscheidenden Zeitwenden läßt die göttliche Vorsehung neue Lichtstrahlen in das Menschenreich dringen. Sie rufen zur inneren Umkehr auf und warnen vor den unvermeidlichen Folgen, welche die Menschheit durch Mißachtung der ewigen Lebensgesetze auf sich herabbeschwört. Folgen, die um der Willensfreiheit wegen von Gott zugelassen werden, damit der Mensch am Widersinn des Leides erwache und die Stimme des Gewissens zur Richtschnur seines Lebens erwählt.

Gott ist die Liebe, und Liebe straft niemals! Es ist der Mensch, der durch Verletzung der Weltenharmonie zwangsläufig immer wieder „Gerichte" auf sich ladet. Wenn alle großen Propheten gleichlautend von einem letzten großen Weltgericht sprechen, dann ist ein solches nur die letzte Folge menschlicher Verblendung, wie sie die Weltgeschichte mit ihren luziferischen Triebfedern seit Jahrtausenden offen bekundet. Einmal jedoch, nach einer „Mittelbildungszeit" muß die Menschheit dem Schöpfungsplane gemäß einen entscheidenden Schritt nach vorwärts und aufwärts tun. Darum spricht die Weissagung nicht nur vom kommenden Endgerichte als einem umfassenden Reinigungsprozeß. Sie kündet auch von einem nachfolgenden Zeitalter, wo sich der Mensch nicht weiter dem Einströmen der göttlichen Liebes- und Weisheitskräfte verschließen wird. Die alte Geist-Astrologie nennt dieses nahende Äon das Wassermann-Zeitalter (water man = weiser Geist!), und auch die christliche Überlieferung hat das Wissen um jene kommende Weltwende getreulich aufbewahrt. Man muß nur ihre Prophetenworte richtig zu lesen verstehen.

Symbolik und Entsprechungslehre

Häufig wird die Frage gestellt, warum im religiösen Schrifttum statt klarer, dem Verstande einleuchtender Begriffe so vieles in symbolischer Form und bilderreichen Gleichnissen niedergelegt wurde. Sowohl das Alte wie das Neue Testament bieten hierfür eine fast ununterbrochene Kette von Beispielen. Insbesondere die Weissagungen aller Propheten und Seher reden eine Sprache, die — wörtlich aufgefaßt — gleichsam ein „Buch mit sieben Siegeln" bildet.

Die Antwort hierauf ist unschwer zu finden: Gotterleuchtete Verkünder blicken oder hören mit geistigen Organen in übersinnliche Sphären hinein. Diesen Welten des Geistes und der Seele sind jedoch andere Anschauungsformen eigen als jene der stofflichen Erdenwelt. Ihre Schilderungen beziehen sich daher in erster Linie auf geistige Zustände der Menschheit, von denen sie weissagen. Freilich sind diese Welten (Bewußtseinszustände) zugleich auch die Ursache alles irdischen Geschehens, das nur eine Verdichtung immaterieller Kräfte darstellt.

Nun ist die menschliche Sprache ein Produkt des Denkens und schafft sich ihre Ausdrucksmittel gemäß der irdischen Gedankenwelt. Das vorwiegend nach außen gerichtete menschliche Bewußtsein empfängt seine Eindrücke zumeist von den natürlichen Sinneswahrnehmungen, die es gedanklich verarbeitet. Somit werden auch metaphysisch-abstrakte Gedanken nur in Verbindung mit sinnlich vorstellbaren Bildern be-greiflich. Es ist daher notwendig, daß Propheten, die zu den Menschen von reingeistigen oder seelischen Vorgängen sprechen, ihre Schauungen in entsprechenden Bildern der Naturwelt wiedergeben müssen, andernfalls sie dem Verstande un-faßbar blieben. Dahin zielt auch das Wort Jesu: „Glaubet ihr doch nicht, wenn ich euch von irdischen Dingen spreche. Wie würdet ihr glauben, wenn ich zu euch von himmlischen Dingen redete?" (Joh. 3/12)

Die Art, wie solche Verkünder ihre Visionen schildern, entspringt jedoch keinesfalls ihrer eigenen Phantasie, die sie ihre Sinnbilder nach Gutdünken wählen läßt. Zwischen „Oben und

Unten", oder „Innen und Außen" waltet im gesamten All eine verbindende Gesetzlichkeit und ein gemeinsamer Sinn. Oben: das ist die Welt der göttlichen Ideen, der geistigen Urbilder. Unten: die Welt der Formgestaltung dieser Ideen in den Seelen- und Naturreichen. Innen: das sind die feinstofflichen Sphären, die sich grobsinnlicher Wahrnehmung entziehen und den Erdenmenschen nur als ahnungsweise Er-innerung berühren. Außen: das Reich der Materie und der sinnlich erfahrbaren Dinge, die dem Menschen damit erst bewußt vor-stellbar werden, wenngleich sie im tiefsten Sinne un-wirklich, d. h. nicht selbst wirkend, sondern bewirkt sind.

Was bedeutet nun der Begriff „Entsprechung", auch Korrespondenz oder Analogie genannt? Er besagt, daß das Äußere eines Dinges (aber auch eines Zustandes, z. B. das irdische Weltgeschehen!) genau seiner inneren Beschaffenheit entspricht. Das Sichtbare verhält sich zum Unsichtbaren wie ein Abbild zu seinem Vorbilde. Das Irdisch-Wahrnehmbare läßt daher für den Kenner der Entsprechungen Rückschlüsse zu auf die Ideen und Kräfte, die es „vorbildend" schufen und ins Dasein riefen. Die Wissenschaft, den inneren Sinn aus dem Äußeren eines Symbols zu erschließen, ist eine Kunst, die in dem Maße verloren ging, als das reale Verstandesdenken das einstige bildhafte Denken des Menschen (Ein-bildung, Imagination) zu verdrängen vermochte. So erblickte der noch geistverbundene Urmensch z. B. bei seelischen Erregungszuständen das Symbol Feuer, triebhafte Neigungen gaben sich im Bilde von Tieren kund, usw.

Zu allen Zeiten und in allen Kulturen bildeten Symbol und Gleichnis die Ausdrucksweise für geistige Zustände durch Bilder der Sinnenwelt, zu denen sie in einem übersinnlichen Zusammenhang stehen. So liegt auch in der christlichen Symbolik eine Welt von geistig-irdischen Beziehungen in Form von Entsprechungen, deren Entschlüsselung besonders durch die Neuoffenbarungen *Emanuel Swedenborgs* und *Jakob Lorbers* sehr gefördert wurde. Wie verbreitet einst die Symbolsprache war, zeigen noch heute die „blumenreichen" Sprachen des Orients. Auf die alte Kunst der Symboldeutung innerhalb einer frühen

Menschheit weist ein Wort Jesu hin, der selbst so oft in Gleichnissen redete und gemäß dem Lorber'schen Großen Evangelium Johannis seine Jünger wie folgt darüber belehrte:

... „Die Wissenschaft der Entsprechungen ist die innere Schrift und Sprache der Seele, und des Geistes in der Seele. Wer diese Sprache verloren hat, versteht die Schrift der Überlieferungen unmöglich und ihre Sprache kommt ihm in seinem toten Weltverstande wie eine Torheit vor. Das Hören, Sehen, Fühlen, Denken, wie auch die Schrift des Geistes ist anders beschaffen als unter den Menschen der Naturwelt. Darum kann das, was ein Geistwesen tut oder spricht, nur auf dem Wege des Entsprechungswissens (Bildersprache, Gleichnisse! Kh.) dem irdischen Menschen begreiflich gemacht werden ... Die Menschen haben diese Wissenschaft (Analogie, Symbolik! Kh.) durch ihre eigene Schuld verloren. (Einseitige Entwicklung des Intellektes, dadurch Erlöschen der inneren Wahrnehmungszentren! Kh.) So haben sie sich selbst außer Verkehr mit der Geistwelt und den Himmeln gestellt und können deren innere Schrift nicht mehr fassen. Sie lesen die Worte nach dem Laute des toten Buchstabens und begreifen nicht, daß nur sein innerer, verborgener Sinn lebendig macht..."

Prophetenworte entspringen stets der Anschauungsform des Geistes, und diese ist das Bild. Solche Schauungen direkt auf das Natur- und Weltgeschehen zu beziehen, führt meist zu einer allzu wörtlichen und daher irrigen Deutung. Und dennoch besteht zwischen den geistigen Vorbildern und den entsprechenden materiellen Abbildern ein Zusammenhang wie zwischen Ur-sache und Wirkung. Jeder innere Zustand der Menschheit spiegelt sich auch in analogen irdischen Ereignissen wider, doch müssen sie dem geistig-seelischen Vorbilde durchaus nicht buchstäblich gleichen. Dieser Umstand ist zum richtigen Erfassen religiöser Prophetie besonders zu beachten, um nicht in grobe Fehldeutungen abzugleiten.

Nur die hier aufgenommenen Weissagungen Jesu Christi, entnommen den Lehrgesprächen des von *Lorber* inspiriert aufgenommenen Großen Johannes-Evangeliums bedürfen keiner weiteren Entschlüsselung. Hier wird die göttliche Schau Jesu den Jüngern bereits in jener realen Sprache vermittelt, die auch dem begrifflichen Denken unseres Zeitalters geläufig ist. Zum leichteren Verständnis der anderen Prophetien wurden den Textauszügen Erläuterungen beigefügt. Diese Kommentare stellen Deutungsversuche des Buchautors dar und wollen keinerlei Anspruch auf dogmatische Gültigkeit erheben. Sie sind Hinweise, wie sich wahre Weissagung von selbst durch die sichtbaren „Zeichen der Zeit" als echt legitimiert. Solche Zeichen unmißverständlicher Art — erkennbar im Naturgeschehen und im Ablauf der Weltereignisse — mehren sich von Jahr zu Jahr. Sie reden eine überdeutliche Sprache und rechtfertigen den Titel „Nahe an zweitausend Jahre" für ein Buch, das dem Gedanken der großen Weltwende und ihrem geistigen Sinn gewidmet ist.

Die Zukunftserwartung des Christentums

Evangelium heißt Frohbotschaft! Die frohe Botschaft des Neuen Testaments hat zum Inhalt, daß die Kluft, entstanden zwischen Gott und dem geistabtrünnigen Menschen, wieder geschlossen wird. Das Evangelium spricht von einem Heilsplane, der durch Jesus Christus, dem menschgewordenen Wort Gottes, begonnen wurde. Seine Grundlehre der beiden Liebegebote weist der Menschheit den Weg, um des Reiches Gottes teilhaftig zu werden. Unter der Verwirklichung dieser Heilsidee — bezogen auf den Menschen — ist seine vollkommene Durchdringung mit dem „Heiligen Geiste", der Ausstrahlung des ewigen Christus zu verstehen.

Dieses Reich Gottes, das zwar inwendig im Menschen liegt, soll jedoch einst auch irdisch offenbar werden und eine völlige Neugestaltung aller Dinge im Sinne der göttlichen Weltordnung bewirken. Die geistige Vision der Johannesoffenbarung (Apokalypse), die das Neue Testament beschließt, ist eine symbolische Vorschau vom Wege der Menschheit, den sie in voller Willensfreiheit geht, um nach langen Irrwegen zum verheißenen

Ziele zu gelangen. Diese eindringlichste aller Prophetien verkündet ein kommendes „Tausendjähriges Reich" als eine Weltepoche, wo die Menschheit den entscheidenden Schritt zur wahren re-ligio, zur Wiederverbindung mit Gott tun wird. Dieses Reich Gottes auf Erden wird auch das messianische Friedensreich genannt, und die neue Gemeinschaft des Menschen mit Christus wird symbolisch im Bilde einer Stadt, des „Neuen Jerusalems", dargestellt, das sich vom Himmel auf die Erde herabsenkt. Mit Beginn jenes Reiches wird auch die „Wiederkunft Christi" geweissagt, worunter geistig das Erwachen der Menschheit durch das neu einströmende Gotteslicht der Liebe und Weisheit verstanden sein will.

In dem Buchabschnitt „Prophezeiungen des Neuen Testamentes" wird auf die weltbewegende Aussage der Johannesoffenbarung näher eingegangen. Hier sei nur erwähnt, daß sich diese „Reichserwartung" wie ein roter Faden durch die gesamte Geschichte des Abendlandes hindurchzieht. Sie bildete die Grundlage jeder späteren religiösen Weissagung, aber auch die Basis für manche oft recht abwegige Auffassungen der großen Verheißung. Denn immer fanden sich neben geistig Sehenden und Kennern der Entsprechungssprache auch andere Enthusiasten, denen bei allem guten Willen die tiefere Einsicht mangelte. Viele dieser Schwärmer erwarteten den Anbruch des Tausendjährigen Reichs als unmittelbar bevorstehend und in zuweilen allzu materialistischer Weise. Sie alle erlebten die große Enttäuschung, daß ihre aus biblischen Zahlen, wie aus den Zeichen ihrer Zeit erflossenen Berechnungen unerfüllt blieben.

Diese Nah-Erwartung ist schon im Urchristentum nachweisbar und gründete sich dort auf einige mißdeutete Aussprüche Jesu vom „nahe herbeigekommenen Gottesreiche". Indessen spricht es gerade für die Wahrheit der Offenbarung, wenn unbeschadet einer fast zweitausendjährigen Erwartung die Hoffnung auf das Reich niemals erlosch. Sie blieb bis zur Gegenwart immer wieder im Sehertum erleuchteter Menschen lebendig und fand in Sekten aller Art einen mehr oder minder wahrheitsgetreuen Niederschlag. Selbst der von dem Kirchenlehrer Augustinus im 5. Jahrhundert n. Chr. formulierte Lehrsatz: das Reich Gottes auf Erden sei durch Gründung und Bestand der Kirche schon verwirklicht — eine Fehlmeinung, die auch die Reformation Luthers nicht beseitigte —, vermochte den Chiliasmus, die Hoffnung auf das zukünftige Messiasreich nicht zu ertöten. Durch alle Jahrhunderte wurde die Fackel dieses apokalyptischen Glaubens weitergetragen. Vielerorts entfachte sie zwar seltsame Brände und Bewegungen, die einer buchstäblichen Auslegung der Johannesprophetie entsprangen, doch konnten auch diese allzu menschlichen Leitmotive den metaphysischen Klang jener Vision nicht trüben. Noch immer schwingen die Worte des Sehers von Patmos mehr im Gemüt als im Verstande des Menschen nach und wenden sich auf eine geheimnisvolle Weise an seinen verborgenen Geist, der allein ihre Sprache zu erfassen vermag.

Es ist ein Anliegen unseres Buches, die Naherwartung der großen Weltwende, die heute das Denken von Millionen Zeitgenossen mehr denn je beschäftigt, ebenso kritisch zu prüfen wie positiv zu begründen. Denn es entstehen die berechtigten Fragen: Haben wir Kinder des 20. Jahrhunderts das Recht, angesichts der enttäuschten Hoffnungen zahlreicher Generationen aufs neue den Traum vom baldigen Weltgerichte und dem nachfolgenden Tausendjährigen Reiche zu wiederholen? Ist er nicht eine Erwartung, nur gestützt auf eine alte Prophetie und auf die nahe Kalenderwende in ein neues Jahrtausend? Sind die heute so geläufigen Hinweise vom nahen Eintritt ins Wassermannzeitalter nicht nur Schlagworte für die Unruhe unserer Gegenwart? Oder entspringen sie einem verborgenen Urwissen, das — um mit einem Ausdruck der modernen Tiefenpsychologie zu reden — im „kollektiven Unterbewußtsein" der ganzen Menschheit ruht und mit Gewalt ins Tagesbewußtsein drängt, je näher der Zeitpunkt der Erfüllung heranrückt?

Zweifach lautet die Antwort darauf, wenn sie aus dem Bereiche des Glaubens und dem der Vernunft ergeht. Der *Glaube* fordert keine Beweise und empfindet die Wahrheit echter Prophetie mit subtilen geistigen Organen. Er berechnet nicht die Zeit, sondern erkennt aus dem inneren Zustande der Welt, wie nahegerückt jene Endzeit ist, von der die Apokalypse mit ihren Posaunen und Zornesschalen weissagt: Prophetien, die auch in den großen Neuoffenbarungen Swedenborgs und Lorbers einen breiten Raum einnehmen. Er weiß um das Walten einer Menschheitsführung im vorbestimmten göttlichen Schöpfungsplan. Anders die *Vernunft:* sie prüft und legt den Maßstab der Logik auch an das Unfaßbare, sofern es sich wenigstens abbildlich der irdischen Einsicht zugänglich macht. Der Denker ergründet zunächst die Ursachen des Versagens aller früheren Reichserwartungen. Er vergleicht die religiösen, historischen, kulturellen und sozialen Umstände der vergangenen Jahrhunderte mit denen unserer Zeitepoche und muß dabei etwa zu folgenden Schlüssen gelangen:

Was sich an Werten und Unwerten in den letzten Jahrhunderten — weltgeschichtlich und kulturbildend meist noch auf Europa beschränkt — stufenweise entwickelte, gab durchaus noch keine Grundlage ab für einen so überwältigenden Umbruch wie die erwartete Weltwende. Es bedurfte erst dauernder Wandlungen der Menschheit und des Zeitgeistes, um eine so völkerumspannende Schicksalsgemeinschaft wie die unserer Gegenwart herauszubilden. Das Zeitalter der Entdeckungen und Erfindungen, heute auf einem ungeahnten Höhepunkte angelangt, erfaßt erstmalig den ganzen Erdball bis in seine letzten Winkel. Diese verbindende Gemeinschaft wäre beglückend, wenn nicht der kalte Intellekt des Menschen dem Materialismus verfallen wäre und alle tieferen, religiös-ethischen Werte verdrängt hätte. Der moralische Fortschritt hielt mit dem Siegeszuge der Naturwissenschaften nicht Schritt. So wurde nicht die geistige Evolution, sondern die Technik zur eigentlichen Weltmacht, und ihre Versklavung im Dienste des Machtwahns und Vernichtungswillens bildet heute ein Damoklesschwert, das unheildrohend als Entscheidung zwischen Sein und Nichtsein über der ganzen Menschheit schwebt.

Der Griff nach der Urgewalt des Atoms schuf die Geißel der

todbringenden Radioaktivität. Der biologische Eingriff in die Natur durch Vernichtung der Wälder und Verseuchung der Gewässer verändert das Angesicht der Erde und bedroht die Lebensgrundlage ihrer Bewohner. Roboter und Vollautomatisierung bilden das Gespenst einer neuen Zeit, da der Mensch überflüssig wird und um seine nackte Existenz Krieg führen muß. Und schon will der rastlose Menschengeist den Griff nach dem Weltraum wagen: derselbe Mensch, der auf Erden keine Lebensfrage und kein Weltproblem mehr zu meistern vermag! Nie ist so oft und so schön vom Frieden gesprochen worden wie im Zeitalter der Konferenzen. Es fehlt nur die Deckung durch die Tat. Noch erblicken die Mächtigen der Erde das Heil ihrer Welt in der Stärke der Waffen und in der Unbeugsamkeit der Gesinnung. Sie sind bereit, als Pioniere des Todes allem Lebendigen den Kampf anzusagen, ohne Liebe, ohne Gnade, ohne Achtung vor den Gesetzen des ewigen Rechtes. Kalter Krieg auf allen Linien, ständig bereit, sich aufs neue zu einem letzten Weltbrande zu entzünden, nährt den Dämon der Weltangst von Jahr zu Jahr. Daneben aber das Millionenheer der Friedfertigen und zu neuem Beginn Bereiten: Menschen guten Willens, scheinbar hoffnungslos den Dunkelmächten des sterbenden Zeitalters ausgeliefert, und dennoch hoffend, daß der notwendige Umbruch aller Dinge die große Not wende.

So findet sich auch von seiten der Vernunft her ein Weg zur alten christlichen Prophetie und ihrer Zeitnähe. Zu jener Unheilserwartung eines nahen Weltgerichtes, die in die Heilserwartung eines folgenden Friedensreiches einmündet. Und damit bestätigen beide höheren Attribute des Menschen, der Glaube und die Vernunft — die beiden Zeugen Gottes der Johannesoffenbarung — wie gegenwartsträchtig die Weissagung von einer „Endzeit" ist, an deren Beginn die Menschheit, nahe am Ende des zweiten Jahrtausends heute bereits steht.

DAS NEUOFFENBARUNGSWERK EMANUEL SWEDENBORGS

„Nun erhebe sich seine Seele und fühle tiefer im Geisterall. Dazu wünschen wir ihm innige Gemeinschaft mit Swedenborg, dem gewürdigten Seher unserer Zeiten, rings um den die Freude des Himmels war, in dessen Busen die Engel wohnten und zu dem die Geister durch alle Sinne und Glieder sprachen: Dessen Herrlichkeit umleuchte und durchglühe ihn, daß er einmal Seligkeit fühle und ahne, was das Lallen der Propheten sei, wenn unaussprechliche Dinge den Geist erfüllen."

(Aus einem Briefe Goethes an Lavater)

DAS NEUOFFENBARUNGSWERK
EMANUEL SWEDENBORGS

Der „nordische Geisterseher" und sein Schrifttum

In den beiden großen christlichen Weltkonfessionen herrscht zum Problem der Prophetie gegenwärtig folgende Stellungnahme:

Die evangelische Kirche lehnt gemäß dem Grundsatze Luthers „sola scriptura" (nur die Hl. Schrift) die Möglichkeit neugeoffenbarter Heilswahrheiten nach Abschluß des Lehrwerkes Christi ab. Sie gesteht nur noch den ersten Aposteln eine echte Prophetie aus dem Heiligen Geiste zu, da dessen Ausgießung auf die Jünger nur als einmaliges Pfingstereignis betrachtet wird. — Die römisch-katholische Kirche erkennt die Möglichkeit und den Bestand von neuen göttlichen Offenbarungen zumindest bei ihren „Heiligen" an. Allein, sie sind für die Lehre der Kirche nicht verbindlich, sondern stellen gleichsam Privatoffenbarungen dar, bestimmt nur für den Empfänger und nicht für das gesamte Christenvolk.

Der Geist weht jedoch, wo und wann er will und erleuchtete durch Seher und Propheten die Menschheit immer dann, wenn die reine Gotteslehre mehr und mehr zu Verstandestheologie und kirchlichem Dogmatismus erstarrte. Zu solchen gottbegnadeten Sehern zählt in ganz besonderem Maße der schwedische Gelehrte *Emanuel Swedenborg* (geb. 1688 in Stockholm, gest. 1772 in London). Als Wissenschaftler mit schöpferischem Genie genoß er Weltruf, doch folgte er im reifen Mannesalter einem höheren Auftrag, worüber er in einer Autobiographie u. a. schreibt:

„Was alles in meinem Leben übertrifft, ist das, daß ich zu einem heiligen Amte vom Herrn selbst berufen wurde, der sich mir, seinem Knechte, im Jahre 1743 gnädigst in Person offenbarte, mir das Gesicht in die geistige Welt öffnete und zu reden gab mit Engeln und

Geistern. Von da an begann ich mancherlei geoffenbarte Geheimnisse durch den Druck bekannt zu machen, als: von dem Himmel und der Hölle, vom Zustande des Menschen nach dem Tode, vom wahren Gottesdienst und dem geistigen Sinn des Wortes, außer anderen höchst wichtigen Dingen, die zur Seligkeit und Weisheit beitragen ..."

Mit diesen Werken erschloß Swedenborg durch die ihm geoffenbarte Lehre der Entsprechungen zahlreiche, im Buchstaben der Bibel verborgene göttliche Wahrheiten. Darunter finden sich — was zum Thema unseres Buches bedeutsam ist — auch Enthüllungen prophetischer Schriften wie das Buch Daniel, die Weltgerichtsverkündung im Evangelium Matthäi, sowie zwei Bücher über den geistigen Sinn der Johannesoffenbarung, der sogenannten Apokalypse.

Die Neue Kirche — Inhalt der Offenbarung

Nach Swedenborgs Lehre ist geistig unter dem Begriff „Kirche" die Verbindung des Menschen mit Gott durch das Gute und Wahre, das ist Liebe und Weisheit, zu verstehen. Diese Verbindung bestand, wenngleich in verschiedenen Graden, zu allen Zeiten: vom ersten vernunftbegabten Menschengeschlechte Adams bis auf den heutigen Tag. Würde diese von Gott ausgehende geistige Strahlung „Kirche" einmal gänzlich von einer völlig materiell gewordenen Menschheit zurückgewiesen werden, dann wäre ein Absinken in ein bloßes Tiermenschentum unvermeidbar und damit der Untergang der Erdenmenschheit besiegelt.

Wie dem Seher Swedenborg durch Boten der himmlischen und geistigen Welt geoffenbart wurde, entsprach die äußere Kirche als irdische Glaubensgemeinschaft immer dem jeweiligen inneren Zustande der Menschheit. Mit der durch luziferische Kräfte bedingten, ständig zunehmenden Geistesentfremdung des Menschen verlor auch die innere Kirche mehr und mehr an lebendiger Wirksamkeit. Damit aber gewann ein äußeres Kirchentum Gestalt, das schließlich zu einem Gewohnheitskult ohne wahre Religion herabsank. Indessen erweckte die göttliche Vorsehung an solchen Tiefpunkten stets neue Religionsverkünder, welche die Verbindung der inneren und äußeren Kirche zum Teil wiederherzustellen berufen waren.

So bestanden in der bisherigen Menschheitsgeschichte *vier* aufeinanderfolgende Kirchen, von denen auch das Alte und Neue Testament in entsprechungsweisen Bildern berichten. Die Urkirche oder Älteste Kirche währte von Adam bis zur noachitischen Sündflut. Da war das Geistige des Menschen noch ganz mit dem Himmlischen verbunden, und ohne Priester und Schrifttexte erfaßte er durch innere Wahrnehmung den wahren Sinn des Wortes. Die zweite oder Alte Kirche ist in der Genesis des Moses sinnbildlich durch die Geschehnisse von der Sündflut bis zum Turmbau von Babel dargestellt. Hier war die Überlieferung der Urkirche noch lebendig, doch mußte sie dem Volke bereits im übertragenen Sinn durch Entsprechungen vermittelt werden. Das Übergewicht äußeren Kirchentums über das reingeistige Wort erfolgte in der dritten, der Israelitischen Kirche. Von Moses im Wahren gegründet, nahm sie jedoch bis zur Zeit Christi immer entartetere Formen an. Endlich basierte der Tempelkult nur noch auf einem historischen Glauben, dem jedes Verständnis für den heiligen Sinn des Gotteswortes, somit auch für die Weissagung der alten Propheten verlorengegangen war.

Mit dem Leben und der Lehre Jesu Christi begann die vierte, die Christliche Kirche. Sie nahm im Verlaufe der folgenden Jahrhunderte den gleichen Weg des inneren Verfalls wie einst die Kirche Israels. Insbesondere das Drei-Personen-Dogma hat gemäß Swedenborg die Einheit Gottes verfälscht, ebenso wurde die Lehre vom alleinseligmachenden Glauben vom Gebote der tätigen Liebe getrennt. Damit aber begann das Falsche statt des Wahren, und das Böse statt des Guten die Menschheit in eine fortschreitende Gottabtrünnigkeit zu führen, indem die äußere Kirche mit der ewigen inneren Kirche nicht mehr übereinstimmte.

Um die göttliche Wahrheit, als das tragende Fundament der Religion, wieder lebendig zu machen, ließ Christus neue Offenbarungen durch erwählte Seher und Geistlehrer der Menschheit vermitteln. Als einer von ihnen erkennt sich Swedenborg, dem es verliehen war, durch Belehrung aus höheren Welten den himmlischen und geistigen Sinn der christlichen Überlieferung vom toten Buchstabenglauben zu befreien und als neues, vertieftes Glaubensgut der Menschheit darzubieten. Hier nimmt alles Bezug auf den Herrn und das Mysterium seines göttlichen Menschentums, wie es schon die Urkirche prophetisch gelehrt hatte. In diesem neugeoffenbarten Wort erblickt Swedenborg die vorausgesagte „Wiederkunft Christi". Es stellt die Gründung der fünften Kirche dar, weshalb sie von ihm die *Neue Kirche* genannt wird. Durch sie sollen die Kräfte des Wahren und Guten aufs neue in die Herzen Eingang finden. Denn der tiefste Sinn des Wortes vereinigt das Wahre des Glaubens mit dem Guten der Liebetätigkeit und bereitet damit dem „Neuen Jerusalem", dem kommenden Reich Gottes auf Erden den Weg.

Im Zusammenhang mit dem Thema Weissagung ist festzuhalten, daß Swedenborg in seinen beiden Schriften „Entfaltete und enthüllte Offenbarung" die Johannes-Apokalypse, wie auch das Buch Daniel als die prophetische Weissagung vom Verfall der äußeren Kirche und ihrer Erneuerung durch die innere Kirche deutet. Nach seiner Darstellung sind alle Bilder der Offenbarung ihrem geistigen Sinne nach Symbole für diese Vorgänge, die sich zunächst vorbildend in den geistigen Welten abspielen, um dann folgerichtig auch in der irdischen Welt Gestalt zu gewinnen. Das „letzte Gericht" der Apokalypse versinnbildlicht die Auflösung der beiden christlichen Weltkirchen in ihrer heutigen Form. Ihm folgt die erwähnte „Wiederkunft des Herrn", nicht leiblich, sondern im gereinigten und vergeistigten Wort als die neue Kirche auf Erden.

Swedenborgs Lehre besitzt keineswegs nur Anspruch auf theologisches Interesse, auch wenn seine Offenbarungsdeutung scheinbar nur rein kirchliche Probleme betrifft. Denn sie rückt eine Grundwahrheit ins helle Licht: alles irdische Geschehen und die sogenannte Weltgeschichte ist nur eine letzte Folge davon, mit welchem Wahrheitsgehalt und welcher Liebeskraft die Gotteslehre dem Menschen vermittelt wurde. Seelenbildend als Hinleitung zum Guten und Wahren kann die äußere Kirche nur wirken, wenn sie selbst mit der inneren, ewigen Kirche im Einklang steht. Das Vorbild der geistigen Kirche muß zuerst in den Kirchengemeinschaften der Welt zur sichtbar vorbildenden Kraft werden, an dem sich die Menschheit emporzuranken vermag. Hat die „vierte Kirche" diese Forderung schon erfüllt? Nein, denn sie konnte das heilige Feuer der Liebe nicht in den Herzen der Christenheit entzünden.

Die fünfte, Neue Kirche wird das Hineintragen des Heiligen Geistes ins irdische Menschenleben sein, damit er dort zur lebendigen Frucht heranreift. Wahrheitsglaube und Tatliebe müssen sich wieder zu jener Einheit fügen, die den Menschen erst zum Ebenbilde Gottes formen kann. Kirche muß wieder Religion im tiefsten Sinne werden, denn „re-ligio" bedeutet Wiederverbindung mit Gott. Und nur dieser neuen, geistigen Kirche gilt das Wort des Evangeliums von den „Pforten der Hölle, die sie nicht überwinden werden".

Von der modernen Theologie wird Swedenborg vorgeworfen, seine Verkündung der Neuen Kirche — der Seher erlebte *geistig* ihre Begründung im Jahre 1757 — ließe bereits zweihundert Jahre auf ihre Erfüllung warten. Dies im Sinne einer grundlegenden Menschheitswandlung und einer Annäherung an die Ordnung Gottes. Daher wären seine Visionen und Offenbarungen unrichtig und fielen somit in die Kategorie der Irrlehren falscher Propheten. Darauf wäre zu erwidern: „Gottes Mühlen mahlen langsam, aber trefflich fein!" Auch Gewitter bedürfen zu ihrer Bildung Stunden und Tage, um sich sodann in Minutenschnelle zu entladen. Seit Swedenborgs Heimgang geriet die Weltgeschichte in ein früher unbekanntes Tempo unablässiger Krisen. Sie steuert auf eine Weltwende zu, die — nahe an zweitausend Jahre seit Christus — alles neu machen will, und daher auch das religiöse Leben der Menschheit wandeln und neugestalten wird. Dann erst wird eine neue Kirche zur wahren und gottbeauftragten Führerin der ganzen Menschheit werden: zur berufenen Stellvertreterin des Geistes in der sichtbaren Welt.

DAS NEUOFFENBARUNGSWERK JAKOB LORBERS

„So sprach der Herr zu und in mir für jedermann, und das ist wahr, getreu und gewiß:
Wer mit Mir reden will, der komme zu Mir, und Ich werde ihm die Antwort in sein Herz legen. Jedoch die Reinen nur, deren Herz voll Demut ist, sollen den Ton Meiner Stimme vernehmen ..."

(Beginn des ersten Diktates, empfangen von Lorber durch das innere Wort)

DAS NEUOFFENBARUNGSWERK
JAKOB LORBERS

Der „Schreibknecht Gottes" und sein Schrifttum

Nicht lange, nachdem der nordische Seher Swedenborg seine tiefen Schauungen der jenseitigen Welten und seine inspirierten Schrifttexterklärungen der Bibel veröffentlicht hatte, wurde der Welt ein neuer Verkünder geistiger Wahrheit geschenkt. Swedenborg verstarb 1772, und 1800 wurde in der Südsteiermark Österreichs ein Mystiker geboren, dessen Lebenswerk jenes des schwedischen Propheten an Umfang und Tiefe des Inhalts noch übertraf. Es ist *Jakob Lorber*, dem die Mit- und Nachwelt die Niederschrift religiöser Eingebungen verdankt, die zu den gewaltigsten Zeugnissen des inspirierten Schrifttums zählen.

Lorber, ein schlichter Musiklehrer von mittlerer Schulbildung, vernahm in seinem 40. Lebensjahre in Graz eine wie aus seinem Herzen kommende Stimme, die ihm gebot: „Nimm deinen Griffel und schreibe!" Als tiefgläubiger Mensch folgte er diesem Rufe und empfing durch die innere Stimme mehr als zwei Jahrzehnte hindurch Diktate, die — in der Ichform gegeben — als vom göttlichen Geiste, dem lebendigen Christusworte im Menschen gemittelt erscheinen. Darüber schrieb Lorber: „Bezüglich des inneren Wortes, wie man dasselbe vernimmt, kann ich nicht mehr sagen, als daß ich des Herrn heiligstes Wort stets in der Gegend des Herzens wie einen höchst klaren Gedanken licht und rein, *wie* ausgesprochene Worte vernehme..."

Auf diese Weise entstanden 25 umfangreiche Bände, die als neue Offenbarung des Gottesgeistes der Menschheit ein klares, vertieftes Wissen um das Woher, Wohin und Warum seines Daseins schenkten. Hauptwerk ist das zehnbändige „Große Evangelium Johannis", das eine die biblischen Evangelien ums vielfache ergänzende Darstellung der drei Lehrjahre Jesu Christi enthält. Damit aber wurde die aus den Handlungen und Lehrgesprächen des Heilands hervorgegangene Urlehre des Christentums — die durch Zeit und Nachwelt mannigfach verändert und entstellt worden war — aufs neue wiedergeoffenbart. Hier beginnt sich deutlich der Weg zu einer kommenden Vergeistigung der Religion durch Verinnerlichung des allzu äußerlich gewordenen Kirchentums vorzubereiten.

Es ist hier nicht der Ort, auf die weiteren Werke Lorbers einzugehen, da sich unser Buch nur mit dem Thema Weissagung befassen will. Wohl finden sich dazu auch in den anderen Lorberschriften so manche Hinweise, und es wird ihrer auch hier Erwähnung getan werden, doch bleibt die Herausstellung der prophetischen Worte Christi, wie sie das genannte Evangelium überliefert, das Hauptstück dieses Kapitels. Wem das gesamte Lehrwerk Jesu Christi mit seinen erschöpfenden Antworten auf tausend offene Fragen am Herzen liegt, der greife selbst zu dieser einmaligen Geistesgabe. Wie alle Werke Lorbers, ist auch das Große Evangelium Johannis im Lorber-Verlag, Bietigheim (Württbg.) im Druck erschienen.

ALLGEMEINES ÜBER WEISSAGUNGEN

Im „Großen Evangelium" finden sich mehrfach Hinweise, die auf zwei öfters gestellte Einwände ein aufhellendes Licht werfen. Es sind dies die Frage nach der menschlichen Willensfreiheit, die mit präzisem Voraussagen von Ereignissen angeblich unvereinbar sei. Ferner die Fragwürdigkeit genauer Zeitangaben, indem eine geistige Schauung sich nicht in die Begriffe der irdischen Zeitrechnung übertragen lasse. Zum ersten Problem lesen wir im Gr. Ev. Joh.:

(Jesus:) ... „Es ist für den Menschen nicht gut, wenn er zuviel voraus weiß, was in der Zukunft geschehen wird. Denn dies würde ihn entweder zur Verzweiflung bringen oder am Ende lau und untätig machen ... Bei der vollen menschlichen Willensfreiheit kommt es auf dieser Erde zunächst darauf an, *was* die Menschen selbst wollen und *wie* sie danach handeln. Ich kann euch im voraus als bestimmt nur sagen, daß über euch dies und jenes kommen wird, *wenn* ihr so oder so wollt und handelt. Ein jeder Prophet hat seine Weissagungen stets nur unter gewissen Bedingungen aufgestellt, die sich auf die Besserung oder Verschlimmerung der Menschheit bezogen. Und so zerfällt auch alles, was Ich euch geweissagt habe, notwendig in zwei Teile: entweder im Eintreffen des Schlimmen oder des Guten. Auch wird die Zeit niemals als fest angegeben, sondern sie richtet sich stets nach dem Wollen und Handeln der Menschen ..."

„Ich lasse es nur zu, daß die Menschen unbedingt das erreichen, worum sie so eifrig gestrebt haben, als hinge ihr Lebensglück daran. Weiß Ich auch, was in der Folge geschehen wird, so darf ich dennoch nicht hindernd dazwischenwirken mit Meiner göttlichen Allmacht. Täte Ich dies, so hörte der Mensch auf, ein Wesen mit freiem Willen zu sein und wäre nur eine belebte Maschine. Der Mensch kann aus sich heraus alles tun, was er nur will. Er hat aber die Vernunft und den Verstand und kann darum durch Lehre, äußere Gesetze und Erfahrungen klug werden und das Gute, Rechte und Wahre allein wählen ..."

Weissagungen stehen also nicht im Widerspruch zur Willensfreiheit, da sie die Menschheit nicht zum Handeln nötigen! Auch besteht kein Gegensatz zu den obangeführten Worten, wenn der Herr an anderer Stelle sagt:

... „Das aber könnt ihr als völlig wahr annehmen, daß nahezu alle zweitausend Jahre auf der Erde eine große Veränderung vor sich geht ..."

Hier handelt es sich um die Realisierung eines Teils des großen Schöpfungsplanes, der auch die Höherentwicklung der Menschheit unter ein geistig-kosmisches Gesetz stellt. Die altägyptische, noch einer reinen Geistesschau entsprungene *Astrologie* kannte die Lehre von den sogenannten Weltzeitaltern, deren Zwölfzahl zu je rund zweitausend Jahren im Wandern des Frühlingspunktes der Sonne ihren kosmischen Ausdruck findet. Nun ist jede materielle Wirkung nur der Ausfluß geistiger Ursachen. Und eben jene Impulse sind es, die als „Zeitgeist" in das Denken, Fühlen und Wollen der Menschheit einströmen und damit auch deren Weiterentwicklung gewährleisten. Wenn also diese Weltastrologie den nahen Eintritt unserer Erde in das „Wassermann-Zeitalter" (water man = weiser Mensch!) feststellt, so eröffnet sie damit nichts anderes als das, worauf Jesus mit seinen oftmaligen Verkündungen „nach nahezu zweitausend Jahren" deutlich hingewiesen hat. Allein, ebensowenig wie Astrologie und Astronomie das genaue *Jahr* dieses zweifellos umwälzenden Übergangs berechnen können, spricht auch der Herr von keinem genauen Datum:

... „Nach Jahr, Tag und Stunde sollst du Mich nicht fragen, wenn dies alles schon vor aller Welt Augen daliegt und ein jeder das nahe Ende der Nacht voraussehen muß, so er am Horizonte die von der Sonne hell erleuchteten Morgenwölkchen erschaut ..."

Was sind denn diese hellen Wölkchen? Es sind die geistigen und irdischen Zeichen der Zeit, die uns in der Gegenwart in Überfülle entgegentreten. An ihnen können wir ablesen, wie die Nacht des vergehenden Zeitalters bereits mit dem Morgenrot der heraufkommenden Zeitenwende ringt. Solche Zeichen für Sehende und Hörende wurden von Jesus in manchem seiner

Gespräche vorausgeschildert und sie sollen den Gegenstand der nachfolgenden Buchabschnitte bilden. Freilich, da alles äußere Weltgeschehen geistige Ursachen und seelische Hintergründe besitzt, so ist jedes sichtbare Zeichen nur ein großes Gleichnis, eine Entsprechung für innere Vorgänge im übersinnlichen Bewußtsein der Menschheit. Darum das Wort Jesu:

... „Obgleich ein solches Vorerkennen der leidigen Zukunft die Seele des Menschen nicht seliger macht, so schadet es ihr dennoch nicht, wenn sie sich in den *Entsprechungen* übt und dadurch erkennt, wie alles sichtbare Geschehen in dieser Welt mit der inneren, verborgenen Welt der Geister — die alle Zeiten und Räume als stets enthüllte Gegenwart in sich faßt — aufs innigste zusammenhängt und aufeinander Beziehung hat ..."

Diese Worte mögen eine Mahnung an alle Zeitgenossen darstellen, das oftmals so dramatische Weltgeschehen unserer Tage nicht nur aus dem politischen und wirtschaftlichen Blickfelde zu sehen. Es ist der Zustand der menschlichen Seelenwelt, der sich hier widerspiegelt: sehr offen in der Dämonie des Bösen, sehr verborgen zumeist in der Stille des Guten, das inmitten der Finsternis dennoch vom lebendigen Lichte der Liebe und Güte Zeugnis ablegt, und das den wahren Keim bildet für den heraufdämmernden jungen Tag des neuen Zeitalters.

DIE VERGANGENHEIT IM LICHTE
DER WEISSAGUNG

Es entspricht der vollendeten Geistigkeit Jesu Christi, daß er in Gesprächen mit seinen Jüngern die kommende Menschheitsentwicklung nur zum geringeren Teil in Bildern des irdischrealen Weltgeschehens zeichnete. Er wußte, daß alles menschliche Leid nur durch Verzerrung seiner göttlichen Liebelehre heraufbeschworen würde — bis zu jener Endzeit, über deren Zustände er auch konkrete Geschehnisse voraussagte. Nur am Rande streifte er gewisse äußere Ereignisse, wie sie als Folge der menschlichen Entartung zwangsläufig eintreten mußten. Seine Worte, die sich im Laufe der vergangenen Jahrhunderte erfüllten, beziehen sich zumeist auf das Schicksal seiner Gotteslehre, wobei er jedoch mehrfach betonte: „Nicht, daß dies etwa schon im voraus bestimmt wäre. Aber ich *weiß*, daß es dennoch so kommen wird!" Denn Christus sah, daß der „Antichrist", die satanische Herrschsucht und Besitzgier der Menschen nicht enden würde, bis durch ein großes Weltgericht der bessere Teil der Menschheit am Übermaß des Leides erwachen und der böswillige Teil dabei seelisch und leiblich zugrunde gehen würde.

So prophezeite Jesus seinen Zeitgenossen zunächst als Folge ihres entarteten Tempeldienstes und ihrer materiellen Gesinnung die völlige Zerstörung Jerusalems und die Zerstreuung des Judenvolkes über die ganze Erde:

... „Ihr Tempel ist zu einer wahren Mördergrube herabgesunken. Darum kommt auch das große Gericht und der Juden Ende, worauf sie wie Spreu in alle Welt zerstreut werden ... Dieses einst erwählte Volk Gottes wird kein Land und keinen König aus seinem Stamme mehr besitzen bis ans Ende der Zeiten. Und so soll es zum Zeugnis Meiner Weissagung verbleiben! ..."

Hier ist eine Bemerkung am Platze: Wenn Jesus vielfach von der „Endzeit" spricht als dem Ende der Zeiten, so dürfte damit das Ende seines Zeitalters gemeint sein — also jenes „Fische-Zeitalters", in dem der Herr geboren wurde und das wie alle Weltzeitalter rund zweitausend Jahre dauert. Wir selbst stehen somit in der Endzeit jenes Äons, und wirklich gelang den Juden erst jetzt die Neubildung eines kleinen eigenstaatlichen Gebildes, Israel genannt, doch selbst dieses erscheint unablässig durch seine Umgebung bedroht.

Eine weitere Weissagung vom Schicksal Roms und Jerusalems bilden nachstehende Worte Jesu:

... „*Rom* wird lange Zeit der beste Aufenthalt für Meine Lehre bleiben. Und es soll diese große Kaiserstadt ein Alter erreichen, wie ein gleiches nur wenigen Städten Ägyptens, jedoch nicht so unversehrt wie Rom beschieden ist. Wenn diese Stadt schadhaft wird, so wird sie das nur der Zeit und ihren inneren Feinden zu verdanken haben. In der Folge aber wird auch dort Meine Lehre in Abgötterei übergehen und der reine Geist sehr verschwinden. Die Menschen werden an der äußersten Rinde kauen und sie für das geistige Brot des Lebens halten. Aber dann werde Ich sie wieder auf den rechten Weg zurückführen.

Jerusalem dagegen wird so zerstört werden, daß man bald nicht mehr wissen wird, wo es dereinst gestanden hat. Wohl werden spätere Menschen daselbst eine kleine Stadt gleichen Namens erbauen, aber da wird seine Gestalt und Stelle verändert sein. Und selbst dieses Städtchen wird von anderwärtigen Feinden viel Schlimmes zu bestehen haben und wird fernerhin ohne Rang und Bedeutung verbleiben ..."

Hieraus wird klar ersichtlich, daß das heutige Jerusalem (die Stadt ohne Frieden, mit Stacheldraht zwischen Juden- und Araberviertel!) mit dem biblischen Jerusalem nicht mehr identisch ist. Damit aber erweisen sich auch alle dort befindlichen „Erinnerungsstätten" der christlichen Kirchen von heute samt ihren Reliquienkulten als unbegründet und geistig wertlos. Das Gleiche gilt auch von den anderen „heiligen" Orten Palästinas, wie aus einer weiteren Belehrung Jesu hervorgeht. Gleichzeitig weisen diese Worte auch auf die Eroberung Palästinas durch den *Islam* und auf die christlichen *Kreuzzüge* des Mittelalters hin:

... „Mein Nazareth wird man nicht mehr finden, wohl aber ein anderes über dem Gebirge. Ebenso wird es vielen anderen Orten des Gelobten Landes ergehen, die vielfach in eine Wüste verwandelt werden. Die Namen werden wohl bleiben, nicht aber die Orte. Und sie werden im falschen Nazareth Meine Hütte suchen, denn das rechte wird bald nach Mir vom Erdboden vertilgt werden. Es werden Zeiten kommen, wo die Menschen hierherziehen von weiter Ferne, um diese Orte zu suchen. Ja, die Völker Europas werden sogar Krieg führen um den Besitz dieser Stätten und werden meinen, Mir damit einen guten Dienst zu erweisen ..."

Auf die Zeit der *Völkerwanderung* (Mongolen, Hunnen, Sarazenen, Türken usw.) bezieht sich der Ausspruch des Herrn:

... „Wenn Glaube und Liebe nicht mehr unter den Menschen sein werden, dann sollen Barbarenhorden in die Lande einfallen und alle Denkmäler dieser großen Zeit zerstören. Denn es soll erweckt werden ein Volk aus dem tiefen Morgenlande und soll gleich einem großen Heuschreckenzuge alles zerstören, Mensch, Vieh und alle Städte und Dörfer. Und es soll knechten die Völker weit und breit in Asien, Afrika und Europa so lange, bis über alle Gottlosen ein noch größeres, allgemeines Gericht folgen wird ..."

Es liegt nahe, daß sich Jesus mit der Umformung seiner reinen Lehre durch die römische *Weltkirche* im Fischezeitalter besonders befaßte. Tatsächlich liegen klare Prophezeiungen hierüber vor, worin Jesus vom falschen Petrus-Mythos, der übersteigerten Marienverehrung, der Dreipersonenlehre Gottes, wie überhaupt von der Verstandestheologie und scholastischen Dogmatik nebst dem äußeren Zeremonienkulte der Kirche weissagt. Außer den in den folgenden Kapiteln zitierten Stellen seien hier nur einige längst in Erfüllung gegangene Worte herausgehoben:

(Der Herr zu Petrus:) ... „Simon Juda, Ich habe dir deines mächtigen *Glaubens* wegen die Schlüssel zum Reiche Gottes gegeben und nannte dich einen Fels, auf dem Ich Meine Kirche bauen werde, die von den Pforten der Hölle nicht besiegt werden soll. Wenn man nach etlichen Jahrhunderten dessen unter den Heiden wird kundig werden, da wird man in Rom vorgeben, daß *du* den Stuhl daselbst gegründet hast. Und die Völker, mit Feuer und Schwert dazu gezwungen, werden den falschen Propheten glauben, daß du als ein erster Glaubensfürst diesen Stuhl in Rom aufgestellt hast und in Meinem Namen von dort aus die ganze Erde samt ihren Fürsten und Völkern regierst. Aber siehe, das wird ein falscher Stuhl sein, von dem aus viel Unheil wird ausgebreitet werden. Er wird sich zwar lange halten, wird aber zweitausend Jahre Alters nicht erleben ..."

Nach den Kundgaben Lorbers wurde Petrus, der nie in Rom weilte, während seiner christlichen Missionstätigkeit in Babylon (Bagdad) von feindlichen Priestern gekreuzigt. Auch andere alte Geschichtsquellen bekämpfen die römische Petruslegende, wie überhaupt aus der Zeit Christi und den ersten Jahrhunderten sich besonders im Orient noch zahlreiches historisches Quellenmaterial befinden soll, das noch der Auffindung harrt. Mit der Entdeckung der Schriftrollen vom Toten Meer (1947), wobei tausende Fragmente aus den ersten vor- und nachchristlichen Jahrhunderten aufgefunden wurden und auf Entzifferung warten, scheint eine Neubelebung der archäologischen Wissenschaft anzubrechen. Kürzlich fand man ferner in Kairo das verschollene sogenannte „Thomas-Evangelium" und erwartet daraus neue Aufschlüsse zu gewinnen. Diese Zeit der Entdeckungen wurde durch Lorber gleichfalls kundgetan:

(Der Herr:) ... „Es sind von Meinen und der Essäer Taten viele Aufzeichnungen geschehen, die vielfach in Ägypten in den großen Bibliotheken aufbewahrt, später aber von den Mohammedanern vernichtet wurden. So kam es, daß die Menschen späterer Zeiten von den damaligen großen Ereignissen beinahe nichts mehr wissen, wozu auch die alte Hure Babels ihr Entschiedenstes beigetragen hat. Im Orient bestehen jedoch noch immer große Aufzeichnungen, und es werden solche zur rechten Zeit ans Tageslicht gelangen. Darin steht noch manches, das in den Evangelien nicht vorkommt ..."

Zum kommenden *Marienkulte* der Kirche, der in den vier katholischen Mariendogmen seinen Höhepunkt fand, weissagte Jesus seinen Jüngern:

... „Es wird nimmermehr eine sein wie Maria, Meine Leibesmutter. Aber es wird geschehen, daß man ihr mehr Tempel denn Mir erbauen und sie ehren wird zehnfach mehr denn Mich, und wird des Glaubens sein, nur durch sie selig werden zu können. Darum seid überaus gut mit ihr, doch hütet euch davor, ihr irgendeine göttliche Verehrung zukommen zu lassen! Maria wird unter den Heiden und mit der Römerin viel zu tun haben, aber dennoch werden diese Meiner nicht viel achten, sondern mehr der Maria. Und Meine eigentliche Nachfolgerschaft wird verborgen und klein bleiben zu allen Zeiten in der Welt ..."

Auf die Glaubenskämpfe und *Religionskriege* (Gegenreformation, Dreißigjähriger Krieg usw.) weist folgender Ausspruch Jesu hin:

... "Daß Meine Lehre von der Welt allezeit Anfechtungen erleben wird, weiß Ich um eine Ewigkeit voraus. Ja, diese allersanfteste Lehre der Liebe wird mit der Zeit sogar die blutigsten Kriege anfachen ..."

Die finstere Zeit mittelalterlichen *Papsttums* mit seiner Machtpolitik, gestützt auf Bannfluch und Inquisition, ersteht in einem visionären Bilde geistiger Schau:

(Der Herr:) ... "Sehet an, ein Bild des neuen Babel! Etwa schon in fünf- bis sechshundert Jahren wird es dort also aussehen." (Man ersah viele Kämpfe, Kriege und große Völkerzüge. Und in der Mitte der Stadt erhob sich etwas wie ein Berg, darauf ein hoher Thron wie von glühendem Golde. Mit einem Stabe, dessen Spitze ein dreifaches Kreuz zierte, saß dort ein Herrscher mit einer dreifachen Krone auf dem Haupte. Aus seinem Munde gingen zahllose Pfeile, und aus Augen und Brust zuckten zahllose Blitze des Zornes und Hochmuts. Und es zogen ihm Könige zu, von denen sich viele zutiefst vor ihm verneigten. Diese sah er freundlich an und bestätigte ihre Macht. Die sich aber nicht verneigten, wurden von seinen Blitzen arg verfolgt und zugerichtet.) ... "Und sehet, nun sammeln sich viele Könige samt ihren Kriegsscharen und ziehen gegen ihn! Es gibt einen erbitterten Kampf, und es sinkt sein erhabener Weltthron schon bedeutend tiefer zur Stadt Babel herab. Und ihr seht nur noch etliche Könige, die sich der Form halber vor ihm verneigen, während von vielen anderen Königen nun Blitze und Pfeile auf den zurückgesandt werden, der auf dem Throne sitzt. Nun ist von seiner einstigen Macht beinahe nichts mehr zu sehen. Und das wird geschehen schon nach 1500 bis 1700 Jahren ..."

Die Geschichtsentwicklung bestätigte diese Weissagung von der weltlichen Entmachtung des Papsttums auf die Jahrhunderte genau: 1517 Beginn der Reformation Luthers, 1618—1648 der Dreißigjährige Krieg, um 1800 Kampf Napoleons gegen die

Kirchenmacht, um einige Beispiele zu nennen. Obige Prophezeiung findet noch eine Fortsetzung, die der Gegenwart und Zukunft angehört und an späterer Stelle erwähnt werden soll. — Über die durch keinerlei Christusworte und Evangeliendokumente gerechtfertigte Stellung der Kirchen als geistiger und weltlicher *Machtfaktor* mit Herrschaftsansprüchen handelt auch ein weiteres Wort Jesu:

... „Es werden die Götzentempel von heute wohl schon lange zerstört sein, aber an ihrer Stelle werden vom Widerchristen sogar unter Meinem Namen eine Unzahl anderer erbaut werden. Und ihre Priester werden sich als Meine Stellvertreter auf Erden überaus hoch ehren lassen und werden bemüht sein, allerlei Weltschätze an sich zu ziehen. Aber das Volk wird dabei leiblich und geistig in großer Not sein. Wenn jenes Heidentum überhandnehmen wird, dann wird bald das große Gericht über das neue Babel ausgegossen werden ..."

Dies nur eine Auswahl aus den vielen Voraussagungen des Herrn über das Schicksal seiner heiligen Lehre. Sie wurden durch die Ereignisse der abgelaufenen Jahrhunderte voll bekräftigt. Alles Leid des Abendlandes wäre vermieden worden, hätte der einst übermächtige Einfluß der Kirche das grausame Spiel mit Feuer und Schwert verhindert und die Herzen der Menschheit mit dem Liebeslichte Christi erfüllt. So aber war das ganze Zeitalter ein Meer von Blut und Tränen, eine Disharmonie von Mord und Krieg, weil das Volk leiblich und geistig hungerte und ihm mehr Steine als Brot gereicht wurde. Darum muß und wird eine große *Reinigung* der kirchlichen Geistlehren das nahe Zeitalter einleiten. Es wird mit einer geistigen Erneuerung jener Kräfte beginnen, die — zur religiösen Formung des Menschen berufen — die Wiedergeburt der wahren Religion bereiten werden.

Zum Abschluß noch eine Weissagung Jesu Christi über die Rolle der *Germanen*, und späterhin des deutschen Volkes im besonderen. Hier erkennen wir ihre historische Sendung als einstige Zertrümmerer des morschgewordenen Römischen Imperiums ebenso, wie den deutschen Imperialismus und Nationalismus des begrabenen „Dritten Reiches". Deuten nicht gerade diese Worte auf jene Endzeit hin, in deren Mitte wir heute leben?

... „Ebenso, wie Ich im jüdischen Volke Propheten erweckte, werden auch dort Propheten erstehen und die reine Lehre von allen Zutaten säubern. Jenes Volk aber ist euch jetzt noch so gut wie unbekannt, wird aber zur Zeit mit großer Kraft hervorbrechen und alles Morsche und Unbrauchbare zertrümmern, denn es ist gewaltig in seiner noch unangetasteten Naturkraft. Dann aber, wenn jenes Volk auf eine Höhe gelangt sein wird, daß die fremden Könige fürchten, es könne den Erdkreis besitzen wollen, wie jetzt die Römer: dann wird eine Zeit anbrechen, reich an Überraschungen für die Völker der Erde. Denn nicht jenes Volk wird sodann der Mittelpunkt werden, sondern ein neues wird erstehen, gebildet aus den edelsten Geschlechtern *aller* Völker ..."

Damit haben wir uns der Gegenwart als der großen Zeitwende genähert. Was bei Lorber hierüber geschrieben steht, soll im folgenden Abschnitt gezeigt werden.

DIE GEGENWART IM LICHTE DER WEISSAGUNG

Das „Große Evangelium Johannis", dessen Prophetie sich bereits durch zahlreiche historische Ereignisse bestätigt hat, weiß auch über unsere dramatische Gegenwart mit dem gleichen Wahrheitsgehalte Entscheidendes auszusagen. Wenn man bedenkt, daß dabei Lorber vor rund einem Jahrhundert über Zustände schrieb, die seinem Zeitalter noch völlig fremd waren und uns erst heute durch die steile Entwicklungskurve der Menschheit verständlich erscheinen, dann fällt wohl ein zuweilen erhobener Einwand ins Nichts zusammen, nämlich: daß dieser seltsame Gottesbote nur Dinge niederschrieb, die seinem Unterbewußtsein und der Lektüre mystischer Schriften entsprungen wären.

Gemessen an den vergangenen Geschehnissen nehmen jene Weissagungen, die unsere Gegenwart und Zukunft betreffen, einen viel breiteren Raum ein. Sie durchziehen das gesamte vielbändige Evangelium und lassen erkennen, daß Jesus in seinen Lehrgesprächen unsere Zeitepoche — von ihm die „Endzeit" genannt — als den kommenden großen *Wendepunkt* der Menschheitsgeschichte darstellte. Der Umfang dieser Weissagungen ist zu groß, als daß an diesem Orte mehr als nur einige kennzeichnende Beispiele angeführt werden können. Indessen dürften diese genügen, daß ein jeder Leser darin ein zutreffendes Spiegelbild des heutigen Kulturverfalls und der seelischen Verarmung erblicken kann: Warnzeichen, die trotz der Glanzfassade einer unvergleichlichen Zivilisation Zeugnis davon geben, daß jene Endzeit schon angebrochen ist.

Die zitierten Aussprüche, im Originalwerk in vielen Kapiteln verteilt, werden hier der Übersicht halber in den entsprechenden Abschnitten (Religion, Wissenschaft und Kultur, Soziales Leben) zusammengefaßt. Alles aber rundet sich zu einer Gesamtschau von einzigartiger Treffsicherheit und bildet wiederum die Basis für die folgerichtige Prophetie der weiteren Zukunft.

Entartung von Religion und Evangelienlehre

„Die äußere Kirche stimmt mit der ewigen inneren Kirche nicht mehr überein" — wurde durch Swedenborg geoffenbart. Diese Dissonanz zwischen geistiger Wahrheit und irdischem Schein zerbrach die Harmonie der menschlichen Lebensordnung. Auch im Neuoffenbarungswerk Lorbers finden wir diese erschütternde Tatsache in den Worten Jesu von der kommenden Entartung seiner Licht- und Lebenslehre mit aller Deutlichkeit ausgesprochen.

Jesus hat die zehn Gebote des Alten Testaments in die beiden Grundgebote zusammengefaßt: „Liebe Gott über alles und deinen Nächsten wie dich selbst!" Darin ersah der Heiland die Erfüllung der Schöpfungsordnung und den einzigen Weg des Menschen zur geistigen Vollendung. Und er lehrte weiter, das Licht Gottes nicht im Tempelkulte und in den Schriftrollen der Priester zu suchen. Denn das Reich Gottes liege inwendig im Menschen und die *innere* Herzensgemeinschaft mit dem göttlichen Geistfunken in sich sei die einzige wahre Kirche, die ihn mit dem Ewigen verbinde.

Die freudige Aufnahme dieser Gebote und ihre Belebung durch die Tat gaben den Urgemeinden des Christentums jenen hellen Glanz, der sich in den nachfolgenden Jahrhunderten immer mehr zum gleißenden Schein wandelte. Aus der altchristlichen Ekklesia (innere Gemeinschaft der Gläubigen) wurde eine äußere Organisation, die römische Staatskirche unter Kaiser Konstantin. Und diese Verweltlichung legte den Grundstein zum späteren Kirchenstaat mit der Hierarchie der Würdenträger und politischen Machtansprüchen: Das Reich, das nicht von dieser Welt ist, war zu einem irdisch-geistlichen Weltreiche geworden.

In weiterer Folge begann eine klügelnde Verstandestheologie mit der Errichtung eines komplizierten „Glaubensgebäudes", dessen Bausteine — menschliche Auslegungen, scholastische Spitzfindigkeiten und zwangfordernde Dogmen — einen versteinerten Geistesdom schufen, der das reine Christuslicht wie in einem Sarge begrub. Er forderte autoritär Glauben und Anerkennung, vermochte aber nicht mehr die Liebe in den Herzen der Gemeinschaft zu erwecken. So brachen damit auch in die Kirche zwei dunkle Gewalten ein, die in der Johannesoffenbarung unter dem Bilde der „alten Schlange, die Teufel *und* Satan heißt" symbolisiert sind. Teufel: das ist Herrschen und Besitzen statt Dienen und Opfern. Und Satan: das ist geistige Finsternis, erdgebundener Verstand statt göttlicher Erleuchtung.

Die im vorigen Kapitel erwähnten Prophezeiungen Jesu hatten sich somit erfüllt. Seine klare Gotteslehre endete im Theologenstreit der Kirchenkonzile und in der Dogmatik immer neuer Glaubenssätze, denen jede Deckung durch das Evangelium fehlte. Seine erhabene Liebelehre aber wurde zunichte in den Machtkämpfen des Papsttums, in Bannflüchen und Verdammungsurteilen, im Wahnsinn der Kreuzzüge, in Folter und Scheiterhaufen, wie in der Erbitterung der Religionskriege mit Vernichtung aller sittlichen Werte der Christenheit. Was übrig blieb, war ein äußerer Kult, Zeremoniendienst und Schaugepränge, und dasjenige Übel, das die folgenden Weissagungen als den „finstersten Aberglauben" bezeichnen: eine völlige Vermenschlichung der Lehre, die vom Geiste kam und daher nur zum Geiste sprechen wollte. Die äußere Kirche stimmte mit der inneren nicht mehr überein, und die blutgetränkte Geschichte des christlichen Abendlandes war das Unkraut, das statt des Weizens aus dieser Saat erblühte ...

Gewiß gab es durch alle Jahrhunderte in und außerhalb der Kirche unzählige hohe und edle Geister, die Christus wahrhaft im Herzen trugen und dem Verfall des Kirchentums entgegentraten. Sie vermochten jedoch ebensowenig dessen Verflachung aufzuhalten, wie es auch den großen Reformatoren nicht gelang, mit ihrer Reinigungstat zugleich den ursprünglichen Liebegeist des Christentums neu zu beleben. Zuviel Dogmatik wurde auch hier der alten Kirche entlehnt, wozu noch ein starres Festhalten am *Buchstaben* der Hl. Schrift trat: zwei schicksalhafte Faktoren, die einer wahrhaft lebendigen Geistentfaltung in den Reformationskirchen entgegenstanden. Die Stellungnahme beider großen Konfessionskirchen in grundlegenden Religionsfragen und zu Problemen der Schriftdeutung führte weiter zu einer Absplitterung kaum zu zählender Sekten, bei denen leider nicht allzuoft der Heilige Geist, dafür umso häufiger ein „falscher Prophet" Pate stand.

Vorstehend Gesagtes will den Kirchenorganisationen der Gegenwart nicht die Fehler ihrer einstigen Erbauer vorwerfen. Aber es verdient festgehalten zu werden, daß die Kirche als die berufene Geistführerin der Menschheit bislang versagt hat. Eine Tatsache, die schon Jesus Christus voraussah, und die dazu führte, daß die noch immer traditionsgebundene Kirche auch heute nicht die Kraft besitzt, in das Tun der Welt führend und läuternd eingreifen zu können. Mit apostolischem Segen, Rosenkranzgebeten und ökumenischen Einigungs-Konferenzen ist nichts getan. Ohne göttliche Verbindung mit der geistigen Kirche steht die äußere Kirche den gewaltigen Erfordernissen der Gegenwart hilf- und machtlos gegenüber. Sie bedarf daher im Sinne der ewigen Wahrheit einer tiefgreifenden Wandlung und Wiedervergeistigung. Gerade die Besten unter ihren Gliedern verspüren diesen Ruf von oben, und sie leiden darunter, daß der einstige Feuerstrom des Geistes zu einem erstarrten Lavastrom geworden ist, unter dem die Liebefähigkeit der ganzen Menschheit immer mehr erkaltet. Und so begegnen sich schon heute die Mächte der Vergangenheit — die festgefügte Kirchenhierarchie und die Unberührbarkeit dogmatischer Lehrsätze — mit den um tiefere Inhalte ringenden Kräften der neuen Zeit, worüber im späteren Kapitel „Erneuerung der Religion" wegweisende Voraussagungen zu finden sind.

Zunächst aber mögen nachstehende Weissagungen Jesu aufzeigen, wie sich der Zustand der Kirche unserer Endzeit in der geistigen Vorschau des Gottessohnes darstellte:

... „So wie es zu Noahs Zeiten war, wird es auch dann sein. Die Liebe wird völlig erlöschen, der Glaube an eine aus den Himmeln geoffenbarte Lebenslehre und Gotterkenntnis wird in finstersten Aberglauben voll Lug und Trug verwandelt werden. Wie es jetzt steht, wird es *in beinahe zweitausend Jahren* nach Mir wieder stehen, und der Anfang dazu wird schon viel früher gemacht werden. In jener Zeit wird Meine Lehre ärger sein als jetzt das Heidentum und Judentum zusammen. Das Licht des lebendigen Liebeglaubens wird nicht mehr scheinen, und die Herrscher und Priester werden sich um vieles höher halten als nun die Juden ihren ungekannten Jehowa. Dann aber wird eine große Drangsal unter die Menschen kommen..."

..."Der wahre Glaube und die Liebe werden erlöschen. An ihrer Stelle wird ein Wahnglaube unter allerlei Strafandrohungen den Menschen aufgedrängt werden. Die mit Hochmut und Selbstsucht herrschenden falschen Propheten werden sich als eure (der Jünger) allein wahren Nachfolger und als Meine Stellvertreter den Menschen zur Verehrung darbieten. Und so sich eine von Meinem Geiste gestärkte Gemeinde wider die falschen, von Gold und anderen Erdengütern strotzenden Propheten erhebt, so wird es Kämpfe, Kriege und Verfolgungen geben, wie sie seit Beginn der Erdenmenschheit noch nicht stattgefunden haben. Doch wird dieser allerfinsterste Zustand nicht lange währen, und es wird kommen, daß diese falschen Lehrer sich selbst den Todesstoß versetzen. Denn es wird Mein Geist der Wahrheit unter den vielfach bedrängten Menschen wach werden..."

..."Ihr wißt, daß es nur *einen* wahren Gott und Schöpfer gibt. Und dennoch werden künftig durch allerhand falsche Vorspiegelungen aus dem einen Gott *drei* Götter gemacht werden. Dann wird das geistige Lebenslicht schwach werden unter den Menschen. Die Liebe zu Gott und den Nächsten wird aufhören zu bestehen, und die zu den drei Göttern beten, sollen nicht erhört werden. In diesen Zeiten wird die Zahl Meiner wahren Nachfolger nur gering sein, weil der Antichrist sein Regiment zu sehr ausdehnen wird. Wenn er sich aber zu allerhöchst in der Welt dünken wird, dann wird er gestürzt werden für immerdar..."

..."So wisset ihr nun den Weg, den Meine von Mir selbst gegründete Kirche auf dieser Erde nehmen wird. In jener letzten, finstersten Zeit wird sie in ein tausendfaches Götzentum ausarten. Man wird da verstorbenen und von Priestern heilig und selig gesprochenen Menschen, ja sogar ihren vermoderten Gebeinen Tempel und Altäre erbauen und ihnen darin höchste Verehrung erweisen. Wenn in diesen Zeiten falsche Propheten und unberufene Lehrer mit gewaltiger Rede zu den Gläubigen schreien werden: Seht, hier ist Christus! oder: Dort ist Christus! — so sollen Meine rechten Nachfolger ihnen nicht glauben, denn an ihren Werken werden sie leicht zu erkennen sein. Wer *in sich* die lebendige Wahrheit begreift, daß das Lebensreich Gottes nur inwendig im Menschen sein kann, dem wird solch ein falscher Prophet in Ewigkeit nicht zu schaden vermögen..."

..."Lasset nur Mein Licht allgemeiner werden, daß es die Priester wohl merken, wie ihre Tempel an den Fest- und Opfertagen stets leerer werden, und es wird sich zeigen, mit welcher Wut sie sich gegen Meine *reine* Lehre und ihre Bekenner erheben werden. Denn für sie ist Meine Lehre der Liebe und Demut ein flammender Krieg und eine größte Verheerung. Sie wollen Meinem Urlichte aus den Himmeln eine Grube graben, um es vor den Augen der Menschen zu verbergen und sie zu ihrem Nutzen in Finsternis zu halten. Was aber der Prophet Hesekiel von der Bestrafung Israels und dem Fall Jerusalems weissagte, das gilt in der Endzeit allem falschen Priestertum. Es soll, wird und muß ausgerottet werden! Und ihre Bannflüche werden sie selbst als böse Werke ohne Erbarmung richten..."

..."Die Lehre der Kirche, die Ich nun gründe, wird zu einem noch ärgeren Unrate werden als das jetzige Judentum. Dann werden die freien Licht- und Lebensadler von allen Seiten über sie herfallen und sie mit dem Feuer der Liebe und der Macht ihres Wahrheitslichtes verzehren. Und es kann das noch *eher* geschehen, als da nach Mir *zwei volle Tausende* von Erdjahren verrinnen werden. In jener Zeit wird Hochmut, Zwietracht und Haß den höchsten Grad erreichen. Da wird ein Volk wider das andere ziehen, ein Krieg wird dem anderen folgen, und es werden kommen große Erdbeben, Mißjahre, Teuerung, Hungersnot und Pestilenz. Da werde Ich dem Gegengesalbten die Wurzeln verderben, daß er welken wird wie ein Baum, dem man alle Wurzeln abgehauen hat. Da wird sein viel Fluchens, Heulens und Klagens, und es wird den bösen Nebensonnen ihr falscher Glanz erblassen. Wenn jenes Heidentum überhandnehmen wird, dann wird bald das große Gericht über die neue Hure Babels ausgegossen werden..."

..."Wie du (Rom) aber deine Weltmacht fälschlich und arglistig auf Mein Wort gestellt hast und hast dir große Ehre, Gold und Edelsteine verschafft, — desgleichen sollen nun deine „Heiden" dir tun und sollen dich gleich Blutegeln aussaugen bis auf den letzten Lebenstropfen! Ja sie, die erst durch dich Heiden geworden sind, sollen über dich von allen Seiten herfallen und dich völlig verschlingen, daß du dadurch sein sollst, als wärest du nie gewesen ..."

... „Es hat mit Meiner Geburt das Weltgericht schon überall begonnen und wird in stets erhöhtem Maße fortdauern bis zum Volllichte unter den Menschen *nahe an zweitausend Jahre*. Gegen den Aufgang der ewigen Wahrheitssonne werden sich Berge von Hinderungswolken auftürmen und in der Menschheit viel Schaden anrichten, ohne jedoch den kommenden Morgen verhindern zu können. Wenn das Bedürfnis nach geistigem Lichte immer allgemeiner wird und die Menschen sich mit dem bloßen Autoritätsglauben — der stets ein Grund zum finsteren Aberglauben ist — nicht mehr begnügen, dann ist die Zeit gekommen, ihnen ein großes, faßbares Lebenslicht voll Klarheit und Wahrheit zu geben ..."

Entartung von Wissenschaft und Kultur

Die bisher wiedergegebenen Weissagungen umfaßten einen übersinnlichen Bereich: jene Sphäre, in der die Geistigkeit des Menschen urständet und sein religiöses Denken, Fühlen und Wollen formt. Der Wahrheitsgrad jeder Kirche bestimmt die innere Kraft, mit der sie den Menschen zu ergreifen und veredeln vermag. Lehren ohne geistiges Licht aber bilden keine Religion, denn re-ligio heißt Wiederverbindung mit Gott. Tritt in der Menschheit statt zunehmender Gottannäherung eine fortschreitende Gottentfremdung ein, dann fehlt es am inneren Halt und an jener seelischen Haltung, welche die christliche Kirche zwar predigt, ohne sie jedoch zu lebendiger Frucht bisher entwickelt zu haben.

Dieser in seiner Bedeutung kaum zu ermessende Mangel erfaßt nun das gesamte Dasein des Menschen. Er führt unweigerlich zur Verkümmerung der Gemüts- und Herzenskräfte, den Wurzeln alles geistigen Lebens. Ohne die Regentschaft des Gewissens, der inneren Stimme des Geistes, wird der erdverhaftete Menschenverstand zum übermächtigen Tyrannen. Wieder eine Form des „Antichrist", mit der sich gerade unser Zeitalter des technisierten Intellektes in grausamer Wirklichkeit auseinanderzusetzen hat. Zweifellos vermag der Verstand das Licht der höheren Vernunft irdisch widerzuspiegeln, *wenn* er Diener des ewigen Logos, des Schöpfungswortes bleibt. Allein auf sich gestellt, bleibt er jedoch ein kaltes Licht ohne die Wärme der Liebe und wird damit zum Feinde alles Lebens.

Die Entwicklung der letzten zwei Jahrhunderte brachte den Siegeszug der Wissenschaften, die mit einer Zähigkeit ohnegleichen sich die Eroberung der Natur zum Ziele setzte. Daß hierbei die Natur viele ihrer Geheimnisse den Forschern preisgeben mußte, zeigt die Überfülle von Erfindungen und Entdeckungen auf allen Gebieten. Was sie aber nicht offenbarte, war das Geheimnis ihres innersten Wesens, das sich nur solchen entschleiert, denen Wissenschaft zugleich Religion, und Religion auch göttliche Wissenschaft bedeutet. Ohne innere Kirche wurde jedoch das Zeitalter der Wissenschaft zum Symbol des Materialismus, der nur anerkennt, was die Sinne des Menschen und ihre verlängerten Arme, die Apparaturen stofflich greif- und beweisbar machen.

Zwar gilt das Bibelwort, daß die Natur dem Menschen untertan sein soll. Aber ebenso gilt noch immer das Wort vom ungesegneten Baume der Erkenntnis, dessen Früchte den Tod in sich bergen. Nicht die Wissenschaft an sich bringt Segen oder Fluch über die Menschheit: es kommt nur darauf an, ob der göttliche Geist des Menschen danach greift, oder wieder der Ungeist der alten Schlange, „die da heißt Teufel und Satan", das ist Herrschsucht, Besitzgier und geistige Finsternis. Wahrer Wissenschaftler sein, bedeutet Priester der Natur zu sein und aus ihrer Hand immer neue Offenbarungen Gottes zu empfangen, um sie mit Liebe dem Gesamtleben dienstbar zu machen. In diesem Sinne ehren wir die vielen begnadeten Großen aller Wissenschaften und Künste, als die Mittler unzähliger Gaben des Geistes an die Menschheit. Jene aber, die ihre Erkenntnis in den Sold luziferischer Kräfte stellen, sind bei allem Intellekt vollendete Repräsentanten eines Untermenschentums, um dessentwillen das „Weltgericht" so nahegerückt ist. Als „Teufel der Machtgier" planen sie mit Atomwaffen und Giftgasen millionenfaches Verderben und sagen allen ethischen Werten hohnvoll den Kampf an. Als „Satane der geistigen Verblendung" aber verkennen sie die heiligen Gesetze der Natur, vernichten das Leben des Waldes und des Wassers als die biologische Basis allen Naturseins und vergiften mit verfälschter Nahrung und chemischen Arzneien die Grundlagen der menschlichen Gesundheit. Und wissen nicht, daß ihr „Fortschritt" ein Fortschreiten ist dem Abgrunde entgegen ...

In dieser letzten Endzeit entartete auch die Kunst und Kultur, die heute wohl kaum mehr ein Abbild des Göttlichen auf Erden genannt werden darf. Zwar werden die hohen Werte vergangener Meister traditionsgemäß weitergepflegt. Doch wo bleiben die wirklichen Genies unseres Jahrhunderts, die wahrhaft vom Geiste durchpulsten Schöpfer der Musik, die Magier der Sprache, die Gestalter der bildenden Künste: Menschen, denen das Siegel ihrer göttlichen Berufung auf der Stirne geschrieben steht? Viele Talente, aber kein Genius! Und die breite Masse der Menschen? Sie ruft nach Zerstreuung, wo Sammlung nottäte und stürzt sich ins Vergnügen als Ersatz der verlorenen Fähigkeit, echte Freude zu empfinden. Wahre Kulturwerte — die stets einen Hauch der Unvergänglichkeit ausströmen — sind verdrängt von einem aufdringlichen Kunstbetrieb, der die Seele leer und das Gemüt frieren läßt. Auch die Philosophie in ihrer Prägung als moderner „Existentialismus" entthront den Gottesbegriff und schuf sich mit ihrer Verherrlichung des Nichts einen Ersatzgötzen, hinter dem das graue Chaos der Anarchie lauert.

Kein Wunder, daß in diesem geistigen Vakuum auch die Technik — heute scheinbar die Krönung der Naturwissenschaften — zur Dienerin des allgemeinen Verfalls wird. Trotz größter Verdienste um die Zivilisation steht hinter ihren positiven Leistungen das Gespenst eines steigenden Mißbrauches ihrer ungeheuren Möglichkeiten. Nicht nur, daß der Griff nach dem Atom einen Mikromord an Bausteinen des Kosmos darstellt und die H-Bombe zum Sinnbild elementarer Rache macht: auch die „friedliche" Atomkraftgewinnung strahlt radioaktiven

Tod aus! Gigantische Industriekombinate verdrängen den Naturboden und verpesten weithin die Lüfte. Eine Ruhelosigkeit sondergleichen dringt mit dem Rundfunk in jedes Haus und verseucht das Denken der Menschheit mit Haßpropaganda und Weltangst. Und das gewaltige Ausmaß der Motorisierung dient nicht nur dem notwendigen Verkehr, sondern erfüllt das Leben mit tödlicher Unrast, mit Gestank und zerrüttendem Lärm. Wohin gehst du, Menschheit? ...

Dies alles sind Zeichen eines ausklingenden Zeitalters, dem die Neugeburt aller Lebensverhältnisse folgen *muß*, will der Mensch nicht auf kriegerischem oder friedlichem Wege seine Daseinsgrundlagen selbst vernichten. Was sagen nun die Weissagungen bei Lorber über Wissenschaft und Kultur unserer Tage? Sie malen Bilder, die unverkennbar die Kennzeichen des eisernen Maschinenzeitalters schildern, wenngleich es Jesus vor fast zweitausend Jahren unmöglich war, seinen Jüngern das (sogar Lorber noch unfaßliche) technische Antlitz des 20. Jahrhunderts in seiner Größe, aber auch wachsenden Dämonie begreiflich zu machen. Unzweideutig sind auch Jesu Worte über die Folgen, die der Mensch mit seinem heutigen Tun als selbstbereitetes Gericht herbeiführen wird, eine Warnung, die angesichts der drohenden Weltlage gegenwartsnahe wie niemals zuvor ist. Und die zugleich ahnen läßt, wie sehr der Erdenmensch mit dem Reiche der Elemente verbunden ist und nicht ungestraft in die strenge Gesetzlichkeit der Naturgeister zerstörend eingreifen kann. Wer Wind sät, wird Sturm ernten ...

Nachstehend wieder eine Auswahl entsprechender Weissagungen, wobei die Zusätze in Klammern erläuternde Bemerkungen des Buchautors darstellen:

... „In jenen Zeiten werden es die Menschen durch unermüdliches Forschen und Rechnen unter den weitausgebreiteten Zweigen des Baumes der Erkenntnis in vielen Wissenschaften und Künsten sehr weit bringen. Sie werden mit allen, den Menschen jetzt noch verborgenen Naturkräften Wunderbares zustande bringen (Beherrschung des Atoms!) und werden dabei sagen: Sehet, das ist Gott und sonst gibt es keinen! (Materialistische Naturauffassung!) Der Glaube dieser

Menschen wird daher so gut wie keiner sein. (Atheismus, Freidenkertum!) Nach etwa *nicht völlig zweitausend Jahren* aber wird ein größtes und allgemeines Gericht über die Menschheit kommen zum Heile der Guten und zum Verderben der Weltgroßen und völlig glaubens- und lieblos Gewordenen ..."

... „Es wird dereinst die Zeit kommen, da die Menschen die Lebenskraft des Wassers nach Graden bestimmen und sie zu unglaublich schwerer Arbeit verwenden werden. Selbst vor die größten Wagen und Schiffe werden sie die Dämpfe des Wassers spannen und damit schneller als ein Pfeil dahintreiben. (Zeitalter der Dampfkraft!) Aber bald danach wird es für das Leben der Menschen sehr übel auszusehen anfangen. Denn die Erde wird unfruchtbar werden, große Teuerungen, Kriege und Hungersnot werden entstehen, und es wird nicht lange mehr währen bis zum letzten Feuergericht über die Erde ..."

... „In derselben Zeit wird auch das natürliche Feuer einen gewaltigen Dienst zu versehen bekommen. Es wird Wagen und Schiffe schneller als der Sturmwind vorantreiben (Zeitalter der Motorenkraft!) und die Menschen werden mit seiner Gewalt ohne Zugtiere über die Erde dahinfahren. (Eisenbahn, Auto!) Ebenso werden sie auch den Blitz zu bannen verstehen (Elektrotechnik!) und ihn zum schnellsten Überbringer ihrer Wünsche von einem Ende der Erde zum anderen machen. (Telegraphie, Rundfunk!) Und wenn die stolzen und habgierigen Herrscher Krieg miteinander führen, so wird ebenfalls das Feuer den entscheidendsten Dienst versehen. (Sprengtechnik!) Denn durch seine Gewalt werden eherne Massen von großer Schwere gegen den Feind und seine Städte geschleudert werden und damit größte Verheerungen anrichten. (Bombenkrieg, Raketenwaffen!) ..."

... „In dieser Endzeit werden die Menschen zu einer großen Geschicklichkeit in allen Dingen gelangen und allerlei Maschinen erbauen, die alle Arbeiten verrichten werden wie lebende Tiere und vernünftige Menschen. (Roboter, Fließband, Automatisierung!) Dadurch aber werden viele Hände arbeitslos, und der Menschen Elend wird sich steigern bis zu einer unglaublichen Höhe. Und es wird weiter kommen, daß die Menschen große Erfindungen machen und auch auf die Natur der Erde so einzuwirken beginnen, daß diese am Ende ordentlich leck werden muß. Die Folgen davon werden als sichere Strafe des schlecht verwendeten Willens hervorgehen, aber nicht von Gott gewollt, sondern durch den Eigenwillen der Menschheit hervorgebracht ..."

... „Wollen die Menschen jener Zeit eine abermalige Sündflut, so brauchen sie nur fleißig die Berge ab- und durchgraben, und sie werden damit den unterirdischen Wassern die Schleusen öffnen. (Tiefschächte, Sprengbohrungen!) Wollen sie die ganze Erde in Flammen sehen, so dürfen sie nur emsig alle Wälder vernichten, und die Naturgeister (Luftelektrizität!) werden sich derart vermehren, daß die Erde auf einmal in ein Blitzmeer eingehüllt sein wird. Bin Ich es dann etwa, der die Erde durch das Feuer heimsuchen läßt? Ich weiß es aber, daß es *also kommen wird* und darf dennoch nicht hindernd dazwischentreten mit Meiner Allmacht (menschliche Willensfreiheit!), sondern nur durch Meine Lehre an die Menschen ..."

... „Ein natürliches Feuer wird dann viele Orte der Erde verwüsten. Denn es werden die Menschen aus übertriebener Gewinnsucht gleich bösen Würmern in die Tiefen der Erde dringen und darin allerlei Schätze suchen und finden. (Kohle, Öl, Uran!) Wenn sie aber an die mächtigen Lager begrabener Urwälder kommen und sie zur Feuerung und noch vielen anderen Dingen (!) gebrauchen werden, so wird auch das letzte Gericht, das sie sich selbst bereiten, **vor der Türe** sein. Am meisten aber werden die zu leiden haben, die da wohnen in den großen Städten der Mächtigen der Erde. (Industriezentren!) Wo aber in jener Zeit die Menschen in Meiner Ordnung leben, da wird auch kein letztes Gericht zum Vorschein kommen ..."

... „An jenen Punkten, wo sich die Menschen zu große und prachtvolle Städte erbaut haben werden, werden größte Lieblosigkeit, Hochmut und Macht, und daneben die größte Armut, Not und allerlei Elend herrschen. Dort werden Fabriken in größtem Maßstabe errichtet werden, worin statt der Menschenhände Feuer und Wasser (E-Werke!) im Verbande von tausenderlei kunstvollen Maschinen (Automatik!) arbeiten werden. Wenn solches Tun und Treiben durch die höchste Gewalt des Feuers (Atomkraft?) einmal seinen Höhepunkt erreicht hat, dann wird an solchen Punkten die Erdluft zu mächtig mit brennbaren Ätherarten erfüllt werden. Diese werden sich da und dort entzünden und werden solche Städte und Gegenden samt vielen ihrer Bewohner in Schutt und Asche verwandeln. Und auch dies wird eine große und wirksame Läuterung sein ..."

... „Was aber dieses Feuer nicht erreichen wird, das werden große Erdstürme aller Art (siehe Waldverwüstung!) dort bewirken, wo es nötig sein wird. Ohne Not wird da aber nichts verbrannt und zerstört werden. Dadurch wird auch die Erdluft von ihren bösen

Dünsten (Radioaktivität!) befreit werden, was auf alle übrige Kreatur der Erde einen segensreichen Einfluß ausüben und die natürliche Gesundheit der Menschen stärken wird ..."

... „Denket aber nicht, daß Gott dies alles so wolle und darum etwa alles schon so bestimmt wäre! Aber *es wird dennoch so kommen,* wie vor den Zeiten Noahs: Die Menschen werden von ihren vielen Welterkenntnissen und erworbenen Fertigkeiten einen stets böseren Gebrauch machen und freiwillig allerlei Gerichte aus den Tiefen Meiner Schöpfung über sich und am Ende über die ganze Erde heraufbeschwören. (Mißbrauch der Atomkräfte!) Dazu aber sage Ich: Dem selbst Wollenden geschieht kein Unrecht. Die arge Folge blinden Mutwillens ist nicht Mein Wille, sondern das unwandelbare Gesetz der ewigen Gottesordnung, das niemals aufgehoben werden kann ..."

Entartung des sozialen Lebens

„Das ist der Fluch der bösen Tat, daß sie fortzeugend Böses muß gebären", lautet ein Dichterwort Schillers. Dieses Böse im geistigen Sinne ist die Abwendung des Menschen von der wahren, inneren Religion. Mit einer Logik ohnegleichen zeigt sich hier das Gesetz von Ursache und Wirkung und dehnt seine Kreise auf alle Lebensgebiete der Menschheit aus. Wie die mangelnde Kraft einer äußerlich gewordenen Weltkirche das materialistische Denken der jungen Naturwissenschaften entstehen ließ, legten die früheren Ausführungen dar. Welche unermeßlichen, den ganzen Erdkreis bedrohende Gefahren heute durch den Mißbrauch an sich genialer Forschungsergebnisse entstanden, zeigten die angeführten Weissagungen Christi und ihre schon weitgehende Erfüllung in unserer Gegenwart. Lange zuvor aber legte diese Entwicklung den Keim zu einer Entartung auch des sozialen Zusammenlebens der Menschen: ein Fanal, das gleichfalls in seiner Prophetie einst warnend ausgesprochen erscheint.

Noch kein Menschenalter nach Lorber war verstrichen, da traten bereits die ersten Flammenzeichen am Horizonte der Menschheitsgeschichte auf. Sie leiteten eine Umwertung aller

Werte und den Anfang einer Weltwende ein, die seit Beginn des 20. Jahrhunderts mit immer größerer Deutlichkeit ihrem entscheidenden Höhepunkte zustrebt. Mit dem Großaufbau von Industrie und Handel, gestützt auf weltweite Verkehrswege, begann das Konkurrenzstreben der Nationen und der ringende Kampf um die internationalen Absatzmärkte und Rohstoffquellen. Auch das Kolonialsystem mit rücksichtsloser Ausbeutung der gewaltsam eroberten Gebiete erreichte den Höhepunkt und schuf die Vorbedingungen zu jener feindlichen Abwehrstellung der beherrschten Völker, mit der sich unsere Gegenwart auseinanderzusetzen hat.

Die sogenannte Gründer-Epoche des Maschinenzeitalters züchtete den extremen Kapitalismus und die Zinsherrschaft der Banken und Börsen, dem der Liberalismus, eine Wirtschaftsordnung ohne Rücksicht auf das Gesamtwohl helfend zur Seite stand. Dadurch wurde ein Proletariat der Besitzlosen auf den Plan gerufen, das in Not und Elend dahinlebte und nach Befreiung von Knechtschaft und Ausbeutung rief. Dies schuf die Grundlagen des zerstörenden Klassenkampfes, der von der Bewegung des Sozialismus geführt werden mußte und Schritt für Schritt menschenwürdigere Lebensbedingungen für die Entrechteten erkämpfte. Zum Teil aber entartete auch diese soziale Freiheitsbewegung zu einem gänzlich materiell aufgefaßten Kommunismus, der sich vom Liebe-Kommunismus der ersten urchristlichen Gemeinden wie Schatten vom Lichte abhebt.

Vielleicht gerade darum setzte hier „Teufel und Satan" seine stärksten Hebel an, wo Herrschsucht *und* Materialismus, luziferisches Machtstreben *und* geistige Blindheit sich am innigsten die Hände reichen. Was bislang — als Beschränkung menschlicher Willensfreiheit — nur einzelne, geschichtlich begrenzte Erscheinungen hervorrief (geistlicher Zwang der Kirche, staatlicher Zwang der Monarchen, wirtschaftlicher Zwang der besitzenden Schichten usw.), erhob nun als vielköpfige Hydra ihr Haupt, um jede Menschenwürde zu vernichten und Freiheit zu versklaven. Es ist die Schuld der ganzen Menschheit, daß sie in Despotentum und Tyrannei nicht das Walten des Antichrist erkannte und ihn gewähren ließ, in vielerlei Art seine Macht zu stärken. Nun wird die Menschheit die Geister, die sie rief, nicht mehr los. Nun steht sie fassungslos und ohnmächtig vor dem brutalen Angesicht totalitärer Systeme als den sichtbaren Symbolen der Gewalt, des Hasses, der Knechtschaft und einer nicht mehr überbietbaren Gottesferne. Und wüßte nicht der geistverbundene Mensch um das verborgene Wirken des großen Menschheitslenkers und um das Schicksal des apokalyptischen Tieres der Offenbarung, so müßte auch er verzweifeln beim Anblick dessen, was sich ihm nun als letzter Anschauungsunterricht der Weltgeschichte darbietet.

Über allem Leid aber steht Gottes Liebe und Gottes Gerechtigkeit, diese beiden Pole der Schöpfungsordnung. Welchem von beiden sich ein jeder Mensch anheimstellt, danach wird sich auch sein Schicksal gestalten im kommenden Weltgerichte. Darum zeichnen die folgenden Weissagungen nicht nur die sozialen Erscheinungen unserer Tage, sondern auch ihre künftigen Auswirkungen, die ein Menetekel für die „Bedrücker" sind und eine Heilsbotschaft für die „Armen", die heute noch in innerer und äußerer Unfreiheit auf eine Vorsehung hoffen, die ihre Not wendet:

... „Die Machthaber werden sich der Menschen abermals wie der Tiere bedienen und werden sie kaltblütig und gewissenlos hinschlachten, wenn sie sich nicht ohne Widerrede der glänzenden Macht fügen. (Diktatur!) Die Weltmächtigen werden die Armen plagen mit allerlei Druck (Existenzbedrohung!) und werden jeden freien Geist mit allen Mitteln verfolgen. (Zensur, KZ!) Dadurch wird eine Trübsal unter die Menschen kommen wie noch nie eine war. (Verlust aller Lebensfreude.) Aber es werden diese Tage verkürzt werden der vielen Auserwählten willen, die sich unter den Bedrückten vorfinden (die im wahren Glauben Verfolgten), denn wenn dies nicht geschähe, könnten sogar auch diese zugrunde gehen. (Totalvernichtung jeder religiösen Empfindung!) Es werden bis dahin von nun an vergehen *eintausend und nicht noch einmal tausend Jahre ...*"

... „Zwar wird eine reine Gemeinde fortbestehen, jedoch umgeben von völlig glaubenslosen Menschen, die nur gewinnbringende Industrie treiben und sich weder um Meine Lehre, noch um das Heidentum

Roms kümmern werden. (Kapitalismus und Marxismus!) Diese Industriezeit wird aber eine derart karge werden, daß die stolzen Beherrscher mit aller Gewalt sogar Steuern von dem fordern werden, was die Menschen essen und trinken. (Konsumsteuern, Verbraucherabgaben!) Daraus wird entstehen große Teuerung, Not und Lieblosigkeit unter den Menschen, die sich gegenseitig betrügen und verfolgen werden. Da wird eine magere Zeit über die Erde kommen, daß die Armen von der Erde wegsterben. Werden sich die Reichen der Armut annehmen und ihren Wucher einstellen, dann sollen auch die Gerichte aufgehalten werden. Im Gegenfalle aber soll alles ins Verderben geraten, denn es ist dann auch die Erde selbst schon zum Sauerteige geworden ..."

..."Wenn es auf Erden einmal zu viele Epikuräer (Prasser auf Kosten der Armut) geben wird, dann wird bald ein allgemeines Weltgericht über alle Menschen von Gott zugelassen werden. Und das Feuer des Gerichtes wird heißen Not, Elend und Trübsal, wie die Erde eine größere noch nie gesehen hat. Glaube und Liebe werden erkalten und alle armen Menschengeschlechter werden klagen und verschmachten. Aber die Großen und Mächtigen werden den Bittenden nicht helfen ob der Härte ihrer Herzen. So wird auch ein Volk sich erheben wider das andere und wird es bekriegen mit tödlichen Feuerwaffen. Dadurch werden die Herrscher (Staatsführungen) in unerschwingliche Schulden geraten (Rüstungsaufwand!) und werden ihre Untertanen mit untragbaren Steuern quälen, die Teuerungen und Hungersnöte hervorgehen lassen ..."

..."Es werden Zeiten kommen, schlechter als jene, wie sie vor der großen Sündflut Noahs waren. Sie werden dem Golde und Silber (Besitzgier!) ihr Elend zu verdanken haben, und nichts als ein Feuer aus den Himmeln, das da verzehren wird all den Unrat der Hölle, wird die Menschen erlösen von dem Elend des Elends ..."

..."Es werden Zeichen geschehen durch allerlei Gerichte an jenen, die durch Trug und Bedrückung der Armen und Schwachen reich und mächtig, stolz und lieblos geworden sind. Diese werden ohne Glauben an Gott sich nur in alle Lustbarkeiten der Welt stürzen und den armen Mitmenschen kaum mehr den Wert eines gemeinen Tieres erteilen. Wenn dies einmal das Übermaß erreicht haben wird (völlige Versklavung durch die totalitären Zwangsssysteme!), dann folgt ein großes Gericht und eine Sichtung der ganzen Menschheit. Der böse und völlig höllische Zustand unter den Menschen (Gipfel der Machtgier und Herrschsucht!) wird das Gericht sein, das sie sich selbst schaffen werden. Die übergroße Zahl der Armen, Gedrückten und Verfolgten (Flüchtlingsproblem!) wird sich endlich über ihre hochmütigen Bedrücker erheben und ihnen den Garaus machen. Und das wird sein eine zweite Sündflut (Weltaufruhr!) durch das Zornfeuer der am Ende zu arg und mächtig gedrückten Armut ..."

... „Solange nicht die reine Liebe und wahre Demut die Völker leiten wird (Führer mit geistiger Größe!), wird es auch finster bleiben auf dieser Erde. Die im Lichte wandeln, derer wird es stets nur wenige geben. Solange noch weltgroße und über alle Maßen stolze und ruhmsüchtige Herrscher die Welt regieren, wird auch in allen Schichten der Menschheit der Same des Hochmuts und der Mitherrschaft fortwuchern (Bürokratie und Hoheitsdünkel!), und es werden Finsternis, Selbstsucht, Neid, Geiz, Verfolgung und Verrat als die wahren Elemente der Hölle nicht weichen bis zur Zeit des großen Gerichtes, in der die Erde von neuem durch Feuer (natürlich und geistig!) gereinigt wird. Danach wird kein Mächtiger mehr ein Volk der Erde beherrschen, sondern herrschen wird allein das Licht Gottes. (Geist der Erleuchtung.) Und das wird von jetzt an gerechnet *in nahezu zweitausend Jahren* eintreten ..."

Hier wäre auch noch eines inneren Wortes zu gedenken, das Lorber am 20. 12. 1846 empfing und das in seiner damals kaum verstandenen Prophetie heute wie ein Zeitspiegel der letzten Jahrzehnte, aber auch unserer Gegenwart und Zukunftsentwicklung anmutet. Es bekräftigt diese Kundgabe jene großen endzeitlichen Weissagungen der alttestamentarischen Propheten, die über Jahrtausende hinweg das Geschehen *unseres* Zeitalters beleuchten. Aus diesem Lorberdiktat sei hier auszugsweise wiedergegeben:

... „Ich sage dir, da wird alles sein wie Kraut und Rüben durcheinander: Krieg mit Federn, Krieg mit leeren Taschen, Krieg mit Dieben und Räubern als ein Segen des Kommunismus. Dann wirklich Krieg mit dem Schwerte, Krieg mit der Not, Krieg mit Unzucht und Sittlichkeit, Krieg mit dem Teufel, Krieg mit sich selbst, Krieg mit der Menschheit, Krieg mit der Religion, Krieg mit der Weltweisheit und sogar Krieg mit dem Tode! ...

Ich aber werde Mir heimlich die Freiheit nehmen und werde solchem närrischen Kreise ein Ende machen. Das wird dann das Ende sein eines überaus dummen Liedes dieses Geschlechtes!

Siehst du nicht, wie der nordische Eisbär (!) sich die Zähne spitzig schleift? Ihn lüstet schon lange nach den Rindern und Schafen des Südens. Bald wird er aus den Zähnen seines Gebisses lauter Reißzähne geschliffen haben, dann wehe den fetten Rindern und feisten Schafen! Ich sage dir, ihr Fett wird sehr gerinnen an den Eisküsten Sibiriens. Siehe, dieser Eisbär ist einer, der keine Furcht hat vor den Gänsekielen. Aber viel Gold und Silber und sehr viele Reiter, Flinten und Kanonen sind seine Sache. Wehe, wenn er sein Lager verlassen wird. Ich sage dir, er wird siegen durch Macht und durch tyrannischen Großmut! Und das sehr bald, wenn sich die südlichen Rinder und Schafe nicht bald in Löwen umgestalten, in Löwen der Weisheit und inneren Gotteskraft. Nun denke nicht, daß dies alles schon gleich geschehen muß, weil Ich es dir vorhergesagt habe. Sondern es kann so geschehen, wenn diese Menschen sich nicht ändern und in ihrer großen Torheit beharren. Dann erst sage Ich dazu das unerbittliche und unabänderliche Amen! — ..."

Wie heißt es doch beim Propheten *Daniel?* „Und dem Bären wurde geboten: Auf, friß viel Fleisch!" (Dan. 7,5)

DIE ZUKUNFT IM LICHTE DER WEISSAGUNG

Das kommende Weltgericht

„Die Liebe und der wahre Glaube werden völlig erlöschen und an ihrer Stelle wird ein Wahnglaube mit Zwang den Menschen aufgedrängt werden. Meine reine Lehre wird in ein tausendfaches Götzentum ausarten. Daher werden Finsternis, Hochmut und Selbstsucht nicht weichen bis zur Zeit des großen Gerichtes, da die Erde von neuem durch Feuer gereinigt wird." — Dieses prophetische Jesuwort ist der *religiöse* Schlüssel zum Verständnis der Friedlosigkeit unseres Zeitalters, dem die innere Verbindung mit Gott verloren ging. Daher wird das läuternde Gericht als *geistiges Feuer* im Durchbruche der göttlichen Wahrheit bestehen, die den Trugglauben verzehren wird, um die Lichtlehre Christi im Menschengeiste neu aufleuchten zu lassen.

„Die Machthaber werden den Menschen kaum mehr den Wert eines gemeinen Tieres erteilen und werden sie kaltblütig hinschlachten. Der böse und völlig höllische Zustand unter den Menschen wird das Gericht sein, das sie sich selbst schaffen werden durch das Zornfeuer der zu mächtig gedrückten Armen und Verfolgten." — Diese Weissagung Jesu ist der *soziale* Schlüssel zu den Folgen einer Weltentwicklung, die zwischen totaler Versklavung und der Freiheit der Menschenwürde zu entscheiden hat. Als *seelisches Feuer* der Verzweiflung und Empörung glimmt es schon im Gemüte von Millionen, um — wenn das Maß voll ist — zu einem vernichtenden Brande aufzulodern.

„Die Menschen werden mit verborgenen Naturkräften Wunderbares zustande bringen. Aber sie werden von ihren erworbenen Fähigkeiten einen stets böseren Gebrauch machen und werden dadurch allerlei Gerichte aus den Tiefen der Schöpfung auf sich ziehen." — Diese dritte Prophetie Jesu ist der *wissen-*

schaftliche Schlüssel zum Begreifen der Dämonie unseres Atomzeitalters, an dessen Beginn schon drohend die Frage von Sein oder Nichtsein der Menschheit steht. Und das Gericht wird in einem elementar *natürlichen Feuer* gipfeln, dessen Katastrophenumfang noch unvorstellbar ist.

Drei Feuer, ein geistiges, ein seelisches und ein natürliches, werden — ein jedes in seiner Sphäre — alles Widergöttliche, Entartete und Lebensfeindliche in Schutt und Asche legen. Allein, Weltgericht ist weder Gottesstrafe noch kosmischer Untergang, sondern ist geistige Weltwende in eine völlig neue Menschheits-Ära mit Hinwendung zur göttlichen Wahrheit, geboren aus dem Geiste der ewigen Liebe. Wie aber könnte dieses Neue Einzug halten, würde nicht zuvor der gesamte irdische Lebensbereich gereinigt von all dem Unrate, in dem die Menschheitsentwicklung von Jahr zu Jahr tiefer zu versinken droht? Ist es doch so, daß das Weltgeschehen mit seinem tiefverwurzelten Unfrieden nur die innere Friedlosigkeit des Menschen widerspiegelt. Seine Weltangst in jeder Form ist zum Symbol unserer Generation geworden und vergiftet die Seelen ungezählter Millionen, die vergeblich nach einer festen geistigen Daseinsgrundlage suchen.

Die *Kirche* — selbst kraftlos geworden — vermag nicht mehr die Macht des Heiligen Geistes zu vermitteln, der doch jener Paraklet (Tröster) sein soll, welchen Christus den Seinen zu senden versprach, und der allein die Gewißheit vom Endsiege des Geistes über allen Ungeist verleiht. Und die *Wissenschaft*, umstrahlt vom Glanze irdischer Höchstleistungen? Auch sie bietet trotz aller Erfolge keinen lichten Ausblick in die Zukunft. Denn im Solde der Weltmächte und im Dienste einer Todestechnik steigert sie die große Angst ins Ungemessene mit den von ihr eröffneten grauenvollen Möglichkeiten. Und kein Gelehrter kann den Beweis erbringen, ob sie noch Herrin ist oder schon Sklavin jener dunklen Kräfte, die sie auf den Plan rief. Ohne wissende Religion und religiöse Wissenschaft aber sind alle Pfeiler brüchig geworden, die dem Menschheitsbau als tragendes Fundament dienen sollen.

So schuf die Ehrfurchtslosigkeit vor Gott und vor der Heiligkeit des Lebens auch *soziale* Weltzustände, die in der Aufspaltung zu Machtblöcken ein getreues Abbild der irdischen und seelischen Verwüstung darstellen, in die die Menschheit insbesondere durch zwei weltumspannende Kriege geraten ist. Wie oft schon wurde der Ausspruch Christi zitiert: „Wer zum Schwerte greift, soll durch das Schwert umkommen!" Der geistige Sinn dieses Wortes enthält weit mehr als nur die Warnung vor organisiertem Mord. Denn die Wunden, welche die Menschen einander zufügen, werden geschlagen von *seelischen* Schwertern: von Machtwahn und Besitzgier, von Haß und Neid, von Erbarmungslosigkeit und der Mißachtung aller Lebensrechte der Mitmenschen. Nur der irdische Griff dieser Schwerter ist geziert mit den Namen der vielen Systeme, die alle nur *einem* Götzen dienen: der Selbstsucht, die das einzige Gebot des Gottmenschen, jenes der tätigen Liebe, mit Füßen tritt ...

*

Wie bereits an anderer Stelle erwähnt, hat die Kirche den Chiliasmus, die Johannes-Erwartung eines kommenden tausendjährigen Friedensreiches und der Wiederkunft Christi als Ketzerei gebrandmarkt. Durch die Gestaltwerdung der Weltkirche sei dieses Reich auf Erden schon verwirklicht und Christus sei im hl. Sakramente des Meßopfers gegenwärtig. Zahlreiche der besten Geister mußten ihren Widerspruch dagegen mit Kerker, Folterung oder dem Tode büßen. Aber nicht diese Bekenner allein, sondern mehr noch die Geschichte des Abendlandes gab Zeugnis davon, daß weder der Liebegeist Christi in die Kirche eingezogen war, noch das Friedensreich auf Erden in Erscheinung trat. Beide Verheißungen sind noch zukünftig, jedoch heute in eine Nähe gerückt, deren Realität allein aus einer nicht wegzuleugnenden Gegebenheit begründbar ist: aus dem Wendepunkt, an dem die Menschheit unseres Jahrhunderts offenkundig angelangt ist, und aus der Notwendigkeit einer Scheidung der Geister durch ein Weltgericht, das kommen wird, weil es kommen muß.

In diesen von der Kirche abgelehnten Großen im Geiste darf man ebenso inspirierte Verkünder des Kommenden erblicken wie in den erleuchteten Mystikern vergangener Jahrhunderte, die der erstarrten Theologie ihre eigene tiefe Schau der göttlichen Wahrheit entgegensetzten. Und wie Berge über flachen Niederungen ragen die Gestalten jener gotterweckten Seher und Propheten hinaus, die der Menschheit als Mahner und Warner gesandt wurden. Sie waren berufen, der Welt den rechten Weg zu weisen, um das seit Urgedenken angekündigte Gericht zu wandeln in den Segen, der auf dem Einklang des Menschenwillens mit der Ordnung Gottes ruht. Und Jakob Lorber, selbst einer dieser Auserwählten, war es, der im Großen Evangelium die Worte Jesu über die künftigen Verkünder seiner Lehren und Weissagungen niederschrieb:

... „Es durften nie fünfzig Jahre vergehen und es standen schon wieder Männer da, die den Menschen den rechten Weg zeigten. Jetzt kam Ich selbst als Mensch auf diese zu Großem bestimmte Erde. Nach Mir werden gleichfort Männer bis ans Ende der Zeiten zu den Kindern der Welt gesandt werden, und sie werden auch viele bekehren zum wahren Lichte. Die sich nach den Worten der Erwählten richten, für die wird die Erde noch immer einen sicheren Platz haben. Aber die Tauben und Blinden im Herzen werden von Zeit zu Zeit stets wie das Unkraut vom reinen Weizen gesondert, und der überhandgenommene Unflat wird von der Erde entfernt und in eine andere Reinigungsanstalt kommen, an der es in Meinem ewig großen Reiche wahrlich keinen Mangel hat ..."

... „Eine Art läuterndes Feuer wird darin bestehen, daß Ich schon etliche hundert Jahre vor dem Endgerichte stets heller erleuchtete Seher, Propheten und Knechte erwecken werde. (Böhme, Swedenborg, Lorber! D. Vf.) Diese werden die Menschen klar und wahr über Mein Wort belehren und sie dadurch befreien von allerlei Trug und Lüge, durch die sich die falschen Propheten und Priester Meines Namens in nicht allzu langer Zeit den Weg zu ihrem Untergange bahnen werden ..."

... „In späterer Zeit werden abermals, knapp vor einem großen Gerichte, Seher erweckt werden. Sie werden nicht durch Wundertaten, sondern allein durch das reine Wort wirken, ohne eine andere auffallende Offenbarung zu erhalten als nur die des lebendigen *inneren*

Wortes im Gefühl und in den Gedanken ihrer Herzen. Zur Zeit der letzten Seher und Propheten wird eine große Bedrängnis auf Erden herrschen, wie sie noch niemals zuvor war. Manche werden diese Boten anhören und sich bessern, aber die große Welt wird sie für irrsinnige Schwärmer halten und ihnen nicht glauben, wie dies auch mit den alten Propheten der Fall war ..."

... „Es wird eine große Trübsal unter die Menschen kommen und keiner wird dem anderen als verläßlicher Führer dienen können. Der eine wird rufen: Siehe, hier ist die Wahrheit! und ein anderer: Da und dort ist sie! — aber alle, die so schreien, sind im Falschen über und über. Die wahren Propheten erweckt Gott stets in aller Stille, und sie werden, wie stille Wasser, nie einen Lärm in der Welt machen ..."

... „Wenn von nun an *eintausend und nicht ganz tausend Jahre* verflossen sind und Meine Lehre in der tiefsten Materie begraben sein wird, da werde Ich wieder Männer erwecken, die das hier Geschehene wortgetreu aufschreiben (Lorber und seine Nachfolger! D. Vf.) und in einem großen Buche der Welt übergeben werden. (Das Gr. Evangelium Johannis!) ..."

... „In einem künftigen großen Weltgerichte will Ich der Hure Babels ein völliges Ende bereiten, in einem Gerichte wie zur Zeit Noahs. Es werden große Zeichen geschehen auf der Erde, dem Meere und am Himmel. Und Ich werde Propheten aufstehen lassen, die werden aus Meinem Worte weissagen und mehrfach das kommende Gericht verkünden. Aber der Hochmut der Menschen wird ihrer spotten und wird sie als Narren verlachen. Dies jedoch wird das sicherste Zeichen sein, daß das große Gericht bald eintreffen und durch das Feuer alle Täter des Übels verzehren wird. Auch werden in derselben Zeit so manche Jünglinge Gesichte haben und Mägde weissagen von den Dingen, die da kommen. Wohl denen, die sich dadurch bessern und wahrhaft bekehren ..."

... „Die echten Kinder der Welt mit ihrer Überklugheit aber lasset und rufet sie nicht, auf daß ihr Ruhe habt vor dem Drachen und seinem Anhang. Denn er wird sich auf eine Zeitlang eine große Macht aneignen und wird seine Feinde gar übel behandeln, wodurch er sich jedoch selbst sein Gericht und seinen Untergang bereiten wird ..."

*

Vorstehende Weissagungen fanden ihre Erfüllung durch das religiöse Schrifttum vieler geistig erweckter Männer der vergangenen Jahrhunderte, von denen an späterer Stelle noch einige zu Wort kommen sollen. Aber auch so manche Sektengründung beweist, daß sich die Prophetie vom Weltgericht trotz Ablehnung der Kirche niemals totschweigen ließ, sondern sich als Erwartung lebendig im übersinnlichen Bewußtsein der Menschheit erhielt. Diese Erwartung gründet sich jedoch keineswegs nur auf die Verkündung vergangener Propheten, sondern wird in unserer Gegenwart stärker denn je angefacht: nicht nur durch die sichtbaren Zeichen der Zeit, sondern auch durch heutige Kundgaben des mystischen „inneren Wortes", vermittelt durch die wenigen dazu Berufenen. Ferner soll auch der sogenannte „Offenbarungs-Spiritualismus" nicht zu gering eingeschätzt werden, da hochstehende entkörperte Geistwesen die Realität und Nähe eines Menschheitsgerichtes aus ihrer ungebundeneren Schauung klarer wahrzunehmen vermögen, als es hier dem erdverhafteten Verstande gewährt ist. Demgemäß ergehen auch zuweilen aus diesen feinstofflichen Sphären immer neue und dringlichere Mahn- und Weckrufe an die Menschheit, um sie auf das Kommende vorzubereiten. Prophetenworte und Jenseitsbotschaften wenden sich zwar an alle Menschen, doch setzt ihr Begreifen ein geistig fundiertes Weltbild der Empfänger voraus. Wie wenige aber sind ihrer inmitten einer Welt, die teils in einem Scheinglauben lebt, zum Teil jedoch gänzlich dem Unglauben des Materialismus verfallen ist!

Wenden wir uns nun den Offenbarungen des Lorberwerkes zu, die sich nicht nur mit der Ankündigung, sondern mit dem Verlaufe des Weltgerichtes selbst befassen, so ist folgendes festzustellen:

Die Weissagungen Jesu Christi wiederholen immer wieder jenen Zeitpunkt *„nach nahezu zweitausend Jahren"* als den kommenden Höhepunkt ihrer Erfüllung. Nicht weniger als dreißigmal kehrt dieser Hinweis im Großen Evangelium wieder. Und das mit einer Eindringlichkeit, welche die Wahl unseres Buchtitels voll gerechtfertigt erscheinen läßt. So deuten Voraussagung von einst und Weltlage von heute gemeinsam auf die gewaltige Wende hin, deren Zeuge die zweite Hälfte unseres Jahrhunderts sein wird. Die Ursachen dazu sind bereits gelegt, die Auswirkung kann nach geistigen und natürlichen Gesetzen nicht ausbleiben.

Das Gericht wird als ein universelles bezeichnet, dem alle Naturreiche und die gesamte Menschheit unterworfen werden. Die innere Beschaffenheit jedes Einzelnen wird entscheiden, ob ihm das Weltgericht zum Segen oder zum leiblichen, wenn nicht gar seelischen Untergang gereicht. Darum das Wort von der „Scheidung der Geister". Erschütternd ist die erste der nachfolgenden Weissagungen, wonach kaum *ein* Drittel der Früchte (= die Menschheit!) zur erforderlichen Reife gelangt, während *zwei* Drittel dem auflösenden Wandlungsprozeß verfallen. Dies deutet in symbolischer Sprache die ungeheure Veränderung an, die sich innerhalb der Menschheit vollziehen wird. Auch im biblischen Matthäusevangelium finden sich ähnliche Hinweise auf die Wucht und Größe jenes trennenden Geschehens.

Durch die seltsame, jedoch dem Erkennenden völlig klare Wechselwirkung zwischen der naturgeistigen Elementarwelt und den Kräften des Seelenmenschen wird begreiflich, daß es der *Mensch selber* ist, der an den entfesselten Naturgewalten und den kommenden Großkatastrophen die meiste Schuld trägt. Daß dabei Feuer die führende Rolle einnimmt, wurde bereits dargelegt. Hier noch eine Bemerkung zu der nicht leicht verständlichen Weissagung vom „Feinde aus den Lüften", der ein großes Verderben bringen soll und dennoch die Menschen guten Willens verschonen wird:

Gott bedient sich keiner übernatürlichen Wunder, sondern der Menschenwerke selbst, um sein Ziel zu erreichen. So dürfte dieser „Feind" wohl kaum als ein kosmischer Eingriff von außen, und noch weniger als eine Ufo-Invasion der Fliegenden Scheiben zu deuten sein. Vielleicht kommen wir der Wahrheit näher, in diesem Ereignis die Wirkung der unheilvollen *Radioaktivität* zu vermuten, die schon heute als „Feind Nr. 1" der Menschheit gilt und „in den weiten Lufträumen der Erde" (Ätherregion) sich zunehmend verstärkt. Ihre weitere Steigerung durch den Atommißbrauch könnte zu ganz neuartigen

Seuchen und Epidemien, auch *psychischer Natur,* führen, die einen beträchtlichen Teil der Menschheit hinwegzuraffen imstande wären. Warum aber soll dieser Feind die „Guten", d. h. die in der Ordnung Gottes Lebenden verschonen? Weil bei diesen der Geist Herr über die Körpernatur ist und die Seele stark macht. Eine gesunde Seelenstrahlung aber schützt auch den physischen Körper vor tödlichen Infektionen und „Pestilenz" — eine Wahrheit, auf die schon der große Arzt und Seher *Paracelsus* in seinen Schriften hinwies. -- Dies ist eine der möglichen Deutungen, ohne daraus ein Dogma machen zu wollen.

Wie jede echte Prophetie haben auch die Worte Jesu stets eine buchstäbliche und eine innere Sinngebung. Wenn daher als Teilwirkungen des großen Gerichtes Erscheinungen wie Feuer, Blitze, Erdbeben, Überschwemmungen u. dgl. genannt werden, so sind darunter außer den naturhaft realen Vorgängen auch solche seelischer Art zu verstehen. Hier wäre wieder auf die Wichtigkeit und Kenntnis der vergleichenden Entsprechungssymbolik zu verweisen, die beides miteinander verbindet.

Aus den vielen Zukunftsworten Jesu hier einige Stellen, die das zu erwartende Weltgericht kennzeichnen:

... „Es wird die Zeit kommen, in der alle diese verborgenen Dinge sollen der Welt geoffenbart werden. Vorher werden noch viele Bäume ihr unreifes Obst von den Zweigen müssen fallen lassen, denn es wird wohl kaum ein Drittel zur Reife gelangen. Aber die zwei *abgefallenen* Drittel werden *früher* zertreten und müssen verfaulen und verdorren, damit sie dann ein Regen auflöse, und in den Stamm treibe ein mächtiger Wind zur zweiten Geburt ... "

... „Ich werde die wenigen Rechten und Besseren zu schützen und bewahren wissen. Die anderen aber will Ich ihrem eigenen Willen freigeben und will von ihnen nehmen allen Meinen Verband, wodurch sie in kurzer Zeitfolge gänzlich von der Erde Boden wie nichtige Schemen verschwinden werden. Ich will die Erde also sichten, daß die übriggebliebenen Besseren *tagelange Reisen* machen müssen, bis sie auf ein Wesen ihresgleichen stoßen werden. Wird aber die Erde völlig gereinigt sein, dann will Ich von ihr bis zu den Himmeln eine Brücke bauen, über die alle Hand in Hand wandeln sollen ..."

... „Für länger als *höchstens zweitausend Jahre* von nun an werden die gebesserten Menschen abermals nicht halten. Es wird dereinst noch ärger werden als jetzt, denn die Welt wird allezeit Welt bleiben. Ich aber werde die Meinen stets führen und werde Mein Gericht über die arge Welt ausbrechen lassen, wenn neben ihrem Tun und Treiben kein Fünklein des wahren Lebenslichtes aus Gott mehr bestehen kann. Zwar wird die Zahl der Meinen auf Erden stets kleiner sein als die der Weltkinder. Aber am Ende werden dennoch die Meinen siegen über alle Welt, denn alle Materie wird der Macht des Geistes weichen müssen ..."

... „Es ist von Mir aus in dieser Welt allem ein Maß gesetzt. Wenn einmal gar zu viele Menschen sich werden im Vollmaße ihres Bösen befinden, dann wird von Mir der wenigen Guten und Auserwählten willen die Zeit ihres ungestraften argen Waltens abgekürzt werden. Und ihr *eigenes* Gericht wird sie vor den Augen der Gerechten verschlingen, wie dies zu Noahs, Abrahams und Lots Zeiten teilweise der Fall war und einst wieder im größten Maße stattfinden wird. Da werden die Gottesleugner und die stolzen Betrüger und Bedrücker vom Erdboden hinweggefegt und die Gläubigen und Armen aufgerichtet. Wenn einmal die armen Menschen beginnen, durch die maßlose Bedrückung den Erdboden mit ihren Tränen zu befeuchten, dann ist das große geistige Frühjahr in die Nähe gekommen, und solches wird geschehen nach *nahezu zweitausend Jahren*. Da will Ich eine größte Sichtung über die ganze Erde ergehen lassen, und nur die Guten und Reinen werden erhalten bleiben ..."

... „Gegen Ende der angezeigten Zeit werde Ich stets größere Propheten erwecken, und mit ihnen werden sich auch die Gerichte mehren und ausgedehnter werden. Da werden große Erderschütterungen kommen und verheerende Stürme der Elemente, sowie Teuerungen, Kriege, Hungersnot und viele andere Übel. Auch werden pestilenzartige Krankheiten ausbrechen, wie sie unter den Menschen bisher noch niemals auftraten. Der Glaube wird außer bei höchst wenigen erlöschen und die Liebe im Eise des Hochmuts ganz erkalten. Zwar werden die Menschen gewarnt werden durch Seher und besondere *Zeichen* am Firmamente, aber die Weltklugen werden das alles nur den blinden Naturkräften zuschreiben und für seltene Wirkungen der Naturgewalten ansehen ..."

... „Am Ende wird eine größte Offenbarung geschehen durch Meine abermalige Darniederkunft (im Geiste! D. Vf.) auf dieser Erde. Ihr aber wird vorangehen ein allergrößtes und schärfstes Gericht und nachfolgend eine allgemeine Sichtung der Weltmenschen durch das Feuer und sein Geschoß, damit Ich dann eine *neue* Pflanzschule für wahre Menschen werde auf Erden errichten können. Von jetzt an werden *nicht volle zweitausend Jahre* vergehen, bis das große Gericht vor sich gehen wird. Es wird ein offenbar jüngstes, zugleich aber auch letztes Gericht auf dieser Erde sein. Von da an wird erst das Paradies auf eure Erde gesetzt werden..."

..."In dieser Zeit werden sich die Menschen nicht kümmern um die Stimmen Meiner Erweckten. Ich aber werde die Welt mit allen ihren Lieblingen dem zerstörenden Feuer preisgeben, zu dessen Entstehung die dermaligen unbußfertigen *Menschen* selbst das allermeiste beitragen werden. Dies wird das letzte Gericht auf dieser Erde sein, zu dem kleine Anfänge bald nach unserer Zeit gemacht werden. Ihr müßt freilich nicht denken, daß dieses Feuer zugleich an allen Punkten der Erde hervorbrechen wird, sondern nur nach und nach, auf daß den Menschen noch immer zur Besserung Zeit und Raum gegeben wird. Auch werden da kommen große Stürme am Lande und Erdbeben, und das Meer wird an vielen Orten die Ufer gewaltig überfluten. Da werden die Menschen in große Furcht und Angst geraten in Erwartung der Dinge, die über die Welt kommen werden..."

..."Die sich groß und mächtig Dünkenden sollen gezüchtigt werden. Aus dem gärenden Sauerteig der Selbstliebe wird sich in den kalten und finsteren Menschenherzen eine böse Luft entwickeln, die alles wahre Leben in Gott erdrückt. Aber das Elend der Armen und Verfolgten wird den lange ruhenden Zorn Gottes erwecken, und es wird ergehen ein namenloses Gericht über alle Wechsler, Makler und Wucherer. Dann werden die Gerechten Gott preisen und die Herzlosen allem fluchen, das ihnen entgegentreten wird. Wohl denen, die dann noch das Lebenswasser in sich nicht ganz für irdischen Gewinn verdampft haben. Denn so das große Gerichtsfeuer aus den Himmeln kommt, wird es ihnen nichts antun können, weil sie ihr eigenes Lebenswasser (Außenlebenssphäre, Seelen-Aura! D. Vf.) davor schützt. Danach erst werden der wahre Lebensfriede und seine Gottesordnung einander die Hände reichen, und Zwietracht und Hader wird nicht mehr sein unter den Verbliebenen, die die gereinigte Erde bewohnen..."

..."Wenn die Zahl der Reinen und Guten wie zur Zeit Noahs sich sehr verringern wird, dann soll die Erde abermals beschickt werden mit einem *allgemeinen* Gerichte, in dem weder der Menschen, noch der Tiere und Pflanzen geschont wird. Es werden da den stolzen Menschen nichts mehr nützen ihre feuer- und todspeienden Waffen, nichts ihre Burgen und ehernen Wege, auf denen sie mit der Schnelligkeit eines Pfeiles dahinfahren. Denn es wird ein *Feind aus den Lüften* angefahren kommen und wird sie alle verderben, die da allezeit Übles getan haben. Und Ich werde zerstören all die Krämer- und Wechslerbuden durch den Feind, den Ich aus den weiten Lufträumen der Erde zusenden werde wie einen dahinzuckenden Blitz mit großem Getöse. Wahrlich, gegen den werden vergeblich kämpfen alle Heere der Erde! Aber Meinen wenigen Freunden wird der große, unbesiegbare Feind kein Leid tun und wird sie verschonen für eine ganz neue Pflanzschule, aus der neue und bessere Menschen hervorgehen werden..."

..."Alle, die Mir treu verbleiben im wahren Glauben und in tätiger Liebe, sollen von dem Gerichte verschont werden. Denn Ich selbst werde Mich für sie mit einem Schwerte umgürten und vor ihnen ins Feld ziehen. Meinem Schwerte wird ein jeder weichen müssen, und sein Name wird heißen *„Immanuel"* („Gott mit uns"). Seine Schärfe wird sein die *Wahrheit,* und seine Schwere die *Liebe* aus Gott, dem Vater seiner getreuen Kinder..."

*

Es ist begreiflich, daß sich dem Leser die erwartungsvolle Frage nach dem *Höhepunkt* der geweissagten Gerichte aufdrängt, die in ihrer Gesamtheit das große Weltgericht bilden. Zwar hat dieses schon seit Christi Geburt den Anfang genommen, doch strebt es seit den beiden Weltkriegen unseres Jahrhunderts sichtlich einem dramatischen Endpunkte zu. Ob in wenigen Jahren oder Jahrzehnten, liegt im Schoße der Zukunft. Geradezu das Kennzeichen jeder echten Weissagung ist es, keine genauen Zeittermine oder Jahreszahlen auszusprechen. Denn — wie in den allgemeinen Bemerkungen über Prophetie erwähnt — resultiert deren frühere oder spätere Erfüllung aus der Handlungsweise der Menschheit, in der seit eh und je der Kampf zwischen den Kräften des Guten und Bösen hin und her wogt. Hier sei an das obzitierte Wort des Herrn erinnert: „Alles auf dieser Welt hat sein Maß". Dieses Maß des Bösen voll zu machen, scheint nun unserer Generation, oder besser gesagt ihrer verblendeten Führung vorbehalten. Verschlagene Diplomatie und Wortbruch, kaltblütige Schlachtenplanung, Profithoffnung von Kriegsverdienern, Skrupellosigkeit der Wissenschaft im Solde der Todesrüstung und die völlige Ohnmacht der Kirche gegenüber dem Weltgeschehen sind — im Hinblick auf das von Jesus entworfene Bild der Endzeit — unmißverständliche Zeichen, wie nahe oder ferne wir dem letzten Gerichte stehen.

Ob sich dieses Maß noch steigern läßt, und wann das *Vollmaß Luzifers* hier erreicht ist, dürften bereits die nächsten Jahre erweisen. Dafür genaue Termine zu prophezeien, wäre ein Abgleiten in Wahrsagerei, mit der weder die religiöse Weissagung noch unser Buch hierüber etwas zu tun hat. Es sollte genügen, daß die zweite Hälfte des 20. Jahrhunderts („nahe an zweitausend Jahre!") schon zu Beginn eindeutig erkennen läßt, daß eine gewaltige Wende aller Dinge notwendig geworden ist, wenn nicht die Menschheit auf ihre Daseinsgrundlage, auf ein neues friedliches Zusammenleben der Völker und auf jeden geistigen Fortschritt für immer verzichten will. Fast scheint es so, als ob kein Weltproblem mehr einer Lösung durch den Menschen fähig wäre. Aber über aller menschlichen Planung steht die Liebe und Weisheit Gottes. Und auf die Bitte von Millionen Erwachender „Erlöse uns von dem Übel" wird Gott mit der Mobilmachung neuer geistiger Kräfte in der Welt antworten. Denn es steht im Evangelium geschrieben: ... „Und die Kräfte der Himmel werden sich bewegen ..."

*

Zum Abschluß dieses Kapitels soll den nach Zeitpunkt und Beweisen fragenden Lesern nicht vorenthalten werden, daß auch zwei politisch erfüllte Weissagungen als Zeichen vom Eintritt der „Endzeit" gewertet werden können. Das eine Ereignis wurde bereits erwähnt. Es ist die Gründung des Staates *Israel* als völkischer Zusammenschluß der Juden, denen Jesus prophezeit hatte, daß sie „bis an das Ende der Zeiten" zerstreut blieben und kein eigenes Land mehr bekämen.

Die andere Voraussagung betrifft das Kaiserreich *Japan*, das im Jahre 1945 erstmalig in seiner Geschichte von einer fremden Macht, den USA. zwangsweise besetzt wurde. Und im Lorberwerk „Die zwölf Stunden" (entstanden um 1850) können wir lesen:

... „Nicht lange mehr und es naht der vernichtende Moment auch für Japan. Wenn ihr hören werdet, daß diese Monarchie preisgegeben wird fremden Völkern, so wisset, daß da das Ende der Dinge nicht mehr ferne ist ..."

Japan — Hiroshima — erste Atombombe — Fanal und Beginn der Endzeit! *Zwei* Weltkriege als Vorläufer, aber auch schon als Teile des Endgerichtes genügten nicht, um der Menschheit die Augen zu öffnen, wohin ihr Weg ohne Gott und ohne die Liebe führt. Wird es zu einem dritten, letzten Weltkrieg kommen, der das widergöttliche Tun krönt und „das Maß voll macht"? Es muß nicht unbedingt ein militärischer Krieg sein, von dem die letzte, hier abschließende Weissagung handelt. Wohl aber ein Geschehen, das wiederum weltumspannend ist und die gesamten Bewohner der Erde richten und sichten wird. Diese Prophezeiung entstammt dem Buche Lorbers „Die Jugend Jesu" und lautet:

„Ein mächtiges *Feuer* aus der Höhe wird kommen über die Gebeine der Frevler und wird sie verzehren zu Staub und Asche. Der Herr aber wird *dreimal* (!) um die *Brandstätte der Welt* ziehen, und es wird ihn niemand fragen: Herr, was tust Du? Und beim dritten Male erst soll der letzte Strahl des Zornes von der Erde genommen werden!" ...

Erneuerung der Religion

Diese unabdingbare Notwendigkeit ist der Kern und das tragende Fundament aller in die Zukunft weisenden Prophetien. Was darüber hinaus noch an Wandlung der Wissenschaft, der Kultur und des sozialen Lebens vorausgesagt wird, ist nur Folge und Auswirkung des einen, großen Geschehens: der

Wiederkunft des Christusgeistes im Menschen! Mag dieses, dem bloßen Verstande unzugängliche Ereignis heute noch vielfach mißverstanden und die „Wiederkunft Christi" von manchen Sekten der Erwartung als ein neues irdisches Erscheinen Jesu aufgefaßt werden, die Worte des Heilands im Großen Evangelium geben dazu keinen Anlaß. „Wenn Ich abermals auf die Erde komme" — das bedeutet nach Jesu eigener Auslegung nicht mehr irdische Wiedergeburt des Gottessohnes, sondern geistige Neugeburt der Menschheit durch Einströmen jenes göttlichen Licht- und Kraftstromes, den allein wir den „Heiligen Geist" nennen sollen. Daß dieser keine „dritte Person Gottes" darstellt, sondern die alles erfassende Ausstrahlung des ewigen Christus, des lebendigen Schöpfungswortes in die reif gewordenen Menschenherzen, wird in einer totalen Erneuerung der Religion und ihrer irdischen Mittlerin Kirche offenbar werden.

Was da an Kommendem geweissagt ist, wird jedoch kein plötzliches übernatürliches Ereignis bilden, sondern ist der geistige Entwicklungsvorgang einer langdauernden neuen Menschheitsepoche, die in der Offenbarung als das „Tausendjährige Reich des Messias" bezeichnet ist. Indessen ist das vorangehende „Weltgericht" mit seinen gewaltigen Umwälzungen aller Begriffe und Dinge — teils zukünftig, teils schon gegenwärtig — *das Mittel*, um den Boden dafür vorzubereiten und die Seelenwelt der Menschheit aufgeschlossen zu machen. Es wird gleichsam die Vorbedingungen schaffen zu jenem „Metanoite", das schon der Täufer Johannes einst forderte. Biblisch wird dieser Ruf zwar mit „Tut Buße!" übersetzt, allein sein innerer Sinn ist „Wandelt euch, wendet euch dem Geiste zu!" Was einst Forderung war, das soll nun Wirklichkeit werden durch das Licht der Wahrheit, das aus dem Geiste Christi in Millionen Menschen guten Willens Einzug halten wird. Gibt es eine noch größere „Wiederkunft des Herrn" als diese?

Es liegt im Wesen der göttlichen Wahrheitsmacht, daß sie allen bisherigen Scheinglauben auflösen wird, den sich die Christenheit durch fast zweitausend Jahre als äußere Kirche aufgebaut hat. Wenn die folgenden Weissagungen von falschen Propheten, Priestern und Lehrern sprechen, so darum, weil im Lichte göttlicher Wahrheit alles, was kalte Theologie, Dogmatismus, Buchstabenglaube, Zeremonien- und Opferdienst, Kult und Kirchenbrauch ist, keine wahre „re-ligio", das heißt Wiederverbindung mit Gott herzustellen vermag. Das kann nur der Gottesfunke *im Menschen* bewirken, und dieser bedarf hiezu keiner Mittler, sondern nur der Aufgeschlossenheit der Seele und der Wärme des Menschenherzens.

Darum wird die Wiederkunft Christi auch die Wiederherstellung seiner lichten Liebes- und Lebenslehre bringen. Und einen neuen, herzerleuchtenden Glauben, der auch die Vernunft des Menschen erhellt und ihm das Wesen Gottes, wie den Zweck der ganzen Schöpfung nahebringen wird. Zwar ist dieser Sieg des Geistes unverrückbar geweissagt, doch werden sich die Kräfte des alten Scheinglaubens noch lange wehren, bis die aufgehende Morgensonne der Wahrheit in der Menschheit alle Nebel aufgelöst haben wird.

Und noch eines ist prophezeit: Christus im Menschengeiste, als die „Neue Kirche" oder das „Neue Jerusalem", wird bei ungezählten Menschen eine metaphysische Erweiterung ihres Bewußtseins hervorrufen. So zwar, daß für sie durch inneres Schauen die Trennwand zwischen Materie und Geist, zwischen der äußeren Naturwelt und den jenseitigen Sphären zu fallen beginnt. Was heute unbewiesener Zwangsglaube ist, soll lebendige Wirklichkeit werden, und diese wird von der Menschheit den bösen Stachel der Todesfurcht und alle Zweifel hinwegnehmen. Schon Paulus deutet diesen einstigen Zustand an mit den Worten: „Wir sehen jetzt durch einen Spiegel in einem dunklen Wort, dann aber von Angesicht zu Angesicht ..."

Den geistig vollerwachten Menschen aber ist die Gabe des „Inneren Wortes" verheißen, das sie — selbst vom Gottesgeiste gelehrt — zu echten Lehrern ihrer Mitmenschen machen soll: zu wahren Priestern und Propheten, die das Himmlische mit dem Irdischen verbinden.

Alles das und mehr noch ist den nachstehenden Weissagungen des neuoffenbarenden Lorberwerkes zu entnehmen:

... „Wenn am geistigen Horizonte aufgehen werden die helleren Morgenboten, so wird dies ein Zeichen sein, daß ihnen bald die große Lebens- und Wahrheitssonne folgen wird. Und ihr hellstes Licht wird ein unerbittliches Gericht sein für alle Lüge und allen Trug. Und die Lüge wird samt ihren Jüngern und ihrem Weltpompe hinabgeschleudert werden in den Abgrund der Verachtung, des gerechten Zornes und der Vergessenheit. Da werden die Freunde der Wahrheit jubeln, aber ihre Feinde werden heulen und zähneknirschen und werden sich mit ihren wenigen Getreuen in finstere Winkel verbergen. Ich selbst als die ewige Wahrheit werde in jener Sonne weilen, und durch ihr Licht bei den Menschen als Leiter ihres Lebens und ihrer zeitlichen und ewigen Geschicke ..."

... „Die falschen Priester Meines Namens werden durch ihre Zeichen und Trugwunder viele Menschen verführen und sich dabei große Schätze, irdische Reichtümer, Macht und Ansehen erwerben. Aber durch Mein Feuer und sein hellstes Licht werden sie alles verlieren und völlig zugrunde gehen. Denn Ich werde Meine Getreuen und Heerführer wider sie erwecken und ihnen den Sieg verleihen, und so wird die Nacht und ihre Boten auf Erden ein Ende nehmen. Wie diese Nacht jetzt in den heidnischen und sinnlos blinden Zeremonien besteht, so wird sie auch in jenen Zeiten bestehen, wird aber durch das Feuer der Wahrheit aus den Himmeln gänzlich zerstört werden. Nicht lange wird der finsterste Zustand währen, und es wird kommen, daß diese falschen Propheten sich selbst werden den Todesstoß versetzen. Denn es wird Mein Geist unter den vielfach bedrängten Menschen wach werden, bevor noch *tausend und nicht eintausend Jahre* von nun an vergehen. Da wird die Sonne des Lebens gewaltig zu leuchten beginnen, und die Nacht des Todes wird in ihr altes Grab zurücksinken ..."

(Das Schlußbild der visionären Geistesschau vom Neuen Babel, vgl. Seite 46:) ... „Nun sehet abermals, wie der Mann am Throne Versuche macht, sich aufs neue zu erheben, umgeben von seinen schwarzen Rotten, und einige Könige reichen ihm die Hände zur Hilfe. Aber die solches tun, werden alsbald ohnmächtig, und ihre Völker reißen ihnen die Kronen vom Haupte und geben sie den starken Königen. Und sehet: nun sinkt sein Thron und die starken Könige eilen herbei und zerteilen ihn in mehrere Teile, womit für ihn nun alle Macht,

Höhe und Größe untergeht. Wohl schleudert er noch Pfeile und matte Blitze um sich, aber sie beschädigen niemand mehr, denn die allermeisten kehren auf ihn selbst zurück und verwunden ihn und seine matten Horden. — Nun seht, wie sich aus lichten Wölklein eine neue Erde bildet! Es sind das Vereinigungen von solchen Menschen, die von der göttlichen Wahrheit durchleuchtet sind. Sie rücken zusammen und bilden nun einen großen Verein. Und das ist die neue geistige Erde, über der sich ein neuer Himmel ausbreitet voll Licht und Klarheit..."
— (Dieses Bild endet also beim „Neuen Jerusalem", der neuen geistigen Kirche.)

... „Da wird der Baal gleich der großen Hure Babels gestürzt werden, und das Licht des lebendigen Wortes in den Herzen vieler Menschen wird die Bedrängten und Gebeugten aufrichten und erlösen. In jener Zeit werden die Menschen vielfach Umgang haben mit den reinen Geistern Meines Himmels. Diese werden ihre Lehrer sein und sie in allen Geheimnissen des ewigen Lebens in Gott unterweisen. Wenn Ich im lebendigen Worte vor allen auftreten werde im wahren Himmel, der im Herzen des Menschen ist, dann ist das Gericht der Welt da. Der rechte Mensch wird dann eingehen in Meine Herrlichkeit, aber die Täter des Übels sollen verzehrt werden vom Feuer Meiner Wahrheit und werden eingehen in das Reich ihrer bösen Werke ... Wünschet euch dieses Weltgericht nicht zu eilig vor der Zeit! Es wird noch zu früh da sein, selbst für euch und mehr noch für die, welche da gerichtet werden! Denn im *Gerichte* sind Liebe und Erbarmung ferne ..."

... „Alsdann werde Ich Engel mit großen Ausrufposaunen unter die armen Menschen senden. Diese werden die im Geiste tot gemachten Menschen der Erde gleichsam aus den Gräbern ihrer Nacht erwecken. Und wie eine Feuersäule von einem Ende der Welt zum anderen werden sich viele Millionen Geweckter hinstürzen über die finsteren Weltmächte und keiner wird ihnen mehr einen Widerstand zu leisten vermögen. Und Ich selbst werde Meine Kinder auf dem rechten Wege leiten immerdar ..."

... „In jenen Zeiten wird Meine Lehre nicht mehr verhüllt, sondern völlig dem himmlischen und geistigen Sinne nach enthüllt gegeben werden. Und darin wird das Neue Jerusalem bestehen, das aus den Himmeln auf die Erde herabkommen soll. In seinem Lichte wird den Menschen erst klar werden, wie sehr ihre Vorgänger von den falschen Lehrern und Propheten betrogen wurden. Sie werden dann nicht mehr

Mir und Meiner Lehre die Schuld geben, sondern den höchst selbstsüchtigen Lehrern, denen der Lohn für ihre Arbeit erteilt werden wird..."

... „Wenn Meine wahre Lehre unter die Menschen guten Willens und tätigen Glaubens gebracht sein wird und zum wenigsten *ein Drittel* der Menschen davon Kunde haben wird, so werde Ich auch hie und da persönlich im *Geistleibe* sichtbar zu denen kommen, die Mich am meisten lieben und dafür auch den lebendigen Glauben besitzen. Und ich werde aus ihnen selbst Gemeinden bilden, denen keine Macht der Welt mehr Trotz und Widerstand zu leisten vermag... Bei Meiner zweiten Wiederkunft werde Ich nicht mehr von einem Weibe als Kind geboren werden, denn dieser Mein Leib bleibt verklärt, so wie Ich als Geist in Ewigkeit..."

... „Ich werde da nicht allein kommen, sondern all die Meinen aus den Himmeln werden in übergroßen Scharen kommen und stärken ihre noch im Fleische wandelnden Brüder. Und so wird eine wahre Gemeinschaft zwischen ihnen entstehen, was der Menschheit zum größten Troste gereichen wird..."

... „Nur der Mensch, der Meine Lehre annehmen und nach ihr leben wird, soll *in sich* das Licht, die Wahrheit und den Lebensfrieden finden. Wenn ich zum zweiten Male in diese Welt komme, dann wird auch unter den Völkern der Erde das Gären, Kämpfen und Verfolgen ein Ende nehmen. Ich aber werde nie mehr in einem Tempel, von Menschenhand erbaut, Wohnung nehmen, sondern nur im Geiste und Herzen derer, die Mich suchen, Mich bitten und Mich über alles lieben..."

... „Es gibt ein großes Land im *fernen Westen,* das von allen Seiten vom Weltozean umflossen ist und nirgends mit der alten Welt zusammenhängt. Von jenem Lande ausgehend werden die Menschen zuerst große Dinge vernehmen und diese werden auch im Westen Europas auftauchen. Es wird daraus ein helles Strahlen und Widerstrahlen entstehen, denn die Lichter der Himmel werden sich begegnen, erkennen und einander unterstützen. Aus diesen Lichtern wird sich die Sonne des Lebens, das vollkommene Neue Jurusalem gestalten, und in dieser Sonne (Lehre) werde Ich wiederkommen auf die Erde..."

... „Hier, wo Ich von einem Orte zum anderen von den Juden des Tempels wie ein Verbrecher verfolgt werde, werde Ich persönlich nicht wieder zuerst auftreten. Wohl aber in den Landen eines *anderen Weltteils,* die jetzt von den Heiden bewohnt sind, werde Ich ein neues Reich gründen: ein Reich des Friedens, der Eintracht, der Liebe und des lebendigen Glaubens. Und die Furcht vor dem Leibestode wird nicht mehr unter den Menschen sein, die in Meinem Lichte wandeln und in stetem Verkehr mit den Engeln des Himmels stehen werden ..."

Erneuerung von Wissenschaft und Kultur

Es gab auf unserem Planeten längst versunkene Kulturen, deren spärliche Überreste Zeugen vom Hochstande einer Wissenschaft bilden, die selbst das Erstaunen der modernen Fachwelt erregt und zur Revision aller überlebten Begriffe führen müßte. Da berichten uralte brahmanische Schriften von Fluggeräten (im Sanskrit Ventlas und Vimanas genannt), die unsere letzten Düsen- und Raketenflugzeuge in den Schatten stellen durch geschilderte Eigenschaften, wie sie heute nur bei den sogenannten „Ufo" (unbekannten Flugobjekten) beobachtet wurden, die noch ihrer Deutung harren. Da finden wir in der alten Mayakultur Südamerikas Kalender von einer ungewöhnlichen Präzision, und in der Hindu-Astronomie Indiens Berechnungen von unsagbar langen Zeitperioden mit all ihren Verschiebungen des Frühlingspunktes und allen Sonnenfinsternissen. Da wächst in Altägypten das Wunderwerk der Großen Königspyramide aus dem Boden, deren kosmisch-mathematische Zahlengeheimnisse unerschöpflich sind, und deren Erbauungsweise und Herkunft heute noch ein Rätsel ist.

Woher diese Wissenschaft und Kultur ohne die Unterlage einer materiellen Technik, die in unseren Tagen geradezu die Vorbedingung jener Forschungsergebnisse ist, auf die das „Maschinenzeitalter" — beginnend mit der Dampfkraft und abschließend mit der Atomenergie — heute so stolz ist? Die einfache, aber wahre Antwort lautet: Weil einstens Wissenschaft und Religion eine untrennbare Einheit bildeten. Diese Erklärung dürfte den materialistischen Denkhorizont kaum befriedigen, umsomehr, als heute Wissenschaft und Religion noch kaum überbrückbare Gegensätze aufzuweisen scheinen. Der geistig Geweckte aber erkennt die ungeheure Bedeutung dieser Tatsache von einst und versteht daraus die richtigen Schlußfolgerungen zu ziehen. Denn er weiß, daß ein tieferes Verständnis für die Dinge der Natur und ein Vordringen zum Kern ihrer beseelten Kräfte nicht der Fähigkeit des beschränkten Menschenverstandes unterliegt, sondern ein Geschenk des göttlichen Geistes ist, wenn sich der Mensch ihm restlos aufzuschließen vermag. Was ist denn Intuition und Inspiration anderes als ein geistgetragenes *inneres Schauen*, ein Blick hinter den Vorhang der Materie, deren bloßer Schein sich den äußeren Sinnen darbietet!

Ein heute beliebtes, jedoch falsches Schlagwort ist es, Wissenschaft und Technik für all das Leid verantwortlich zu machen, das beide uns im Geschehen zweier Weltkriege bereiteten — und in noch höherem Maße für die Zukunft bereithalten wollen. Ohne Wissenschaft kein irdischer Fortschritt, ohne Technik keine Zivilisation mit ihren willkommenen Erleichterungen des Menschendaseins. Das *Wissen* an sich ist indifferent. Nur der *Wille* des Menschen entscheidet, ob Wissen zum Segen oder zum Fluche wird! Wem diese Behauptung ein Gemeinplatz dünkt, der möge weiter denken und erfassen, daß die Richtung des menschlichen Willens ausschließlich von seiner inneren *Religion*, also der Art seiner Bindung an Gott abhängt. Lebendige Religion bringt geistiges Leben, tote Religion aber vermag den Menschen wenig über den höheren Tierzustand hinauszuheben.

Eine materiell fundierte Verstandeswissenschaft ohne Herzenskultur, die heute der ethisch-moralischen Entwicklung des Menschengeschlechtes weit vorauseilte, muß — indem sie der Machtgier und Habsucht ihrer Zeit dient — zwangsläufig dem Abgrund entgegenführen. Auch die Technisierung unserer Kultur (Radiolärm, Reisefieber, Kunstbetrieb, Sportsensationen, leere Freizeitgestaltung usw.) reißen den modernen Menschen weg vom Wege zur *Verinnerlichung*, die allein Freude und Harmonie von Geist und Seele vermitteln kann. So steht er innerlich leer und einsam da: trotz Konfession keine Religion, trotz Wissensfülle keine Weisheit, trotz Technik gehetzt und ohne Ruhe, trotz Flucht ins Freie keine Naturverbundenheit, trotz Bildungsmöglichkeiten keine Kultur im wahren Sinne dieses Wortes ...

Bedarf es da nicht wirklich einer „Umwertung aller Werte", die heute zu Scheinwerten geworden sind? Ein neues, vergeistigtes Denken kann nur einem neuen religiösen Empfinden entspringen, wie es uns leider die christlichen Kirchen der Gegenwart noch nicht zu vermitteln vermögen. Religion ist geistige *Herzenskraft*, und das Herz ist Träger und Sinnbild des Lebens. Daher ist das Erwachen des Geistes im Menschenherzen mit dem Grünen des symbolischen „Lebensbaumes" der Bibel gleichzusetzen, der „in der Mitte des Paradieses stand", das heißt das Zentrum menschlicher Glückseligkeit bildet. Solange dieser Baum nicht aufs neue grünt, wird auch der „Baum der Erkenntnis" (das Denken und Planen des Menschen) keine lebendigen Früchte tragen. Darum wird auch dieser zweite Baum vom heiligenden Geiste wieder gesegnet werden, sollen seine Äste (Wissenszweige) nicht weiterhin Scheinblüten treiben und tödliche Ernte abwerfen.

Diese Erneuerung von Wissenschaft und Kultur, und ihre Wiedervereinigung mit der Religion bilden auch in Lorbers Großem Evangelium Gegenstand mehrfacher Weissagungen Jesu Christi, wovon auch hier einige Stellen wiedergegeben werden. So sprach der Herr:

... „Zuvor muß den Menschen Meine unverfälschte Lehre wieder gepredigt werden, damit ihre Wahrheit auch eine volle *Reinigung* der Wissenschaften und Künste bewirkt und die vielen Götzen samt ihren Priestern und Tempeln zerstört. Und dies wird ein Blitz sein, der vom Aufgang bis zum Niedergang alles hell erleuchtet, was da auf Erden lebt. Unter ‚Aufgang' aber sollt ihr das Geistige verstehen, unter ‚Niedergang' alles Naturmäßige im Menschen..."

... „Ich werde zur selben Zeit allerlei große *Erfindungen* durch erweckte Menschen machen lassen, die wie glühende Pfeile in des Drachen finstere Kammer dringen und seinen falschen Trug gewaltig zerstören werden. Und er wird wie nackt zur Schande seiner Anhänger dastehen, die sich bald in großen Scharen von ihm abwenden werden. Zuerst wird aller Aberglaube mit den Waffen der Wissenschaften und Künste vom Erdboden hinweggeräumt werden. Wohl wird dadurch mit der Zeit eine volle Glaubensleere in der Menschheit bestehen, doch wird dieser Zustand nur höchst kurze Zeit andauern. Dann will Ich den alten Baum der Erkenntnis segnen, und es wird mit ihm der Baum des Lebens wieder zu seiner alten Kraft gelangen ..."

... „Die Wissenschaft wird auf die Spur geführt werden, daß die Erde älter ist als die buchstäbliche Rechnung der mosaischen Zeiten. Dadurch wird die Schöpfungsgeschichte eine Zeit lang arg in Mißkredit geraten. Aber da sollen von Mir aus wieder Weise erweckt werden, durch die das Wort des Mose erst wieder in sein vollstes Licht gesetzt wird. Von da an wird es nicht mehr lange währen, bis das wahre Reich Gottes auf Erden Platz greifen wird ..."

... „Ihr könnt es nicht ahnen, zu welch großen und umfassenden Wissenschaften und Fähigkeiten es dereinst die Menschen bringen werden und wie sehr dadurch aller alter Aberglaube gelichtet werden wird. Denn zur rechten Zeit werde Ich viele Menschen erwecken für die *reinen* Wissenschaften und Künste in allen Dingen, die sollen zu einem unbesiegbaren Vorläufer für Mich und Mein Reich werden. Mit der allenthalben gereinigten neuen Wissenschaft der Menschen wird sich Meine reinste Lebenslehre auch leicht vereinen und so den Menschen ein volles Lebenslicht geben ..."

Erneuerung des sozialen Lebens

Soziales Leben: das ist die Gemeinschaft des Menschen mit seinem Nächsten bis zur Gemeinschaft aller Völker als den Gliedern der großen Menschheitsfamilie. Hier beweist es sich am sinnfälligsten, in welchem Maße Religion zur Wahrheit und Liebe zur Tat wird. Wenn heute die ganze Welt in feindliche Machtblöcke gespalten ist, wenn politische Systeme wie Todfeinde einander gegenüberstehen, wenn Mißtrauen und Angst die Völker entzweien, — wie könnte hier das Reich Gottes nahen, das doch ein Reich der Liebe und des Friedens sein muß?

Noch immer ist Kriegsgott Mars der Regent, der im Hintergrunde des Welttreibens seine apokalyptischen Scharen bereithält, um neue Todesernte zu halten, wenn die Aussaat von Haß und Unvernunft überreif zu werden droht. Und es ist der Mensch, der ihm dazu die Waffen schmiedet. Indessen, welches Wunder beginnt sich da zu vollziehen! Je vernichtender die Elemente des Todes-ABC (Atom, Bakterien und chemischer Krieg) sich entwickeln, desto geringer wird die Neigung der Menschheit, sich ihrer zu bedienen, indem der nackte Selbsterhaltungstrieb alle als gemeinsames Band umschließt. Sollte etwa hier „die Kraft, die stets das Böse will und doch das Gute schafft" in besonderem Dienste des göttlichen Planes wirken müssen?

Gewiß ist ein bewaffneter Dauerzustand und kalter Krieg ein Schrecken ohne Ende, der jederzeit zu einem heißen Ende mit Schrecken führen könnte, *wenn* nicht die Vorsehung andere Wege ginge, um das Wertvolle der Menschheit vor dem Untergange zu bewahren. Denn nicht nur Dämonisches beherrscht die Welt, sondern wie eine Lichtflut dringen in den Zeiten unserer Wende auch neue und wahrhaft fortschrittliche Ideen aus den geistigen Welten in das irdische Bewußtsein. Sie bewirken einen steten Wechsel des zeitgebundenen Denkens und brechen einer höheren Vernunft Bahn, die Millionen aufgeschlossener macht für die nachfolgende „Wiederkunft Christi" im Menschengeiste.

Dem geistigen Plane muß alles menschliche Wirken dienen, auch wenn das Tun der Gegenwart erst zukünftige, noch verborgene Entwicklungen auslöst. So muß beispielsweise auch die heute noch materialistisch orientierte *Naturwissenschaft* als „Revolutionär" handeln, um durch ihren „Blitz" der Finsternis eines toten Buchstabenglaubens die Grundlagen zu entziehen. Wie das aufzufassen ist, beweisen die Worte Jesu im vorangegangenen Kapitel: nicht Selbstzweck sollen wir in diesem Geschehen erblicken, sondern ein Mittel zur Befreiung von einem Seelenzwang, der durch die kirchliche Lehre vom „Jüngsten Gericht" und „ewiger Verdammnis" die Gemüter ungezählter Gläubiger erschüttert und sie die Liebe Gottes in Zweifel ziehen läßt. Kann die wahre Lebenslehre des Heilands früher Fuß fassen, bevor nicht ein „Zertrümmerer" die Menschenseelen von jenem Irrglauben zunächst entleert, um sie aufnahmebereit zu machen für ein neues Licht der Wahrheit?

Ebenso erscheint auch auf *sozialem* Gebiet ein höherer Standpunkt geboten, wollen wir einen weiteren Horizont aus geistigem Blickfeld gewinnen. Dann erkennen wir, daß sogar der dialektische Materialismus als Basis des heute noch politisch gefärbten Sozialismus einen befreienden Vorläufer darstellt, der seine Aufgabe erfüllt, selbst mit Kampfmitteln den besitzlos Arbeitenden ein menschenwürdiges Dasein zu erringen. Wo durch Menschenschuld und Hartherzigkeit bittere Not und Elend herrschen, würde es immer schwer fallen, tauben Ohren das Liebewort Christi zu predigen! Darum auch Jesu Weissagung von der Befreiung der Armen und Gedrückten.

Und warum ließ es Gottes Weisheit zu, daß ein Teil der Menschheit in die bittere Versklavung eines Macht-Kommunismus schreiten mußte, der sich vom christlichen Liebe-Kommunismus der Urgemeinden wie die Finsternis vom Lichte unterscheidet? Doch nur darum, daß die anders unbelehrbare Menschheit an einem weltweiten Anschauungsunterricht erkennt, wohin ein Leben ohne Gottverbundenheit, getragen von Gewaltgier und brutalem Zwang schon auf Erden führt! Und wohl auch, damit sich die Sehnsucht des Menschen steigere zu einem immer stärkeren Rufe nach Frieden, Harmonie und einer moralischen Lebensordnung, wie sie die Wahrheit des Christuswortes lehrt und zu leben fordert.

So ist in dieser Welt der Gegensätze Kampf die Vorbedingung zum Siege und Ausscheidung des Morschgewordenen die Grundlage dafür, daß neues und höheres Leben aus den Ruinen sprießt. Gottes Plan hat auch für das Menschengeschlecht vorgesehen, daß sich alles Negative jenem evolutionären Entwicklungsplane unterordnen muß, von dem Jesus im Großen Evangelium sagt:

... „Was da geschieht und noch geschehen wird, ist *berechnet und bestimmt von oben* und hat seinen tiefstheiligen Grund. Wer aber im Herzen, in der Liebe und im Willen mit Mir ist, dem wird selbst die allerärgste Welt niemals etwas anhaben können ..."

Wir leben in einer Epoche auch sozial umwälzenden Geschehens: ein Vorgang, der wie eine chemische Gärung das Unreine an die Oberfläche treibt oder zu Boden schlägt, um das Ganze zu reinigen und zu vergeistigen. Jede Neugeburt vollzieht sich unter Schmerzen, und doch ist das geborene Kind ein Geschenk des ewigen Lebens und trägt seine Fackel in eine neue Zeit weiter. So mögen uns auch die nachstehenden Weissagungen des Lorberwerkes die Gewißheit verleihen, daß die Erneuerung des sozialen Lebens nach mancherlei Wandlungen uns einer „christlichen Sozialität" entgegenführt: einer irdischen Ordnung im Sinne göttlicher Liebe und Gerechtigkeit, wo auch dem Menschen wieder die Sonne des inneren und äußeren Friedens scheinen wird:

... „Die mit allen Wissenschaften wohlausgerüsteten Kinder der *Welt* werden den finsteren Scheinglauben mit Gewalt unterdrücken (Kirchenverfolgungen!) und dadurch die Mächtigen der Erde in große Verlegenheit setzen. Denn dadurch wird das gemeine und lange in aller Blindheit gehaltene Volk einzusehen beginnen, daß es nur um des Weltruhms und Wohllebens der Großen und Mächtigen wegen, die selbst keinen Glauben hatten, in harter Knechtschaft gehalten wurde. Wohl werde Ich, so ich dann wiederkomme, auch bei diesen keinen Glauben finden. Denn sind die Blinden durch die Wissenschaften einmal sehend geworden, so werden sie zuerst zu Anhängern derer, die sie von der harten Knechtschaft der Großen freigemacht haben. (Sozialismus!) Aber es wird dieser völlig glaubenslose Zeitraum nur von kurzer Dauer sein, und bald wird es nurmehr einen Hirten und eine Herde geben ..."

... „Die erfinderischen Menschen werden es mit ihren Waffen so weit treiben, daß dann bald kein Volk mehr gegen das andere wird einen Krieg beginnen können. (Atomwaffen!) Denn werden sich zwei Völker mit solchen Waffen anfallen, so werden sie sich leicht und bald bis auf den letzten Mann aufreiben, was gewiß keinem Teile einen wahren Sieg und Gewinn bringen wird. Dies werden die Könige und ihre Heerführer bald einsehen und werden sich daher lieber in Frieden und Freundschaft vertragen. Und wird sich irgendein stolzer und ehrgeiziger Störenfried gegen seinen Nachbarn erheben, so werden sich die Friedliebenden vereinen und ihn züchtigen. Auf diese Weise wird sich *nach und nach* der alte Friede unter den Völkern einstellen und dauernd festigen. Wohl werden unter den noch wilderen Völkern Kriege entstehen, aber sie sollen auch unter diesen bald zur Unmöglichkeit werden. Denn Ich werde sie durch Meine gerechten und mächtigen Könige zu Paaren treiben und unter sie Mein Licht ausschütten lassen, das auch sie zu friedliebenden und lichtfreundlichen Völkern machen wird..."

... „Es wird kommen, daß die vom Gerichte verschonten Guten und Reinen und die Freunde der lichten Wahrheit aus den Spießen Sicheln machen und die Kunst des *Kriegführens* völlig aufgeben werden. Es wird dann fürderhin kein wahres gesalbtes Volk wider das andere mehr ein Schwert erheben, außer den noch in den Wüsten übriggebliebenen Heiden. Aber auch diese werden, wenn sie unbelehrbar bleiben, endlich vom Erdboden hinweggefegt werden. Da wird die Erde gesegnet von neuem und ihr Boden wird tragen hundertfältige Frucht von allem, und den Ältesten wird Macht gegeben über alle Elemente..."

... „Wir werden nach diesem allgemeinen Weltgerichte sehen, ob sich wieder irgend Menschen erheben, die mit dem Maßstabe in der Hand sich zu ihren Nebenmenschen zu sagen getrauen: Dieses große Stück Land habe *ich* ausgemessen und erkläre es als mein unantastbares Eigentum. Und wer sich erfrechte, mir etwas streitig zu machen, den bestrafe ich mit dem Tode! Ich sage euch, da wird es nimmer solche Menschen geben. Denn so Ich zum anderen Male auf diese Erde komme, um Gericht zu halten über die Frevler und den Lohn des Lebens zu geben denen, die aus Liebe zu Gott und den Nächsten viel Not und Elend ertragen haben, dann soll die Erde mit keinem Maßstabe mehr zu jemandes alleinigem Nutzen vermessen werden!" (Zukunftsbild des christlichen Liebe-Kommunismus! D. Vf.) ...

... „Da, wo einer stehen wird, wird er auch ernten und seine Lebensbedürfnisse befriedigen können. Die Menschen werden einander unterstützen und keiner wird mehr sagen: Das ist *mein* Eigentum und darüber bin nur ich Herr! Wohl sollte es schon jetzt so unter den Menschen sein, allein in dieser Mittelbildungsperiode, die noch nicht durch das große Lebensfeuer die Menschheit gereinigt hat, wird es so zugelassen bleiben, doch von jetzt an *nicht mehr volle zweitausend Jahre* ..."

... „Wenn die Not auf Erden am größten sein wird, dann werde Ich der wenigen Gerechten willen kommen und werde das Elend von der Erde vertilgen und will Mein reines Lebenslicht in die Herzen der Menschen leuchten lassen. Weil die so geläuterten Menschen dann in Meinem Lichte stehen und lebendig wahr die Gebote der Liebe für immerdar beachten werden, so wird auch der irdische Grundbesitz so verteilt sein, daß jedermann bei rechtem Fleiße niemals Not zu leiden haben wird ..."

... „Ich lege jetzt den Samen ins Erdreich und bringe dadurch den Menschen nicht den Frieden, sondern nur das Schwert zum Streite und zu großen Kämpfen und Kriegen. Wenn Ich aber zum zweiten Male in diese Welt kommen werde, dann wird auch unter den Völkern der Erde das Gären, Kämpfen und Verfolgen sein Ende nehmen und das Urverhältnis des Menschen zu den Himmeln wird ein bleibendes werden ..."

Nachwort:

Entartung — Weltgericht — Erneuerung: das war das Anliegen vorstehender Kapitel, die darlegen wollen, wie sich dieses größte zeitgemäße Menschheits-Thema schon vorauskündend in den geistinspirierten Neuoffenbarungen des „Gottesschreibers" *Jakob Lorber* vorfindet. Die hierfür ausgewählten Weissagungen aus dem „Großen Evangelium Johannis" reden gewiß eine unzweideutige Sprache, denn der Leser muß in vielen von ihnen geradezu ein Spiegelbild unserer Gegenwartszustände erkennen. Aber er kann daraus auch getrost den Schluß ziehen, daß auch jene Prophetien, deren Erfüllung noch im Schoße der Zukunft liegt, sich im selben Maße nach den ehernen Gesetzen der geistigen Logik bewahrheiten werden.

Mit der Verkündung jener Entwicklungen, die sich *nahezu zweitausend Jahre* nach ihrem Aussprechen heute und in der anschließenden Zukunft vollziehen, ist der prophetische Teil dieses Evangeliums nicht abgeschlossen. Groß an Umfang und Inhalt sind auch die Schilderungen des ferneren Menschheitsweges, der im folgenden Jahrtausend den Menschen grundlegend wandeln wird. Aus diesen Prophetenworten Jesu werden sinnvoll die letzten Bilder der späteren johanneischen Apokalypse deutbar, weshalb einige solcher Weissagungen nicht an dieser Stelle, wohl aber bei Erläuterung der Johannesoffenbarung, der prophetisch abschließenden Schrift des Neuen Testaments eingegliedert werden.

Die nun folgenden Buchabschnitte — beginnend mit den ältesten Prophetien der Heiligen Schrift — wollen vom *Altertum* eine tragfähige Brücke schlagen zu den Neuoffenbarungen Swedenborgs und Lorbers, welche seither ihrem geistigen und ethischen Gehalte nach von keinem Schreiber inspirierter Kundgaben mehr erreicht wurden. Diese Feststellung schließt jedoch nicht aus, daß auch gewissen geistigen Offenbarungsschriften der *Gegenwart* ein beherzigenswerter innerer Wahrheitsgrad innewohnt, worauf im Abschlußteil dieses Buches entsprechende Hinweise zu finden sind.

DIE WEISSAGUNGEN
DER HEILIGEN SCHRIFT

So spricht der Herr:

„Rufe mich an, so will ich dir antworten und will dir anzeigen große und gewaltige Dinge, die du nicht weißt."

(Jeremia 33/3)

DIE WEISSAGUNGEN DER HEILIGEN SCHRIFT

Unter der „Heiligen Schrift" oder Bibel versteht das Christentum die Zusammenfassung aller religiösen Bücher des Alten und Neuen Testaments. Ersteres stellt die Schriften des „Alten Bundes" dar und bildet als die Thora (Gesetz) das altüberlieferte Fundament der jüdisch-mosaischen Religion. Dieses Werk ist somit vorchristlich und wurde von den christlichen Kirchen dennoch in ihre heiligen Schriften aufgenommen, weil viele seiner Bücher (besonders die fünf Bücher Mosis mit der symbolischen Schöpfungsgeschichte, sowie die Weissagungen der sechzehn alten Propheten Israels) ihrem inneren Sinne nach die Glaubenssphäre jeder Einzelkonfession weit überragen. Denn sie bergen im Symbol überzeitliche geistige Werte in sich: eine Wahrheit, die in ihrer vollen Bedeutung erst dann offenbar werden wird, wenn eine neue geistige Kirche (vgl. Swedenborg!) die Menschheit vom buchstäblichen Wort jener Schriften zum ewig gültigen, göttlich-geistigen Sinn zu führen vermag.

War die Religion des Alten Bundes innergesetzlich zutiefst in der Idee der Anbetung und Gottesfurcht verankert, so schuf Jesus Christus mit seinem Leben und durch seine Lehre die Grundlagen des Neuen Bundes: die Idee der menschlichen Gotteskindschaft, erblühend aus dem Geiste der ewig wesenhaften Liebe der Gottheit. Daher ist das Neue Testament das Hohelied des sich aufopfernden Liebegeistes, und darum lehrte Christus die Liebe zu Gott und dem Nächsten als einzigen Weg, der die Wahrheit und das Leben verkörpert und den Menschen zum vollendeten Ebenbilde des Schöpfers gestaltet.

Wenn nun die großen Propheten Israels wirklich vom Geiste Gottes ergriffen waren, so mußten auch sie diesen Heilsweg der Menschheit visionär vorauserblicken. Weil dies geschah, sind ihre Worte und Bilder, in zeitliche und räumliche Symbolik gekleidet, dennoch nur im Hinblick auf zwei Schöpfungsgeheimnisse tiefster Art deutbar: auf den *Beginn* dieses geistigen Erlösungsweges, der in der „Fleischwerdung des Wortes" mit Jesus Christus seinen Anfang nahm. Und auf das *Endziel* dieses Weges, das mit der „Wiederkunft des Herrn" das Erwachen des göttlichen Geistes im Menschen weissagt. Alle vorangehenden Schilderungen der Propheten von der „Entartung Israels und Jakobs", von den Plagen und dem letzten Weltgericht sind nichts anderes, als eine symbolische Darstellung vom Kampfe zwischen Licht und geistiger Finsternis innerhalb der *gesamten* Menschheit, die sich erst durch Irrungen und Weltleid zur wahren re-ligio, das heißt Wiederverbundenheit mit Gott am „Ende der Zeiten" durchringen wird.

Nochmals: das *irdische* Messias-Ereignis, als die Geburt des Heilands, und das *geistige* Christus-Ereignis in der ganzen Menschheit bilden das — oft zu gleichen Bildern vereinigte *einzige* Thema aller religiösen Prophetie! Um darzulegen, wie diese visionäre Gottesschau bis in die Urreligionen der Menschheit zurückreicht, sei wieder auf ein offenbarendes Wort im Großen Evangelium Lorbers hingewiesen, wo ein alter, weiser Jude beim Zusammentreffen mit Jesus berichtet:

(Rael erzählt:) ... „Zwölf Jahre war ich Schüler eines echten Priesters des wahren altägyptischen Kultes. Vor seinem Tode lehrte er mich, es gäbe nur *einen* Gott. Und die Gottheit habe beschlossen, ihre Geschöpfe überselig zu machen, indem sie selbst sich einkleiden würde ins Fleisch und niederkäme als Mensch, die Wege des Heils zu zeigen allen Menschen guten Willens. Jedoch werde damit einst auch ein großes *Gericht* verbunden sein, damit die Wege offenkundig dalägen auch der Macht der Finsternis. Denn diese suche zu verderben, was die Liebe aufbaut, trotzdem auch ihr diese Wege gälten. Nicht lange mehr würde es dauern, so würde dieses Gericht eintreten, das alle falschen Götter stürzen würde. Gott, der die Liebe ist, müsse oft den Völkern Einhalt gebieten, daß sie nicht ganz verderben. Und er müsse als einziges Mittel dazu die *Leiber* vernichten, um damit die *Seelen* zu retten. So sprach mein Führer im geistigen Mysterium der Urreligion des ägyptischen Volkes..."

Wie bereits erwähnt, bilden schon bei den ältesten Propheten der Heilsplan Gottes mit den Menschen sowie die Weissagungen von „Entartung — Weltgericht — Erneuerung" jenen Dreiklang, der auch die Evangelien und alle echte Prophetie bis zu den großen Neuoffenbarungen durchtönt. Und die brausende Symphonie der Weltgeschichte, immer wieder von tragischen Dissonanzen unterbrochen, ist die irdische Bestätigung hiefür. Einmal aber wird auch sie nach einem letzten infernalischen Intermezzo einmünden in jenen harmoniegekrönten Schlußsatz, den das „Jauchzet und frohlocket" der alten Seher so verheißend verkündet. Denn ewig wahr sind Prophetenworte, die aus dem Geiste Gottes gesprochen wurden ...

DIE PROPHETEN DES ALTEN TESTAMENTES

Wenngleich in der jüdischen Religionsüberlieferung geistige Führer wie Mose, Samuel und andere zuweilen auch weissagende Worte sprachen, und daher in der Thora zu den „frühen Propheten" zählen, so ist doch ein eigener Abschnitt des alten Kanons ausschließlich dem Thema Prophetie gewidmet. Er ist die Zusammenfassung jener Aufzeichnungen, die nach den Geschichts- und Lehrbüchern als die „prophetischen Bücher" den ersten Teil der Bibel abschließen. Von den sechzehn hierin vereinigten Seherwerken zählen, was Umfang und Inhalt betrifft, die Namen Jesaja, Jeremia, Hesekiel und Daniel zu den „großen Propheten", deren Weissagungsgut durch die anderen zwölf „kleinen Propheten" mit ihren bemerkenswert gleichartigen Gesichten bestätigt wird.

Was dabei *alle* schildern, bezieht sich *scheinbar* nur auf historische Ereignisse, die das Volk Israel oder der Stamm Juda zu erwarten hatte. Gewiß lassen nicht wenige Voraussagungen durch später eingetretene Daten auch diese Deutungsart zu. Aber bei vielen anderen versagt diese Methode und läßt keine materiell-irdische Bestätigung zu. Man darf daher mit Recht hinter allen geschichtlichen Namen und Ereignissen eine geistige *Symbolik* annehmen, die sich nur der Vorstellungswelt ihrer Zeitgenossen anpaßte und dem begrifflichen Denken des Volkes entsprach. Was sich auf Erden sichtbar abspielt, ist nur das Abbild dahinterstehender geistiger und seelischer Vorgänge des Menschenreiches, in denen der eigentliche Kampf Licht/Finsternis geführt wird. Damit aber erhalten alle irdischen Namen und Bilder jener Prophetien einen überzeitlichen, verborgenen Sinn als Umschreibung übersinnlicher Bewußtseinsvorgänge, deren Wirkungen sich im materiellen Plan verkörpern.

Es wäre kaum einzusehen, warum das äußere Schicksal eines einzigen Volkes so wichtig ist, daß Gott immer wieder große Propheten erweckte, um derlei Dinge vorauszukünden. Und sinnlos ist es, zu glauben, daß solche Kämpfe Israels mit Nachbarstämmen und folgende Strafgerichte über das abtrünnige Gottesvolk und seine Feinde — ein Hauptpunkt dieser Prophetien — als weltgeschichtlich höchst beschränktes Geschehen Eingang fand in die „heilige" Schrift, die doch ein religiöses Dokument darstellen soll! Es ist vernünftiger anzunehmen, daß all dem ein verborgener, die ganze Menschheit berührender geistiger Wahrheitskern zugrundeliegt. Schon die unerreicht bildhafte Sprache der Propheten läßt uns ahnen, daß hier jedes äußere Wort für ein inneres Ding steht: eine Tatsache, die in den neuoffenbarenden Schriften Swedenborgs und Lorbers voll bestätigt wird. Daher ist das Studium dieser Erläuterungen die Hohe Schule der Entsprechungslehre, und ohne diese kein tieferes Verständnis inspirierter Prophetenworte.

So steht zum Beispiel Israel (is = aus, ra = Königtum, Herrschaft, el = göttliches Licht) nicht nur für das historische Volk Israel, sondern zugleich für *alle Menschen*, die ihrer geistigen Beschaffenheit nach „Kinder des Lichtes" sind und daher mit Recht das „erwählte Volk Gottes" genannt werden. Andererseits haben die alten Propheten widergöttliche Eigenschaften mit Namen versinnbildlicht, die dem geschichtlichen Volke Israel als bedrohende Feinde geläufig waren. So beispielsweise mit Assyrien (Assur) die Idee der Herrschsucht und Grausamkeit, mit Babylon (Babel) den des falschen Götzendienstes, mit Ägypten (und Pharao) den Begriff der „Weltklugheit", womit also die „ägyptische Gefangenschaft Israels" als die Verhaftung des Menschen im irdisch beschränkten Verstandesleben aufzufassen ist, usw.

Andere Naturbilder wiederum bezeichnen seelische Entwicklungsstufen, wie das „Gras" = die breite Masse des unentwickelten Volkes, die „Berge" = alles, was sich weltlich über andere erhebt, die „Stadt" = eine Gesinnungsgemeinschaft von Menschen, usw. Leider fehlt diesem Buche der Raum, hier eine

Deutung biblischer Entsprechungsbilder zu geben, die wahrlich unerschöpflich sind und die Ein-bildungskraft des Menschen, der geistig denken lernt, mehr ansprechen als die abstrakte Farblosigkeit der modernen Sprachbegriffe. Weitere Hinweise sollen daher den Texterläuterungen gewisser Schriftstellen vorbehalten bleiben, welche für jeden der Propheten Israels kennzeichnend sind.

Der Prophet Daniel

"Aber es ist ein Gott im Himmel, der kann verborgene Dinge offenbaren ..." (Dan. 1/28)

Das Buch Daniel zählt zu den vier großen Prophetenbüchern des Alten Testaments. Sein Schreiber aus dem Stamme Juda war fürstlicher Abkunft und wurde als Jüngling 550 v. Chr. durch den Chaldäerkönig Nebukadnezar nach Babylon in die Gefangenschaft geführt. Dort erwarb er sich durch die göttliche Gabe der Traumdeutung und seine prophetischen Gesichte bei Hofe großes Ansehen. Die Weissagungen dieses Sehers tragen weltgeschichtlichen Charakter, indem sie den künftigen Verlauf der Menschheitsgeschichte im Bilde von *vier Weltreichen* schildern, die in Beziehung zum Kampfe um das "Reich Gottes auf Erden" stehen. Damit ist Daniel der erste sogenannte Apokalyptiker, das heißt ein Seher der weltgeschichtlichen Entwicklung in Bildern, deren dunkle Symbolik eben nur die intuitive Kenntnis der Entsprechungssprache aufzuhellen vermag.

Es wurde oftmals versucht, Daniels Visionen historisch-politisch zu deuten (als Reich der Perser, Griechen, Römer usw.), ein Unternehmen, das jedoch niemals überzeugend gelang, da sich hinter allem ein weit geistigerer Sinn verbirgt. Dennoch zeichneten sich die hellträumend erblickten inneren Seelenzustände der Menschheit mit großer Deutlichkeit auch in bestimmten Weltereignissen mit ihren charakteristischen Machtvertretern ab. Wer nun "Augen hat, zu sehen", wird im Bilde des vierten Weltreichs unschwer Kennzeichen *unserer* endzeitlichen Epoche feststellen können, die tatsächlich ein "eisernes Zeitalter auf tönernen Füßen" ist! Und er wird sogar in der politischen Machtgestaltung unserer Tage vieles wiederfinden, was dort in symbolische Bilder gekleidet ist. Nachstehend Auszüge aus dem Prophetenwort Daniels, welchem anschließend eine Deutung folgt, die Jesus seinen Jüngern in großen Umrissen zu vermitteln suchte, obgleich noch vieles dem Zeitdenken der Apostel völlig fremd bleiben mußte.

Daniels Vision von den vier Weltreichen

Daniels Traumgesicht von den vier aufeinanderfolgenden Reichen der Welt in Form von vier Raubtiergestalten erschreckte ihn, seinem Berichte gemäß, ungemein und er wandte sich an einen Engel (Gabriel) um Deutung dieser Schauung. Darüber berichtet das Buch Daniel (Kap. 7):

... „Und er redete mit mir und zeigte mir, was es bedeute: Diese vier großen Tiere sind vier Reiche, so auf Erden kommen werden. Aber die Heiligen des Höchsten werden das Reich einnehmen und werden es ewiglich besitzen. — Danach hätte ich gerne Näheres gewußt von dem *vierten* Tier, welches gar anders war als die anderen, das greulich war und eiserne Zehen und Klauen hatte, das um sich fraß und zermalmte und das Übrige mit seinen Füßen zertrat. Und von den zehn Hörnern auf seinem Haupte und dem anderen, das hervorbrach, vor welchem drei abfielen. Und das Horn hatte Augen und ein Maul, das große Dinge redete und war größer, denn die neben ihm waren. Und ich sah das Horn streiten wider die Heiligen und es behielt den Sieg wider sie, bis der Alte kam und Gericht hielt und die Zeit da war, daß die Heiligen das Reich einnahmen.

Er sprach also: Das vierte Tier wird das vierte Reich auf Erden sein, welches wird gar anders sein denn alle drei Reiche. Es wird alle Lande fressen, zertreten und zermalmen. Die zehn Hörner bedeuten zehn Könige, so aus dem Reiche entstehen werden. Nach ihnen aber wird ein anderer aufkommen, der wird anders sein denn die vorigen und wird drei Könige demütigen. Er wird den Höchsten lästern und die Heiligen des Höchsten verstören und wird sich unterstehen, Zeit und Gesetz zu ändern. Sie werden aber in seine Hand gegeben werden dreieinhalb Zeiten. Danach wird das Gericht gehalten werden und seine Gewalt wird weggenommen, daß er zugrunde vertilgt und umgebracht werde. Aber das Reich, Gewalt und Macht unter dem ganzen Himmel wird dem heiligen Volke des Höchsten gegeben werden, dessen Reich ewig ist, und alle Gewalt wird *Ihm* dienen und gehorchen ..."

Soweit der biblische Bericht. Zu dieser apokalyptischen Schau Daniels hier die erläuternden Worte Jesu an seine fragenden Jünger, wie sie das Gr. Evang. Joh. Lorbers wiedergibt:

... „Ihr seid noch zu wenig in euren jenseitigen Geist eingedrungen, um das Gesicht des Sehers Daniel aus dem Fundamente zu fassen. Würdet ihr auch die zwei ersten Tiere zur Not begreifen, so könntet ihr doch nicht die beiden letzten erfassen, weil deren Sein und Wirken den *künftigen Zeiten* aufbewahrt ist. Das eine aber kann Ich euch sagen, daß diese vier sonderbaren Tiere nicht etwa vier nebeneinander bestehende Reiche darstellen, wo vom letzten dann noch zehn Königreiche entstehen nach der Zahl der zehn Hörner, in deren Mitte dann noch ein elftes aus dem Haupte des Tieres hervorkam, und dessentwegen drei der früheren zehn Hörner der Tiere ausgerissen wurden, — sondern sie bezeichnen vom Anfang der Menschenzeiten auf dieser Erde vier große, aufeinanderfolgende *Seinsperioden* der Völker, zu deren Vergangenheitserforschung viel chronologische Geschichtskenntnis notwendig ist. Und zu deren Zukunftserforschung ein völlig geöffnetes Geistesauge erforderlich ist, das über Zeit und Raum hinausblicken kann im Lichte des Lichtes.

So soll das *letzte Tier* eiserne Zähne haben und alles um sich auffressen, und das elfte Horn soll Augen haben wie Menschenaugen und einen Mund, der große Dinge spreche. Ich sage euch, daß es unvermeidlich *so kommen wird!* Aber jetzt würdet ihr davon ebenso wenig verstehen, wie Daniel selbst von jener Deutung im Grunde etwas verstanden hat, die ihm der Geist auf seine Bitte gegeben hat. Seine fromme Seele war wohl geeignet, solche Gesichte zu schauen wie in einem lebhaften Traum. Aber sie konnte diese nicht fassen, weil ihr jenseitiger Geist aus Gott mit ihr noch nicht eins werden konnte, indem Ich noch nicht im Fleische war, um solch eine völlige Einigung zu ermöglichen. Wären jene Bücher der inneren Geistesweisheit so geschrieben, daß sie für jeden natürlichen Weltverstand schon auf den ersten Blick verständlich wären, so würde sie der Mensch bald zur Seite legen und nicht weiter forschen. So aber enthalten sie durchgreifend Geistiges von der einfachsten Kreatur bis in das zutiefst Himmlisch-Göttliche und können daher nur vom reinen Geiste im Menschen begriffen werden.

Was würdet ihr sagen, wenn Ich euch kundgäbe, daß *nach nahezu zweitausend Jahren* Meine Lehre zum ärgsten Götzentum und Pharisäertum werden wird? Und daß die Menschen jener Zeit große künstliche *Augen* erfinden werden, mit denen sie in die Tiefen des gestirnten Himmels blicken werden? Ja, die Menschen werden *eiserne* Wege machen und mit Feuer und Dampf in *eisernen* Wagen dahinfahren. Sie werden einander mit *ehernen* Feuerwaffen bekämpfen und werden ihre Briefe durch den *Blitz* in alle Welt hinaustragen. Und sie werden noch abertausend Dinge bewerkstelligen, von denen ihr euch jetzt keinen Begriff machen könnt. Sehet, das alles faßt das *vierte Tier* in sich und kann von euch noch nicht verstanden werden, weil ihr das jetzt Gesagte auch noch nicht verstehen könnt ..."

Und nun sind wir Menschen nach *nahezu zweitausend* Jahren so weit, mit nur etwas geistiger Einfühlung alles das zu erfassen, was Daniel und auch den Jüngern Christi dem künftigen Sinne nach verborgen bleiben mußte! Denn in der Vision vom vierten Tiere hat unser *eisernes Zeitalter* der Technik mit seinen starrenden Waffen aus Erz und Feuer eine geradezu unübertreffbare plastische Vorbildung gefunden. Und weiter ist darin alles gemalt, was den Materialismus und seine ihm entsprungenen politischen und sozialen *Machtgebilde* kennzeichnet: das eiserne Herz der kapitalistischen Weltfinanz, die eisernen Zähne des bolschewistischen Weltterrors, das gewaltsame Vordringen politischer Kampfdoktrinen (Horn = Vorstoß, Angriff!), das Wesen der Großmacht und ihrer Satelliten (das große und die kleinen Hörner, bzw. Könige), das Prinzip des Herrschens und Unterdrückens (eherne Klauen), die aufdringliche Kampfpropaganda in Presse und Rundfunk (das Maul, das große Dinge redet), und vieles mehr. Das alles sind die Zeichen der Zeit *und* die Zeichen des vierten Tieres, wie *wir* es heute erkennen und zu deuten vermögen, jenes Tieres, „das um sich frißt und alles mit seinen Füßen tritt". Wahrlich, eine grausige Bestätigung einer geistigen Vorschau im irdischen Geschehen!

Noch einmal erscheint diese Schauung der vier Weltreiche im Buche Daniel (Kap. 2), hier als Traum des Königs Nebukadnezar und seine Deutung durch den Propheten. Da wurde Daniel der verborgene Sinn durch ein Gesicht des Nachts offenbart und er sprach zum König:

... „Ein großes, hohes und glänzendes Bild stand vor dir, das war schrecklich anzusehen. Des Bildes Haupt war von Gold, seine Brust und Arme von Silber, sein Bauch und seine Lenden von Bronze, seine Schenkel waren Eisen und seine Füße waren eines Teils Eisen und eines Teils Ton. Solches sahest du, bis ein Stein herabgerissen ward von einem Berge, der schlug an die Füße des Bildes und zermalmte sie und mit ihm alles Eisen, Ton, Erz, Silber und Gold und verwehte sie wie Spreu im Winde. Der Stein aber wurde zu einem großen Berge, der die ganze Welt erfüllte. Das war dein Traum, und nun will ich dir, König, die Deutung sagen:

Du selbst bist das goldene Haupt als ein König, dem Gott Macht, Stärke und Ehre gegeben hat. Nach dir aber wird ein anderes Königreich aufkommen, geringer denn deines. Danach das dritte Königreich, welches ehern ist und über alle Lande herrschen wird. Das vierte Reich aber wird *hart sein wie Eisen* und wird alle zermalmen und zerbrechen. Daß du gesehen hast Füße und Zehen teils von Eisen, teils von Ton gemengt: das wird zum Teil ein starkes und zum Teil ein schwaches Reich sein und wird in Brüche gehen. Denn zu jener Zeit wird *Gott* ein Königreich aufrichten, das nimmermehr zerstört wird. Es wird alle diese Reiche zermalmen, aber es selbst wird ewiglich bleiben. Wie du gesehen hast einen Stein ohne Menschenhände vom Berge kommen, der das Bild zerschlug, also hat Gott dir, o König, gezeigt, wie es hernach gehen werde. Und wie gewiß dein Traum war, so wahr und richtig ist meine Deutung".

Noch heute herrscht im Sprachgebrauche das Wort von einem „Koloß auf tönernen Füßen", das auf jenes Danielbild zurückreicht. Betrachten wir den Zustand unserer heutigen Welt, so ist dieses „vierte Reich" wahrlich ein starkes und ein schwaches Reich zugleich: stark im Äußeren, kampfgerüstet in Eisen starrend, — und schwach im Inneren, ohne wahre Religion und sittlichen Halt, brüchig wie Lehm. Das Weltgericht aber wird der Stein des Anstoßes sein, der diesem Reiche den Boden entzieht und seiner Herrschaft ein Ende setzt. Indessen, dieser Stein (das Weltschicksal) wird sich zu einem „Berge" (hohem Standpunkt) wandeln, auf dem sodann das neue Fundament einer göttlichen Lebensordnung auf Erden errichtet werden kann.

Daniels Gesichte gehen weiter und offenbaren noch vieles, doch im letzten Kapitel seines prophetischen Buches wird dessen Weissagung „versiegelt" (der geistige Sinn verhüllt) bis an das „Ende der Zeiten", den offenbarenden Tagen der großen Gerichtszeit:

... „Zur selben Zeit wird der große Fürst Michael, der für die Kinder deines Volkes steht, sich aufmachen. Denn es wird eine solche trübselige Zeit sein, wie sie nicht gewesen ist seit es Menschen gab auf Erden. Dann wird dein Volk errettet werden, alle, die im Buche des Lebens geschrieben stehen. Und viele, so unter der Erde schlafen (geistig Tote!), werden erwachen, etliche zum ewigen Leben (Geistbewußtsein!), etliche zu ewiger Schmach und Schande (höllischer Bewußtseinszustand der Seelen!). Die Lehrer aber werden leuchten wie des Himmels Glanz (Liebeverkünder), und die, so viele zur Gerechtigkeit weisen, wie die Sterne ewiglich (Verkünder geistiger Wahrheiten).

Und du, Daniel, verbirg diese Worte und versiegle diese Schrift bis auf die *letzte Zeit,* da werden viele dahinterkommen und große Weisheit darin finden. Viele werden gereinigt, geläutert und bewährt befunden werden. Die Gottlosen werden gottlos Wesen führen und werden dieser Worte nicht achten, aber die Verständigen werden es beachten. Du aber, Daniel, gehe hin, bis das Ende kommt und ruhe, daß du aufstehest zu deinem Erbteil am Ende der Tage!"

Der Prophet Jesaja

"Wisset ihr nicht? Hört ihr nicht? Ist's euch nicht vormals verkündet?" (Jes. 40/21)

Jesaja, Sohn des Amoz von Jerusalem, gilt als der König der Propheten des Alten Bundes und ist gleichsam der Evangelist des Alten Testaments. Denn wenn auch er mit der Unerbittlichkeit aller Propheten das künftig nahende Weltgericht als die Reinigung der Menschheit von allem weltlichen und geistlichen Götzentum weissagt, so ist er zugleich der leuchtendste Verkünder jenes dem Gerichte nachfolgenden messianischen Friedensreiches, wo das Heil über die Welt kommen wird als eine Offenbarung des Gottesgeistes im Menschentum. Jesajas geschichtliche Wirksamkeit läßt sich ungefähr um 750—790 v. Chr. ansetzen, was sich aus den — in historische Namen und Begebenheiten verhüllten — symbolischen Texten seiner Prophetenworte folgern läßt.

Der ungeheure Bilderreichtum seiner Sprache, entsprungen einer tiefgeistigen Sehergabe, veranlaßte *Luther,* von seiner Übersetzung des Jesajabuches ins Deutsche zu schreiben: „Wir haben möglichen Fleiß getan, daß Jesaja gut und klar deutsch redet, wiewohl er sich sehr schwer dazu gemacht und fest gewehret hat. Denn er ist im Ebräischen wohl beredt gewesen, daß ihn die ungelenke deutsche Zunge sauer angekommen ist". Und so ist es besonders bei diesem Propheten wichtig, nicht in zwei Fehler zu verfallen, nämlich: das gewählte und von Luther wörtlich übersetzte Bild buchstäblich aufzufassen, anstatt nach der Entsprechung des geistigen Sinnes zu forschen. Und zum anderen: die Weissagungen nicht auf Israel und Juda als Jesajas Zeit- und Stammesgenossen zu beziehen und etwa in diesen und allen anderen Namen begrenzte geschichtliche Weissagungen zu erblicken. Denn hier stehen alle „Völker" und „Kämpfe" für seelische Entwicklungsstufen der *ganzen Mensch-*

heit, und dies allein sichert den alten Propheten Aktualität über weite Zeitalter hinaus.

Mit *solchen* Augen versuche man zum Beispiel schon die inhaltsangebenden Schlagzeilen zu lesen, die in den meisten Lutherbibeln den einzelnen Kapiteln vorangesetzt sind. So Jesaja Kap. 1: Israels Abfall und Strafe. Aufforderung zur Bekehrung statt äußeren Gottesdienstes. — Kap. 2: Aus Zion kommt Heil und Frieden über alle (!) Völker. Zuvor aber Gericht über die Sünden des Volkes. — Kap. 3: Gericht über das abgöttische Israel. — Kap. 4: Vom messianischen Heil. — Kap. 5: Drohung göttlicher Gerichte. — Kap. 6: Jesajas Gesicht von der Herrlichkeit des Herrn. — Kap. 7: Jerusalems Not. Trostreiche Verheißung des Immanuel, usw. — Durch alle Buchabschnitte *ein* großes, unverändertes Thema: Weltentartung, Weltgericht und Welterneuerung!

Die Ankündigung des Weltgerichtes

Da das Buch Jesaja 66 Kapitel umfaßt, kann hier nur eine kleine Auslese jener Worttexte gegeben werden, die das Obengesagte erhärten, und die mit der erforderlichen geistigen Einfühlung aufgenommen sein wollen:

(Aus Kap 1:) ... „Höret des Herrn Wort, ihr Fürsten von Sodom! Nimm zu Ohren Gottes Gesetz, du Volk von Gomorra! ... Ob ihr schon viel betet, höre ich euch doch nicht, denn eure Hände sind voll Blut. So reinigt euch und lasset ab vom Bösen: lernet Gutes tun und trachtet nach Recht. Wollt ihr mir gehorchen, so sollt ihr des Landes Gut genießen. Weigert ihr euch aber, so werdet ihr vom Schwerte gefressen werden, spricht der Herr. Und ich muß meine Hand wider dich kehren und all dein Blei ausscheiden, daß die Übertreter und Sünder miteinander zerbrochen werden. Wenn der Gewaltige wird sein wie Werg und sein Tun wie ein Funke, und beides angezündet wird, daß niemand den Brand lösche ..."

(Aus Kap. 2:) ... „Es wird zur letzten Zeit (!) der Berg, da des Herrn Haus ist, fest stehen und höher denn alle Berge und Hügel, und werden alle Heiden dazulaufen. Denn von Zion wird das Gesetz ausgehen und des Herrn Wort von Jerusalem. (Vgl. dazu das ‚Neue Jerusalem' der Offenbarung! D. Vf.) Und er wird richten unter den Heiden und strafen viele Völker. Dann wird kein Volk wider das andere mehr ein Schwert aufheben und werden hinfort nicht mehr kriegen lernen ...

Denn der Tag des Herrn wird gehen über alles Hoffärtige und Erhabene, daß es erniedrigt werde: über alle hohen Zedern des Libanon und alle Eichen in Basan. Über alle hohen Türme und festen Mauern. Und mit den Götzen wird's ganz aus sein, wenn Er sich aufmachen wird, zu schrecken die Erde. Zu der Zeit wird jedermann wegwerfen seine silbernen und goldenen Götzen, die er sich hatte machen lassen anzubeten. Darum lasset ab von dem Menschen, der Odem in der Nase hat (d. h. sich hochmütig bläht! D. Vf.) — denn für was ist er zu achten?" ...

(Aus Kap. 3:) ... „Denn siehe, der Herr wird von Jerusalem und Juda wegnehmen allen Vorrat an Brot und Wasser, Starke und Kriegsleute, Richter, Propheten und Wahrsager, Älteste, Hauptleute und Vornehme, Räte und weise Werkleute und kluge Redner. Und Ich will ihnen Jünglinge zu Fürsten geben und Kindische sollen über sie herrschen. Und das Volk wird Schinderei treiben, einer an dem anderen und ein jeglicher an seinem Nächsten. Der Jüngere wird stolz sein wider den Älteren, und der Geringe wider den Geehrten. Wehe ihrer Seele, denn damit bringen sie sich *selbst* in alles Unglück! Prediget den Gerechten, daß sie werden die Frucht ihrer Werke essen. Wehe aber den Gottlosen, denn ihnen wird vergolten werden, wie sie es verdienen. Denn der Herr ist aufgetreten, zu richten die Völker und geht ins Gericht mit den Ältesten seines Volkes und seinen Fürsten.

... So wird der Herr auch die Scheitel der Töchter Zions kahl machen und wird ihr Geschmeide wegnehmen: den Schmuck an den köstlichen Schuhen, die Kettlein und Armspangen, die Hauben, Flitter und Gebräme, die Schnürlein, Ohrenspangen, Ringe und Haarbänder, die Feierkleider, Mäntel und Schleier, die Borten und Überwürfe, und es wird sein für einen weiten Mantel ein enger Sack. Deine Mannschaft wird durch das Schwert fallen und deine Krieger im Streite. Und ihre Tore werden trauern und klagen, und sie wird jämmerlich sitzen auf der Erde ..."

Welche Sprache, welche Fülle von Bildern, deren keines einen buchstäblichen Sinn, dafür aber eine umso verborgenere geistige

Bedeutung hat! Es wäre vermessen, ohne vollkommene geistige Schauungsgabe jedes dieser Details deuten zu wollen. Aber gerade diese Kapitel des Jesaja waren es, denen auch die Jünger Jesu noch verständnislos gegenüberstanden. Und so können auch uns „Modernen" die erklärenden *Worte Jesu* im Gr. Evang. Joh. Lorbers wieder als Lichtstrahlen in diesem Dunkel dienen, wenn er lehrt:

... „Wer sind die von Jesaja genannten Heiden und Völker, die der Herr richten und strafen wird? Es sind *alle* jene, die statt des einen, wahren Gottes tote Götzen und den Mammon dieser Welt anbeten und am meisten verehren. Bald werden falsche Gesalbte unter ihnen aufstehen und werden Könige und Fürsten berücken. Und sie werden sich bald eine große Weltmacht aneignen und mit Feuer und Schwert alle verfolgen, die sich nicht zu ihnen bekennen wollen. Am Ende werden sie sich in viele Sekten und Parteien spalten, und siehe: das sind die Völker, die Ich strafen werde ihrer Lieblosigkeit, Falschheit, ihres Eigennutzes und Hochmutes und ihrer starren Herrschsucht wegen, mit der sie sich gegenseitig verfolgen und Kriege führen. Bis aber *diese* Zeit kommen wird, wird es noch eine Zeit dauern, wie sie von Noah bis jetzt gewährt hat. Wie aber damals die große Flut kam und die Täter des Übels ersäufte, ebenso wird es auch geschehen in jener künftigen Zeit. Auch dann wird der Herr mit dem Feuer seines Zornes kommen und alle Übeltäter von der Erde hinwegfegen. ... Und es wird geschehen, daß sich alles bücken muß, was hoch ist unter den Menschen. Mit den Götzen wird es aber dann aus sein in jener Zeit des Gerichtes. Ich sage euch, daß es wahrlich also geschehen wird hier schon in jüngster Zeit, und *dann* wieder nach etwa gegen 1900 Jahren im Vollmaße. Große Freude wird sein unter den künftigen Völkern, so ihnen neuerdings diese Kunde gegeben wird in ihrer großen Drangsal, wenn sich ein Volk wider das andere erheben wird, um es zu verderben ..."

(Diese Wiederverkündigung vor Ausbruch der Weltstürme wurde durch das von Lorber empfangene Gr. Evang. Johannis verwirklicht. So bekräftigt auch obige Weissagung jenes *„nahe an zweitausend Jahre"*, welcher Zeitpunkt wie ein Leitmotiv die prophetischen Ankündigungen Jesu Christi durchzieht. D. Vf.)

Zum 3. Kapitel Jesaja finden wir folgende erhellende Erklärungen des Herrn:

... „Auch dieses Prophetenwort des Jesaja hat seine weissagende Geltung für jetzt *und* die Folge jener Zeiten, die Ich euch kundgegeben habe. Wenn bei den Menschen der volle Mangel des lebendigen Wassers aus den Himmeln, das ist die wahre Weisheit, eingetreten ist und sich alles Fleisch mit seinen Seelen in dichtester Finsternis befindet, wer wird dann unter den Menschen ein gerechter Richter sein? Wer wird da haben die Gabe der Weissagung? Und so sie noch jemand für sich hätte, wer wird ihm glauben ohne inneren Verstand? Und wen wird die finstere Menschheit seiner überragenden Weisheit wegen zu einem Ältesten und Hirten machen mögen?

Wem *Brot und Wasser,* in ihrer geistigen Bedeutung *Liebe* und *Weisheit,* weggenommen sind, dem ist dadurch *alles* genommen, denn er steht völlig ratlos und hilflos da. Welches sind dann die bösesten Folgen? Wenn bei einem solchen Wirrwarr in einem Lande alle Lebensverhältnisse in die größte Unordnung geraten, dann gibt es eine schonungslose Empörung nach der anderen! Das Volk erwacht, steht auf und treibt seine selbstsüchtigen Führer in die Flucht oder erwürgt sie gar. Das ist es, von dem geschrieben steht: Ein Volk zieht wider das andere. Wenn der Mensch nichts als den Hungertod vor Augen hat, dann erwacht er sicher aus seiner Seelenträgheit und wird zu einer hungerwütigen Hyäne. Und *bis dahin muß es kommen,* damit die Menschheit zum geistigen Erwachen gelangt ..."

... „Wem dann nur irgendeine Schuld gegeben werden kann, daß er durch seine Selbstsucht zum allgemeinen Völkerunglück beigetragen hat, der verfällt als trauriges Opfer der allgemeinen *Volksrache.* Ist dann aber alles zerstört und niedergemacht, was dann? Die Menschen haben sodann weder gute noch böse Führer mehr und befinden sich in vollster Anarchie, wobei ein jeder tun kann, was er will. Da werden die wenigen Weisen zusammentreten und sagen: So kann es nicht bleiben. Wir Weiseren und Mächtigeren wollen uns zusammentun und das Volk dahin stimmen, daß es mit uns wähle ein gerechtes Oberhaupt voll Weisheit und Menschenliebe. Und der neugewählte Fürst — der allenfalls auch Ich sein könnte — wird sprechen: Gehet und predigt zuvor den Menschen, daß sie gut werden, so werden sie dann die Frucht ihrer Werke genießen ..."

„Was aber sprach der Herr noch durch seinen Propheten? ‚Darum wird der Herr die Scheitel der Töchter Zions kahl machen.' Das heißt:

Er wird der *Hure Babels* den Verstand nehmen und ihre falschen Lehren zunichte machen. ‚Zu jener Zeit wird der Herr ihnen auch wegnehmen allen Schmuck', d. h. alle glänzenden Zeremonien der Glaubenslehre Roms. Und sehet: was der Prophet da gesagt hat, *wird so gewiß in Erfüllung gehen*, als wie wahr Ich euch dies nun erläutert habe ..."

Wieviel sich anbahnendes Zeitgeschehen enthüllen doch diese Worte dem, der die Fanalzeichen unserer Tage und des Kommenden hellfühlend zu erfassen vermag! Und er wird auch ohne Kommentar den Sinn weiterer Jesaja-Worte vom Weltgerichte in sich aufnehmen können, wo sich der Wille Gottes gewisser Völkerschaften (Machtsysteme) als „Zuchtrute der Menschheit" bedienen wird:

... „Da hat die Hölle den Rachen weit aufgetan ohne Maß, daß hinunterfahren beide, die Mächtigen und der Pöbel. Denn der Herr wird die Heiden locken vom Ende der Erde. Und siehe, eilends schnell kommen sie daher und werden über sie brausen zu der Zeit wie das Meer. Wer denn das Land ansehen wird, siehe, so ist's finster vor Angst, und das Licht scheint nicht mehr über ihnen ... So wird der Herr über sie kommen lassen starke und viele Wasser, nämlich Assurs König (assur = Tyrannei!), daß sie über alle Ufer gehen. Und werden einreißen in Juda und überschwemmen, bis daß sie an den Hals reichen und nichts finden als Trübsal und Finsternis ..."

In den Kirchenverfolgungen der Gegenwart drückt sich etwas von dem aus, was Jesaja nachstehend prophezeit. Aber nur die Weltkirche mit Kult und Menschenlehre ist verwundbar. Neu erblühen wird eine kommende, vergeistigte Kirche der inneren Religion:

... „Wehe den Schriftge'ehrten, die unrechte Gesetze machen und ungerechtes Urteil schreiben! Denn die Leiter dieses Volkes sind Verführer, und die sich leiten lassen, sind verloren. Was wollt ihr tun am Tage der Heimsuchung und des Unglücks, das von ferne kommt? Zu wem wollt ihr fliehen? *Assur*, der meines Zornes Rute ist, Ich will ihn senden wider das Heuchelvolk, daß er es beraube und zertrete wie Unrat auf der Gasse. Denn der Herr wird die Einwohner ferne wegtun, daß das Land sehr verlassen ist. Und ob noch der zehnte Teil darin bleibt, so wird es abermals verheert werden, doch wie ein Baum, da beim Fällen noch ein Stamm bleibt. Und ein heiliger Same wird solcher Stamm sein." (Grundstock der neuen Kirche!)

... „Herunter du Tochter Babel, setze dich in den Staub! Denn die Tochter der Chaldäer hat keinen *Stuhl* mehr, sich niederzulassen. Gehe in die Finsternis, denn du sollst nicht mehr heißen Herrin über die Königreiche. Du dachtest: ich bin eine Königin ewiglich, und hast nicht daran gedacht, wie es damit hernach werden sollte. So höre nun dies, die du so sicher sitzt und und sprichst in deinem Herzen: Ich bin's und sonst keine neben mir! Aber es wird dir plötzlich auf einen Tag kommen, daß du Witwe und ohne Kinder seiest. Ja, voll wird es über dich kommen um der Menge willen deiner Zauberer und Beschwörer, derer ein großer Haufen bei dir ist. Denn du hast dich auf deine Bosheit verlassen ..., darum wird über dich ein Unglück kommen, daß du nicht weißt, wann es einbricht. Und es wird plötzlich ein Getümmel über dich kommen, dessen du dich nicht versiehst! ..."

Ist *Assur* das Symbol der despotischen Herrschsucht, und *Babel* jenes für verweltlichten Götzendienst, so steht *Ägypten* auch bei Jesaja für die irdische Weltklugheit, das Verstandesdenken ohne Geist. Und diesem Bankerott des Materialismus gilt die Weissagung:

... „Und ich will die Ägypter wider einander hetzen, daß einer gegen den anderen, und ein Reich wider das andere streiten wird. (Kampf um Theorien!) Und der Mut soll den Ägyptern (falschen Wissenschaftlern) in ihrem Herzen vergehen, und ich will ihre Anschläge (Kriegstechnik!) zunichte machen. Da werden sie dann fragen ihre Götzen und Zeichendeuter. Aber ich will sie übergeben den Händen grausamer Herrscher, denn es verführt Ägypten die Ecksteine seiner Geschlechter. Denn der Herr hat einen Schwindelgeist unter sie ausgegossen, daß sie (die Herrscher) verführen Ägypten in all seinem verkehrten Tun wie ein Trunkenbold. Aber zu der Zeit wird Ägypten werden wie ein Weib und wird sich fürchten und erschrecken, wenn der Herr die Hand über sie schwingen wird.

Wehe den abtrünnigen Kindern, die ohne mich ratschlagen und ohne meinen Geist Schutz suchen! Die hinabziehen nach Ägypten (in das materialistische Denken) und fragen meinen Mund nicht und wollen sich beschirmen unter dem Schatten Ägyptens. Sie müssen alle zu Schanden werden über dem Volke, das ihnen nichts nützen kann zur Hilfe. Denn Ägypten ist Mensch und nicht Gott, und seine Rosse (Erkenntnisse) sind Fleisch (materiegebunden), aber nicht Geist. Und der Herr wird seine Hand ausrecken, daß dieser Helfer strauchle und der, dem geholfen werde, falle. Es ist um Jahr und Tag zu tun, so werdet ihr Sicheren zittern und die Stadt (hier: wissenschaftliche Gemeinschaft), die voll Getümmel war (Hochbetrieb), wird einsam sein ..."

Ganz eingebettet in die tiefste Symbolik des Geistes sind jene seltsamen Gesichte Jesajas, die an Kraft der apokalyptischen Schau des Johannes gleichkommen. Mag jedoch auch vieles erst durch seine Erfüllung offenbar werden, eines strahlt aus all diesen Bildern: der Umfang und die Größe eines kommenden Geschehens, das gleichermaßen die Naturwelt wie den Menschen ergreifen und zu einer Umgestaltung aller Dinge führen wird:

... „Vom Herrn der Heerscharen wird Heimsuchung geschehen mit Wetter und Erdbeben und großem Donner, mit Windwirbel und Ungewitter und mit Flammen verzehrenden Feuers. Und wie ein Nachtgesicht im Traume, so soll sein die Menge aller Heiden, die samt ihrem Heere und Bollwerk streiten wider Ariel. Der Herr wird durchs *Feuer* richten und durch sein *Schwert* alles Fleisch, und der Getöteten werden viel sein. Der Herr rüstet ein Heer zum Streite, sie kommen *aus fernem Lande* vom Ende des Himmels, ja der Herr selbst samt den Werkzeugen seines Zornes, um zu verderben das ganze Land. Dann werden alle Hände lässig und aller Menschen Herzen feige sein. Schrecken, Angst und Schmerz wird sie ankommen, und es wird ihnen bangen wie einer Gebärerin. Einer wird sich vor dem anderen entsetzen und feuerrot werden ihre Angesichter sein. Denn siehe, des Herrn Tag kommt grausam und grimmig, das Land zu verwüsten und die Sünder daraus zu vertilgen. Ich will den Erdboden heimsuchen um seiner Bosheit willen und die Gottlosen ihrer Untugend wegen, und will dem Hochmut der Stolzen ein Ende machen und die Hoffart der Gewaltigen demütigen, daß ein Mann teurer sein soll denn feines Goldes. Darum will ich den Himmel bewegen, daß die Erde beben soll von ihrer Stätte am Tage des Zornes ..."

... „Siehe, der Herr macht das Land wüst und wirft um, was darin ist und zerstreut seine Einwohner. Und es geht dem Priester wie dem Volke, dem Herrn wie dem Knecht, der Frau wie der Magd, dem Leiher wie dem Borger, dem Mahner wie dem Schuldner. Das Land steht jämmerlich und verderbt, und es ist entheiligt von seinen Einwohnern. Denn sie übertreten das Gesetz Gottes und lassen fallen den ewigen Bund. Darum frißt der Fluch das Land, *denn sie verschulden's,* die darin wohnen! Darum verdorren die Einwohner, daß so wenig Menschen werden übrigbleiben. Die leere Stadt ist zerbrochen, alle Häuser sind zugeschlossen, und alle Wonne des Landes ist dahin. Darum kommt über euch, Bewohner der Erde, Schrecken, Grube und Strick. Denn die Fenster der Höhe sind aufgetan, und die Grundfesten der Erde beben. Es wird die Erde mit Krachen zerbrechen und zerfallen und wird taumeln wie ein Trunkener. ... Zu der Zeit wird der Herr heimsuchen das hohe Heer und die Könige der Erde, daß sie versammelt werden als Gefangene in den Abgrund und verschlossen werden im Kerker, und nach langer Zeit wieder heimgesucht werden ..."

Kosmisches Gewitter oder *nur* Bildsymbolik? Oder beides? Gewiß wird der Mensch, der heute schon nach den Sternen greifen will und die Atombausteine der Materie in seinen Dienst *zwingt,* auch von der Natur die entsprechende Antwort erhalten. Denn auf eine, dem heutigen Denken unfaßliche Art hängt alles elementare Geschehen dieses Planeten auch mit dem seelischen Schwingungszustand des „Herrn der Schöpfung" zusammen, der unbewußt die elementaren Vorgänge verwirrend beeinflußt. Jesajas „Land" aber ist die Menschheit selber, und seine „Erde" ist das irdische Bewußtseinsfeld des materiellen Verstandesdenkens.

Freilich werden auch diese gewaltigen Seherworte des großen Propheten und seine Weissagung des Weltgerichtes die geistig Toten kaum erwecken. Und doch gelten gerade ihnen die warnenden Worte Jesajas im höchsten Grade:

... „Was ich sage, lasse ich kommen. Was ich denke, das tue ich auch, spricht der Herr. Glaubet ihr nicht, so bleibet ihr nicht! Denn der Herr wird sich aufmachen und zürnen, daß er sein Werk vollbringe auf eine seltsame Weise. *So lasset nun euer Spotten,* daß eure Bande nicht härter werden. Denn ich habe ein Verderben gehört, das vom Herrn beschlossen ist über alle Welt." — „So will ich mit dem

Volke wunderlich umgehen, spricht der Herr, daß die Weisheit seiner Weisen verblasse und der Verstand seiner Klugen verblendet werde!"

Die Weissagung vom kommenden Immanuel

Waren die vorangegangenen Prophetentexte dem Ereignis des Weltgerichtes gewidmet, so sind die folgenden Worte Jesajas jener Schau des „ewigen Reiches" zugewendet, das er, in engster Gottverbundenheit, wie eine leuchtende Gralsburg vor seinem Geistesauge ferne erstehen sah. Evangelium heißt Frohbotschaft. Und weil Jesaja der Menschheit eine solche offenbart, darum ist sein Name „Evangelist des Alten Testaments" gerechtfertigt, den ihm die christliche Nachwelt verliehen hat.

Eng mit dem Evangelium ist die Idee verbunden „Gott ist Liebe". Wie aber könnte sich damit ein „Zorn Gottes", fühlbar durch schreckliche Strafgerichte, vereinbaren? Nein, dieser Zorn ist geistig gesehen nichts anderes als die liebeweise Vorsehung und feste *Ordnung* Gottes, in deren Plan die stete Höherentwicklung des Menschengeschlechtes bis zu seiner geistigen Vollendung beschlossen liegt. Und: „Was ich denke, tue ich auch", spricht der Herr. So vermag auch die dem Menschen verliehene Willensfreiheit den vorgefaßten Plan Gottes nicht umzustoßen. Sie kann ihn nur eine Zeitlang verzögern, indem die Menschheit im Zustande der Widerordnung so lange belassen wird, bis sie selber die Folgen davon heraufbeschworen hat. Bis sie belehrbar wird und die Frucht der Widerordnung im Verlaufe der Weltgeschichte stets mächtiger als Not und Elend erfährt und an diesem Leide endlich geistig erwacht. So sind alle Schicksalsschläge („Gerichte") — in der Gesamtheit wie im Einzelleben — keine Strafen Gottes, sondern eindringliche Mahnungen des Geistes zur Rückkehr des Menschen in die ewige Harmonie, aus der er herausgefallen ist.

Jedes neue Zeitalter von rund zweitausend Jahren läßt neue Geistimpulse religiöser Art in die Menschheit dringen. So stand zu Beginn des nun abklingenden „Fischezeitalters" die Frohbotschaft der Christenheit durch Leben und Lehre des Heilands. Sie gab dem Verlaufe dieses Zeitalters jedoch nur ein äußeres religiös-kulturelles Gepräge, ohne bisher auf Erden tief und lebendig Wurzel gefaßt zu haben. Seither sind nahe an zweitausend Jahre vergangen und das Sonnenzeitalter des Wassermann steht vor den Toren. Gerade für diese Zeitwende ist die geistige „Wiederkunft Christi" verheißen: die Geburt des wahren Christusgeistes der Liebe, der Weisheit und des Friedens in *allen* Menschen, die guten Willens sind. Weil sich jedoch auch Ungezählte wissentlich und mit Willen diesem Geiste verschließen, darum wird für solche — wieder selbstverschuldet — das nahende „Weltgericht" nicht Erlösung, Umwandlung, Vergeistigung, Freude bedeuten, sondern Fesselung, Verlust ihres Machtbereiches, seelische Lähmung oder auch irdischen Untergang — wie es alle Prophetenworte vorauskündeten.

Gewiß war Jesaja auch jener Prophet, der am deutlichsten das „messianische Heil" durch die *irdische* Geburt Jesu Christi voraussagte, dem geistig auch der Leidensweg des Gottes- und Menschensohns gezeigt wurde, wofür am deutlichsten das 53. Kapitel seines Buches Zeugnis gibt. Aber wie diese irdische Wirksamkeit des Herrn nur ein Same war, der erst aufgehen muß, um im Menschenreiche zur geistigen Blüte und Frucht zu gelangen, so ist auch Jesaja der große Verkünder des kommenden *Immanuel*, des „Gotteslichtes im Menschengeiste", wie dieser Name richtig übersetzt lautet. Weil der Erdenwandel Jesu Christi gleichsam vorbildend als die Grundsteinlegung eines daraus entsprießenden Heilswerkes eben mehr als nur geschichtliche Tatsache ist, so wird sich auch die „Wiederkunft Christi" aufs neue in *analogen* Formen abzeichnen. Nun aber nicht mehr als eine materielle Geburt, sondern als eine Neugeburt auf höhergeistiger Ebene und die ganze Menschheit erfassend. Denn *nur* aus diesem Blickfelde ist das 7. Kapitel Jesaja zu deuten als eine Verheißung für die Endzeit, während es kirchlich zumeist nur auf die historische Geburt Jesu von Nazareth bezogen wird:

... „So wird euch der Herr selbst ein Zeichen geben: Siehe, eine Jungfrau ist schwanger und wird einen Sohn gebären, den wird sie heißen Immanuel. Butter und Honig wird er essen, wann er weiß, Böses zu verwerfen und Gutes zu erwählen. Zuvor aber wird das Land verödet sein, vor dessen zwei Königen dir graut..."

Kann sich diese Verheißung allein auf Bethlehem beziehen? Nach Evang. Matth. 1,21 verkündet der Engel Gabriel dem Nährvater Joseph: „Und sie (Maria) wird einen Sohn gebären, den sollst du Jesus heißen". *Hier* verkündet der Engel des Herrn die nahe Geburt Jesu Christi. Jesaja aber redet vom kommenden *Immanuel,* dem ewigen Christus und seiner Ausstrahlung in den Menschengeist. Auch aß Jesus weder „Butter" noch „Honig": (wenn man diese als Symbole für Überfluß und irdisches Wohlergehen deutet), obwohl er wußte, Böses zu besiegen und Gutes zu wählen. So ist auch diese Weissagung Jesajas der großen Weltwende gewidmet, was auch seine weiteren Kapitel einwandfrei erweisen.

Die „Jungfrau" des Jesaja ist dieselbe wie jene der Johannesoffenbarung, die gleichfalls ein männliches Kind gebärt. Mit diesem Bilde wird die *Gestaltwerdung der ewigen Liebe* in der Schöpfung, daher auch im Menschen gezeichnet, also der „mütterliche Aspekt Gottes". (Diese ewige, mütterliche Liebe Gottes wird geistig *Maria* oder die „Himmelskönigin" genannt. Ihr allein gilt alle Verehrung der geistig Erweckten, und nicht der Leibesmutter Jesu Christi, wie es die Romkirche lehrt.) Und ihr „Sohn" ist die dereinst vollendete Menschheit, wo der Mensch durch das volle Erwachen des Christusgeistes in sich zu dem wird, was als die Liebesidee Gottes gilt: der Adam-Christus, sein Ebenbild! *Dieser* Mensch wird, nachdem er wissentlich Böses verworfen und Gutes erwählt hat, auch „Butter und Honig" essen, das heißt auch seinen irdischen Lebensbereich nach der Ordnung Gottes formen und die Früchte davon genießen.

Zuvor aber wird das „Land" (der Menschheitsacker, das irdische Bewußtsein) verödet sein, weil darin noch *zwei* grauenvolle Könige herrschen. Es ist die alte Schlange der Bibel, die auch in der Offenbarung des Johannes „Teufel *und* Satan" genannt wird (Teufel = dia-volo = „Querwille", d. h. Eigenwille, Selbstsucht und Herrschsucht. — Satan = sat-an = Geist der Saturierung, Verdichtung, d. h. Materialismus, Besitzgier, Unwissenheit). Was diese beiden Könige, vor denen auch uns Zeitgenossen graut, immer wieder der Welt offenbaren, bringt die Menschheit immer näher an den Rand eines verderbenden Weltbrandes. Über dieser Königsherrschaft aber steht die Verheißung einer nahen Menschheitsweihnacht, die mit „Immanuel" dem Gotteslichte auf Erden endlich Bahn brechen wird.

In Sinnbildern von großer Kraft schildert nun der Prophet weiter seine Gesichte vom beginnenden Wirken Immanuels im Menschheitsgeschehen:

... „Das Volk, das im Finstern wandelt, sieht ein großes Licht, das leuchtet hell ... Denn es wird eine Rute aufgehen vom Stamme Isais und ein Zweig aus seiner Wurzel Frucht bringen, auf welchem wird ruhen der Geist des Herrn. Er wird mit Gerechtigkeit richten die Armen und rechtes Urteil sprechen den Elenden im Lande, und wird mit dem Stabe seines Mundes (Macht des göttlichen Wortes!) die Erde schlagen und die Gottlosen töten..."

Wenn die „Gottesgeißel" (die Tyrannei und ihre Machtsysteme) ihren Zweck der Zertrümmerung erfüllt haben wird, dann vermeint das Luziferische auf Erden endgültig gesiegt zu haben. Indessen, schon ist das Licht Gottes am Werke, von dem es bei Jesaja Kap. 8.10 heißt: „Beschließet einen Rat, und es wird nichts daraus. Beredet euch, und es wird nicht bestehen. Denn hier ist *Immanuel!*" — Und so weissagt Jesaja weiter:

... „Wenn aber der Herr all sein Werk verrichtet hat auf Zion und zu Jerusalem (Zertrümmerung der Kirchenmacht), dann will ich heimsuchen die Frucht des Hochmuts des Königs von *Assur* und die Pracht seiner hoffärtigen Augen darum, daß er spricht: ich habe es durch *meiner* Hände Kraft ausgerichtet und durch *meine* Weisheit, denn ich bin klug. Ich habe die Länder anders geteilt und ihr Einkommen geraubt (!) und seine Einwohner wie ein Mächtiger zu Boden geworfen. Darum wird der Herr unter die Fetten Assurs eine Dürre senden, und seine Herrlichkeit wird er anzünden, daß sie brennen wird wie ein Feuer. Denn das Licht Israels wird ein Feuer sein und sein Heiliger eine Flamme, die wird seine Dornen (starrende Waffen) und Hecken („eiserner Vorhang") anzünden und verzehren auf einen Tag. Dann werden die Übriggebliebenen und die errettet werden in Israel nicht mehr achten dessen, der sie schlug, sondern werden sich verlassen auf den Heiligen in der Wahrheit ..."

... „Der Herr wird ein Verderben gehen lassen, wie beschlossen ist, im ganzen Lande; doch fürchte dich nicht, mein Volk, das zu Zion wohnt (die Gottverbundenen), vor Assur (vor den Weltherrschern). Er wird *dich* mit dem Stecken schlagen und seinen Stab wider dich aufheben. Doch um ein kleines weiter, so wird mein Zorn wider deine Untugend ein Ende haben. Alsdann wird der Herr eine Geißel *wider Assur* erwecken und wird seinen Stab (seine Macht) zerbrechen. Zu dieser Zeit wird seine Last von deinen Schultern weichen müssen und sein Joch von deinem Halse. Denn der Herr wird die Äste mit Macht abhauen und was hochaufgerichtet steht, erniedrigen ..."

Aber nicht nur die Herrschsucht, auch die Weltklugheit und der Verstandesdünkel, das ganze materialistische Denken (Ägypten) wird dem Geiste Immanuels weichen müssen:

... „Zur selben Zeit wird des Herrn Altar mitten im Ägypterlande aufgerichtet als ein Malstein des Herrn an den Grenzen (Verstandesgrenzen). Und die Ägypter werden sich bekehren zum Herrn und er wird sie heilen (erleuchten). Zu der Zeit wird es geschehen, daß die Assyrier nach Ägypten kommen und eine Bahn sei von Ägypten nach Assur, und beide zusammen Gott dienen. (Das *neue* Assur: weiser Führungswille statt Herrschsucht, das *neue* Ägypten: geistige Erleuchtung statt Verblendung durch Intellekt.) Und der Herr wird sie segnen und sprechen: Gesegnet bist du Ägypten, *mein* Volk, und du Assur, *meiner* Hände Werk, und du Israel, *mein* Erbe!"

Noch einmal entwirft Jesaja ein Bild von der „Verderbnis des gottlosen Volkes" (dem Menschheitszustand *vor* dem Weltgericht), um dann in seinen Gesichten überzugehen zum nachfolgenden Friedensreiche des Immanuel. Wie ein Spiegel unserer Epoche der kampfstarrenden Fronten und der hohlen Friedensphrasen wirken diese Worte:

... „Siehe, des Herrn Hand ist nicht zu kurz, daß er nicht helfen könnte, und seine Ohren sind nicht hart geworden, daß er nicht höre, sondern eure Untugenden scheiden euch von eurem Gott und eure Sünden verbergen sein Angesicht vor euch, daß ihr nicht gehört werdet. Denn eure Hände sind mit Blut befleckt und eure Lippen reden Falsches. Es ist niemand, der Gerechtigkeit predigt und treulich richtet. Man vertraut auf eitle Dinge und redet nichts Tüchtiges. Ihr Werk ist Unrecht und in ihren Händen ist Frevel, und sie sind schnell, unschuldig Blut zu vergießen. Ihr Weg ist eitel Verderben und Schaden, und wer darauf wandelt, hat nimmer Frieden.

Wir tappen wie die Blinden und sind im Düsteren wie die Toten. Wir harren aufs Recht, und doch ist's nicht da, aufs Heil, und doch ist's ferne von uns. Denn unsere Übertretungen vor Dir sind zu viel und unsere Sünden antworten wider uns. Die Wahrheit ist dahin, und wer vom Bösen sich abwendet, der wird zu jedermanns Raub. Solches sieht der Herr, und es gefällt ihm übel. Und er sieht, daß niemand da ist, das Übel zu wenden. Darum hilft er sich selbst mit dem Arme seiner Gerechtigkeit. Denn denen zu Zion (den Gottverbundenen) wird ein Erlöser kommen und denen, die sich bekehren, spricht der Herr ..."

Dann aber fährt Jesaja fort im Lichte der göttlichen Weissagung:

... „Siehe, Finsternis bedeckt das Erdreich und Dunkel die Völker. Aber über dir, Zion, geht auf die Herrlichkeit des Herrn. Denn in meinem Zorn habe ich dich geschlagen und in meiner Gnade erbarme ich mich über dich. Ich habe einen *Tag* der Rache mir vorgenommen und das *Jahr*, die Meinen zu erlösen, ist gekommen. Denn siehe, ich will einen neuen Himmel schaffen und eine neue Erde, daß man der alten nicht mehr gedenken wird. Und es soll geschehen, daß ich sammle alle Heiden und Zungen, daß sie kommen und sehen meine Herrlichkeit ..."

Eine neue, wahre Religion statt Götzendienst (Babel), ein neues Weistum statt erdgebundenem Wissen (Ägypten), eine neue, gerechte Lebensordnung statt Despotentum und Tyrannei (Assur), das ist die „neue Erde". Und der „neue Himmel" wird sein das ewige Gotteslicht im Menschengeiste (Immanuel), jenes „Kindes" (Neugeburt), das die „schwangere Jungfrau" (gestaltende Liebe Gottes) unter „Schmerzen und Wehen" (Weltleid und Menschheitskrisen) „gebären" (offenbar machen) wird.

So und nicht anders ist das Buch Jesaja zu lesen, dem großen Künder vom einstigen Heile „Israels", d. i. der Menschheit, die is = aus, ra = dem Königtum, el = des Gotteslichts stammt und sein Reich in der Schöpfung verwirklichen wird. Denn Jesaja verkündet:

... „Ich habe mein Angesicht im Augenblicke des Zornes *ein wenig* vor dir verborgen, aber mit *ewiger* Gnade will ich mich deiner erbarmen, spricht der Herr, dein Erlöser. Die Blinden will ich auf die Wege leiten, die sie nicht kennen und will die Finsternis vor ihnen her zum Lichte machen. Wenn die Tyrannen ein Ende haben und es mit den weltklugen Spöttern aus sein wird, und vertilgt sein werden alle, die es wagen, Mühsal anzurichten, dann werden die Tauben hören die Worte des Buches, und die Elenden und Armen werden Freude haben am Heiligen Israels. Denn wenn sie sehen werden die Werke meiner Hände unter ihnen, werden sie meinen Namen heiligen und lobpreisen. Und es wird daselbst eine Bahn sein, die der heilige Weg heißen wird, daß kein Unreiner darauf gehen darf. Ewige Freude wird über dem Haupte der Erlösten des Herrn sein und Schmerz und Seufzen wird entfliehen.

Zu der Zeit wird sich der Mensch halten zu dem, der ihn gemacht hat, und seine Augen werden nicht schauen zu den Altären seiner Hände, weder auf Götzenbilder noch auf Sonnensäulen. Und die Stätten ihrer Stärke werden wie Burgen im Walde sein, so verlassen wurden von den Kindern Israels, und werden wüste sein. Dann wird man mit einer großen Posaune (Verkündigung des Wortes) blasen, so werden kommen die Verlorenen im Lande Assur und die Verstoßenen im Lande Ägypten, und beide werden den Herrn anbeten auf dem heiligen Berge zu Jerusalem (im Geiste der Neuen Kirche). Denn es wird kommen, daß Jakob (das irdische Leben) wurzeln und Israel (das geistige Leben) blühen und grünen wird, daß sie den Erdboden (das menschliche Bewußtsein) mit Früchten erfüllen ..."

Damit sei die Würdigung dieses größten Propheten vor Christus abgeschlossen. Versiegelt blieb der Sinn seiner Weissagung bis zu jener Endzeit, da nun ihre Erfüllung herannaht.

Der Prophet Jeremia

"Siehe, sie halten des Herrn Wort für einen Spott und wollen es nicht." (Jer. 6.10)

Jeremia entstammte einem alten Priestergeschlechte königlichen Blutes. Sein Wirken fällt in das 6. Jahrhundert v. Chr. Kein Prophet aus dem Stamme Juda war durch seine Warnungen und Gerichtsweissagungen beim Volke so verhaßt wie dieser Mann Gottes, der sich schon als Jüngling gegen seine Berufung zum Prophetenamte wehrte und dennoch ein Leben lang immer wieder dem inneren Worte des Geistes folgte. Gefängnis und Anschläge gegen sein Leben waren sein Los und die Überlieferung weiß von seinem Märtyrertode durch Steinigung zu berichten.

Es ist besonders das Buch Jeremia ein Beweis dafür, wie jeder inspirierten Wahr-sagung ein zeitlicher *und* ein geistiger Sinn innewohnt, wovon letzterer bei allen Propheten Israels stets auf eine ferne Menschheitsgeschichte hinweist. Jeremias Weissagungen, soweit sie das nahe historische Schicksal seines Volkes betrafen, fanden oftmals eine erstaunlich genaue Erfüllung, ebenso seine Prophetien gegen die Israel bedrängenden Heidenvölker. Was aber soll man von seiner gewaltigen Schlußrede vom Falle Babels halten, das schon 488 v. Chr. durch den Perserkönig Darius zerstört wurde — um in der nachchristlichen Johannesoffenbarung wieder aufzutauchen? Und zwar in Form einer Vorauskündigung vom *künftigen* Untergang Babels! Darin liegt doch ein sicherer Beweis für die Symbolsprache der Propheten, die alle das Sinnbild „Babel" für das Prinzip „Götzendienst", das heißt für falschen und äußerlichen Religionskult verwendeten. So bezieht sich neben Jesaja auch Jeremias' Weissagung gegen Babel auf die so gearteten Erscheinungen aller Weltkirchen der *Endzeit* und insbesondere auf Rom als Repräsentanten der heute stärksten Christenkirche. Aber auch — und das beachte man sehr — gegen das „Babel", das als Irrglaube in jeder Menschenbrust gegen das „Neue Jerusalem", das Licht Gottes im Menschen streitet.

Dem Buche Jeremia eigentümlich ist die wiederholte merkwürdige Warnung an Israel (oder Juda, bzw. Jerusalem) vor dem Einbruch eines Unglücks, das *von Mitternacht* her über die Völker kommen werde. Geschichtlich gesehen waren diese Einbrüche die zahlreichen Überflutungen israelitischer Stämme durch vom Norden (= von Mitternacht) einfallende Nomadenstämme Asiens und Europas. Der Kenner der Symbolsprache aber weiß, daß auch diese Worte einen endzeitlichen, reingeistigen Sinn verhüllen. Da ist „Mitternacht" das Sinnbild der größten *geistigen Finsternis* unter den Menschen, und die „Kriegsvölker" entsprechen geistigen Strömungen und zerstörenden seelischen Revolutionswellen, die den nur scheinbar negativen Zweck haben, in der geistlichen und staatlichen Menschheitsführung überalterte Begriffe und unbrauchbar gewordene Formen zu zertrümmern. Sie vermögen mit ihrer Gewalt zwar als Werkzeug des „Zornestages des Herrn" zu dienen, müssen jedoch nach Erfüllung ihrer Aufgabe neuen und lichteren Geisteskräften in der Menschheit weichen. Darum klingt auch das Buch Jeremia in die Heilsverkündigung aus, die das Hohelied auf die ewige Liebe Gottes darstellt und sogar das Weltgericht nur in diesem Lichte erscheinen läßt.

Nach Vorstehendem braucht nicht mehr besonders betont zu werden, daß unter „Israel" oder „Juda" im Sinne der Zukunftsweissagung jener Teil der heutigen Menschheit zu verstehen ist, der sich innerlich von den satanischen Kräften der Herrschsucht und materiellen Habgier freizuhalten weiß und sein Herz für alle Gebote der Liebe und Menschlichkeit noch aufgeschlossen hält. Wenn auch gegen *dieses* „Volk Gottes" Gerichtsdrohungen ergehen, so darum, weil ein *jeder* Mensch, auch der guten Willens ist, irgendwie Mitschuld an dem entarteten Treiben der Menschheit trägt und daher vor seinem Wiederaufstieg einem läuternden Feuer unterzogen werden muß. Mit den eigentlichen „Heiden" aber sind jene Menschen gemeint, die sich durch Wille und Tat völlig von Gott gelöst haben. Und auf diese wird nach dem Prophetenworte des Jeremia die Hauptlast des Gerichtes fallen, damit einer neuen Höherentwicklung der Menschheit endlich die Bahn freigemacht wird.

Die Strafvölker von Mitternacht

(Aus den Weissagungen wider Israel und Jerusalem:)

... "Siehe, ich lege meine Worte in deinen Mund: Von Mitternacht wird das Unglück ausbrechen über alle, die im Lande wohnen. Denn ich will rufen alle Fürsten der Königreiche gegen Mitternacht, daß sie setzen ihre Throne vor die Tore Jerusalems und um die Mauern der Städte Judas. Es ist deiner Bosheit Schuld, o Israel, daß du so gestäupt wirst, und deines Ungehorsams willen, der den Bund mit mir zerbrochen hat. Aber du wirst an Ägypten (der Weltklugheit!) wie an Assyrien (der Herrschsucht!) zu Schanden werden. Es geht ein Unglück und großer Jammer wider Jerusalem, denn sie ist eine Stadt (kollektive Seelengemeinschaft der Menschheit!), die heimgesucht werden muß. Siehe, es kommen Wasser herauf von Mitternacht, die eine Flut machen werden und das Land samt seinen Städten und Einwohnern wegreißen. (Geistige und irdische Revolutionen!) Und es wird ein Getümmel sein, daß die Menschen erzittern vor dem Dröhnen ihrer starken Rosse und dem Rasseln ihrer Wagenräder. Denn ich will kommen lassen die Völker von Mitternacht über alle Völker, die umher liegen, daß das ganze Land wüst und zerstört werden soll. In der Stadt, die nach meinem Namen genannt wird (der Bereich des Religiösen!) fange ich an zu plagen. Dann aber rufe ich das Schwert herbei über alle, die auf Erden wohnen (Umwälzung auf allen Lebensgebieten) und will mit allem Fleische Gericht halten ..."

... "Wohlan, ich will eurer etliche übrig behalten, denen soll es wieder wohlergehen, und ich will ihnen zu Hilfe kommen in ihrer Not und Angst unter den Feinden. Denn meinst du, daß es etwa kein Eisen gäbe, welches könnte das Erz von Mitternacht wieder zerschlagen? Zuvor aber will ich euer Gut und eure Schätze ihnen zum Raube geben um eurer Missetaten willen, die ihr in allen euren Grenzen (Lebensbereichen) begangen habt. Darum entsetze dich nicht,

Israel: mit dir will ich nicht ein Ende machen, aber will dich züchtigen mit Maß, daß du dich nicht für unschuldig haltest!

Und ich will die übrigen aus meiner Herde sammeln aus *allen* Ländern (!), daß sie sollen wachsen und ihrer wieder viele werden. Das Volk, das verschont wurde vom Schwerte, hat Gnade gefunden in der Wüste (Zerstörung). Zur selben Zeit werde ich *aller* Geschlechter Israels Gott sein (*eine* geistige Weltreligion!) und sie sollen mein erwähltes Volk heißen (die neue Menschheit). Siehe, ich will sie aus dem Lande der Mitternacht (geistige Finsternis) herausführen und will sie sammeln von allen Enden der Erde, daß sie in großen Haufen kommen. Und ich will sie alle leiten und ihre Herzen voll Freude machen, und mein Volk soll Gaben haben in Fülle immerdar."

(Aus den Weissagungen wider die Heiden und Gottlosen:)

... „So sprach des Herrn Wort: Ich bringe ein Unglück herzu von *Mitternacht* und große Trübsal. Von dort fährt der grimme Löwe aus seiner Hecke und der Zerstörer der Heiden zieht daher aus seinem Ort, daß er das Land ausbrenne und alle Städte verwüste. Zu der Zeit wird den Königen und Fürsten der Mut entsinken und die Priester werden bestürzt sein. Ja, ein Wind kommt *von Osten* (!), wird ihnen zu stark sein, denn ich will durch meine Rute mit ihnen rechten. Aus allen Städten werden sie vor dem Geschrei der Reiter und Schützen fliehen in die finsteren Wälder, und die Städte werden verlassen sein, daß niemand darin wohne. Siehe, ein großes Volk wird kommen von Mitternacht, ein Volk wird sich erregen vom Ende der Erde, das ist grausam und ohne Barmherzigkeit. Sie führen Bogen und Lanzen und brausen daher wie ein ungestümes Meer, sie reiten auf Rossen gerüstet wie Kriegsleute. Da werden allen die Fäuste entsinken und es wird den Menschen wehe und angst werden. Es gehe da niemand hinaus auf den Acker und über das Feld, denn er ist allenthalben unsicher vor dem Schwerte des Feindes, und der Verderber kommt plötzlich.

Der Menschen Leichname werden liegen wie der Mist auf dem Felde und wie die Garben hinter dem Schnitter, die niemand sammelt. Und sie sollen den Vögeln des Himmels und den Tieren der Erde zur Speise werden, davon sie niemand scheuchen wird. Und alle übrigen dieses *bösen* Volkes, an welchem Orte ich sie verstoßen werde, werden lieber tot sein wollen denn lebendig ...

... Sie verleugnen den Herrn und sprechen: Das ist nicht des Herrn Wort, so übel wird es uns nicht ergehen. Denn die Propheten sind Schwätzer und haben das Wort Gottes nicht. Aber dennoch wird ein Wetter des Herrn mit Grimm herankommen und wird den Gottlosen auf den Kopf fallen. Und der Herr wird nicht nachlassen, bis er ausrichte, was er im Sinne hat zu tun. *Zur letzten Zeit werdet ihr's wohl erfahren!*" ...

(Aus den Weissagungen wider Babel, den Götzendienst:)

... „Dies ist das Wort des Herrn wider Babel und das Land der Chaldäer (Falschgläubigen!): Babel und ihre Götzen stehen mit Schanden und ihre Götter sind zerschmettert. Denn es zieht von Mitternacht ein Volk herauf wider sie, das wird ihr Land zur Wüste machen, daß Leute und Vieh davonfliehen. Was willst du alsdann tun, du Verstörte? Wenn du dich schon mit Purpur kleidest und mit goldenen Kleinodien schmückst, so ist's vergeblich, denn die Buhlen (frühere Anhänger) werden dich verachten und dir nach dem Leben trachten.

Verlasset euch nicht auf ihre Worte, wenn sie sagen, hier sei des Herrn Tempel! Sie sind alle Narren und Toren, denn ein Holz (!) ist ein nichtiger Gottesdienst. (Bloße Kruzifix-Anbetung!) Es ist eitel Nichts und ein verführerisches Werk, ihre Götzen sind Trügerei (Heiligen- und Bilderkult) und haben kein Leben. Darum müssen sie umkommen, wenn sie heimgesucht werden. So lasse denn die Bürger Jerusalems zu ihren Göttern schreien, denen sie geräuchert haben, aber sie werden ihnen nicht helfen in ihrer Not. Sie räuchern den Göttern und treiben Ehebruch mit Stein und Holz. Siehe, ich will sie mit Wermut speisen und mit Galle tränken, denn von den falschen Propheten Jerusalems kommt Heuchelei aus ins ganze Land. Sie betrügen euch, denn sie predigen nach der Weise ihres Herzens und nicht aus des Herrn Munde.

Darum will ich sie wie durch einen Ostwind (!) zerstreuen durch ihre Feinde und will den Gottesdienst Jerusalems an diesem Orte zerstören. Sie soll durch das Schwert fallen und ich will ihre Stadt wüst machen zum Spotte aller, die vorübergehen. Ich will über die Mutter (Mutterkirche) ihrer Mannschaft (Klerus) kommen lassen einen offenbaren Verderber und die Stadt damit plötzlich und unversehens überfallen lassen: daß *die, so sieben Kinder hat* („Siebenhügelstadt") soll elend sein und vom Herzen seufzen. Denn ihre Sonne soll bei hohem Tage (am Höhepunkt der Macht) untergehen, daß ihr Ruhm und ihre Freude ein Ende haben soll. Und die Übrigen will ich dem Schwerte ihrer Feinde übergeben. Siehe, es wird eine Plage kommen und ein großes Wetter wird erweckt werden *aus einem fernen Lande*. Zu der Zeit werden die Erschlagenen liegen von einem Ende der Erde bis ans andere. Und sie werden weder beklagt noch aufgehoben werden.

Mein Volk ist wie eine verlorene Herde; ihre Hirten haben es verführt und in die Irre gehen lassen. Darum fliehet aus Babel und ziehet aus der Chaldäer Land! Denn ich werde große Völker in Haufen aus dem Lande gegen Mitternacht (!) erwecken und gegen Babel bringen. Ihre Pfeile sind wie die eines guten Kriegers, der nicht fehlt. Siehe, ich will den *König von Babel* heimsuchen, gleichwie ich Assyrien (die Herrschsucht) heimgesucht habe. Da soll der Stolze stürzen und fallen, daß ihn niemand aufrichte. Ich will seine Städte mit Feuer anzünden, das soll alles um ihn her verzehren. Schwert soll kommen über ihre Weisheit (Theologie), daß sie zu Narren werden, und über ihre Stärke, daß sie verzagen. Denn viele Heiden und Könige der Erde werden sich aufmachen vom Ende der Erde gegen dich, du Tochter Babel!

Und ich will einen scharfen Wind erwecken wider Babel und ihre Einwohner, die sich gegen mich (das reine Gotteswort) gesetzt haben. Deine Schützen werden nicht schießen können und deine Geharnischten sich nicht wehren. Darum flieh, mein Volk, aus Babel, damit ein jeglicher seine Seele rette, daß ihr nicht untergeht mit ihrer Missetat. Ein goldener Kelch, der alle Welt trunken machte, war Babel. Alle Heiden haben von ihrem Wein getrunken, *darum* sind sie so toll geworden. So lasset sie fahren, denn ihre Strafe reicht bis an den Himmel. Die du an großen Wassern wohnst (mächtiger Seeleneinfluß) und große Schätze hast (Weltmacht und Besitz), dein Ende ist gekommen, dein Geiz ist aus. Denn der Herr hat geschworen: Ich will dich mit Menschen füllen wie mit Käfern, die sollen dir ein Liedlein singen! Siehe, ich will an dich, du schädlicher Berg (Hochmut, Überheblichkeit), der du alle Welt verderbest. Eine Wüste sollst du sein, darin keiner mehr wohnen wird. Ich will ihre Fürsten, Weisen, Herren und Streiter trunken machen, daß sie sollen einen ewigen Schlaf tun, davon sie nimmer aufwachen. Himmel und Erde werden jauchzen, daß Babels Zerstörer von Mitternacht gekommen ist ...

Ich schaute das Land an, siehe, das war wüst und öde, und den Himmel, der war finster. Und die Berge bebten und alle Hügel zitterten. Und da war kein Mensch, und alle Vögel unter dem Himmel waren weggeflogen. Das Gefilde war eine Wüste und alle Städte darin waren zerbrochen vor dem grimmigen Zorne des Herrn ..."

Nach dem „Falle Babels", dem Ende allen nur äußerlich religiösen Bekennertums weissagt auch Jeremia die „Wiederkunft Christi im Menschengeiste" und die Wandlung aller Weltkirchen zu einer *einzigen* geistigen Kirche, deren Thron nur im Menschenherzen aufgerichtet wird:

... „Gleichwie ich über dieses Volk habe ergehen lassen alles Unglück, so will ich auch alles Gute über sie kommen lassen, das ich ihnen verheißen habe. Siehe, es kommt die Zeit, da will ich mit Israel und Juda einen *neuen* Bund machen: Ich will Mein Gesetz in ihr *Herz* legen und in ihren *Sinn* schreiben. Und sie sollen alle mein Volk sein, so will ich ihr Gott sein. Es wird keiner den anderen lehren müssen ‚Erkenne den Herrn', sondern sie sollen mich alle im Herzen erkennen. Ich will ihnen mein Licht ins Herz geben, daß sie nimmer von mir weichen. Und sie werden sich freuen all des Guten und des Friedens, den ich ihnen schenken will ewiglich ..."

Ist nun das Prophetenwort religionsfeindlich, nur weil es den Untergang alles dessen weissagt, was im Kirchentum zeitlich gebunden und menschlich begrenzt ist? Nicht der weltlichen Kirchenorganisation, sondern der ewigen Idee „Kirche", dem *inneren* Bunde des Menschen mit Gott gilt das Evangelienwort von der Unüberwindlichkeit durch die Hölle. Und erst dann, wenn Christus im Menschengeiste der königliche Regent sein wird, wird das Wort von der (geistigen) Kirche als dem „Leibe Christi" nicht Trug bleiben, sondern leuchtende Wahrheit versinnbildlichen. Diese teils fromme, teils hochmütige Selbsttäuschung der endzeitlichen Weltkirchen zu zertrümmern, ist nach dem Worte Jeremias den strafenden „Völkern von Mitternacht" zur Aufgabe gestellt. Ein erbarmungsloses Werk, und dennoch ein Werkzeug des Schicksals nach dem Plane der göttlichen Menschheitsführung! *Mitternacht* ist geistige Finsternis, und vom *Norden* aus strahlt ihre Macht in alle Welt: als ein

Machtsystem des Materialismus, als eine Union von kampfgerüsteten Völkern mit dem Ziele der Weltrevolution. Und wie sagt das Buch des Propheten noch? „Vom *Osten* her wird ein scharfer Wind gehen, der wird ihnen zu stark sein..." Wer Augen hat, der lese die Zeichen der Zeit im Buche der Weltgeschichte und auf jenem Blatte, das gerade aufgeschlagen vor uns liegt.

Der Prophet Hesekiel

"Du sollst aus meinem Munde das Wort hören und sie warnen." (Hes. 3,17)

Einem alten Priestergeschlechte entstammend, war Hesekiel (Ezechiel) der Prophet Israels während dessen Gefangenschaft im babylonischen Reiche und wurde dort um 590 v. Chr. vom Geiste der Prophetie erfaßt. Seine Schriften zeichnen sich durch einen Reichtum an Gesichten mit symbolischen Handlungen aus, wobei seine Vision von den vier cherubinischen Tieren in einem geistigen Zusammenhang mit den vier „Weltreichen" Daniels steht. Allein, die Schauungen Hesekiels sind in Bilder gekleidet, deren Symbolik bis auf die Urreligion Altägyptens zurückreicht, wo sie in den Geheimnissen der Sphinx und der Großen Pyramide ihren steinernen Niederschlag fand. Von dort übernahm die ursprünglich geistige Astrologie Chaldäas das Urweistum begnadeter Seher, und Hesekiels langes Verweilen in Babylon mag ihm wohl Einblick in dieses später verschüttete Wissen gegeben haben. Jedenfalls deuten seine ersten Schauungen ihrer Gestalt nach auf diese Symbolik hin, wie sie der frühesten Astrologie eigentümlich war und heute nur noch in Spuren kenntlich ist.

Die weiteren Teile des Buches Hesekiel folgen der Struktur aller Prophetenstimmen, die stets ein kommendes Weltgericht dem „Volke", d. i. der ganzen Menschheit vorauskünden, um dann von der großen Weltwende auf die nachfolgende Zeit eines vergeistigten Menschentums überzugehen. Aber nur bei Hesekiel findet sich eine grandiose Erweiterung dessen, was auch anderwärts als „Neues Jerusalem" im Bilde einer Stadt (Gemeinschaft) gemalt wurde. Denn in nicht weniger als neun langen Kapiteln gibt hier der Prophet symbolisch äußerst verschlüsselte Beschreibungen: von der Stadt, dem Tempel, dem geweihten Altar, den neuen Priestern, ihren Gesetzen und Opfern, von den Grenzen des heiligen Landes und seiner Verteilung unter die „zwölf Stämme Israels", usw. Alles Bilder, die mit ihren reichen Maßangaben und genauen Zahlenwerten ähnliche geistig kosmische und menschliche Mysterien der Schöpfung verhüllen, wie sie auch der Königspyramide im Niltal von weisen Gottessehern anvertraut wurden. So bildet das Buch Hesekiel eine Hohe Schule der Entsprechungswissenschaft und ist zugleich ein deutliches Vorbild der späteren christlichen Offenbarung des Johannes, die sich der Symbolik des Hesekiel in reichem Maße bedient und sie im Sinne der Christusdeutung vollendet. —

Die vier Weltzeitalter

(Löwe, Stier, Mensch, Adler)

... „Es tat sich der Himmel auf und Gott zeigte mir Gesichte. Und es kam im Sturme eine Wolke von Feuer, in deren Mitte es lichthell war. Darin war es gestaltet *wie* vier Tiere und diese waren anzusehen *wie* Menschen. Und ein jegliches hatte vier Angesichter und vier Flügel, und sie glichen einem Menschen, einem Löwen, einem Stier und einem Adler. Als ich die Tiere sah, da stand ein Rad bei ihnen auf der Erde, und wenn die Tiere gingen, so ging das Rad — das anzusehen war wie vier Räder — mit ihnen. Denn es war der Geist der Tiere in den Rädern ... Und über ihnen im Himmel saß einer auf einem Throne, gestaltet gleichwie ein Mensch. Und ich sah um ihn Feuer glänzen um und um: dies war das Ansehen der Herrlichkeit des Herrn ..."

In den vier Tieren, „die Menschen waren" (die Menschheit darstellend), wiederholt sich das alte Symbol der Sphinx. Und diese wieder war das Abbild visionär erschauter Weltgestaltungskräfte, die schon in der ältesten Astrologie Ägyptens als die zwölf „Himmelszeichen" (Tierkreisbilder) aufscheinen. Dort hieß Hesekiels *Löwe* „lew", der *Stier* „sat-aur", der Mensch „Wadan" (Wassermann), und statt des Adlers stand das Zeichen *Skorpion* „scoro-pi". Das „Rad" des zwölfteiligen Tierkreises aber umgab die Sonne Râ als das Zentrum, das Hesekiel inmitten der Himmelswolke licht- und feuerumflossen erblickte: das Sinnbild des lenkenden Weltgeistes, *Christus*, das schöpferische Wort. Die Räder, die dem Willen des Geistes folgten, symbolisieren die Aufeinanderfolge der zwölf Zeitalter im Sonnenkreislauf nach dem Plane des Weltschöpfers. Bei Hesekiel sind nur *vier* davon erwähnt, die jedoch markante Eckpunkte am Himmel (die vier „Enden der Welt") und — ihren Zeitaltern entsprechend — vier markante Entwicklungsstufen der Menschheit kennzeichnen.

So ist der Kreislauf des Menschen: Als Geistwesen geht er aus dem Herzen Gottes hervor. (lew = Herz, Leben!) Dann tritt er den Weg in die Materie an. (sat-aur = Verdichtung des Lichtes!) Hier gelangt er zum Eigenbewußtsein seiner Individualität. (wadan = Wassermann, der wissende Geist!) Und nun dreht sich das Rad seiner Vollendung wieder hin zum Geiste (scoro-pi = wörtlich „Verschlucken der trennenden Hülle", d. h. Freiwerden von der stofflichen Verdunkelung)! Hier setzt Hesekiel das Sinnbild des Adlers als den Höhenflug des Geistmenschen. Und als selbstbewußter Geist kehrt der Mensch zurück zum kosmischen Allbewußtsein Gottes, ins ewige Geistleben (lew!).

Jedem Sonnenzeitalter von rund *zweitausend* Jahren sind geistige Impulse eigentümlich, welche die Entwicklung der Menschheit nach gewisser Richtung hin fördern. Es ist daher von höchster Bedeutung, daß in unseren Tagen die Sonne in einen neuen Frühlingspunkt tritt. (Frühling = neues Werden!) Wir treten nun ein ins neue Wassermann-Zeitalter, wo die Menschheit nach den vorangegangenen Erfahrungen von Gut und Böse geistig „wissend" wird und daher auch ihre Religion allgemein auf eine geistige Basis der *Wahrheit* stellen wird. Wie sagte doch Jesus Christus? „Die Wahrheit wird euch frei machen!" Daher beziehen sich auch Hesekiels Weissagungen vom Weltgericht auf die Geburtswehen dieser neuen Ära, deren Morgenstrahlen noch gewaltig gegen die Reaktionskräfte des untergehenden Zeitalters anzukämpfen haben. Das Unwahre und Lebensfeindliche muß vergehen, damit neues Leben aus den Ruinen erblühen kann. So wenig aber sich der Lauf der Sonne zurückdrehen läßt, ebenso unmöglich ist es, dem Geiste eines neuen Zeitalters Einhalt zu gebieten. Und wer es versucht, muß untergehen.

Die Ausführlichkeit der Kapitel über Jesaja und Jeremia erübrigen es, hier mehr als einige Proben aus Hesekieltexten wiedergeben zu müssen. Die wenigen Worte jedoch sollen auch hier die Einheit aller Prophetenvisionen bekräftigen:

(Weissagung wider die „Stadt" = Menschheitsgemeinschaft:) ... „Siehe, der Tag bricht an, und es kommt mein Zorn über alle ihre Haufen. Es soll ein Drittel an Pestilenz sterben und durch Hunger zunichte werden und das andere Drittel durchs Schwert fallen. Das letzte Drittel aber will ich zerstreuen und das Schwert hinter ihnen wegziehen (Verschonung im Gerichte) ... Der Tyrann (!) hat sich aufgemacht zur Rute über die gottlosen Völker. Laßt sie die Posaunen (Kriegsrufe) nur blasen, es wird doch niemand in den Krieg ziehen, denn mein Grimm geht über alle ihre Haufen. Alle Hände werden dahinsinken und aller Knie werden so ungewiß stehen wie im Wasser. Aller Angesichter werden jämmerlich schauen und mit Furcht überschüttet sein. Sie werden ihr Gold und Silber (materiellen Besitz) wie Unflat achten, denn es wird sie nicht erretten am Tage des Zornes. Der Ausrotter kommt, da werden sie Frieden suchen und es wird keiner da sein. Wo ihr wohnet, da sollen eure Städte zur Einöde werden, denn man wird eure Altäre (falsche Ideale) wüst machen und eure Götzen (falsche Ziele) zerbrechen. Ja, es kommt ein Unglück über das andere über alle Örter des Landes. Die aber mein Zeichen an sich haben (Gottverbundenheit), die wird keiner anrühren ..."

(Weissagung wider das falsche Christentum:) ... „Du bist ein Land, das nicht zu reinigen ist. Deine Priester verkehren mein Gesetz und entheiligen mein Heiligtum. Wehe den Hirten Israels, die sich selbst weiden! Ihr fresset das Fette eurer Herde und kleidet euch mit ihrer Wolle. Aber das Verlorene suchet ihr nicht, und hart herrscht ihr über die Schafe. Und du, Fürst in Israel: Tue weg den *Hut* und hebe ab die *Krone*, denn es wird dir keines bleiben! Du verunreinigest dich an den Götzen, die du machtest, darum will ich das Feuer meines Grimmes anfachen und will dich Leuten übergeben, die brennen und verderben können. Weil sich dein Herz überhebt und spricht: Ich sitze auf dem Throne Gottes (!), so du doch ein Mensch bist und nicht Gott, darum will ich Fremde über dich schicken, nämlich die Tyrannen der Heiden (!). Die sollen ihr Schwert zücken über deine schöne Weisheit und deine große Ehre zuschanden machen. Du bist voll Frevels geworden ob deiner großen Hantierung, und weil sich dein Herz erhebt, hat dich deine Klugheit betrogen in ihrer Pracht. Darum will ich dich zu Boden stürzen und ein Schauspiel aus dir machen vor den Königen der Welt ..."

(Weissagung vom neuen Reiche Gottes:) ... „Meinst du, daß ich Gefallen habe am Tode des Gottlosen, und nicht vielmehr, daß er sich bekehre von seinem Wesen? Wer da sieht und sich abwendet von seiner Bosheit, der soll leben und nicht sterben. Darum will ich euch richten, ihr vom Hause Israel, einen jeglichen nach seinem Wesen. Ich will das Verlorene wieder suchen und das Verirrte wiederbringen und will des Schwachen warten. Aber was fett und stark ist, will ich vertilgen mit Gericht. Ja, ihr Menschen Israels sollt die Herde meiner Weide sein, und ich allein will euer Hirte sein. Von all eurer Unreinheit und allen Götzen will ich euch reinigen. Ich will das steinerne Herz aus eurem Fleische wegnehmen und euch ein menschliches Herz geben. Und will meinen Geist in euch legen, daß ihr Menschen werdet, die in meinen Geboten wandeln und nach meinem Rechte tun. Siehe, ich will eure Gräber auftun und will meinen Geist auf euch kommen lassen, daß ihr wieder leben sollt. Ihr sollt erfahren, daß ich euer Gott und lieber Vater bin, und ich will nicht mehr mein Angesicht vor euch verbergen ..."

Die Vision vom Neuen Tempel

Wie bereits im Vorwort erwähnt, findet sich bei Hesekiel eine genaue Beschreibung des „Neuen Tempels des Volkes Israel", der Stadt Gottes auf Erden. Die in Bilder des alten Tempelbundes eingekleideten Symbole dürfen keinesfalls dazu verleiten, hierin etwa einen neuen Kultdienst oder eine Kirchenorganisation der Zukunft zu vermuten. Man vergleiche dazu die Worte eines Jesaja oder Jeremia, um von dieser Vorstellung völlig frei zu werden.

Zwar ist die Menschheit von heute reif genug, um die Weissagungen vom Weltgerichte an den Zeichen unserer Zeit richtig zu deuten. Was aber an *geistigen* Zuständen für das kommende 3. Jahrtausend n. Chr. hier in mystischer Form vorausverkündet wird, entzieht sich jetzt noch — soweit es sich nicht um das Ganze, sondern um die Fülle der einzelnen Sinnbilder handelt — einer „vernunftmäßigen" Entschlüsselung. Es bleibt nur weit vorgeschrittenen Geistern mit hochentwickelter innerer Schauungsgabe vorbehalten, in diesen Symbolen die tragenden Ideen zu erkennen und zu deuten. Trotzdem gibt es einen Schlüssel, um in den Grundzügen das *Wesentliche* jener verborgenen Geheimnisse zu ergründen. Er führt dazu, im „Neuen Tempel" das Symbol des vollendeten Geistmenschen zu erblicken, wie ja auch das Gralsmysterium nichts anderes ist als das Sinnbild des Menschenherzens als Kelch des göttlichen Lichtes. Und in der Beschreibung des Tempels mit all seinen Toren, Höfen und Gemächern ist eine Art Anatomie des menschlichen Geistleibes der Zukunft niedergelegt, mit allen inneren Organen, mystischen Funktionen und Wahrnehmungszentren, die — jetzt erst keimhaft entwickelt — den künftigen Vollmenschen das göttlich-kosmische Bewußtsein auf allen geistigen und feinstofflichen Daseinsebenen vermitteln werden. Darum die Worte Hesekiels:

... „Durch göttliche Gesichte führte mich der Herr ins Land Israel (das künftige „Gottesvolk" mit geistigem Bewußtsein) und stellte mich auf einen hohen Berg (weltenweiter Überblick). Da war es darauf *wie* eine gebaute Stadt (entwickelte Geistgemeinschaft) gegen Mittag (geistige Sonnenhelle) ..."

Ein Engel mit einer Meßrute zeigt ihm nun die „Maße des Tempels" (siehe oben), den neuen Altar (Geistleib), die Art des neuen Gottesdienstes (re-ligio = innere Verbindung mit Gott) und die Verteilung des heiligen Landes unter die „zwölf Stämme Israels" (die vollendete Menschheit. — Zwölf, 1 und 2 ist die völlige Durchdringung der Materie durch den Geist). Und die ekstatische Schau des Propheten endet mit den Worten des

Herrn: Alsdann soll die Stadt genannt werden: „Hier wohnt der Herr". (Dies die Übersetzung Luthers, die nur sinngemäß ist.) Die Worte „JEHOVAH SCHEMAH" des hebr. Textes bedeuten geistig: IHVH = ewiges Sein, SCHEM = Name, AH = Liebe. Somit „Der Name (Ausdruck, Offenbarung) Gottes, des ewigen Seins ist *Liebe!*" Und wenn diese Urkraft die Menschheit dereinst voll durchdringen wird, dann erst wird wahrhaft Gott im Menschen wohnen und wird ihn zur Krone der Schöpfung machen.

Der Prophet Maleachi

„Ist's recht, daß ein Mensch Gott täusche, wie ihr mich täuschet?" (Mal. 3,8)

Maleachi (griech. Malachias) ist der Name oder vielleicht auch nur die symbolische Bezeichnung des Verfassers jenes kurzen, aber kraftvollen Prophetenrufes, der die Bücher des Alten Testamentes beschließt. Die Niederschrift dieser Weissagung dürfte um 430 v. Chr. erfolgt sein.

Der Name Maleachi wird mit „Mein Bote" übersetzt, denn er birgt in sich das hebräische Wort „malak" = Engel, woraus sich auch die Form Malach-jah = Engel des Herrn ergibt. Andererseits wird in „Maleachi" eine kabbalistische Umstellung des Engelnamens Michael vermutet. Tatsächlich läßt sein Prophetenwort vom Gerichtstage des Herrn eine geistige Entsprechung herstellen zum Wirken Michaels, jenes Engels des Herrn, der gemäß der Offenbarung des Johannes Satan und seine Mächte im Himmel besiegte und auf die Erde warf. Unter allen sechzehn Propheten Israels und Judas ist Maleachi der einzige, der als „Vorläufer des Herrn" vor dem Tage des Endgerichtes das neue Wirken des wiederkommenden Propheten Elia ankündigt. Also jenes Geistes, der nach den Worten Jesu (Matth. 11, 9—14) als Johannes der Täufer dessen irdische Geburt vorauskündete. Daß aber in Elia und Johannes d. T. der Geist Michaels wohnte, geht aus mehrfachen Eröffnungen Jesu im Gr. Ev. Joh. Lorbers hervor. Und weil der „Vorläufer" zugleich Ankünder war und wieder sein wird, darum kommt der Prophezeiung des Maleachi besondere Bedeutung zu: zielt sie doch auf das entscheidende Ereignis einer kommenden Neugestaltung aller religiösen Dinge in der Menschheit hin und damit auf die Wandlung einer geistigen Grundlage, ohne welche auch kein anderes Lebensgebiet wandelbar wäre.

Dem Buche Maleachi fehlen die ekstatischen Zukunftsblicke in das einem Weltgerichte folgende Zeitalter des Heils. Maleachi ist nur Verkünder des Gerichtstages, wie Michaels geistiges Schwert dessen Vollziehung bedeutet. Denn am „Zornestage des Herrn" tritt die liebende Erbarmung Gottes hinter seine Gerechtigkeit, durch die sich alle Geister scheiden werden.

Weissagung wider die falschen Priester

(Aus Maleachi, Kap. 1 und 2:) So spricht der Herr:

... „Bin ich euer Vater, was ist es, womit ihr mich ehrt? Ihr Priester, die ihr meinen Namen mißbraucht, sprecht: Womit verachten wir ihn? Damit, daß ihr auf meinem Altare opfert *unreines Brot!* Ich habe keinen Gefallen an euch, und das Speisopfer von euren Händen ist mir nicht angenehm ... So werde ich den Fluch unter euch schicken und euren Segen verachten, weil ihr es nicht wollt zu Herzen nehmen. Siehe, ich will den Kot eurer Festopfer euch ins Angesicht werfen und er soll an euch hängen bleiben. So werdet ihr dann erfahren, daß ich ein Gebot zu euch sandte, das sollte mein Bund mit *Levi* (hebr. lev = Herz!) sein und war ein Bund des Lebens und Friedens. Des Priesters Lippen sollen die Lehre bewahren, daß man aus seinem Munde das Gesetz Gottes erfahre. Ihr aber seid vom Wege abgewichen und ärgert viele mit *eurem* Gesetz (menschliche Satzungen), denn ihr habt den Bund Levis (die innere Herzensgemeinschaft mit Gott) gebrochen.

Darum habe ich gemacht, daß ihr verachtet werdet vor dem ganzen Volke, weil ihr meine Wege nicht einhaltet und sehet *Personen* an im Gesetze. (Trinitätslehre, Dreigottglaube!) Haben wir nicht alle *einen* Vater, hat uns nicht *ein* Gott geschaffen? Aber Juda entheiligt, was dem Herrn heilig ist. Weiter tut ihr auch das: Ihr bedeckt den Altar des Herrn mit Weinen und Seufzen (Liturgie!), daß ich nicht mehr mag das Opfer ansehen, noch etwas mir Gefälliges von euren Händen empfangen. Darum sehet euch vor vor eurem Geiste! ..."

Der Tag des Herrn und sein Vorläufer

(Aus Maleachi, Kap. 3:) So spricht der Herr:

... „Siehe, ich will meinen Engel senden, der vor mir her den Weg bereiten soll. Und bald wird kommen zu seinem Tempel *der* Herr, den ihr *suchet,* und der Engel *des* Bundes, den *ihr* begehret. Wer wird aber den Tag seiner Zukunft erleiden können, und wer wird bestehen bei seinem Erscheinen? Denn er ist wie das Feuer eines Goldschmiedes und wird die Kinder Levis läutern wie Gold. Ich will euch strafen und werde ein schneller Zeuge sein wider die Zauberer und Meineidigen und wider die, so Gewalt und Unrecht tun. Darum soll euch alles unter den Händen zerrinnen, weil ihr mich täuschet allesamt. Ihr sagt: ‚Was nützt es, daß wir das Gebot Gottes halten und ein hartes Leben führen? Die Gottlosen nehmen zu, sie versuchen Gott und alles geht ihnen wohl aus!' Aber die Gottesfürchtigen trösten sich, daß es der Herr merke, und es stehen in seinem Gedächtnis verzeichnet die, welche seines Namens gedenken. Und diese, spricht der Herr, sollen am Tage, da ich handeln werde, mein Eigentum sein. Ich will ihrer schonen und ihr sollt sehen, welcher Unterschied sei zwischen den Gerechten und Gottlosen.

Denn siehe, es kommt der Tag, der soll brennen wie ein Feuerofen. Da werden alle Verächter und Gottlosen Stroh sein, und der künftige Tag zündet sie an wie Stoppeln und wird ihnen weder Wurzeln noch Zweige lassen. Euch aber, die ihr meinen Namen fürchtet, soll aufgehen die Sonne der Gerechtigkeit und Heil unter ihren Flügeln. Ihr werdet die Übeltäter zertreten, denn sie sollen Asche werden unter euren Füßen am Tage, da ich mich aufmache zu handeln. Siehe, ich will euch senden den Propheten *Elia*, ehe da kommt der große und schreckliche Tag des Herrn. Der soll das Herz der Väter bekehren zu den Kindern, und das Herz der Kinder zu den Vätern, damit ich nicht, wenn ich komme, das Erdreich mit dem Fluche der Vertilgung strafen muß." —

Hierzu eine Ergänzung: Über diesen Vorläufer Christi (Michael/Elia) steht in Lorbers Gr. Evang. Johannis geschrieben:

(Der Herr:) ... „Du, *Michael / Elias / Johannes* warst Mein Vorläufer in der jetzigen Zeit der Heimsuchung. Du wirst es auch wieder sein, wenn jene große Zeit anbricht, von der Ich gesprochen habe. Jedoch werden dich die Menschen dann nicht erkennen, trotzdem du wissen wirst, wer du eigentlich bist. Denn diese letzte Fleischesprobe, die dir bevorsteht, soll der *Grundstein* werden zu dem Gebäude des anbrechenden Friedensreiches. Zwar werden die Menschen zu deiner nächsten Lebenszeit sich wenig um deine Worte kümmern, aber es wird ihnen mit glühenden Lettern in die Seele geschrieben werden, auf daß sie es dennoch fühlen, wenn sie frei vom Leibe sind. Dein

Wort aber wird sein *Mein Wort,* und Ich werde Rechenschaft fordern von jedem, der es vernommen hat und mißachtete!"

Wir stehen heute fast zweitausend Jahre nach dem irdischen Lehramte Christi. Es ist nicht Zufall, daß Maleachi gerade Michael als den kommenden Vorläufer der geistigen Wiederkunft des Herrn angekündigt hat. Denn beider Namen sind nicht nur wesensverwandt, sondern aus den Worten Maleachis spricht selbst der Geist Michaels als Bote, als Engel des Herrn. Und der Prophet bekräftigt damit, was Daniel (Kap. 12,1) von Michael mit anderen Worten geweissagt hat. Trügen die Gesichte der großen Propheten und das Innere Wort des Gottesschreibers Lorber? Der geistig Geweckte blicke auf die Zeichen der Zeit und er wird erkennen, ob die umwandelnde, aber auch richtende Gotteskraft „Michael" bereits am Werke ist.

Sonstige Prophetenworte über die Endzeit

> *„Der Herr tut nichts, er offenbare denn sein Geheimnis zuvor den Propheten."* (Amos 3,7)

Bisher wurden die vier großen Propheten Israels (Daniel, Jesaja, Jeremia, Hesekiel), sowie der letzte Prophet Maleachi als Zeugen für die *endgeschichtliche* Ausrichtung ihrer Weissagungen herangezogen. Noch bleibt das Werk der restlichen elf kleineren Propheten des Alten Testaments zu erwähnen, um den Reigen dieser wortmächtigen Seher zu schließen. Manche ihrer Aussprüche verdienten im Rahmen des Themas festgehalten zu werden, doch würde dies den Umfang des Buches überschreiten. Die folgenden Kurzauszüge sollen nur als Beispiele dienen, wie der Geist Gottes auch diese Verkünder antrieb, die gleiche Wahrheit unverändert auszusprechen, um den Entwicklungsplan der Menschheit im Lichte ihrer Schauungen zu offenbaren.

Aus dem Buche Hosea: ... „Siehe, ich bin es, der so viel Weissagung gibt und durch die Propheten sich anzeigt: Die Kinder Israels säen Wind und werden Ungewitter ernten. Sie werden lange ohne Altar und Heiligtum verbleiben. Erst wenn es ihnen übel ergeht, werden sie mich wieder suchen und sagen: ,Wir wollen zurück zum Herrn. Er hat uns mit Heimsuchung geschlagen, er wird uns auch wieder verbinden. (Neuer Bund!) Er macht uns lebendig nach zwei Tagen (zwei Jahrtausenden!) und wird uns am dritten Tage (3. Jahrtausend n. Chr.) wieder aufrichten ..."

Aus dem Buche Joel: ... „Wehe des finsteren Tages, der da kommt wie ein Verderben vom Allmächtigen! Denn es wird kommen ein großes Volk, desgleichen vormals nicht gewesen ist. Vor ihm her geht ein verzehrendes Feuer und nach ihm eine brennende Flamme. Das Land ist danach wie eine wüste Einöde und niemand wird dem dunklen Tage des Zornes entgehen. Die Völker werden sich vor ihm entsetzen und aller Angesichter werden bleich. Denn das Heer des Herrn ist sehr groß und mächtig, das seine Befehle wird ausrichten. So wird denn der Herr um *sein* Land eifern, doch wird er *sein* Volk verschonen. So spricht der Herr: ‚Ich will den von Mitternacht (!) fern von euch wegtreiben und ihn in ein ödes Land verstoßen'. Darum fürchte dich nicht, liebes Volk, der Herr kann auch große Dinge tun. Und es soll geschehen, daß wer des Herrn Namen anruft (*innere Gottverbundenheit!*), der soll errettet werden ..."

Aus dem Buche Amos: ... „Ich verachte eure Feiertage und mag eure Versammlungen nicht, und ob ihr mir auch Brand- und Speisopfer bringt, so habe ich keinen Gefallen daran. Tuet nur weg von mir das Geplärr eurer Gesänge, denn ich will euer Psalterspiel nicht hören. Ihr trinket Wein aus den Schalen und salbet euch mit Chrisam, aber bekümmert euch nicht um den Schaden des Volkes. Siehe, darum will ich über euch ein Volk erwecken, das soll euch ängstigen. Es werden viel Leichname liegen an allen Orten und die Lieder in dem Palaste sollen in ein Heulen verkehrt werden ..."

Aus dem Buche Obadja: ... „Der Hochmut deines Herzens hat dich betrogen, weil du in deinen hohen Schlössern wohnst und sprichst: Wer will mich zu Boden stoßen? Wenn aber Diebe und Räuber zur Nacht unversehens über dich kommen werden, wie sollst du zunichte werden! Deine eigenen Bundesgenossen werden dich zum Lande hinausstoßen, und die dein Brot essen, werden dich verraten, ehe du es merken wirst ..."

Aus dem Buche Micha: ... „Sie lauern alle auf Blut! Ein jeder jagt den anderen, daß er ihn verderbe, und meinen recht zu tun, so sie böse handeln (,Sicherungspakte' und Rüstung zum Krieg!) Die Gewaltigen beraten nach ihrem Mutwillen, Schaden zu tun (Kriegspläne!) und drehen es, wie sie wollen. (Diplomatie, Friedensbeteuerungen!) Aber wenn der Tag ihrer Heimsuchung kommt, dann werden sie nicht ein noch aus wissen. Siehe, ich gedenke über dieses Geschlecht Unheil zu bringen, daß ihr euren Hals nicht darausziehen werdet und nicht mehr so stolz einhergehet, denn es wird eine böse Zeit sein ..."

Aus dem Buche Sacharja: ... „Die ihr zu dieser Zeit hören werdet die Worte aus des Propheten Mund am Tage, da der Grund gelegt wird zum neuen Tempelbau des Herrn: *Vor diesen Tagen* war der Menschen Arbeit vergebens, und es gab keinen Schutz vor Trübsal für die, so ein- und auszogen. (Ablauf der Weltgeschichte!) Denn ich ließ alle Menschen gehen nach ihrem Willen, einen jeden wider seinen Nächsten. Aber nun will ich *nicht wie vordem* mit den Übriggebliebenen dieses Volkes verfahren, sondern sie sollen eine Aussaat des Friedens werden. Es soll geschehen im ganzen Lande (Welt), daß *zwei* Teile darin sollen ausgerottet werden und untergehen, und nur der *dritte* Teil soll übrigbleiben und errettet werden. Und ich will diesen Teil durchs Feuer der Läuterung führen, dann werden sie meinen Namen anrufen, und ich will sie erhören als mein Volk! ..."

Ein alter Kommentar zu alter Prophetie

Die Erkenntnis, daß die großen Propheten des Alten Testaments nicht nur zeitgebunden weissagten, ist ein Schlüssel zum wahren Verständnis ihrer oftmals scheinbar dunklen Worte. Der Umstand, daß so manche Weissagungen, gekleidet in vertraute Begriffe ihrer Zeit (Völker, Länder, Herrschernamen), zu einer historischen Deutung der Warnungen und Verheißungen verleiteten, wurde an dieser Stelle schon einmal dargelegt. Diese Tatsache war es auch, welche die Historiker wie die kritische Bibelforschung zumeist veranlaßte, in gewissen geschichtlich *abgelaufenen* Ereignissen eine Erfüllung jener Weissagungen zu erblicken. Wo dies aber nicht möglich war — und wie oft ist solches der Fall — begnügte man sich mit der Feststellung, daß viele Prophetenaussprüche nun einmal ebenso undeutbar wären wie z. B. der mystische Sinn der neutestamentlichen Johannesoffenbarung.

Wieder sind es die beiden großen Säulen des Neuoffenbarungswerkes, *Swedenborg* und *Lorber,* deren gleichfalls inspiriertes Schrifttum erst die rechte Art lehrt, an das Studium der alten Propheten mit weltweitem Blick und innerer Einfühlung heranzugehen, um damit zum geistigen Sinn jeder großen Weissagung zu gelangen und deren Entsprechung im Weltgeschehen zu finden. Da erkennen wir, wie schon in der Schau der alten Propheten das auftaucht, was auch Jesus im Gr. Ev. Joh. als die „Endzeit" bezeichnet: jene Zeit der Scheidung und Entscheidung der Menschheit für das Licht Gottes oder die Finsternis des Gegensatzgeistes, die tatsächlich zu einem Welt-Ende, d. h. zum Ende eines gottabtrünnigen Welttreibens führt. Eine Reinigungszeit mit allen gewitterhaften Erscheinungen, die dem Siege des Geistes vorangehen muß und wird. Und es ist der

HERR selbst, der im Gr. Ev. Joh. (VII/175) auf den *endzeitlichen* Sinn auch der alten und ältesten Prophetie hinweist.

Erwiesen ist auch, daß die Pharisäer (Schriftgelehrten) und die Sadduzäer (Tempelpriester) zur Zeit Jesu Christi den geistigen Schlüssel zum Prophetenschatze ihrer Vorväter längst verloren hatten. Noch war das Christentum nicht geboren, in dessen Uranfängen dank der Lehre des HERRN schon eine Ahnung aufdämmerte vom einstigen „Tausendjährigen Reiche", dessen Verkündigung dann in der Apokalypse des Johannes ihren christlichen Niederschlag fand. Aber gab es vor und zu Beginn unserer Zeitrechnung nicht doch noch Männer im Judentum, in deren Reihen etwas von der mystischen Tradition weiterlebte, die im verkündenden Worte Gottes mehr sah als das Schriftgelehrtentum ihrer Zeitgenossen?

Diese Frage kann heute bejaht werden. Es ist dies eine der beglückenden Feststellungen, die wir den Funden der alten Schriftrollen vom Toten Meer verdanken. Denn durch sie erhalten wir erstmalig historische Beweise von einem jüdischen Orden (vermutlich die Essäer), der inmitten der geistigen Blindheit das Licht der alttestamentlichen Weissagung bis in die Zeit des nachfolgenden Christentums hinübertrug. Und der — wenn auch nicht in der göttlichen Klarheit Jesu, so dennoch geistig beträchtlich wach — etwas von dem überzeitlichen, besser endzeitlichen Sinn der alten Schriften wußte. Sind es doch neben den bekannten Prophetenbüchern des Alten Testament gerade eine Zahl längst verschollener sogenannter „apokrypher" Werke der Religion Israels, die schon durch ihre Titel vom inspirativen Geiste ihrer Urheber zeugen („Das Testament der Patriarchen", „Kampf der Kinder des Lichtes gegen die Kinder der Finsternis" u. a.) — Die aufgefundenen Rollen lehren, daß dieser Orden ein reges Studium der alten Prophetien betrieb, und daß geweckte Lehrer jeden Sabbat den Sinn dieser Bücher auslegten, „wobei sie sich symbolischer Worte bedienten". (Lehre der Entsprechungen!)

Von den zahlreichen Funden, deren meiste noch der wissenschaftlichen Erschließung harren, liegen bereits einige fertige

Übersetzungen vor, die zu unserem Problem einen trefflichen Aufschluß geben. Darunter finden sich Bruchstücke eines Kommentars zum Propheten *Habakuk*. Gerade aus diesen mühsam wieder zusammengefügten Manuskriptfetzen leuchtet uns über ein Zeitalter hinweg eine klare Antwort entgegen: daß der ungenannte Kommentator wußte und lehrte, *wohin* die Verkündigung Habakuks weist — in eine *Endzeit,* die damals nur dem geistigen Blick erkennbar sein konnte. Zum Beweise dessen seien hier aus den veröffentlichten Fragmenten einige bezeichnende Sätze wiedergegeben:

(Habakuk 1, 5): „... Schaue auf die Völker und erschrecke! Denn Ich vollbringe in jenen Tagen ein Werk, das ihr nicht glauben werdet ..."

Kommentar: „Wahrlich, der Spruch bezieht sich auf die, die verräterisch handeln werden am Ende der Tage (!) und die nicht glauben werden, wenn sie all die Dinge hören, die über die *letzte* Generation (!) kommen."

(Aus Kap. 1, 6—7): „... Denn siehe, Ich erwecke die Chaldäer, diesen grimmigen und ungestümen Volksstamm. Von fernher fliegen sie einher wie die Geier zum Fraße. Der Anblick ihrer Gesichter ist ein Ostwind (!) und sie raffen Gefangene zusammen wie Sand ..."

Kommentar: „Das bedeutet die *Chittim,* schlachtenkundige Männer, die alle Herrscher überwältigen werden. Sie nehmen viel Länder in Besitz und glauben nicht an Gottes Gebote. Mit Absicht geht ihr Planen darauf aus, Böses zu tun, und mit List und Täuschung verfahren sie mit allen Völkern ..."

(Kap. 1, 10): „... Über Könige spottet er und lacht über jede Burg, schüttet Erde auf und nimmt sie ein ..."

Kommentar: „... Das bedeutet die Leiter der Chittim (Strafvölker), die alle Festungen der Völker mit einer Masse Volkes einnehmen. Mit Grauen werden die Völker der Erde ihrer Hand ausgeliefert wegen der Ungerechtigkeit ihrer Bewohner ..."

Kap. 1, 12): „... Bist Du nicht von Ewigkeit her, Herr, mein Gott und Heil? Und Du kannst nicht auf Ungerechtes blicken ..."

Kommentar: „... dieser Spruch bedeutet, daß Gott *Sein* Volk nicht vernichten wird durch die Hand der Heiden (Gottlosen), sondern in die Hand Seines Auserwählten (Christus!) wird Gott das Gericht über *alle* Völker legen, aber durch ihre Züchtigung werden auch alle Bösen in *Seinem* Volke (den Gläubigen) gestraft..."

(Kap. 2, 3): „... Das Gesicht ist noch auf eine bestimmte Frist, es eilt zum Ende und lügt nicht..."

Kommentar: „... Gott befahl Habakuk, die Dinge aufzuschreiben, die über die letzte Generation (!) kommen werden, aber den Zeitpunkt der Vollziehung gab Er ihm nicht bekannt. Aber das Gericht der Endzeit wird sich auf *alles* erstrecken und über alles hinaus, was die Propheten gesagt haben."

„... Wenn es zögert, harre darauf, denn es wird sicher kommen und wird nicht ausbleiben..."

Kommentar: „... Das bedeutet die Männer der Wahrheit, deren Hand nicht lässig sein wird im Dienste der Wahrheit, wenn sich die Endzeit dehnt über ihnen. (Neuerwachen der alten Prophetie!) — Denn alle Zeiten Gottes werden zu ihrem vorbestimmten Ziele kommen, wie es für sie beschlossen ist im Geheimnis Seiner Weisheit..."

(Kap. 2, 4): „... Siehe, wer aufgeblasen ist, wird keine Ruhe des Herzens haben, denn seine Seele ist unredlich. Aber der Gerechte wird durch seinen Glauben leben..."

Kommentar: „... Das bedeutet, daß Gott alle *Täter* Seiner Gebote befreien wird aus dem Hause des Gerichtes um ihrer Mühen willen und ihres Glaubens an den Lehrer der Gerechtigkeit." (Christus!) —

(Kap. 2, 5): „... Werden sie nicht alle mit Hohnlachen sagen: Wehe über den, der anhäuft, was nicht sein eigen ist?"

Kommentar: „... Das bedeutet den bösen *Priester*, der nach der Wahrheit genannt war, als er sein Amt antrat („Christ"!). Aber als er begann, über Israel zu *regieren* (Kirchenmacht!), sagte er Gott ab und handelte gegen die Gebote um des Reichtums willen..."

(Kap. 2, 7): „... Weil du viele Nationen geplündert hast, wird dich der Rest der ganzen Völker plündern ..."

Kommentar: „... Das bezieht sich auf die letzten Priester von Jerusalem (Symbol für Weltkirche), deren Reichtum samt ihrem Raube *am Ende der Tage* in die Hand der Chittim überantwortet wird, denn sie sind das letzte der Völker ..."

(Kap. 2, 12—13): „... Wehe über den, der eine Stadt in Blut erbaut und eine Burg auf Frevel gründet! ... Kommt es nicht, daß die Völker sich nur mühen fürs Feuer, und die Nationen sich ermüden für nichts? ..."

Kommentar: „... Dieser Spruch bezieht sich auf die Lüge und ihren Prediger (Satan!), der viele verführt, ein Gebilde des Truges in Blut zu bauen (Gewaltherrschaft!) und eine Gemeinschaft der Falschheit zu errichten um seiner Ehre willen, und sie trunken macht mit Taten der Lüge, damit ihr Mühen vergeblich sei und sie zuletzt in das Gericht des *Feuers* (!) kommen ..."

(Kap. 2, 19): „... Aber ER ist der Herr in seinem heiligen Tempel, lasset die ganze Welt stille sein vor IHM ..."

Kommentar: „... Das bezieht sich auf alle Völker, die Stein und Holz als Götzen anbeten. Aber am Tage des Gerichtes wird Gott alle solche Anbeter vernichten und die Bosheit von der Erde tilgen ..."

*

So zu lesen in den Schriftrollen vom Toten Meer als Zeugnis uralten Sehertums. Meine eigenen, eingeklammerten „Kommentare zum Kommentar" verzeihe der Leser: sie sollten nur denen Stütze und Hilfe sein, die Prophetenworte noch nicht klar zu durchblicken vermögen. Und noch ein kleines Geheimnis, das längst hätte keines mehr sein müssen:

Über die biblischen „Chittim" zerbrachen sich zahllose Altertumsforscher den Kopf, ob es etwa die in der Antike oft genannten „Hethiker" oder der Stamm der „Chatten" waren, vom Norden eingebrochene Völker Kleinasiens. Ein Blick in jedes althebr. Wörterbuch genügt jedoch, um sofort den *gei-*

stigen Sinn dieses „Völkernamens" zu enträtseln. Denn es bedeutet die Sprachwurzel „chit" = abspalten, zertrümmern (vgl. dazu das deutsche „Scheit"). Weil aber geistige Abspaltung vom Willen Gottes „Ab-sonderung" = Sünde darstellt, so formte die hebräische Sprache aus der Wurzel ch-t auch das Zeitwort chat = freveln, und chitta = Sündenstrafe.

Da haben wir also die „Chittim" als die für die *Endzeit* geweissagten Sündenstrafen geistiger Finsternis mit allen ihren Folgen. Allerdings hat alles übersinnliche Geschehen auch seine materielle Auswirkung. So entsprechen den geistigen Chittim auf Erden auch von Gott abgespaltene Systeme und Staaten der Religionslosigkeit und des Materialismus. Und nach den Prophetenworten ist es im Plane Gottes vorgesehen, sie als „Chittim", als Zertrümmerer und Zerspalter dem großen Zwecke dienlich zu machen, alles Morschgewordene einer endzeitlichen Epoche dem Verfall preiszugeben. Erst dann vermag der Christus in einer gereinigten Menschheit zur neuen Auferstehung zu schreiten. —

Auch diese Verheißung finden wir durch den Propheten Habakuk deutlich ausgesprochen. Denn auf seine Frage im Herzen: „Sollen sie, o Herr, ihr Netz denn immerdar auswerfen und nicht aufhören, die Völker zu erwürgen?" lautet die Antwort des HERRN:

... „Diese Weissagung soll nicht ausbleiben, sie wird erfüllt werden zu jener Zeit und wird frei an den Tag kommen. Hier aber das Gericht über den Tyrannen: Der Wein (Machtrausch) betrügt ihn, daß er nicht rasten kann. Er ist wie die Hölle und der Tod, der nicht zu sättigen ist, sondern sammelt zu sich alle Völker. Aber wie lange wird's währen, denn er ladet zuviel Schuld auf sich: Oh, wie plötzlich werden aufstehen, die *dich* beißen, und erwachen, die dich wegstoßen. Du hast viele Heiden beraubt, darum werden auch dich wieder berauben alle Übriggebliebenen von den Völkern um des Menschenblutes und Frevels willen, den du allerorten begangen hast. Dein Plan wird zum Untergang deines Hauses führen, denn du hast zu viele Völker zerschlagen und hast mit Mutwillen gesündigt. Du hast dich gesättigt mit Blut und Schande und nicht mit Ehre. So trinke nun auch du, daß du taumelst, wenn zu dir wird kommen der bittere

Kelch des Herrn und du den Lohn empfangest für deine Herrlichkeit. Und dann wird die Erde voll werden von Erkenntnis der Ehre und Allmacht des Herrn..."

*

Nun sind sie an uns vorübergezogen, alle die Erleuchteten, aus deren Munde die Stimme des Inneren Wortes sprach — mahnend, drohend und verheißend. Mag sich auch das alte Wort von den „Propheten, die im eigenen Lande nichts gelten" einst historisch an den Verkündern Israels und Judas bewahrheitet haben, — es liegt auch diesem Spruche ein weit tieferer Sinn zugrunde. Und da ist der „Prophet" die Inspiration des Menschen durch den Geist, der über Zeit und Raum hinweg zu schauen vermag. Das „Land" oder die „Erde" aber ist das Symbol für den irdischen Menschenverstand, der gerne hochmütig ablehnt, was sich nicht in die Grenzen seines Horizontes einfügt.

In den Wind gesprochen und vom Winde verweht: so mag es für die große Menge derer gelten, die nichts von Gott und dem „Heiligen Geiste" wissen wollen. Indes, dieser Geist weht, wo er will. Und er trägt das Prophetenwort uralter Zeiten aufs neue in die Herzen jener, die auch heute dem *wahren* „Volke Israel", den Kindern des Lichtes angehören, und weckt in ihnen das Verständnis für die Größe einer geistigen, kosmischen und irdischen Zeitenwende, die in der Ordnung des Schöpfers beschlossen liegt und nach seinen Gesetzen abläuft. Nicht Strafe, sondern *Liebe* ist dieser Ratschluß der Vorsehung! Was dabei zum Untergang bestimmt ist, straft sich selbst, indem es sich gegen die ewigen Gebote der göttlichen Menschenwürde verging und einen weiten Weg der Läuterung von neuem beginnen muß. Was jedoch erlösungsfähig blieb, wird zum Acker einer „neuen Erde" werden, einem neuen Bunde zwischen Gott und dem erwachten Geistbewußtsein des Menschen.

DIE WEISSAGUNGEN
DES NEUEN TESTAMENTS

Zweifach war der geistige Sinn der alttestamentarischen Prophetenworte. Sie wiesen zunächst hin auf die irdische Ankunft des erwarteten Messias, eines Erlösers, der dem Volke Israel einen neuen, ewigen Bund mit Gott bringen sollte. Diese Worte fanden ihre Erfüllung in *Jesus Christus,* dem Gottes- und Menschensohn, der eine neue Religion der Liebe verkündete und vom „Vater" als dem ewigen Geistlichte in der Menschenseele Zeugnis gab. Auch daß dieser Heiland die Wahrheit mit dem freiwilligen Opfer seines Lebens besiegeln werde, wurde mehrfach geweissagt, worauf besonders deutlich das Buch Jesaja im Kap. 53 Bezug nimmt.

Zum anderen aber stellen die gewaltigen Worte der alten Propheten auch die Geburt der neuen *Christuslehre,* ihre irdische Entartung durch ein ganzes Zeitalter und endlich ihren sieghaften Durchbruch im Geiste der Menschen guten Willens (dem „Volke Israel") dar. Und so durchzieht auch die Worte Jesu, der von sich sagte „Ich bin nicht gekommen, die Schrift umzustoßen, sondern zu erfüllen", der gleiche Geist, wie er schon die frühesten Gottesboten beseelte. Daher berichten die überlieferten Evangelien auch mehrfach von symbolischen und unverhüllten Weissagungen des Herrn über den Weg seiner Lehre, deren Verfälschung das Schicksal der kommenden Menschheitsgeschichte bestimmen werde.

Wie in Lorbers Großem Evangelium, das Jesu Worte und Taten ausführlich und bis in die letzten Tiefen erläuternd neuoffenbarte, findet sich auch in den biblischen Evangelien völlig sinngleich so manches prophetische Wort Jesu Christi in knappen Umrissen überliefert. Damit aber bestätigen alte *und* neue Zeugnisse des Geistes einander und sind die großen Dokumente unvergänglicher Wahrheiten, die auch durch den Verlauf der Weltgeschichte immer klarer offenbar wurden und nun ihrem endzeitlichen Höhepunkte zustreben. Nachstehend sollen die Verfasser von drei Evangelienberichten zu Worte kommen: *Matthäus, Markus, Lukas*. Sie werden die „Synoptiker" (Zusammenschauer) genannt, da ihre Schilderungen der Erdenzeit Jesu vielfach fast wörtlich parallel laufen. Wir finden daher auch in der Wiedergabe jener Geistesschau Jesu, in der er seinen Jüngern das kommende Geschehen in Bildern weissagte, eine bemerkenswerte Übereinstimmung. In der folgenden Vision von der „Zerstörung Jerusalems", den Zeichen des Endgerichtes und der „Wiederkunft des Menschensohnes" spricht Jesus — beginnend mit einem an seine Zeit gebundenen historischen Geschehen — gleichzeitig auch symbolisch von einem alles umfassenden *endzeitlichen* Reinigungs- und Erneuerungsprozeß, der die ganze Menschheitsentwicklung entscheidend in neue Bahnen lenken wird.

Es gehört zum Wissen der geistig Sehenden, daß sie jedes Wort, aber auch jede Handlung im Leben Jesu Christi als ein Sinnbild bzw. *Vorbild* eines entsprechenden künftigen Geschehens innerhalb der Menschheit betrachten. So findet sich zum Beispiel in der Auferstehung Christi am dritten Tage nach seiner Kreuzigung außer dem geschichtlichen noch ein endzeitlicher Sinn: im dritten Jahrtausend (vgl. „denn tausend Jahre sind ihm wie ein Tag", 2. Petr. Br. 3,8) wird die wahre und reine Lehre des Christentums, bisher unter menschlichem Schutt begraben, wieder lebendig auferstehen! (Die geistige „Wiederkunft des Herrn".) Was dabei die „*römischen* Wächter", die das Grab Christi vor dem Zutritt der Suchenden bewachten, geistig bedeuten, ist unschwer zu erkennen ... So ist auch die Weissagung Jesu von der Zerstörung Jerusalems, der „heiligen Stadt" und des Tempels (Symbol äußeren Kirchenkultes) historisch *und* endzeitlich geistig aufzufassen. Dazu sei jene Textstelle des Großen Evangeliums Lorbers nochmals zitiert, die sich auf die gleichen Ereignisse bezieht:

(Jesus deutet das 2. Kapitel Jesaja und spricht:) ... "Ich sage euch, daß es wahrlich so geschehen wird, jetzt schon in jüngster Zeit und (!) *dann* nach etwa gegen 1900 Jahren wieder im Vollmaße. Ihr werdet wohl wenig Freude über Meine Worte empfinden, aber eine desto größere die *künftigen* Völker, so ihnen neuerdings diese Kunde gegeben wird in ihrer großen Drangsal zu einer Zeit, da sich ein Volk wider das andere erheben wird (!), um es zu verderben..."

Das *Teilgericht,* das Jesus für die "jüngste Zeit", also bald nach seinem irdischen Lehramte voraussagte, traf mit voller Schärfe ein. Es bestand in der Eroberung Jerusalems mit Zerstörung des Tempels durch die Römer im Jahre 68 n. Chr., und das war der Anfang vom Ende der Freiheit des jüdischen Volkes. Von diesem Teilgerichte an wieder nach etwa gegen 1900 Jahren weissagt Jesus das kommende Vollgericht der *ganzen* Menschheit. Zählt man somit zum Jahre 68 nicht ganz 1900 Jahre, so gelangt man zu jenem Jahrzehnt zwischen 1960 und 1970, das auch in anderen Prophetien, sowie nach astrologischen Zeichen ein äußerst kritisches Stadium der Menschheitsgeschichte voraussagt. Hierüber soll an anderer Stelle noch gesprochen werden.

Zurückkehrend zu den drei Synoptikern, sei anschließend das Wesentlichste aus den Evangelientexten Matthäus Kap. 24, Markus Kap. 13 und Lukas Kap. 21 zusammengefaßt, da alle dieselbe Szene fast gleichlautend schildern. Man hat diese Weissagung Jesu vom Weltgericht die "kleine Apokalypse" genannt, während als die "große Apokalypse" die durch Christus inspirierte Johannesoffenbarung gilt. Die "Zerstörung Jerusalems" ist geistig nichts anderes als die kommende Zerstörung aller unechten Religionslehren und des tötenden Zwanges der Dogmen. Der "Tempel" steht für das äußere Kirchentum mit seiner hierarchischen Organisation, seinen Kulten und zeremoniellem Opferdienst. (Vgl. auch die Szene der Tempelreinigung durch Jesus als "vorbildende" Handlung!) Alle christlichen Glaubenslehren, die nicht auf dem *inneren* Sinn des Evangeliumwortes aufgebaut sind, mußten zwangsläufig zu einer immer stärkeren geistigen Ohnmacht der Kirchen führen, die durch Weltmacht und Herrschaftsansprüche ersetzt wurde. Dies aber leitete eine ständig wachsende Lieblosigkeit und Verachtung der ethisch-sittlichen Werte durch die scheingläubige Christenheit ein, was wiederum die blutgetränkte Geschichte des nun ablaufenden Zeitalters in Erscheinung treten ließ. Denn die sichtbaren Wirkungen sind nur die Folgen geistig-seelischer Ursachen, wobei die Entartung der reinen Licht- und Lebenslehre des Erlösers die tiefste Wurzel aller nachkommenden Übel war. Es ist somit geistig nur zu begreiflich, daß das „Gericht Gottes" zuerst an *diesen* Wurzeln offenbar werden wird, um das Verdorrte des Lebensbaumes der Religion von jenem zu trennen, was noch einer Neubelebung fähig ist.

Wie jede alte Prophetie sich stets in drei Teile gliederte, die der künftigen Menschheitsentwicklung entsprachen, so auch das Wort Jesu. Sein warnendes „Wehe euch, ihr Schriftgelehrten!" gilt der *Entartung* seiner Lehre. Die Bilder von dem hierdurch heraufbeschworenen *Gerichte* beziehen sich auf die schrecklichen Folgen dieser Gottabtrünnigkeit. Und die herrliche Weissagung seiner Wiederkunft stellt die kommende *Erneuerung* der wahren Religion im Menschenherzen dar. Es ist völlig gewiß, daß damit auch analoge *äußere* Weltereignisse größten Ausmaßes verbunden sind, die mit jenen geistigen Stufen übereinstimmen und in der irdischen Welt ihren Abschluß finden. Diese drei Phasen sind der Übersicht wegen in den nachstehenden Textstellen in drei besondere Abschnitte (I, II, III) gegliedert worden, um den Ablauf des Geschehens deutlich kenntlich zu machen.

Die „kleine Apokalypse" der Evangelien

(Matth. 24, Mark. 13, Luk. 21)

I

... „Wehe euch, Schriftgelehrte und Pharisäer, ihr Heuchler, die ihr das Himmelreich zuschließt vor den Menschen! Ihr kommt nicht hinein und wehret denen, die hinein wollen, denn ihr habt den Schlüssel der Erkenntnis weggenommen. Wehe euch Heuchlern, daß ihr gerne obenan sitzet in den Schulen (Lehrautorität)* und wollt gegrüßt sein auf dem Markte (öffentliches Ansehen)! Wehe euch, die ihr Becher und Schüsseln auswendig rein haltet (äußerer Kult), inwendig ist's aber voll Raub und Ungerechtigkeit! Ihr tut selbst nicht, was ihr lehret, und bürdet den Menschen schwere Lasten auf, doch selber rührt ihr sie mit keinem Finger an. Wehe euch, Schriftgelehrte und Pharisäer, ihr Heuchler, die ihr das Erbe der Witwen verschlingt unter dem Vorwande langer Gebete. Ihr gleichet übertünchten Gräbern, die zwar von außen geziert erscheinen, innen aber sind sie voll Totengebein und Unflat. So scheint auch ihr vor den Menschen fromm und gerecht, doch inwendig seid ihr voll Heuchelei und Bosheit. Wohlan, erfüllt auch ihr das Maß eurer Väter, auf daß über euch komme all das unschuldige Blut der Propheten, das vergossen wurde auf Erden. Ihr Schlangen- und Natternbrut, wie wollt ihr der Verdammnis entgehen? Siehe, euer Haus soll euch wüst gemacht werden und wird kein Stein auf dem anderen bleiben, der nicht zerbrochen wird. Wahrlich, ich sage euch, daß *solches alles wird kommen* über dieses Geschlecht! Von jetzt an werdet ihr mich nicht mehr sehen, bis ihr sprechen werdet ‚Gelobt sei, der da kommt im Namen des Herrn!' ..."

(Vorstehendes ist historisch zu deuten auf die Entartung des jüdischen Tempels zur Zeit Christi, der bald darauf die Zerstörung Jerusalems folgte. Geistig aber wird hier der gleiche Zustand der Weltkirchen und des Scheinchristentums der *Endzeit* dargestellt, dem gleichfalls ein entsprechendes letztes Gericht folgen muß und wird.)

* Zusätze in Klammern sind Erläuterungen des Buchautors.

... „Und als Jesus auf dem Ölberge sich niederließ, fragten ihn seine Jünger: Sage uns, Meister, wann wird dies alles geschehen, und welches sind die Zeichen Deiner Wiederkunft und des *Endes der Welt* (d. h. des gottlosen Welttreibens!) Jesus aber antwortet: Sehet zu, daß euch niemand verführe. Denn es werden viele kommen unter meinem Namen und sagen ‚Ich bin Christus' (Kirchen und Sekten!) und werden viele irreführen. Folget ihnen nicht nach! Und wenn ihr vernehmen werdet Kriegsgeschrei und höret von Kriegen und Empörungen, so fürchtet euch nicht: all dieses muß zuvor geschehen, doch ist das Ende noch nicht da. Dann wird sich Volk wider Volk und Reich wider Reich erheben (Machtkämpfe und Religionskriege) und es werden große Erdbeben (geistige Umwälzungen), Hungersnot (Mangel an Wahrheit) und Seuchen (geistige und politische Irrlehren) auftreten bald da, bald dort. Das aber ist erst der Wehen Anfang. Zuvor aber wird man euch den Gefängnissen überliefern (Unterdrückung der reinen Lehre) und vor Statthalter und Könige (geistliche und weltliche Autoritäten) bringen zum Zeugnis wider sie. Ihr werdet überall um meines Namens (der göttlichen Wahrheit) willen verhaßt sein, doch muß das Evangelium verkündet werden unter allen Völkern. Viele werden dann abfallen, einander verraten und hassen. Es werden Eltern, Brüder und Freunde (verwandte Glaubensgemeinschaften) einander dem Tode überliefern (Religionskriege, Inquisition). Und wenn die Ungerechtigkeit wird überhandnehmen, dann wird die Liebe auf Erden erkalten (Aufgang der teuflischen Saat). Wer aber bis ans Ende beharrt (dem Wort Gottes treu bleibt), wird die Seligkeit erlangen ..."

II

Bis hierher zeichneten die gleichnishaften Bilder Jesu die Entartungserscheinungen seiner Lehre, sowie Teilgerichte, die daraus hervorgehen. Mit dem nun folgenden „Greuel der Verwüstung", der Zerstörung der „heiligen Stätte" (der Religion im Menschenherzen) nähert sich das Weltgeschehen geistig und irdisch dem allesumfassenden Weltgerichte. Der Verlust der wahren Religionsgrundlage führte die Menschheit unweigerlich in die Fänge des geisttötenden Materialismus. Innere Unfreiheit (Versklavung an den Verstand) und äußere Unfreiheit (Versklavung an totalitäre Machtsysteme) sind die sichtbaren Auswirkungen des Abfalls von Gott und seinen ewigen Geboten der Liebe. Nun versuchen Materialismus und Glaubenslosigkeit den *Generalsturm* gegen das im äußeren Kirchentum verankerte religiöse Bewußtsein der Menschheit. Echte, innere Religion ist jedoch göttlich und daher unangreifbar. Somit wird jener Ansturm (das „Kriegsheer vor Jerusalem") nur das prophetische Jesuwort „Wehe euch, Schriftgelehrte und Pharisäer!" zur Wirklichkeit gestalten. Atheismus, Materialismus und seine irdischen Verkörperungen in politischen Systemen werden damit nur zum *Mittel* eines göttlichen Planes, zur Reinigung der Kirchen von all dem, was ihnen Jesus Christus mit obigen Worten zur Last gelegt hat. In *diesem* Sinne will die Fortsetzung der Evangelienberichte von der „Zerstörung Jerusalems" (der Weltkirche) gelesen sein:

... „Wenn ihr aber sehen werdet Jerusalem belagert von einem Heere (!), so wisset, daß da herbeigekommen ist der Greuel der Verwüstung, von dem der Prophet Daniel geweissagt hat, daß er stehen werde an der heiligen Stätte. Wer es liest, der merke darauf! Alsdann fliehe auf die Berge (höhere Erkenntnis), wer im Lande Judäa ist (im gefestigten Glauben). Und wer auf dem Dache ist (geistiger Überblick), der steige nicht wieder ins Haus (zu den alten Satzungen), um daraus etwas zu holen (früheren Kirchendienst zu pflegen). Wer auf dem Felde weilt (in geistiger Freiheit), kehre nicht zurück (greife nicht auf alte Truglehren zurück), um seine Kleider zu holen (äußerem Zeremonienkult zu huldigen). Wer in Jerusalem ist (im Zustande des Scheinglaubens), der wandere aus, und wer draußen ist, ziehe nicht hinein! Denn dieses sind die Tage des Gerichtes, wo alles, was geschrieben steht, seine Erfüllung finden wird.

In jener Zeit wird eine solche Trübsal sein (Machtdiktatur Satans), wie sie von Anfang der Welt nicht war noch wieder sein wird. Denn es wird eine große Not über das Land und sein Volk (die Kirchenorganisationen) kommen. Teils werden sie durch das Schlachtschwert fallen (Gewalt), teils als Gefangene weggeführt werden (Religionsverbot). Und Jerusalem (die Weltkirche) wird von den Heiden (dem ungläubigen Atheismus) zertreten werden, bis auch der Heiden Zeit erfüllt ist (nach Durchführung ihrer Zerstörungsaufgabe; vgl. hierzu die Strafvölker von Mitternacht des Jeremia).

Und würde diese Zeit nicht abgekürzt, so könnte kein Mensch gerettet werden. Aber um der Auserwählten (Menschen mit Herzensgläubigkeit) willen wird diese Zeit verkürzt werden. Wenn euch alsdann jemand sagen wird: ‚Siehe, hier ist Christus (die Wahrheit) oder da ist er', so glaubet es nicht! Denn es werden falsche Christi (falsche Welterlöser) und falsche Propheten (Verkünder neuer, weltbeglückender Ordnungen) aufstehen und große Zeichen und Wunder tun (Scheinerfolge der materialistischen Machtgebilde), so daß sogar die Auserwählten zum Irrtum verführt wurden, so dies möglich wäre. Siehe, ich habe es euch zuvor gesagt! ..."

III

„Wie aber der Blitz vom Aufgang bis zum Niedergang alles unter dem Himmel erleuchtet, also wird die Wiederkunft des Menschensohnes (das Christuslicht im Menschengeiste) sein. Bald *nach* der Not jener Zeit werden Sonne und Mond (hier: Weltruhm und Verstandesherrschaft) ihren Schein verlieren. Und es werden Sterne vom Himmel fallen (Einströmen neuer Erkenntnisse) und auch des Himmels Kräfte werden sich bewegen (neue religiöse Impulse). Des Meeres Wasserwogen werden brausen (tiefgehende seelische Erschütterungen) und die Menschen werden bangen in Erwartung der Dinge, die da kommen sollen. Alsdann wird erscheinen das Zeichen des Menschensohns am *Himmel* (Wahrheit im religiösen Empfinden der Menschheit). Und es werden wehklagen alle Geschlechter auf *Erden* (Zusammenbruch des Materialismus und der Glaubenslosigkeit) und werden kommen sehen des Menschen Sohn in den Wolken des Himmels (in der lebendigen Verkündung des Wortes) mit großer Kraft und Herrlichkeit. Und er wird senden seine Engel (geistgeweckte Menschen) mit hellen Posaunen (Botschaft des ewigen Friedens-Evangeliums), und sie werden sammeln seine Auserwählten (die neue Menschheit) aus allen vier Weltgegenden (Verbrüderung) von einem Ende des Himmels bis zum anderen (Vereinigung aller Religionsbekenntnisse).

Wahrlich, ich sage euch: dieses Geschlecht wird nicht vergehen, bis dies alles geschehen ist! Himmel und Erde werden vergehen, aber meine Worte nicht. Von jenem Tag aber und der Stunde weiß niemand außer meinem Vater allein. Gleichwie die Menschen waren in den Tagen Noahs und achteten der Zeichen nicht, bis die Sündflut kam und nahm sie alle dahin, also wird auch sein die Wiederkunft des Menschensohnes. Da werden zwei auf dem Felde sein, einer wird angenommen, der andere verlassen werden. Zwei werden auf einer Mühle mahlen: der eine wird aufgenommen, der andere verworfen werden. (D. h. zwei werden sich dem Äußeren nach in der Sphäre des *gleichen* Glaubensbekenntnisses befinden. Aber nur der im lebendigen Glauben der Tat steht, wird das Lichtreich Gottes erwerben. Der andere, welcher nur am äußeren Kultglauben ohne Liebe festhält, wird keinen Zugang zu diesem Reiche finden.)

Darum wachet, denn ihr wisset nicht, um welche Stunde der Herr kommen wird! Selig der Knecht, den sein Herr bei seiner Ankunft findet, daß er gerecht handle: er wird ihn über alle seine Güter setzen. Wenn aber ein arger Knecht in seinem Herzen dächte: mein Herr kommt noch lange nicht und fängt an, seine Mitknechte zu schlagen und trinkt mit den Zechern (Ausbeutung der Mitmenschen und Wohlleben), — so wird der Herr an einem Tage kommen, da sich's dieser Knecht *nicht* versieht, und zu einer Stunde, die er *nicht* vermutet. Und er wird ihn alsdann schrecklich strafen und ihm seinen Lohn geben mit den Heuchlern. Da wird sein Heulen und Zähneknirschen ..."

Noch einmal finden wir diese Entwicklung der Dinge kurz zusammengefaßt, denn gemäß dem Evangelium Matthäi, Kap. 13, gibt Jesus zu seinem Gleichnis vom Sämann anschließend die Erläuterung:

... „Der Acker ist die Welt. Der gute Same sind die Kinder des Gottesreiches, das Unkraut aber sind die Kinder der Bosheit. Der Feind, der sie sät, ist der Teufel. Die Ernte ist das Ende der Welt, die Schnitter sind die Engel. So wie man nun das Unkraut ausjätet und im Feuer verbrennt, so wird es auch am Ende dieser Welt (des bösen Welttreibens) gehen. Dann wird einem jeden vergolten nach seinen Werken. Des Menschen Sohn wird seine Engel senden, diese werden sondern aus seinem Reiche alles Arge und werden die Bösen in den Feuerofen werfen. (Läuterung in jenseitigen Sphären.) Dann werden die Gerechten leuchten wie die Sonne in ihres Vaters Reich. Wer Ohren hat, zu hören, der höre! ..."

Ähnliche Hinweise der Apostelbriefe

Als Christi Jünger ihrem Auftrage gemäß hinauszogen, „zu predigen das Evangelium allen Völkern", trugen sie die weissagenden Worte Jesu durch mündliche und schriftliche Weitergabe in die Urgemeinden des Christentums hinein. Man findet daher in den Apostelbriefen des Neuen Testaments mehrfach Hinweise auf jenen endzeitlichen Erwartungsglauben, der sodann durch die „große" Apokalypse (Johannesoffenbarung) eine gewaltige Steigerung und Krönung erfuhr. Wenngleich die nachfolgend zitierten Stellen keine Erweiterung der Evangelienworte bringen, zählen sie — da vom Geiste inspiriert — dennoch zu den Dokumenten christlicher Prophetie, was ihre Aufnahme in diesem Buche rechtfertigt.

(Aus den Sendschreiben des Apostels Petrus:)

... „Wisset vor allen Dingen, daß in den letzten Zeiten Spötter kommen werden, die nach ihren eigenen Gelüsten wandeln und werden sagen: Wo bleibt denn die Verheißung von der Wiederkunft des Herrn? Seht, es bleibt doch alles, wie es seit Urbeginn der Schöpfung war! Aber es entgeht ihnen — weil sie es wollen — daß der Himmel einst war und die Erde in der Sündflut durch *Wasser* überschwemmt wurde. Der jetzige Himmel und die Erde sind durch das Wort Gottes aufbewahrt zu einem *Feuerbrand* auf den Tag des Gerichtes und Verderbens über die gottlosen Menschen. Nur eines entgehe euch nicht, meine Lieben: daß bei dem Herrn *ein Tag* wie tausend Jahre, und *tausend Jahre* wie ein Tag sind! Der Herr verzögert nicht die Verheißung, wie es etliche wähnen, sondern er ist langmütig und will nicht, daß jemand verlorengehe, sondern daß jedermann seinen Sinn ändere und sich zum Geiste kehre. Aber kommen *wird* der Tag des Herrn wie ein Dieb in der Nacht, an welchem die Himmel vergehen werden mit großem Krachen, die Elemente vor Hitze zerschmelzen, und die Erde samt all ihren Werken darauf im Brande vergehen ... Wir aber harren nach seiner Verheißung eines neuen Himmels und einer neuen Erde, wo Gerechtigkeit wohnen wird ..."
(2. Petr., Kap. 3)

(Aus den Sendschreiben des Apostels Paulus:)

... „Von der Zeit und Stunde ist nicht nötig euch zu schreiben, liebe Brüder, denn ihr wisset selbst, daß der Tag des Herrn kommen wird wie ein Dieb in der Nacht. Gerade, wenn sie sagen werden: Es ist Friede, es hat keine Gefahr, wird sie das Verderben plötzlich überfallen wie die Wehen eine Schwangere, und sie werden nicht entrinnen ..." (1. Thess. 5, 1—3)

... „Was den zukünftigen Tag unseres Herrn Jesu Christi betrifft, so lasset euch, liebe Brüder, weder durch einen Geist noch durch falsche Lehren täuschen, als ob dieser Tag nahe bevorstände. Denn es muß erst *der Abfall* kommen und der Menschen Sünde, das Kind des Verderbens sich zeigen; der sich aufhebt als Widersacher gegen alles, was Gott oder Gottesdienst heißt, indem er sich setzt in den Tempel Gottes und vorgibt, *er sei Gott*. Schon regt sich das Geheimnis der Bosheit, nur daß, wer es jetzt aufhält, zuvor weichen muß. Und dann erst wird der Verruchte hervortreten, den aber der Herr vertilgen wird durch den Geist seines Wortes und vernichten durch das Licht seiner Ankunft. Des Widersachers Ankunft hingegen wird geschehen nach dem *Wirken Satans*, mit allerlei lügenhaften Kräften, Zeichen und Wundern, wie durch gottlosen Betrug unter den Verlorenen, weil sie die Liebe zur Wahrheit nicht angenommen ..." (2. Thess. 2, 1—11)

... „Du sollst aber wissen, daß in den letzten Tagen greuliche Zeiten kommen werden. Denn es werden Menschen sein, die viel von sich halten: selbstsüchtig, ruhmredig, hoffärtig, Lästerer, den Älteren ungehorsam, undankbar, geist- und lieblos, unversöhnlich, verleumderisch und unkeusch, grausam und dem Guten feindlich. Solche meide! Sie sind Menschen verkehrten Sinnes und unbewährten Glaubens. Aber sie werden es nicht weiter treiben, denn ihre Torheit wird offenbar werden jedermann ..." (2. Tim. 3, 1—9)

... „Siehe, ich sage euch ein Geheimnis: Wir werden nicht alle entschlafen, werden aber alle *verwandelt* werden. Und dies plötzlich, in einem Augenblick zur Zeit der letzten Posaune ..." (1. Kor. 15, 51—52)

Hiezu eine Bemerkung:

Im altgriechischen Text steht für „in einem Augenblick" der Ausdruck „*en atomo*", und das eröffnet bedeutsame Entsprechungen in bezug auf unser Atomzeitalter. Im griech. Wörterbuch wird en atomo mit „plötzlich, im Nu" übersetzt, was immerhin auf die Blitzesschnelle atomarer Reaktionen hindeuten könnte. Auch wäre durchaus denkbar, daß atomare Gewalten die Menschheit in einem Augenblick zu verwandeln vermöchten.

Indes hat das Wort Atom noch einen anderen, tieferen Sinn als ihn die Philologen wiedergeben, die das Wort a-tómos mit „unteilbar" übersetzen und vom gr. Worte tomé = zerschneiden, teilen ableiten. Angesichts der modernen Atomspaltung verliert jedoch diese Auffassung jeden realen Gehalt.

In Wirklichkeit stammt áto-mos vom altgriech. atmos = Dunst, Rauch (im Sinne von Feinstofflichkeit) ab. Schon im Sanskrit findet man dieses Wort als *Atma* = Geist (Atem Gottes in der Schöpfung!) vor. Ursprachlich ist at Geist, und ma Form, Gestalt, womit das innere Wesen des Atoms als Urbaustein der Schöpfung besser gekennzeichnet ist, als es jede wissenschaftliche Definierung heute vermag.

Es ist somit *Geist, der* unsere irdische Grobstofflichkeit in Feinstoffliches (en atomo) verwandeln wird, was uns jenen „unverweslichen Leib" zum Bewußtsein bringen wird, von dem Paulus an gleicher Stelle im Korintherbrief redet. Ein Verwandlungsvorgang geistig-kosmischer Art, dessen kommenden Eintritt am „Tage des Herrn" fast alle alten Propheten weissagten. (Vgl. dazu das Schlußkapitel dieses Buches). Kh.

Die Offenbarung des Johannes

(Apokalypse)

Als letztes Buch des Neuen Testaments nimmt die Offenbarung des Evangelisten Johannes, des Lieblingsjüngers des Herrn, eine besondere Stellung ein. Sie ist eine Folge zusammenhängender Visionen und Prophezeiungen der künftigen Menschheitsentwicklung, die Johannes — inspiriert vom Geiste Christi — während seiner Verbannung von Rom (auch eine vorbildende Entsprechung!) auf der Insel Patmos empfing.

Diese Offenbarung ist das Endglied einer Kette von spätjüdischen Apokalypsen (weissagenden Enthüllungen), wie sie hauptsächlich in den letzten zwei vorchristlichen Jahrhunderten aufgezeichnet wurden und sinngemäß übereinstimmend die kommende Menschheitsgeschichte und den Endkampf zwischen den Mächten der Finsternis und des Lichtes symbolisch schildern. Jene Werke fußten jedoch auf uralten Quellen, wie ihre Namen bezeugen (Buch Henoch, Testament der zwölf Patriarchen, Himmelfahrt Mosis, Baruchapokalypse usw.). Durch die vor wenigen Jahren aufgefundenen Schriftrollen vom Toten Meer konnte festgestellt werden, daß solche weissagende Bücher besonders bei der mystisch orientierten Sekte der Essener (Essäer) in hohem Ansehen standen. Die Sinnbilder, Gestalten und Handlungen der Johannesoffenbarung gleichen vielfach den Gesichten, wie sie uns schon bei den alten Propheten, besonders bei *Daniel* und *Hesekiel,* begegneten, doch fällt bei Vergleichen ein grundlegender Unterschied auf:

Während die Messiaserwartung der alten Propheten Israels und Judas sich noch in unbestimmterer Form ausdrückte — sie verkündeten nur einen kommenden Messiaskönig aus dem Stamme David als den „Heiligen in Israel" oder „Lehrer der Gerechtigkeit" u. dgl. — wirkte in das Dasein des Johannes bereits das lebendige *Christuserlebnis,* das ihm durch seine Jüngerschaft Jesu beschieden war. Aus der Liebe heraus erkannte er sofort die göttliche Sendung Jesu Christi als irdische Erfüllung jener Messiaserwartung des Judentums. Aber er empfand auch, daß es der *Geist Christi* sein wird, der als die „Wiederkunft des Herrn" die Menschheit dereinst zur wahren re-ligio, das heißt Wiederverbindung mit Gott führen werde. Daher steht im Mittelpunkte seiner Offenbarung das „Lamm Gottes", worunter die aufopfernde Liebe des Christus für die Menschheitserlösung zu verstehen ist.

So traten auf Patmos in lebendiger Geistesschau vor die Seele des Johannes Bilder, die ihm das Himmlische, Geistige und Tierhafte im Menschen in Symbolen von eindringlicher Kraft vor Augen führten, und zwar in Abbildungen, die den Begriffen der Naturwelt entnommen sind. Daher ist die Offenbarung ein großes Gleichnis, zu dessen Lösung die Kenntnis der Entsprechungssprache (Analogie zwischen geistiger und natürlicher Welt) den alleinigen Schlüssel bildet, um ihrem inneren Sinn gerecht zu werden. Die Grundwahrheit, welche die Offenbarung bezeugen will, ist der *Endsieg* des göttlich Guten und Wahren über den Gegenpol des satanischen Widerstandes, der schöpferischen Liebe gegen den allesvernichtenden Haß. Oder wie das Bild malt: der Sieg des Lammes Gottes gegen den Drachen des Abgrundes, der Christuskraft gegen den Widergeist des Antichrist. Die abschließende Vision erblickt das Endziel des göttlichen Menschheitsplanes als die vollendete Gemeinschaft des „Neuen Jerusalem", einem „neuen Himmel" (religiösem Bewußtsein) und einer „neuen Erde" (geistigem Denken) des Menschengeschlechtes. Im Bilde des „Tausendjährigen Reichs" wird das Ergebnis dieser Wandlung als ein Reich des Friedens und der Gerechtigkeit auf Erden dargestellt.

Welch langen und bitteren Weg aber die Menschheit dahin wandeln muß, schildern die vorausgehenden Gesichte mit der Schärfe klarster Prophetie. Die über die Erde ziehenden Reiter, die sieben Plagen, die warnenden Posaunenstöße und die Schalen des Zornes sind die Zeiten von Krieg, geistigen und irdischen Kämpfen und Not aller Art: Zeichen vieler Teilgerichte, die das verkehrte Handeln der Menschheit begleiten, die zuerst durch eine selbstbereitete Hölle auf Erden schreiten muß, um durch Leid zum Erwachen und zur Erkenntnis der Folgen von Gut und Böse zu gelangen.

Eine geistige Richtung, der sogenannte „Chiliasmus" der ersten Jahrhunderte n. Chr., der das geweissagte Endgeschehen in eine damals noch ferne Zukunft verlegte, wurde von der römisch-katholischen Kirche verworfen, die in ihrer Gestaltung zur Weltkirche sich selbst als „die Wiederkunft des Herrn" betrachtet und damit einer Theorie des Kirchenlehrers Augustinus folgt. Aber auch der orthodoxe Protestantismus vermag die Hoffnung so vieler geistgläubiger Christen auf das Sichtbarwerden des „ewigen Reiches" auf Erden nicht zu stützen. Kein Wunder, daß sich daher dieser Erwartungsglaube vom Mittelalter bis heute auf einige *Sekten* zurückzog, um dort zuweilen die seltsamsten Blüten zu treiben. Und dies insbesondere durch eine allzu materielle Deutung jener Johannesvision, die — weil geistig geschaut — auch geistig gelesen und gedeutet sein will: als eine Schauung *seelischer* Menschheitsvorgänge, gekleidet in Bilder der Naturwelt. Da sich jedoch aus geistiger Entartung und seelischer Zwietracht, aus geistiger Blindheit und seelischem Egoismus die entsprechenden *irdischen* Handlungen herauskristallisieren, so finden alle Bilder der Apokalypse ihr zwar nicht buchstäbliches, wohl aber sinngemäß getreues Abbild sowohl im großen Weltgeschehen, wie auch im Schicksal jedes Einzelmenschen.

Die Offenbarung weist mit ihren Worten von der „alten Schlange, die da heißt Teufel *und* Satan", mit größter Deutlichkeit auf jenes Doppelantlitz des Bösen hin, wie es sich im Fühlen und Denken der Menschheit widerspiegelt und ihr abgründiges Tun und Handeln bestimmt. Man muß nur die Bedeutung der alten Sprachwurzeln kennen, um dem „Teufel und Satan" auf die Spur zu kommen, der dem modernen Menschen gar nichts mehr besagt und dennoch die Geißel dieser Welt ist. Denn das altdeutsche „tui-vel" heißt wörtlich „Zwei-Wille" und ist ebenso im italienischen dia-volo (Teufel) erhalten. Dieser Entzweiungs-Wille ist die Auflehnung des Menschen gegen die

Ordnung Gottes, ist die Selbstliebe, die sich der göttlichen Liebe entgegenstellt. Und die daraus entspringende Herrschsucht und Machtgier sind noch heute die üblen Wurzeln aller Weltpolitik.

Drückt nun „Teufel" die Entartung der *Gefühlswelt* aus, so ist der andere Name der apokalyptischen Schlange „Satan" nicht minder aufschlußreich. Denn der Sinn der alten Sprachwurzel „sat" ist: verdichtet, gesättigt, mit Materie durchtränkt (vgl. saturiert, satt; oder französ. sot. = dumm, blöde). Satan als Geist der Verdichtung ist daher im Menschen dessen geistige Blindheit, ist die Verdunkelung des inneren Lichtes, ist sein materiegebundenes *Verstandesdenken,* das ihn — satt und ohne Hunger nach geistigen Werten — zum Gefangenen des Stoffwahnes macht. Dieser Materialismus aber gebiert durch maßlose Überbewertung vergänglicher Güter jene Habsucht und Besitzgier, welche die zweite Wurzel aller hohen Weltpolitik ist.

*

Es wurde bereits bemerkt, daß der Kampf in der Menschheit zwischen dem sieghaften Geiste des Guten und Lebensaufbauenden und dem ihm widerstrebenden Geiste des Bösen, Lebensfeindlichen den Gesamtinhalt der Offenbarung bildet. Alle apokalyptischen „Pferde und Reiter" (Geistesströmungen in der Menschheit), alle „Posaunen" (Kampfrufe der Geistmächte), alle „Wehe" (Warnungen) und „Zornesschalen" (Verwandlungsereignisse) sind Schilderungen übersinnlicher Art, das heißt Bilder menschlicher Entwicklungsstufen und ihrer Folgen. Wer die Vielzahl dieser Sinnbilder richtig zu deuten weiß, kann nach dem Ablaufe des seelischen Geschehens auch beurteilen, wie sich die *äußere* Weltgeschichte der Zukunft gestalten wird, indem sie nur das zum sichtbaren Ausdruck bringt, was in der *inneren* Seelenwelt vorbereitend zur Reife gelangte.

Im Folgenden soll der geistige Grundgehalt eines jeden Kapitels der Apokalypse kurz erläutert werden. Eine selbst gekürzte *textliche* Wiedergabe der 22 Kapitel verbietet im Hinblick auf die Länge der Offenbarung der hier zur Verfügung stehende Raum. Überdies kann der daran interessierte Leser den Wortlaut des Textes einer jeden Bibel entnehmen. In den meisten Fassungen der Hl. Schrift lauten die Überschriften jener Kapitel:

1. Kap.: Erscheinung des verklärten Menschensohnes. Geheimnis der sieben Leuchter und Sterne. —
2. Kap.: Sendschreiben Christi an sieben Gemeinden. (Kap. 3 dto.) —
4. Kap.: Offenbarung der Majestät Gottes. Anbetung vor dem Throne. —
5. Kap.: Das Lamm empfängt das Buch mit den sieben Siegeln. —
6. Kap.: Eröffnung der ersten sechs Siegel. —
7. Kap.: Die Versiegelten aus den zwölf Stämmen. Schar der Erlösten aller Völker und Sprachen. —
8. Kap.: Eröffnung des 7. Siegels. Die ersten vier Posaunenrufe. Das dreifache Wehe: Ankündigung der letzten drei Posaunen. —
9. Kap.: Die 5. und 6. Posaune: Erfüllung des ersten und zweiten Wehe. —
10. Kap.: Der starke Engel (Michael) reicht Johannes das Buch der Weissagung. —
11. Kap.: Messung des Tempels Gottes. Die zwei Zeugen. Die 7. Posaune als das dritte Wehe. —
12. Kap.: Das Weib mit der Sonne. Der Drache. Michaels Kampf im Himmel. —
13. Kap.: Das siebenköpfige Tier aus dem Meere. Das zweigehörnte Tier aus dem Lande. —
14. Kap.: Das Lamm mit den 144 000 Auserwählten. Die Botschaften der drei Engel. Aussendung zur Ernte. —
15. Kap.: Der Sieger über das Tier. Vorbereitung der 7 Zornesschalen. —
16. Kap.: Sieben Engel gießen die sieben Schalen aus. Sieben Plagen. —
17. Kap.: Babylon, die große Buhlerin. Das Weib auf dem Tier, vom Lamm überwunden. —
18. Kap.: Babylons Fall. Freude im Himmel. Wehklagen der Könige und Kaufleute auf Erden. —
19. Kap.: Triumph über Babels Fall. Die Hochzeit des Lammes. Erscheinung Christi. Sturz des Tieres und des falschen Propheten. —
20. Kap.: Bindung Satans auf tausend Jahre. Endkampf Gog und Magog. Das jüngste Gericht. —

21. Kap.: Neuer Himmel, neue Erde. Das Neue Jerusalem. —
22. Kap.: Strom und Holz des Lebens. Gemeinschaft der Seligen mit Gott.

Hiezu einige Hinweise zur Sinndeutung dieser Kapitel:

Zu 1: Johannes sieht die Geistgestalt Christi, wie sie dem geistigen Seher in der Seelenwelt vor Augen tritt. Hier ist alles, was im äußeren Leben nur durch Vergleiche andeutbar ist, ein übersinnlich-körperhaftes Gebilde. — Die Leuchter (Träger des Lichtes) kennzeichnen die Glaubensgemeinden, die Sterne deuten auf die religiösen Führer hin, die — wenn geistig entwickelt — selbstleuchtend sein müssen. Sie leben aus *Christus* heraus und werden von ihm getragen. —

Zu 2 und 3: Die Sendschreiben umreißen die geistigen Aufgaben der Führer je nach ihren Entwicklungsstufen. Sie enthalten nicht zeitliche, sondern ewiggültige Wahrheiten. —

Zu 4: Anbetung Gottes durch die 24 Ältesten (zweimal zwölf Geistmächte), die im Auftrage Christi die Menschheitsentwicklung durch die Sonnenzeitalter leiten. Anbetung durch die vier „Lebendigen" (Tiere): vier Hauptzeitalter (Löwe, Stier, Mensch, Adler) erfüllen den Plan Gottes auf Erden. —

Zu 5: Johannes sieht Gott, umgeben von sieben „Sonnenfeuern": die „Geister vor dem Throne Gottes" (Elohim der Genesis) als weltgestaltende Teilkräfte. Und er sieht Christus in Gestalt eines wehrlosen Lammes: Symbol der durch Wehrlosigkeit siegenden Liebe. Die sieben Hörner des Lammes bedeuten den Vorstoß der weltgestaltenden Geistkräfte nach dem Willen Christi, die sieben Augen ihre sichere Lenkung durch den göttlichen Willen. —

Zu 6: Christus offenbart das Geheimnis der sieben Siegel als sieben Prägungen, Entwicklungsstufen der Menschheit. Vier davon sind im Bilde als lebende Wesen gezeichnet, und zwar Tiere, weil sie Entwicklungen des natürlichen Menschen (mit allen Trieben und Leidenschaften) kenntlich machen. Die drei weiteren Stufen sind geistiger Art und gehören der Zukunft an. Diese vier Tiere sind:

a) *Löwe:* Erster Kampf des Menschen zur Eroberung der Erde, Ringen mit Naturgewalten, usw. Geistig: Ausgriff in die Weite. — Lebensfördernd, daher verbunden mit dem Sinnbild des Reiters (der Menschheit) auf dem weißen Pferde. Kranz des Reiters: Symbol des Sieges. —

b) *Stier:* Nun richtet sich der Kampf gegeneinander, leidenschaftlich blind. Farbe des Rosses ist feuerrot: Machtgier treibt zu zerstörenden Kriegen. Symbol Feuer und Schwert bedeutet Brennen und Morden. —

c) *Mensch:* Der rechnende, klügelnde Verstandesmensch (Intellekt) wird geistig blind und widergöttlich. Unterdrückung des Schwächeren, Ausbeutung durch Berechnung, Anbetung der kaltherzigen, äußeren Macht sind die Kennzeichen dieser Entwicklungsstufe. Daher das Symbol: schwarzes Pferd, das der rechnende Mensch (Waage in der Hand!) reitet.

d) *Adler:* Ausdehnung der Raubgier auf das *ganze* Weltgeschehen, bewußte Indienststellung des Bösen zur totalen Unterjochung und Zerstörung aller Lebenswerte und geistigen Wahrheit. Farbe des Rosses ist fahl: der Träger des Unheils, die unterjochte Menschheit dieser Zeit, ist farblos trübe zur charakterlosen Masse geworden. Der Reiter und sein Gefolge sind die führenden Verantwortlichen: Geistig Tote, die immer wieder irdisches Morden und Zerstören entfesseln, solange sich der überwiegende Teil der Menschheit der göttlichen Führung verschließt und sich angstvoll der Machtgier und Herrschsucht des geistig Bösen unterwirft. (Besonderes Kennzeichen der *Jetztzeit!*) Damit verliert die „Sonne" ihren Schein (Verdunkelung der Wahrheit) und der „Mond" wird blutrot (der auf Vernichtung sinnende Intellekt). Die „Sterne" fallen vom Himmel (geistige Gesetze werden geschändet), der „Himmel" weicht zurück (das Göttliche im Menschen wird unterdrückt). Das „Erdbeben", die geistige Erschütterung dieser Zeit, verschont keine Macht und Gemeinschaft, auch wenn sie auf „Felsen" (Gewalt, Herzenshärte) gegründet ist oder wie eine „Insel" sich vom allgemeinen Aufruhr auf Erden fernhalten will. Die Allgemeinheit verkriecht sich in „Höhlen" (das geistig Überlebte der erstarrten Tradition des Glaubens und der Prinzipien). — Dies als Beispiel, wie Naturbilder entsprechungsweise den inneren Sinn in sich bergen.

Zu 7: Johannes sieht die große Zahl von Geistmenschen, die in den obigen negativen Entwicklungsstufen *nicht* zugrunde gingen, sondern sich auf Erden und nach dem Leibestode in den geistigen Welten bereits zur göttlichen Vollkommenheit entwickelt haben (die „zwölf Stämme Israels"). Sie dienen Christus und damit der Weltentwicklung mit jedem Herzschlage ihres Lebens (daher „die Auserwählten", Kinder Gottes). Hinzu treten die „Erlösten" aller Völker, die auf gleichem Wege der gleichen Zukunft entgegenschreiten.

Zu 8: Die vier ersten Kampfrufe (Posaunen) der geistigen Führungsmächte sind an die obigen vier Entwicklungsstufen gerichtet. Die erste Posaune warnt, nicht bei der Stufe „Löwe" (Eroberung) zu verweilen. Die zweite warnt die Stufe „Stier" (Macht- und Besitzgier), die dritte den „Menschen" (kalten Verstand), nicht darin zu beharren. Der vierte Kampfruf wendet sich an den „Adler" (den bewußt zum Bösen Vollerwachten, Gewissenlosen) und warnt zugleich die ganze Menschheit mit einem dreifachen „Wehe" vor der kommenden Endentwicklung, *wenn* sie sich nicht dem Geistigen zuwendet.

Zu 9: Die *fünfte* Posaune ist die Erfüllung des ersten der drei Wehe: Luzifer, dem Urgrund des Bösen, gelingt es zum erstenmal, auf Erden eine eindeutig negative Macht von *weltumfassender* Wirksamkeit zu errichten, statt wie bisher in Einzelmenschen, Gruppen oder Gemeinschaften (Staaten, Kirchen) Fuß zu fassen. Die Geburt des totalitären Systems der Unfreiheit, Vermassung und Gottlosigkeit! (Die Symbolik dieses Kapitels schildert bis ins kleinste Detail die Eigenart und Wirkungsweise des Weltbolschewismus.) Die *sechste* Posaune ist das zweite der drei Wehe: die weltanschaulichen Entscheidungs- und Vernichtungskämpfe, daraus der zweite Weltkrieg hervorging. Die „vier Engel vom Euphratstrom" sind Menschheitsführer dieser Epoche, welche die obgenannten vier Entwicklungsstufen der Menschheit repräsentierten und ihre Geschicke lenkten. Es vertraten „Löwe": Hitler, „Stier": Churchill, „Mensch": Roosevelt, „Adler": Stalin. (Ein Beispiel für äußere Verkörperung innerer Geistesströmungen der Menschheit!)

Zu 10: Der gewaltige Engel, der vom Himmel herabsteigt: Die geistige Führungsmacht „Michael" (vgl. Kap. 12!), der gemäß dem göttlichen Plan die ersten Umwandlungen im verzerrten Denken und Fühlen der Menschheit einleitet. (Prägung eines neuen Bewußtseins an der Wende ins Wassermann-Zeitalter, Hinleitung zum geistigen Erwachen, Scheidung der Geister für oder wider Gott und die Liebe.) — Der Schwur Michaels „Es wird keine Frist mehr sein!" deutet diese *nahe* Entscheidung des Weltgerichtes an.

Zu 11: Messung des Tempels bedeutet Begreiflichmachen der göttlichen Geistwelt durch irdische Worte. Die beiden Zeugen von oben und von unten: Religion und Wissenschaft. Der *siebente* Kampfruf, zugleich das *dritte* und letzte Wehe: zugeordnet der siebenten Zornesschale (Plage), welche das Weltgericht abschließt. (Siehe Kap. 16.)

Zu 12: Das Weib, mit der Sonne bekleidet und den Mond unter ihren Füßen: Symbol der kommenden, geläuterten Menschheit („Braut Christi"). Sie gebiert ein männliches Kind: den „Immanuel" im Menschengeiste! (Vgl. Jesaja.) Noch ist ihr Gegenspieler „ein feuerroter Drache": die Seelengestalt der durch Luzifer und seine irdischen Trabanten gestaltgewordenen Herrschsucht. — Michaels Kampf im Himmel: die geistige Lichtmacht, genannt Michael (mi = Mein, cha = Träger, el = des Gotteslichts) zwingt „die alte Schlange", das geistig Böse auf die „Erde" nieder, das heißt dem tagesbewußten *Denken* der Menschheit durch sein Wirken *erkennbar* zu werden. (Offene Demaskierung des verborgenen Bösen.) Der Drache beginnt Krieg zu führen gegen das Weib: das Untermenschentum widersetzt sich heftig gegen das neu heranrückende geistige Denken und Fühlen in der Menschheit. —

Zu 13: Das Tier aus dem *Meere* (der Seelenwelt): die seit viertausend Jahren bis heute die Menschheit beherrschende Machtsucht. Sieben Köpfe: die heilige Vollzahl sieben nachahmend, Sinnbild totaler Beherrschung. Der Drache gab ihm seine Macht: Luzifer macht es zur beherrschenden Weltmacht. Macht über alle Völker und Sprachen: die ganze Welt unterwirft sich dem Prinzip der Rechthaberei und der Herrschsucht. — Das andere Tier von der *Erde:* die äußeren, irdisch sichtbaren Organisationen und Systeme Luzifers. Es übt alle Macht des ersten Tieres aus: die irdische Auswirkung der seelischen Entartung. Es redete wie ein Drache: gleißnerische Propaganda, die zur totalitären Weltanschauung zwingen will. Es tat große Zeichen: organisatorische und technische „Wundertaten". Die Zahl des Tieres ist eines Menschen Zahl: 666! Birgt in sich dreimal „sek" = Trennung (vgl. Sektor = das Abgetrennte, der Ab-schnitt), und trennt den Menschen vollständig von Gott.

Zu 14: Christus steht im höchsten Geistbewußtsein (Zion) der zur künftigen Führung der Menschheit Auserwählten „144 000" an höchster Stelle. (Diese geistige Zahl bedeutet symbolisch *alle* zwölf menschlichen Charaktertypen [vgl. Tierkreis oder Stämme Israels oder Jünger!], verstärkt ausgedrückt als 12 × 12, in Verbindung mit 1000, der Zahl der Vollendung.) Sie hatten seines und des Vaters *Namen* an ihre Stirn geschrieben: ihr Denken ist vom Göttlichen her geprägt. Sie sangen ein neues Lied: die Verkündigung der neuen, reingeistigen Religion. — Die drei sprechenden Engel: die Botschaft vom ewigen Evangelium, dem neuen Reiche, die Botschaft vom Falle Babels, der Welthure (vgl. Kap. 17), und die Warnung an die Menschheit, nicht im alten Scheinglauben zu beharren oder weiterhin der Welt zu fröhnen. — Die Ernte: Vorbild des kommenden Weltgerichtes als einer Scheidung der Geister zum neuen Leben oder zum geistigen Tode.

Zu Kap. 15: Die Sänger am gläsernen Meer: die Sieger im Kampfe gegen das Tier, angetan mit dem Geistleibe des Weltäthers (vgl. Paulus: „Gesät wird ein irdischer Leib, geerntet ein geistlicher ..."). — Die sieben Zornesschalen: sieben in sich abgeschlossene *Verwandlungsereignisse*. Sie gehen mit den sieben Siegeln (Entwicklungsstufen) und den sieben Posaunen (Kampfrufen) parallel und laufen gleichzeitig mit den dort geschilderten Vorgängen ab. Ihre deutlichste Auswirkung zeigen sie ab Beginn des ersten Weltkriegs bis zur Gegenwart. Die sieben letzten Plagen, worin sich der „Zorn" (die Ordnung) Gottes vollendet: die letzten, äußersten, irdisch greifbaren Auswirkungen der großen Verwandlungskrisen in der Menschheit, die sichtbarsten Ausläufer des geistig-seelischen Geschehens („Zeichen der Zeit"). *Schalen* des Zornes: Ausführungskraft der sieben Geistmächte zur Verwandlung der menschlichen Schalen, d. i. des irdisch-körperlichen Lebens.

Zu Kap. 16: Die Ausgießung der Zornesschalen: Beginn der seelischen und irdischen Krisen, somit Beginn des Endgerichtes. — Der erste Engel gießt die Schale auf die *Erde:* Zerfall der seelischen Teilkräfte derer, die dem Materialismus verfallen sind, sowie seinen irdischen Verbänden. — Der zweite Engel gießt die Schale ins *Meer:* Scheidung der Geister im kollektiven Seelenbewußtsein (Unterbewußtsein), der Menschheit, Schaffung abgegrenzter Fronten zwischen Licht und Finsternis. — Der dritte gießt seine Schale in die *Flüsse* und *Quellen:* dies sind die tagesbewußten Geistesströmungen und das Gefühlsleben der Menschheit. Intellekt und Triebleben werden aufgepeitscht und in ihren Leistungen und Äußerungen bis an die Grenze des Möglichen getrieben, (siehe Technik, Sport, Vergnügen usw.!), damit die Menschen durch das entstehende *Chaos* endlich die Grenzen ihrer irdischen Beschränkung erkennen und aus der Wahrheit des Geistes und Gewissens heraus leben lernen. (An *diesem* Punkte steht die Gegenwart und unmittelbarste Zukunft der Menschheit!) —

Der vierte Engel gießt seine Schale auf die *Sonne:* die unterdrückte Wahrheit und ihre Schändung wird in erbarmungslosem Lichte sichtbar. Noch antwortet ein Teil der Menschheit darauf mit Hohn und Haß und ändert nicht ihren

Sinn. — Der fünfte gießt die Schale auf den *Thron des Tieres:* offene Kampfansage gegen das Zentrum des versklavenden totalitären Systems und die Ideologie des Materialismus. Wut und Verzweiflung treibt diese Verbände zu zerstörenden Taten. (Offener Angriff auf Rom?) Sie lästern Gott: Begeiferung der göttlichen Wahrheit. —

Der sechste Engel gießt seine Schale auf den großen *Euphratstrom,* so daß sein Wasser vertrocknet: der schöpferische geistige Lebensstrom der Menschheit (Befruchter der Wüste), das allgemeine Kulturschaffen, wird spärlich und versiegt. Weltuntergangstimmung, die für das Neue bereit machen soll. Aus dem Maule des Drachen (Luzifer), des Tieres (der Herrschsucht) und des falschen Propheten (dem leitenden Weltkommunismus) kommen unreine Geister hervor: heimtückische Propaganda, die die eigenen Verbrechen den Gegnern anzulasten versucht. Sie gehen zu den Führenden der ganzen Welt aus, um sie zum Kampfe zu sammeln: sie spannen ihr geheimes Netz über die ganze Welt, um den Entscheidungskampf zu organisieren. —

Der siebente Engel gießt seine Schale in die *Luft* aus, da kam eine laute Stimme von oben: Es ist geschehen!: Verwandlung der irdischen Lufthülle, der *Gesamtatmosphäre,* der Vorbedingung alles höherentwickelten Lebens auf Erden. (Man vergleiche dazu Lorbers „Feind aus den Lüften", sowie das zitierte Pauluswort „Siehe, ich sage euch ein Geheimnis! ...".) — Ihr folgten Blitze, Getöse und Donnerschläge und ein gewaltiges Erdbeben, wie noch keines seit Menschengedenken war: schlagartige geistige Erhellung der Welt, Vernichtungskämpfe, gewitterhafte geistige Erschütterungen, Auseinanderbrechen und Einsturz des Erstarrten und aller widergöttlichen Machtgebilde. Der gewaltigste Umbruch der bisherigen Menschheitsgeschichte. Die große Stadt (Babylon) zerfiel: siehe Kap. 17! — Die Städte der Völker stürzten ein: Zusammenbruch der nationalen Machtpolitik. Jede Insel verschwand: Versinken aller eigenbrötlerischen Abgrenzungen, der — Ismen. Berge fand man nicht mehr: unerschütterlich scheinende politische Doktrinen und religiöse Dogmen sind verschwunden (Machtgebilde, die die „Ebene", das gewöhnliche Volk und die Masse der Gläubigen unfrei machten, anstatt sie in Freiheit zu führen). Hagel wie Zentnerstücke: Zerschmetterung der Ernte, der Ergebnisse aller bisherigen Anstrengungen der widergöttlichen und scheingläubigen Mächte. — (Daß diese „Zornesschale der Luft" auch entsprechende *elementare* Ereignisse nach sich ziehen wird, ist kaum zu bezweifeln. Daher auch im Gr. Evang. Lorbers die Voraussage von pestilenzartigen Krankheiten und Epidemien seelischer und physischer Natur. D. Vf.)

Zu Kap. 17: Babylon, das „Weib auf dem Tiere reitend", vom Lamm Gottes (Christus) überwunden: das Gericht über die „große Buhlerin". Diese ist im umfassendsten Sinn die „böse Welt", das kollektive Unterbewußtsein der Menschheit als „Herdengeist", der sich willenlos und feige seit Jahrtausenden der Einwirkung des „Teufels und Satans" (der Machtgier und Habsucht) nicht zu widersetzen vermag oder sich ihr sogar zustimmend preisgibt. Ohne dieses unpersönliche Massendenken, das alle Geistesströmungen und Gemeinschaften der Menschheit vergiftet, wäre sie niemals das Opfer *geistiger* Tyrannei (dogmatischer Glaubenszwang, politische Schlagworte) oder *weltlicher* Despotie (Kapitalismus, Bolschewismus usw.) mit ihren verheerenden Folgen geworden. Stets buhlte die Welt um die Gunst der Mächtigen und Erfolgreichen, welche die göttlichen Wahrheiten verzerrten: Freiheit zu Zügellosigkeit, Führungsgabe zu Herrschsucht, Schöpferkraft zu Gewalttat, Religion zu Kirchenbrauchtum u. dgl. — Daher sitzt das Weib an vielen Wassern: an allen seelischen Quellen. Und es thront in der Wüste: der Herrschaftsbereich umfaßt die geistig Unfruchtbaren und den Sand (die Massen). Das scharlachrote Tier voll Lästernamen: die der Herrschsucht verfallenen oder von ihr gebildeten geistigen und staatlichen Zwangsgemeinschaften. Voll Gold, Edelstein und Perlen: die widerrechtlich Herrschenden ziehen stets irdische Reichtümer an sich (Weltbesitz der Kirche, Staatskapitalismus!) Ein goldener Becher voll Greuel und Unrat: die Geschichte dieser geistigen und irdischen Gemeinschaften ist erfüllt von Greueln (Inquisition, Religionskämpfe, weltliche Machtkämpfe der Nationen) und wird zur „Ruhmesgeschichte" (goldener Becher) umgefälscht. Purpur und Scharlach: Priester- und Königswürde.

Ein geheimnisvoller Name, das *Große* Babylon: ein *Menschheits*symbol für jede widergöttliche Anmaßung. Auflehnung gegen die geistig-göttliche Führung, die schließlich zur „babylonischen Sprachenverwirrung", das heißt zur gegenseitigen feindseligen Verständnislosigkeit der Menschheit führt. Ihre Vermassung durch machthungrige Gewalthaber jeder Art (geistlich und weltlich) ist die Quelle aller daraus entspringenden satanischen Greuel, der Verfolgungswellen und sadistischen Orgien der Menschheitsgeschichte. Das Weib ist die *große Stadt,* die die Könige der Erde beherrscht: die Menschheit als Ganzes, solange sie „mit dem Weibe buhlt" und sich der Herrschsucht unterwirft, statt sich der führenden Christuskraft der Liebe und Wahrheit hingibt. —

(Hierzu noch ein Hinweis: Die übliche Deutung der „Hure Babel" als Symbol der entarteten Kirche steht *nicht* im Gegensatz zur Deutung des „Großen Babylon" als Symbol der böse gewordenen Menschheit als Ganzes. Denn geistiger Zwang, Besitzlust und Verweltlichung der Kirche ist doch sinnfällig *ein Teil* jenes universalen Babylon. Daher wird in der alten Prophetie die zukünftige, das reine Christusevangelium verfälschende Kirche auch als „Tochter Babels" bezeichnet! D. Vf.)

Zu Kap. 18: Der „Fall Babels" (Niederlage Luzifers) wird im „Himmel", im geistigen Empfinden der leidgeprüften Menschheit als erlösende Freude empfunden. Durch einen anderen Engel (Gabriel = Wahrheitsverkündung des Wortes) ward die Erde (das menschliche Denken) erleuchtet von seiner Klarheit. Und diese Stimme mahnt die ganze Menschheit von Babel: „Ziehet aus von ihr, mein Volk, daß ihr nicht teilhaftig werdet ihrer Sünden!" Eine Aufforderung des Gewissens, von nun ab jedes widergöttliche Treiben im Menschheitsgeschehen zu unterbinden. — Wehklage der Könige und Kaufleute über den Fall Babels: die Entmachteten der alten geistigen und irdischen Menschheitsführung samt ihrem Anhang trauern ohnmächtig über den Sieg des Geistes, wie er durch die sieben großen Verwandlungskrisen (Zornesschalen) nach dem Plane Gottes offenbar wird.

Zu Kap. 19: Triumphlied über Babels Fall: die übersinnlichen geistigen Welten (die geistig verklärten Menschen aller Zeiten) nehmen freudig an der Wandlung der verkörperten Menschheit teil. — Die Hochzeit des Lammes ist gekommen: die „Braut Christi" ist die völlig vergeistigte Kirche (Religion) der neuen Menschheit, eine Gestaltung der Weltseele, des ewigen Werdens der unendlichen Liebe Gottes. Es ist ein anderes Symbol für das „Weib" mit der Sonne (vgl. Kap. 12). — Erscheinung des Reiters auf weißem Roß: das Sinnbild der im Menschengeiste wirksam werdenden Christuskraft, des schon von Jesaja geweissagten *„Immanuel"*, der die Führung der Menschheit übernimmt. — Noch einmal versucht das „Tier" (die Machtverbände der Welt) und sein „falscher Prophet" (die Ideologie dieser Systeme) sich gegen das Licht aufzulehnen. Aber beide werden „lebendig in den Feuerpfuhl geworfen, der in Schwefel glüht": beide werden auf der Höhe ihrer Macht der Zerstörungskraft und der völligen Auflösung anheimgegeben. Die geistige Lebenskraft des Bösen verliert sich durch die Macht der Wahrheit, die nun unverhüllt auf Erden aufleuchtet. —

Zu Kap. 20: Satan gebunden auf tausend Jahre: für eine lange Entwicklungszeit der Welt sind die geistig Bösen vom allgemeinen Leben der Erde ausgeschlossen (sie liegen gefesselt im Abgrund). Erst zu Beginn des Sonnenzeitalters, welches dem Wassermann nachfolgt, wird „Satan", das heißt seinen irdisch verkörperten Kräften die Möglichkeit einer letzten Entscheidung gegeben. (Die endgültige göttliche *Ausgewogenheit* der ganzen Menschheit wird im Sonnenzeitalter der Waage [latein. libra = die Befreierin!] vollendet sein.) Hierauf zielen auch die beiden Schlußkapitel der Offenbarung:

Zu Kap. 21: Johannes sieht die „Braut Christi" im Bilde

einer Umwandlung der materiellen in eine geistige Welt. Im Bilde einer Heiligen Stadt (dem Himmlischen Jerusalem). Hier herrscht die Zwölfzahl symbolisch als Tore (geistige Zugangswege), Engel (Lichtkräfte), Stämme Israels (geistig in sich verwandte Gruppen Vollendeter) und Namen der Apostel (Führungsbeauftragte), wie auch die Zwölfzahl der genannten Edelsteine die Vollendung aller göttlichen Eigenschaften in der Menschheit ausdrückt. „Und ich sah keinen Tempel darin": religio = Wiedervereinigung ist kein Weg und Ziel mehr, sondern sie *ist* vollzogen durch die völlige Einigung der Menschenseele mit ihrem göttlichen Geiste (mystische Hochzeit).

Zu Kap. 22: Ein Strom des Lebens, der ausging vom Throne Gottes und des Lammes: der göttliche Liebesstrom aus dem Urgrunde des *Vaters,* geoffenbart durch Christus, das schöpferische *Wort* in den Seinsebenen aller Welten. — Das Holz des Lebens, das zwölfmal im Jahre Früchte trägt: der paradiesische „Baum des Lebens", die schöpferische Gestaltung der unendlichen Fülle des Lebendigen ohne Stillstand und Winter (Erstarrung). — Die Vollendeten schauen das Antlitz Gottes: unmittelbare geistige Anschauung des göttlichen Wesens. — Sein *Name* steht auf ihrer Stirne: jeder vollendete Geistmensch darf sagen: „Ich bin ein Kind Gottes, eine seiner Teilkräfte als begrenzte Persönlichkeit, gekennzeichnet durch meinen Namen" (geistige Individualität). Und sie werden regieren (als Schöpferkräfte, als Krone der Schöpfung und Ebenbild Gottes) von Ewigkeit zu Ewigkeit.

*

Diese kurzen Sinndeutungen wurden auszugsweise dem aus geistiger Schau geschaffenen Werke Max Prantls „Die Geheime Offenbarung des Johannes in der Sprache der neuen Zeit" entnommen. Dieser Schrift kommt zum endzeitlichen Verständnis der Apokalypse eine die meisten Auslegungen weit überragende Bedeutung zu, weshalb ihrer in dem späteren Buchabschnitt „Stimmen der Gegenwart" nochmal zu gedenken sein wird.

Mit der Würdigung der neutestamentlichen Offenbarung sei hier das fast unerschöpfliche Thema „Die Weissagungen der Heiligen Schrift" abgeschlossen, wenngleich der Umfang unseres Buches nur die Aufnahme besonders markanter Textstellen gestattete. Alles in allem zeigen die Prophetien beider Bibelteile eine über Jahrtausende hinweg bestehende Einheitlichkeit in der Voraussage der künftigen Menschheitsgeschichte, deren bisheriger Ablauf die Wahrheit des inspirierten Gotteswortes immer von neuem bestätigte. So möge der geistig wache Leser auch den Worten vertrauen, die der noch verhüllten Zukunft gelten und eingedenk sein der Mahnung, die das Endkapitel der Johannesoffenbarung ausspricht:

„Selig ist, der da behält die Worte der Weissagung in diesem Buche!"

MITTELALTER UND NEUZEIT
— VERKÜNDER DER WELTWENDE

„Was der Geist der Wahrheit hören wird, das wird er reden. Und was zukünftig ist, wird er euch verkündigen." *(Ev. Joh. 16, 13)*

PROPHETEN DES MITTELALTERS

Das *erste* Jahrtausend unserer Zeitrechnung ist gekennzeichnet durch einen Mangel an großen Propheten und Sehern, aber auch ein Zurücktreten der Bedeutung prophetischer Überlieferung in der zum Kirchentum gefestigten Christenheit. Geweckt durch die Weissagung der Evangelien und. mehr noch durch das hinreißende Seherwerk des Johannes, dieser Grundlage aller späteren Prophetie, durchpulste das Frühchristentum ein sehnsüchtiger Glaube an das baldige Kommen des verheißenen Reiches Gottes auf Erden. Aber nichts dergleichen trat ein. Dieses bittere Erlebnis vergeblichen Harrens bewirkte so manche aufmunternde Worte der Apostelbriefe an die Gemeinden, wovon auch einige vorzitierte Stellen Zeugnis gaben.

Ungefähr um 150 n. Chr. begann die Naherwartung des Reiches allmählich zu verblassen, ohne daß zunächst an ihre Stelle eine endzeitliche „Späterwartung" trat. Denn schon begannen einzelne Kirchenlehrer mit einer Umdeutung der sinngemäß klaren Johannesoffenbarung zu einer mystischen Nur-Symbolik: das kommende Tausendjährige Reich sei kein allumfassender Durchbruch der göttlichen Ordnung auf Erden, sondern stelle nur eine verhüllte Beschreibung individueller Vorgänge in der Menschenseele dar. Die Bilder zeichneten nur Entwicklungsstufen des Einzelmenschen, wären aber keine heilsgeschichtliche Vorschau der ganzen Menschheit. Damit begann — in Verbindung mit der paulinischen Lehre von der erlösenden Gnade durch den rechtfertigenden Glauben — die Grundsteinlegung einer kirchlichen Dogmatik, die den johanneischen Gedanken einer Reichserwartung immer mehr in den Hintergrund drängte.

Inzwischen hatte auch statt eines geistigen Zusammenhangs eine beginnende straffe Organisation aller Christengemeinden unter dem Führungsansprüche Roms die Vorbedingungen zu jener späteren Welt- und Papstkirche geschaffen, die den totalen Herrschaftsanspruch über das Denken und Tun aller Gläubigen forderte. Ihr sichtbares Dasein bedeutete ihren Bischöfen bereits mehr als die verschwommene Erwartung eines fernen Gottesreiches unter dem wiederkehrenden Menschensohne. Nur so konnte der Kirchenlehrer Tertullian schon um 200 n. Chr. den unfaßlichen Ausspruch tun: „Wir wünschen es *nicht* zu erleben, und indem wir um Aufschub dieser Dinge beten, befördern wir die Fortdauer Roms" (!). Auch die Kirchenführer Cyrill und Hyppolit beteten in ähnlichem Sinne, während doch Johannes seine Offenbarung mit der glühenden Bitte schloß: „Ja, komm Herr Jesus, komme *bald!*" Welche Wandlung der Gesinnungen!

Es ist bezeichnend, daß mit dem Erlöschen des Geistes der Offenbarung im Herzen des Christentums ein fortschreitender Verweltlichungsprozeß der Kirche begann, der sie im Sinne der Apokalypse erst wirklich zur „Tochter Babels" machte: zu jener religionsfremden Institution, der die Weissagung vom Falle Babels am Ende der Zeiten gilt. Indem ein von Christus geistig begründeter Bund zu einem geistfremden Bündnis mit den Mächten dieser Welt wurde — eine innere Gemeinschaft zu einer Weltorganisation mit Anspruch auf Herrschaft und Besitz — mußten auch Propheten und Deuter der inneren Wahrheit der Christuslehre „in die Wüste gehen", das heißt außerhalb der amtlichen Kirche die himmlische Esoterik in „geheimen", weil verfolgten Orden weiterverkünden. Die *echten* Templer- und Rosenkreuzerbünde des Mittelalters waren solche Stätten erleuchteter Wortverkündung. Die Kirche aber verlor damit die „Schlüssel zum Himmelreich", die Gabe des heiligen und heilenden Geistes, der allein die innere Berufung zur Führung der Menschen verleihen kann.

So gesehen ist es begreiflich, daß ein schon im dritten Jahrhundert dogmatisch erstarrtes Kirchentum für das freie Wehen des prophetischen Geistes nur noch wenig übrig hatte. Daher erklärte die Romkirche zum Beispiel den Montanismus, eine christliche Bewegung jener Zeit zur Pflege der inspirierten Weissagung, als Häresie (Irrlehre) und vernichtete deren Schriften so vollständig, daß uns kein Zeugnis dieser Zeit erhalten blieb. Bereits im 5. Jahrhundert war die Apokalypse — das geistige Vermächtnis Christi an die Menschheit — nur noch ein im Evangelien-Kanon geduldetes Anhängsel, von dem einer der größten Kirchenlehrer, der heiliggesprochene *Augustinus,* mit erschütterndem Unverständnis bemerkte: „Ich gestehe, daß ich mir völlig unklar darüber bin, was der Apostel damit sagen wollte". (Eine Einstellung, die übrigens auch der große Reformator Martin Luther mit ihm teilte.)

Daß Augustinus mit seinem Lehrsatz: „Unsere sichtbare Kirche ist schon das gestaltgewordene Reich Christi auf Erden, daher ist jede Zukunftserwartung Irrglaube", die Theologie *beider* christlicher Weltkirchen bis heute beherrscht, wurde bereits erwähnt. Er wurde damit zum Totengräber des chiliastischen Erwartungsglaubens, der sodann — in der von Gregor I. vollendeten Papstkirche — als Irrlehre völlig verworfen wurde. Nicht aber, ohne als „geistiges U-Boot" das Seelenmeer der Gläubigen weiterhin aufzuwühlen und da und dort immer wieder an die Oberfläche des Bewußtseins aufzutauchen! Beweis dafür liefert nicht nur die Prophetie der nachstehend zu Worte kommenden Männer des Mittelalters, sondern auch das Verhalten eines großen Teils des christlichen Abendlandes um die erste Jahrtausendwende. Da wurde der Glaube an das anbrechende „Tausendjährige Reich" wieder lebendig, und was sich im Jahr 1000 n. Chr. an Weltuntergangsstimmung mit ihren skurrilen Folgen in Europa abspielte, lehrt jede Kulturgeschichte. Aber auch der Sturm der Völkerwanderung und der Einbruch des Islam in die christliche Welt, die in Mohammed den „Antichristen" vermutete, brachte die Gemüter in maßlose Erregung: eine Seelenströmung, die von der Kirche leider zur Organisation der blutigen Kreuzzüge genutzt wurde, womit wieder eine der Weissagungen Jesu zur Erfüllung gelangte (siehe Lorber).

Hätte die offizielle Kirche, die Hüterin aller geistigen Tradition sein sollte, nicht den Eckstein der Offenbarung (ihre innerste Sinndeutung) verworfen, so wären derartige Ausbrüche einer allzu materiellen Auffassung jener gewaltigen prophetischen Vision niemals möglich gewesen. Auch im ersten Jahrtausend lebten zweifellos Seher und Begnadete des Geistes, die Prophetenworte zu lesen und zu deuten verstanden. Vermutlich birgt die vatikanische Bibliothek in Rom Dokumente dieser Art. Der Allgemeinheit jedoch blieb solches Schrifttum nicht erhalten. Erst in der zweiten Hälfte des zwölften Jahrhunderts stand wieder ein Mann der Kirche auf, dessen uns überliefertes Lebenswerk zeigt, daß der wahre Geist apokalyptischer Schau in ihm lebendig waltete. Ihm sind daher die nachstehenden Ausführungen gewidmet.

Joachim von Fiore und seine Drei-Zeiten-Lehre

> *„Und solchen Brüdern reihte sich einer an, begabt mit Sehergeist: Abt Joachim, hell leuchtend mir zur Seite ..."* (Dante, Göttl. Komödie)

Zu den großen Vorläufern Swedenborgs und Lorbers — im Sinne der Verkündigung eines weit über alle kirchliche Theologie hinausreichenden Heilsplanes Gottes — zählt der italienische Abt Joachim de Fiore. Er gab nicht nur dem spirituellen Denken seiner Zeit ein neues Gepräge, sondern sein Lebenswerk übte noch Jahrhunderte später einen entscheidenden Einfluß auf die bedeutendsten Geister des Abendlandes aus. Um 1150 geboren, empfing er nach alten Urkunden 1183 im Kloster Casamaria die Erleuchtung des Heiligen Geistes und zeigte sich in dem neuen visionären Zustand von einer seherischen Gottesweisheit erfüllt, die in mystischen Deutungen der Propheten des Alten Testaments ihren ersten Ausdruck fand. Bald darauf gründete er selbst ein neues Kloster, dessen Name „il fiore" (die Blüte) später zu seinem Beinamen wurde. Hier enthüllte sich ihm die Symbolik der Apokalypse zu einem offenen Buche, dessen innerster Sinn nun klar vor seiner Seele stand. Und das Wort der Offenbarung vom Engel, der ein *ewiges Evangelium* allen Völkern und Stämmen der Erde zu verkünden habe, wurde geradezu zur Losung einer Bewegung, die Joachim entfacht hatte und die im Bewußtsein der Menschheit bis heute unvergessen blieb.

In Analogie mit der von der Kirche gelehrten Drei-Einigkeit des göttlichen Wesens lehren Joachims Werke auch eine *zeitliche* Dreiteilung der geistig-religiösen Menschheitsentwicklung, das Nacheinander eines Zeitalters des Vaters, des Sohnes und des Hl. Geistes: jedes von ihnen der Menschheit eine neue und höhere Erfüllung der Religion bringend, jedes ein neuer und engerer Bund Gottes mit seinen geschöpflichen Kindern. Es war für jene Epoche strengster kirchlicher Dogmatik ein unerhörtes

Wagnis, daß ein Mann aufstand und entgegen den Thesen des Augustinus lehrte, die Kirche seiner Zeit wäre noch nicht das geweissagte Reich Gottes und die Welt wachse erst dem wahren Zeitalter des Heiligen Geistes entgegen. Erst dann werde das ewige Evangelium der Johannesoffenbarung auf Erden Gestalt gewinnen, und dann würden alle liturgischen Kulte, alle Sakramente und Einrichtungen des Klerus und der Kirchenhierarchie fallen. Denn „wenn das Vollkommene erscheint, wird das Stückwerk aufhören" (1. Kor.Brief d. Paulus 13,10).

Kein Wunder, daß diese Gedanken von Theologen und Scholastikern heftig befehdet wurden und Joachim selbst nach seinem Tode (1202) als Ketzer gebrandmarkt wurde. Auf der Kirchensynode von Arles (1260) wurde seine geistige „Dreizeitenlehre" und die vom „Ewigen Evangelium" feierlich verdammt und ihre Verbreitung unter schwere Kirchenstrafe gestellt. Allein, Joachims Ideen wirkten wie ein zündender Funke, der eine jahrhundertelange Bewegung entfachte, die auch heute noch unter der Gleichgültigkeit des modernen Scheinchristentums nicht erloschen ist. Denn in vielem ähnelt die Lehre der „Spiritualen" (Geistesfreunde) — so wurden die Anhänger Joachims genannt — dem sogenannten „Chiliasmus" (von griech. chilioi = tausend), der in den ersten Jahrhunderten n. Chr. aufkam und von Rom gleichfalls verworfen wurde.

Viele weitere Prophezeiungen des späten Mittelalters fußten auf Abt Joachims Deutung der Offenbarung, bzw. auf den reformatorischen Leitmotiven der Spiritualen, ihrer Voraussage eines letzten Endkampfes, ihrer Erwartung eines „Großen Monarchen", eines „Engelpapstes" und eines neuen Zeitalters des Friedens auf Erden. Wie diese chiliastischen Ideen, aus den geistigen Sphären immer wieder in das Denken der Menschheit einströmend, nie mehr verblaßten und ihr Licht als stete Veränderung des Zeitgeistes vorauswarfen, lehrt die Weltgeschichte. Alle sozialen Umwälzungen, alles Streben nach religiöser Erneuerung, alles Sprengen überholter Formen der Kultur ist nichts anderes als ein unaufhörliches Fortschreiten des göttlichen Schöpfungsplans, der die Menschheit vom Tiefpunkte der Materie wieder zu den lichten Höhen des Geistes führen will. Der *irdische* Teil der apokalyptischen Verheißung — die erhoffte harmonische Lebensgestaltung aller Völker — kann nur durch eine vorangehende Hinwendung der Menschheit zum *ewigen* Evangelium, zur göttlichen Ordnung der Liebe und Weisheit Gestalt gewinnen. Und so wird das „Tausendjährige Reich" sich im Irdischen erst verwirklichen, wenn sich eine durch Leid und Erfahrung reifgewordene Menschheit geistig erweckte Führer erwählt, die in sich selber den „Antichrist" völlig überwunden haben und das Christusprinzip des führenden Dienens statt des gewaltsamen Herrschens lebendig verkörpern.

Joachim von Fiore hat, einer eigenwilligen Auslegung biblischer Zahlen folgend, den Anbruch des Zeitalters des Heiligen Geistes schon für das Jahr 1260 n. Chr. vorausgesagt. Hier allerdings irrte er. Und es ist ein bedeutsames Zeichen der inneren Wahrheit seiner Lehre, daß trotzdem der Erwartungsglaube bei seinen Nachfolgern nicht erlosch und bis heute die Hoffnung geistverbundener Christen blieb. Eine Hoffnung, die *Lessing* mit den Worten aussprach: „Sie wird gewiß kommen, die Zeit eines neuen, ewigen Evangeliums, die uns in den Elementarbüchern des Neuen Bundes schon versprochen ist. Vielleicht, daß gewisse Schwärmer des 13. und 14. Jahrhunderts einen Teil davon selbst aufgefangen haben und nur darin irrten, daß sie den Anbruch desselben so nahe verkündeten." Damit bekennt sich der große deutsche Dichter, ebenso wie der Philosoph *Schelling*, zum geistigen Erbe Joachims von Fiore, dem auch *Dante* in seiner „Göttlichen Komödie" ein bleibendes Denkmal gesetzt hat.

Die Grundlehre Joachims entsprang seiner visionären Idee von den drei Zeitaltern. Wie sich der Gottesgeist in der Schöpfung dreifältig offenbart: als Schöpfungswille (Liebe als Urgrund), als Schöpfungsplan (Weisheit der Ideen) und als Schöpfungsmacht (Kraft der Verwirklichung) — dies ist der wahre Sinn der Lehre vom „Vater, Sohn und Hl. Geist!" — so treten diese drei Aspekte auch zeitlich im Menschheitsgeschehen in Erscheinung. Joachim verkündet daher:

... „Dem Zeitalter des Vaters, das von Abraham bis Christi Geburt dauerte, folgte das zweite Zeitalter des Sohnes seit der Geburt des Heilands. Ein drittes, *abschließendes* Zeitalter wird kommen, das des *Heiligen Geistes*. Das Gesetz des ersten ist in den Büchern des Alten Testaments, das des zweiten in den Schriften des Neuen Testaments geschrieben. Das Gesetz des dritten und letzten Zeitalters wird das *ewige* Evangelium der Johannesoffenbarung sein, der Inbegriff aller in der Christuslehre verborgenen höheren Wahrheit ..."

Wie klar erblickte doch Joachim das Walten des Geistes in der Menschheitsentwicklung, wenn er weiter ausführt:

... „Der erste Zustand steht im Wissen, der zweite in der nur teilweise erworbenen Weisheit, der dritte in der Fülle der Erkenntnis. Der erste in der Gottesfurcht, der zweite im Glauben, der dritte in der Liebe. Der erste steht im Lichte der Gestirne, der zweite im Lichte der Morgenröte, der dritte in der Sonnenhelle des Tages. In diesem dritten Reiche wird sich die große Wandlung vollziehen. (Wassermannzeitalter! D. Vf.) Die Mächtigen dieser Welt werden fallen, den Armen und Schwachen wird Erlösung werden und Friede wird auf der Welt einkehren, wenn das Tausendjährige Reich auf Erden erscheint ..."

Am tiefsten erkannte *Schelling*, einer der intuitivsten Denker des 19. Jahrhunderts, diese reine Entsprechungslehre Joachims, wenn er sagt: „Für uns hat jene Dreizeitenfolge den weiteren, allgemeinen Sinn, daß die *gesamte* Schöpfung, die große Entwicklung *aller* Dinge vom Vater aus durch den Sohn in den Hl. Geist geht". Also vom Willen über den Plan zur Durchführung, oder von der Liebe über die Weisheit zur Erfüllung! So verstand es auch Angelus Silesius im „Cherubinischen Wandersmann":

> Der Vater war zuvor, der Sohn ist noch zur Zeit,
> Der Geist wird endlich sein am Tag der Herrlichkeit!

Joachim erschaute auch innerhalb der christlichen Kirchenära den gleichen Entwicklungsweg von drei Zeitepochen, die er mit treffender Symbolik zu den Gestalten der drei großen Apostel Petrus, Paulus und Johannes in Entsprechung brachte. Schelling durchleuchtet die Analogie dessen, was Joachim als *Vorbild* künftiger Dinge sah, in seinem Werke „Philosophie der Offenbarung" mit den Worten:

... „Petrus ist mehr der Apostel des Vaters, er blickt am tiefsten in die Vergangenheit. Paulus ist der eigentliche Apostel des Sohnes, Johannes hingegen der wahre Apostel des Heiligen Geistes. Er allein hat in seinem Evangelium die herrlichen Worte vom Tröster, den der Sohn vom Vater her senden wird: den Geist der *Wahrheit,* der erst in die Vollkommenheit leiten wird. (Ev. Joh. 14, 16 ff.) Johannes ist der Apostel der *zukünftigen,* erst wahrhaft allgemeinen Kirche, jenes Neuen Jerusalems, das er in der Offenbarung selbst herabsteigen sah vom Himmel. Johannes war der Lieblingsjünger des Herrn, und die Funktion dieses Apostels beginnt mit der Wiederkunft des Herrn, also mit dem letzten Zeitalter der Kirche. Denn: die der Herr liebt, denen gibt Er das Amt des *Vollendens!"*

Erst in diesem höheren Sinn wird auch jene dunkle Stelle des bibl. Evang. Johannis (Kp. 21, V. 21—23) überzeugend deutbar, wo Jesus — von Petrus nach dem künftigen Schicksal des Johannes befragt — antwortet: „So ich will, daß *er bleibe,* bis ich komme, was geht es dich an? *Folge du* mir nach!" — Somit: Petrinisches Christentum (Glaube) als erste Nachfolge Christi, und johanneisches Christentum (Liebe) als Endreligion zur Zeit der geistigen Wiederkunft des Herrn!

Für Joachim waren diese drei Hauptapostel irdisch nur Gleichnisse und Träger von Urideen, die als geistige Strahlung das religiöse Empfinden und Denken der Menschheit gestalten helfen. Nur so ist Joachims Wort von den Aposteln wirklich zu verstehen:

... „Das ist die wahre Kirche, die durch den von Petrus gelegten Grund durch Paulus hindurch in das Ende geht, welches die Kirche des *Johannes* sein soll ... Diese letzte, ohne allen äußeren Zwang bestehende ewigbleibende Einheit fällt in jene *dritte* Periode, die im voraus angedeutet ist durch den dritten großen Apostel Johannes. Dieser hat die Einfalt des Petrus und damit vereint die Gedankenschärfe des Paulus ..."

Glaube man nicht, daß dies etwa nur Religionsphilosophie wäre! In diesem Falle hätte Joachim nicht Aufnahme in unser

Buch gefunden. Seine Prophetie ist tatsächlich der Weg der christlichen Kirche, deren beide Phasen „Petrus" und „Paulus" das Wesen zweier wohlausgebildeter Konfessionen ausmachen, während das „Johannesziel" als geistige Christuskirche noch der Zukunft harrt. Hier die äußere Entwicklung dieses Wegs:

Petrus, der einfache ungebildete Fischer, war der „Fels, auf dem die Kirche aufgebaut werden sollte". Dieser Grundstein entspricht geistig dem reinen *Glauben* ohne weiteren Erkenntnisdrang. Petrus hinterließ kaum ein schriftliches Erbe, aber auf der „geistigen Ausstrahlung Petri" baute die erste römische Kirche ihr Fundament auf, auch wenn Petrus als Person nicht ihr Gründer war.

Paulus, der gelehrte Pharisäer und glänzende Dialektiker, bildet gleichsam den Übergang vom einfältigen Glauben zum *gläubigen Wissen.* Seine vielen Apostelbriefe lassen erkennen, daß er viel von den Lehren der antiken Mysterienweisheit in sich aufgenommen hatte und damit das übersinnliche Christuserlebnis gedanklich schärfer zu erfassen vermochte. Die „geistige Ausstrahlung Pauli" wirkt sich am sinnfälligsten im orthodoxen Protestantismus aus, der durch Luther und die Reformation sein Gepräge erhielt und mit seinem Grundsatz „sola scriptura" (nur die Hl. Schrift) auf dem Buchstaben des geschriebenen Wortes fußt. Dies war und ist die zweite Kirche.

Johannes, der das Wesen des Herrn durch die Liebe in sich aufnahm, faßt Glaube und Wissen in der höheren Einheit des Sehers, im *schauenden Erkennen* zusammen. Sein Erlebnis der Göttlichkeit des Christus wirkt wie eine Synthese von Petrus und Paulus. Wie sein neutestamentliches Evangelium sich so merkwürdig von den drei anderen Synoptikern abhebt, so steht auch als große Entsprechung sein „Ewiges Evangelium", die *Offenbarung* als Schlußstein der Hl. Schrift. Symbolisch wird damit angedeutet, daß die *„geistige Ausstrahlung Johannis"* die *Endperiode* der drei christlichen Zeitalter formen wird. Und das wird die dritte und letzte Kirche sein: eine Gemeinschaft geistiger Natur, zu der die beiden bisherigen Weltkirchen nur die notwendige Vorbereitung bildeten.

So stellen diese drei Apostel als Sinnbild auch die innere Entwicklung vom natürlichen zum Geistmenschen etwa nach folgender Analogie dar:

1. *Petrus* — Vater — Glaube — Vertrauen — Gottesfurcht.
2. *Paulus* — Sohn — Hoffnung — Ahnung — gläubiges Wissen.
3. *Johannes* — Heiliger Geist — Liebe — erkennendes Schauen — geistige Wiedergeburt.

Soll das verheißene dritte Reich des Geistes — es ist nichts anderes als die „Heilige Stadt" der alten Propheten oder das „Neue Jerusalem" der Apokalypse — für die Menschen *unserer* Zeitwende nicht mehr bedeuten als eine bloße Spekulation, ein religiöses Schlagwort, die Hoffnung einiger Sekten oder das Erkennen weniger, die sein Nahen schon greifbar deutlich empfinden? Nein, diese Zukunftserwartung wird durch Zeichen der Zeit, durch geistige Zeitströmungen und Männer, die ihnen in Wort und Schrift Ausdruck verleihen, immer stärker bekräftigt. Ein Blick in die Gegenwart zeigt, wenn auch ohne aufdringliche Propaganda, einen zunehmenden Drang nach einem Hinauswachsen über die bisherigen Formen des geistig-religiösen Lebens, ein Durchstoßen-Wollen von den in Dogmen, Kult und Buchstabengläubigkeit erstarrten Konfessionen zum innersten Kern, zum wandelnden *Erlebnis* der Religionswahrheit, eine tiefe Sehnsucht nach der lebendigen Offenbarung geistiger Kräfte, inmitten der Unzulänglichkeit äußeren Bekennertums und des Ikarusfluges von Technik und Wissenschaft. Es sind Menschen, die über alle dürre Theologie hinweg das Strahlen eines göttlichen Lichtes empfinden, das in den christlichen Glaubensformen von heute bisher nur andeutungsweise Gestalt gewonnen hat.

Joachim von Fiore und seine Spiritualen begingen nur einen Denkfehler: zu glauben, daß sich die johanneische Kirche schon entfalten kann, während noch die petrinische Kirche herrscht.

Seine Lehre, daß im dritten Reiche des Geistes alle Kulte und Sakramente fallen werden, mußte von der römisch-katholischen Sakramentskirche abgelehnt werden, weil diese Lehre an Stelle ihrer Gnadenvermittlung die direkte Einwirkung des göttlichen Heilgeistes in jedem Menschen verkündet. Damit aber ist ihr Fundament bedroht, weshalb Rom die visionäre Schau des Kalabreserabtes noch heute als Häresie radikal verurteilt.

Aber auch die Reformationskirchen, die an sich schon den chiliastischen Erwartungsglauben ablehnen, fühlen Joachims Lehre vom Ende des „Zeitalters des Sohnes" wie einen Stich in das Herz der Christenheit. Denn der paulinische Protestantismus fußt auf der erlösenden Gnade des Christen durch das Sühnekreuzopfer Jesu Christi, des Gottessohnes in Ewigkeit. Hier aber rächt es sich, daß Luther, Calvin und Zwingli den Trinitätsglauben Roms als *Drei-Personenlehre* übernahmen! Wenn der „Heilige Geist" (trotz aller betonter Dreieinheit) dennoch eine getrennte Person unterschiedlich vom Vater und Sohn ist, dann käme das Zeitalter des Hl. Geistes — um ein hartes, aber treffendes Wort zu gebrauchen — einer Art Pensionierung der Sohnesidee gleich, an deren Stelle sich nun die dritte Person einschaltet. Und das müssen auch die evangelischen Konfessionen entschieden ablehnen.

Wenn aber schon im mystischen Rosenkreuzertum des Mittelalters, das doch völlig geistig (spiritual) eingestellt war, immer *Christus* als der Imperator (Großmeister) galt und dennoch Johannes als Symbolträger des Heiligen Geistes betrachtet wurde, so war dies durchaus kein Zwei-Herren-Dienen. Denn diese von der Kirche stets verfolgten Erleuchteten wußten, daß Johannes mit seiner Verkündigung des Parakleten (Trösters), den Christus seinen Jüngern zu senden versprach als den *Heiligen Geist*, nichts anderes weissagen wollte, als eben die Wiederkunft des Herrn: nicht leiblich, sondern geistig als die Ausstrahlung seiner ewig-kosmischen Wesenheit in das Denken und Fühlen einer neuen Menschheit. Und wie sagte doch Jesus? Nicht: „Dieser Geist wird meine Lehre ablösen", sondern: „Er wird euch als *Geist der Wahrheit* frei machen!"

So wird die johanneische „Kirche des Heiligen Geistes" auch immer Christuskirche bleiben, wird aber ohne äußere Zwangsorganisation ein inneres Erwachen der Menschheit darstellen mit einer neuen Hinwendung zu den ewigen Werten des Geistes. Und weil Joachim als inspirierter Seher und Prophet die gleiche Menschheitsentwicklung voraussah, wie sie dem „Schreibknecht Gottes" Jakob Lorber im „Großen Evangelium *Johannis*" geoffenbart wurde, so stimmen beide darin überein: Die geistige Idee *Johannes* als Sinnbild der Liebe wird die dritte und letzte Kirche bilden, die die *Liebe* als Urgrund alles Lebens zum Siege im Menschenherzen führen wird. Ein Sieg, den das „Stückwerk" der bestehenden Weltkirchen nicht zu erringen vermochte. —

Die große Päpsteweissagung des Malachias

"Siehe, ich will meinen Engel senden, der vor mir her den Weg bereiten soll." *(Maleachi 3, 1)*

Unter den mehr oder minder bedeutenden Prophezeiungen des Mittelalters nimmt diese berühmte Weissagung einen hervorragenden Rang ein, da sie sich mit dem Schicksal der Kirche befaßt. Malachias sagt vom Jahre 1143 n. Chr. bis zum „Weltuntergang" eine Reihenfolge von 112 Päpsten voraus, wobei jedem von diesen ein symbolischer *Beiname* verliehen ist, dessen Deutung nach der Wahl des jeweiligen Papstes stets Anlaß zu mannigfachen Spekulationen gab. So führt hierin zum Beispiel der jetzige Papst Pius XII. den Namen „Pastor angelicus" (der engelgleiche Hirte), worauf im Laufe dieser Abhandlung noch zurückgekommen wird.

Es ist nicht erwiesen, warum gerade Bischof Malachias v. Armagh, der im 12. Jahrhundert in Irland wirkte und später „heiliggesprochen" wurde, als Urheber dieser Weissagung gilt. Vielleicht, weil der Beginn der Prophezeiung 1143 zeitlich mit Malachias zusammenfiel. Der wirkliche Verfasser ist nicht nachweisbar, denn erst im Jahre 1595 erschien diese Schrift „auf Grund alter Quellen" als *Erstdruck*. Zu den Papstsymbolen von 1143—1590 schrieb ein Dominikaner Chacon (Ciaconus, gest. 1599) nachträgliche Deutungsparolen. Diese passen derart lückenlos auf die Geburtsorte oder Wappen, Kardinalstitel, Familien- oder Taufnamen der gewählten Päpste, daß der Unterschied zu den nachfolgenden Papstdevisen (ab 1590 bis heute) geradezu in die Augen fällt. Denn die größte Anzahl davon ließ trotz aller Bemühungen keine wirklich sinnvolle Deutung mehr zu.

Gewiß hatte auch bei der neuen Papstreihe ab 1590 die alte Methode zuweilen Erfolg, ein Sinnbild aus der Herkunft oder dem Namen des Papstes zu erklären. So zum Beispiel Nr. 100 „De balneis Hetruria" = „Von den etruskischen Bädern" für Gregor XVI. (1831—46), der dem bäderreichen Toskana entstammte. Auch drückt sich das Schicksal einiger Päpste in ihren Symbolnamen aus, zum Beispiel in Nr. 96: „Peregrinus apostolicus" = „Der apostolische Wanderer" für Pius VI. (1775 bis 99), welcher 1798 als Gefangener nach Siena und Valence wandern mußte. Weiters dürften sich fromme Gemüter sehr wohl mit schmückenden Beinamen wie Nr. 87 „Poenitentia gloriosa" / „Ruhmreiche Buße", oder Nr. 99 „Vir religiosus" / „Der gottselige Mann" für die zuständigen Päpste zufrieden geben. Was aber würden sie sagen zu Namen wie Nr. 79 „Gens perversa" / „Verkehrtes Geschlecht" oder Nr. 86 „Belua insatiabilis" / „Unersättliches Untier", also Beinamen, die einem Papste kaum zur Ehre gereichen!

Und dennoch bilden solche Namen einen neuen Schlüssel zu einer weiter ausgreifenden Deutungsmethode. Es ist die Auswertung der Symbolik für den geschichtlichen *Zeitgeist,* dem der jeweilige Papst gegenüberstand und der oftmals auch in einem charakteristischen Gegenspieler seine Verkörperung fand. Ein treffliches Beispiel hiefür ist Nr. 97 „Aquila rapax" / „Der Raubadler". Dieser war der französische Imperialismus, aber auch Napoleon selbst, vor dem ganz Europa zitterte und der auch Papst Pius VII. so viel Ungemach bereitet hat. Es wäre eine dankbare Aufgabe, unter diesem Gesichtspunkt vielleicht den Sinn noch einiger Papstsprüche zu enträtseln, doch dürfte auch hier der Erfolg nicht durchschlagend sein. Allein, trotz der Dunkelheit der Weissagung bildet diese auch heute noch vor jeder Papstwahl den Gegenstand eines großen Rätselratens unter den beteiligten Kreisen der Kirche.

Zum Verständnis der nachfolgenden Gedankengänge ist es nunmehr nötig, die symbolischen Namen für die Reihe der „letzten Päpste bis zum Weltuntergang" wörtlich anzuführen. Sie lauten:

Nr. 102: Lumen in coelo / Licht am Himmel (Leo XIII. 1878—1903)

Nr. 103: Ignis ardens / Brennendes Feuer (Pius X. 1903—1914)

Nr. 104: Religio depopulata / Entvölkerte Religion (Benedikt XV. 1914—1922)

Nr. 105: Fides intrepida / Unerschütterter Glaube (Pius XI. 1922—1939)
Nr. 106: Pastor angelicus / Englischer Hirte (Pius XII. 1939—1958)
und die noch folgenden:
Nr. 107: Pastor et nauta / Hirte und Schiffer (Johannes XXIII. 1958 — ...)
Nr. 108: Flos florum / Blume der Blumen.
Nr. 109: De medietate lunae / Vom Halbmond.
Nr. 110: De labore solis / Von der Sonnenfinsternis.
Nr. 111: Gloria olivae / Ruhm des Ölbaumes.

(Hier wurde der üblichen Übersetzung der lateinischen Namen gefolgt. Daß noch andere möglich sind, wird einen der Schlüssel zur später folgenden Sinndeutung bilden.) — Vom letzten, 112. Papste heißt es bei Malachias:

„Während der äußersten Verfolgung der hl. römischen Kirche wird *Petrus* II. aus Rom regieren. Er wird seine Herde unter vielen Bedrängnissen weiden, an deren Ende die Siebenhügelstadt zerstört werden und der furchtbare Richter sein Volk richten wird". —

Klingt das nicht nach Weltende und dem schrecklichen „Tage des Herrn"? Alle Weissagungen aus wirklicher Prophetensphäre deuten seit ältesten Zeiten auf die große Wende *vor* Beginn des dritten Jahrtausends n. Chr., also unsere Zweitausend-Jahreswende hin. („Nahe an zweitausend Jahre!") Allerdings darf dieses Weltgericht niemals als kosmischer Weltuntergang aufgefaßt werden, sondern als ein umfassendes Gericht über eine entartete Kultur und ein absterbendes Zeitalter ohne inneren und äußeren Frieden. Man hat auch auf Grund der Malachiasworte versucht, das „Weltende" zeitlich zu errechnen und dazu die Durchschnittszeit der 105 vom Jahre 1143 bis 1939 herrschenden Päpsteregierungen ermittelt. Da selbe im Durchschnitt 7,6 Jahre betrug, gelangte man auf das Jahr 1992, zumindest aber vor die Zweitausend-Jahreswende als Zeitpunkt des letzten, des 112. Papstes.

Wenden wir uns wieder den Päpsten unseres Jahrhunderts zu, um an ihren Symbolnamen die Brauchbarkeit der bisherigen Auslegungsmethoden (persönlich oder zeitgeschichtlich) zu erproben. Dazu sei wiederholt:

1. (Nr. 102) „Licht am Himmel" —
2. (Nr. 103) „Brennendes Feuer" —
3. (Nr. 104) „Entvölkerte Religion" —
4. (Nr. 105) „Unerschütterter Glaube" —
5. (Nr. 106) „Englischer Hirte".

Was sagen uns diese Namen? Weder Herkunfts- noch Schicksalsdeutung, noch ein Bezug auf das Weltgeschehen lassen hier eine überzeugende Lösung zu. Weder gab es um die Jahrhundertwende, zu Beginn des eigentlichen materialistischen Zeitalters (Gründerepoche von Industrie und Technik) ein besonderes „himmlisches Licht" unter der Menschheit, noch war vor 1914 ein „brennendes Feuer" wahrnehmbar, wie es der Weltbrand des ersten Weltkriegs immerhin darstellen könnte. Es ist ferner nicht einzusehen, warum dieser bis 1922 die „Religion entvölkern" sollte, da auch Malachias gewußt haben dürfte, daß ein großes Sterben eher die re-ligio = Rückbindung an das Geistige fördert. Von 1922—1939 war gleichfalls der Glaube in der Welt gar nicht so „unerschüttert", wie Freidenkertum, wissenschaftliche Skepsis, Nationalsozialismus und Bolschewismus hinreichend bewiesen. Und wenn auch die menschlichen Qualitäten des letzten Papstes nicht verkannt werden sollen: welcher Sterbliche darf sich vor der Wahrheit des Geistes nicht nur „Stellvertreter Christi", sondern auch noch „engelgleich" nennen?

Blicken wir auf die restlichen sechs noch ausstehenden Päpste, deren letzter laut Malachias sinngemäß zumindest mit dem „Untergang der Siebenhügelstadt" verbunden ist.

Ihre vorbestimmten Namen lauten in der bisher üblichen Übersetzung aus dem Lateinischen:

(107) „Hirte und Schiffer" —
(108) „Blume der Blumen" —
(109) „Vom Halbmonde" —
(110) „Von der Sonnenfinsternis" —
(111) „Ruhm des Ölbaums" —
(112) „Petrus II."

Vom Standpunkte der weltgeschichtlichen Lage, wie sie sich abzuzeichnen beginnt, ließe sich bestenfalls die Devise des nächsten Papstes „Hirte und Schiffer" auf ein etwaiges erzwungenes Verlassen Roms dieses Hirten (Ursache Krieg oder Unruhen) auf dem Seewege, — weiter das Symbol „Vom Halbmonde" auf den Kampf der Kirche mit dem Sowjetsystem (Halbmond = Sichel im Sowjetwappen), — sowie die „Sonnenfinsternis" auf die zunehmende Verdunkelung des Weltgeschehens (Vernichtungswahn) beziehen. Warum aber dazwischen „Blume der Blumen"? Warum zwischen „Sonnenfinsternis" und dem zweiten „Petrus des Weltendes" noch das merkwürdige Symbol „Ruhm des Ölbaumes", wo doch Ölbaum und Ölzweig stets Symbole des Friedens, ja geradezu das Sinnbild eines neuen göttlichen Bundes sind? (Vgl. Arche Noah!)

*

Wir dürfen zweifellos diese Päpsteweissagung als eine echte Prophetie, das heißt als eine reingeistige Schauung über Jahrhunderte hinweg ansehen. Ihren buchstäblichen Wert beweist die Tatsache, daß immerhin eine ganze Anzahl der Papstdevisen auch dem äußeren Sinne nach deutbar waren, womit zumindest eine Art Hellsehergabe des Verfassers erwiesen wäre. Der weitaus wichtigere innere Gehalt aber liegt in ihrer *Übereinstimmung* mit den Grundzügen der Johannesoffenbarung und auch der alten Propheten. Es lohnt sich allein, solchen Zusammenhängen nachzugehen, denn nur hier liegt der geheime Schlüssel zur Erkenntnis des menschlichen Evolutionsplanes, der auch die *Formen* scheinbar unerschütterlicher Kirchensysteme wandelt und zu neuen Geisteskelchen läutert.

Bilder wie die Offenbarung Johannis oder die Päpsteprophetie schildern ausschließlich Zustände des menschlichen Geistesfortschritts. Auch die „Papstnamen" offenbaren, was zu jeder Zeitepoche an geistigen Impulsen an die Menschheit herantritt und wie sich die Weltkirche (als äußere Form der ewigen inneren Kirche) damit auseinanderzusetzen hätte. Mit den beiden gekreuzten Petrusschlüsseln, dem Signum der röm.-katholischen

Kirche, sei versucht, eines ihrer eigenen Geheimnisse, eben die Päpsteweissagung, zu erschließen. Der eine Schlüssel ist die Deutung des übersinnlichen Geschehens (das geistige Reich), der andere die Sinndeutung der Weltgeschichte (das irdische Reich). Überdies gilt es, bei der Namensdeutung das schlagwortartige Kleben an der sprachlichen Übersetzung dieser lateinischen Namen zu überwinden. Die jahrhundertelange Tradition ließ der Erkenntnis keine Möglichkeit, daß sich die Worte des Malachias — wenigstens in vielen Fällen — auch anders ins Deutsche übertragen lassen. Ein Blick in jedes bessere Latein-Wörterbuch bestätigt diese Behauptung. Damit aber gewinnt mancher Sinnspruch eine überraschende Wendung und erhellt schlagartig seine wahre Bedeutung.

Der „Zeitgeist" ist eine Ausstrahlung der geistigen Welten in das reifende Denken und Fühlen der Menschheit und wird von dieser zwar unbewußt, aber dafür umso wirksamer aufgenommen. Wie gesagt, ging es Malachias *nicht* um die Person des Papstes oder sein persönliches Schicksal, sondern eher um ein „geistig-astrologisches" Problem, oder besser: um ein Erfassen jener göttlichen Führungsmächte, die, christlich gesprochen, als Erzengel das geistig-seelische Leben der Menschheit formen und zu Höherem wandeln. Diese Feuerströme des geistigen Alls sind es, die auch erstarrte kirchliche Formen auflösen, wenn sie für den Ausdruck des göttlichen Geistes zu eng geworden sind. Ob Christentum, Buddhismus oder Islam: für alle kommt die Zeit, wo vom „Erzengelgeist" durchdrungene *Erneuerer* das Alte sprengen, aber nur um Neuem und Wahrheitsnäherem Raum zu schaffen. Dies allein ist ihre Berufung und Legitimation zum Unterschied von materialistischen Kirchenfeinden, die aus trüben Quellen schöpfen und nicht die Bekenntnisform, sondern das Göttliche selbst im Menschen zerstören möchten.

So wird das anbrechende Wassermannszeitalter auch vor solch altehrwürdigen Institutionen, wie sie die größte christliche Bekenntniskirche ist, nicht Halt machen. Der neue Zeitgeist, geformt von himmlischen Schöpfungskräften, wird als der große Alchymist diese Umwandlung vollziehen. Geläutert durch geistiges Feuer, wird die Essenz des Göttlichen einen Thron beziehen, der nicht mehr äußerer Art ist, sondern im Menschenherzen sein Reich errichtet. Das ist der wahre Sinn der „Wiederkunft des Herrn". *Weltende ist Weltwende* und bedeutet nur Untergang für alles, was der Menschheit auf dem Wege zu Gott nicht mehr dienlich sein kann. Und wie sich Staatsformen und soziale Einrichtungen ändern werden, so wird die „Urne des Wassermann" auch über allzu menschlich gewordene Kirchenlehren und Bräuche ihren Heiligen Geist ausgießen, der alle guten Samenkörner in den Herzen zur Blüte erwecken wird. (Flos florum!)

Wer nun fragt, was dies mit den Namenssymbolen der letzten Päpste zu tun hat, dem sei geantwortet: alles! Mit sehenden Augen werden wir hier durch die Reihenfolge der „Päpste" förmlich auf die nahende Erneuerung unseres Jahrhunderts stoßen:

Lumen in coelo / Licht am Himmel (1878—1903)

Es war die beginnende Hochblüte der Wissenschaft, einer der beiden „Zeugen" der Apokalypse (Offbg. 11/3—4), die als äußeres Erkenntnislicht die Aufnahme des inneren Geistlichtes zu unterstützen hat. Es war auch die Los-von-Rom-Bewegung, die gegen eine ungeistige Weltmachtstellung der Kirche Front bezog. Es war der (zwar noch plumpe) Spiritismus, der das Fortleben nach dem Tode auf seine Art beweisen wollte. Und es war der als „Theosophie" sich kundgebende Wille, die Einheit aller Religionen zu lehren und auch das Geistesgut des Ostens dem Westen näherzubringen. Sollte dies alles kein „Licht am Himmel" gewesen sein?

Ignis ardens / Brennendes Feuer (1903—1914)

In jener Zeit stand bereits Neues gegen Altes auf. Sozialismus gegen Kapitalismus im irdischen Bereich, Materialismus gegen Idealismus und Glaubensvertiefung in der inneren Welt.

Es war die erste Zeit der Entscheidungen, die das nachfolgende Weltschicksal bestimmten. Die Kirche nahm daran noch starken politischen Anteil, wenn zwar der Kampf um die Herrschaft sich vornehmlich erst in der Seelenwelt abspielte. (Jeder solche Kampf stellt sich dem Seher als eine Art „brennendes Feuer" dar, weil dabei astrale Schwingungen = seelische Erregungen in erhöhter Tätigkeit sind. „Ardens" heißt entbrannt, im guten wie im bösen Sinn.)

Religio depopulata / Entvölkerte Religion (1914—1922)

Das hieß nicht „leere Kirchen", sondern re-ligio heißt Rückbindung des Irdisch-Seelischen an das Geistige. Und: depopulata = verheert, verwüstet! — Tatsächlich war der erste Weltkrieg nur das sichtbare Zeichen einer vorgeschrittenen seelischen Verwüstung, die den Massenmord als Mittel zum Zweck heiligte und den Gebrauch der Waffen segnete. Hier begann der Vernichtungswahn zum erstenmal in größtem Umfang zu keimen. Die Entartung des Weltgewissens schreitet weiter fort, das Kirchenchristentum erweist sich dagegen machtlos und versagt. Verwüstete Religion! —

Fides intrepida / Unerschütterter Glaube (1922—1939)

Angesichts des Vorhergehenden eine unverständliche Parole, wie es scheint. Auch die Deutung von der Seelenwelt her versagt hier: ein politisches und kulturelles Chaos bahnt sich durch den Bolschewismus und nationalen Faschismus verschiedenster Prägung an: Keime des zweiten Weltkriegs. Die Lösung dieses Papstsymbols ist nur noch von der *Geistwelt* her möglich. Am Ende des Fischezeitalters ist das Christentum zu einem verzerrten Lippenbekenntnis geworden. Ein neuer göttlicher Schöpfungsimpuls muß die Menschheit wieder sehend machen. Er wird sie einer Entscheidung zuführen, wo die Menschheit an der Größe des Leides endlich erwachen soll. Das Verkommene wird sich noch einmal ausleben dürfen, damit auf seinen Ruinen neues geistiges Leben erblühen kann. So gebietet es die Vorsehung und so will es das neue Zeitalter. Und es geschieht weiter, wie es nach dem inneren Verhalten der Menschheit geschehen muß, denn frei ist ihr Wille!

„Fides intrepida" anders, aber sprachlich gleich richtig übersetzt, heißt: Unerschütterte Treue, nicht schwankendes Gelöbnis! Dies vom Standpunkte der geistigen Führungsmächte als ein Schwur, dann einzugreifen, wenn die „religio depopulata" ihrem Höhepunkte zuschreitet und die Menschheit einem zweiten, noch gefährlicheren Abgrunde zustrebt.

Pastor angelicus / Der Engelshirte (1939—1958)

Unsere Zeit, jüngste Vergangenheit voll Schrecken des zweiten Weltkriegs, Gegenwart voll Angst und Hoffnung, sie ist die Grenze zwischen zwei Zeitaltern. Es sind wahrhaftig die Tage der Entscheidung, in denen der große Engel der Offenbarung ruft: „Es wird keine Frist mehr sein!" (Offbg. 10, 6.) Es ist die Epoche der Umwandlung, der geistigen Strahlung *Michaels,* einer der urgeistigen Wesenheiten, den Malachias nicht als engelgleichen Hirten, sondern als *den* Engelshirten der Menschheit erblickt. Bis ins Irdische dringt seine verwandelnde Kraft, welche die Scheidung der Geister bewirkt. Von der universellen Geistsphäre, aus dem geistigen All bringt Michael das neue Herzensdenken und beginnt den Zeitgeist der neuen Ära zu prägen. Er, der große Gegenpol Luzifers (der verzerrten Erkenntniskraft), ist zugleich der „Vorläufer", der die Wiederkunft Christi im Menschengeiste vorauskündet.

Nach der „verwüsteten Religion" und dem „unerschütterten Gelöbnisschwur" beginnt die der Menschheit noch unfaßbare geistige Wesensmacht, genannt Michael (Meine Kraft des Lichtes), als Pastor angelicus das Verlorengegangene wiederzubringen und eine neue religio anzubahnen. Kein Wunder, daß Satan, die alte Schlange — von Michael im Himmelskampf auf die Erde geworfen — „in großem Zorn auf die Erde (d. h. ins Menschheitsdenken!) kommt, weil er weiß, daß seine Zeit gemessen ist". (Offbg. 12/7—12.) Wie sich dieses, an sich der

Vernunft Unbegreifliche, bis in die letzten Konsequenzen des Weltgeschehens auswirkt, beweist der chaotische Zustand unserer Gegenwart mit seiner Ratlosigkeit in greifbarster Art. Die geistige Strahlung „Michael" zwingt von der Seelenwelt her das Böse, sich immer deutlicher zu demaskieren (das ist sein „Schwert"), aber er belebt in den Herzen der Aufgeschlossenen auch die „chiliastische Hoffnung" und verkündet die große Wende ins Licht (das ist sein „Horn", die „Posaune des siebenten Engels").

106 „Päpste" (geistige Zeitströmungen) bis zur Gegenwart. Und wie wird es weitergehen? Das lehren die restlichen, noch kommenden Päpstenamen, deren nächster bereits seinen (scheinbar) irdischen Träger gefunden hat:

(107) *Pastor et nauta / Hirte und Schiffer (1958 — ...)*

Michael als der Engelshirte wird nun in naher Zukunft die beginnende Wende einleiten. Er leitet von der Geistwelt her als Steuermann (nauta!) das Lebensschiff der Menschheit, das auf den hochgehenden Wogen der Seelenwelt ohne göttliche Hilfe zu zerschellen droht. Michael am Ruder, das ist der „gute Hirte", willenseins mit Christus und in den Gleichnissen der Evangelien längst vorausgesagt als der kommende Elia. (Vgl. Ev. Matth. 11, 14.) Auch sei unseren Lesern empfohlen, jetzt nochmals das Kapitel über den *biblischen* Propheten Maleachi nachzulesen („Siehe, Ich will meinen Engel senden ...").

Es ist nicht anders möglich, als durch Vergleiche reingeistige Vorgänge auszudrücken, die zwar höchste Realität besitzen, sich aber dem Wortschatz der menschlichen Sprache entziehen, von abertausenden Menschen jedoch durch intuitives Erfassen als innere Wahrheit erkannt werden. —

(108) *Flos florum / Blume der Blumen*

„Flos" bedeutet außer Blume auch Blüte und Blütezeit. — Die geistige Strahlung des „Engelshirten und Steuermanns" beginnt in diesem Entwicklungsabschnitt die ersten Früchte zu tragen. Geistige Blumen (höherseelische Eigenschaften und Erkenntnisse) beginnen in der Menschheit aufzublühen. Daher „flos florum" = die Blütezeit der Blumen! — Eine andere, aber ebenso begründbare Deutung: Unter Blüten und Blumen versteht die westliche und östliche Mystik aller Zeiten die geistigen Organe des Menschen. Darum der Name „Lotos" für die Strahlorgane des feinstofflichen Leibes, die dem Hellseher als wirbelnde Ätherkraftzentren (ind. chakra = Räder) in Blumen- oder Blütenform erscheinen. Auch der Name „Rosen-Kreuzer" weist sinnfällig auf diese Erkenntnis hin. Da nun das Herz--Chakra (ind. An-ahata = Vollender der ewigen Liebe) das wichtigste und edelste dieser Organe zur Aufnahme reingeistiger Schwingungen ist, darf es mit Recht als die „Blume der Blumen" bezeichnet werden. (Das Geheimnis der mystischen Rose!) — Dieses „Es ist ein Ros' entsprungen" wird sich in jener Zeit an der reifsten Stufe der Menschheit zu erfüllen beginnen: es ist der Christus im Menschen, das Licht aus der Herzmitte, das zu strahlen beginnt. —

(109) *De medietate lunae / Vom Halbmond* (?)

Mit dieser Übersetzung ist keine Deutung des Papstsymbols möglich. Wohl aber, wenn man „de" mit durch, und „medietas" mit Mittlerschaft (vgl. Medium) sprachlich richtig und möglich übersetzt. Bleibt noch „luna" = der Mond. Dieser — als Symbol stets halbmondförmig gezeichnet — ist das astrologische und alchimistische Zeichen für den irdischen Verstand, bzw. die Vernunft. So auch hier, denn Malachias war wohlbewandert in der Entsprechungssprache. Dann heißt „De medietate lunae": durch Vermittlung des Verstandes, der Denkkräfte! Der bisher kalte, abstrakte Intellekt wird zu warmer, wesenserfüllter Geistwirklichkeit gewandelt. Verstand und ordnende Vernunft werden jetzt zu Mittlern der erweckten Herzenskräfte (flos florum), und damit wird das bisher Über- oder Unterbewußte ins Tagesbewußtsein gehoben. Der verschüttete Weg der religio wird wieder frei, der Zwiespalt zwischen Herz und Haupt beginnt sich zu schließen. Der michaelisch gewandelte Mensch schreitet dem geistigen Erwachen entgegen. —

(110) *De labore solis / Von der Sonnenfinsternis* (?)

Auch hier liegt der Schlüssel in einer anderen Übersetzung des lateinischen „labor". Es ist a) ein Zeitwort (schwanken, entschwinden), aber auch b) ein Hauptwort mit der Bedeutung „Arbeit, Arbeitskraft, Anstrengung". Es mag sein, daß die Deuter des Malachias im Hinblick auf den erwarteten Weltuntergang die erste Übersetzung wählten, doch liegt das Geheimnis in der zweiten Bedeutung des Wortes (b) verborgen. So aufgefaßt, heißt nun „De labore solis": durch die wirkende Kraft der Sonne! Wiederum ist hier „Sol" (lat. Sonne) das alte Symbol für das Göttliche, die „geistige Sonne" und zugleich die astrologische Entsprechung für das Herz als Lebensträger und innere Sonne des Menschen. Damit wird leicht begreiflich, was dieser Papstname ausdrücken will: das Einströmen des göttlichen Geistes ins Menschenherz, als dem Organ der Liebefähigkeit, von wo dann der Geist „de medietate lunae" durch Vermittlung des Vernunftdenkens den Menschen zur nächsten und letzten Parole führt:

(111) *Gloria olivae / Ruhm des Ölbaums*

Der Ölbaum als Sinnbild nährender Frucht ist hier als der „Baum des Lebens" zu verstehen, wie er schon in der Genesis und der Offenbarung gleichnishaft erwähnt wird: der Mensch in voller Harmonie seiner geläuterten Gemüts- und Verstandeskräfte, durchleuchtet von einer neuen, herzenswarmen Erkenntnis, die ihn im Wassermannzeitalter wieder mit Gott vereint und ihn damit auch die Probleme des irdischen Lebens wird sinnvoll und friedlich lösen lassen. Hier sei an die beiden „Zeugen" der Offenbarung erinnert, welche die *Religion* und die *Wissenschaft* versinnbildlichen. Beide werden vom „Tier" getötet (geschändet), aber nach der (symbolischen) Zeit von dreieinhalb Tagen feiert ihre Wahrheit in der Menschheit lichte Auferstehung. (Offbg. Kap. 11.) Und das ist es, was Malachias als die Glorie des „Ölbaumes" sieht, wie diese Zeugen in der Apokalypse genannt werden. Im universellsten Sinne aber sind diese beiden „Ölbäume" oder „Leuchter" die beiden Ausdrucksformen des Göttlichen im Menschen: das, was ihn über die Ebene des Tieres zur Sphäre des Geistes erhebt. Es ist die *Herzenskraft* des Gewissens, die ihm die moralische Welt erschließt, und es ist die *Denkkraft,* die ihn zum vernunftbegabten Wesen macht und mit der spirituellen Welt verbindet: die beiden Ölbäume des Lebens und der Erkenntnis! —

Mit der Papstdevise Nr. 111 — an sich schon ein Symbol für die Dreieinheit Geist-Seele-Körper in Harmonie — schließt im strengen Sinn diese wahrhaft große Prophezeiung, denn der noch folgende Rest ist nur eine zwangsläufige Auswirkung des oben Gesagten. Das, was über den 112. Papst als den letzten Fürsten der alten Kirche geweissagt ist, wird angesichts eines Christentums, das vor Gott und der Weltgeschichte durch fast zwei Jahrtausende versagt hat, unschwer zu deuten sein. Der Untergang der „Siebenhügelstadt" ist hier das Symbol für das geistige Rom (die sieben Sakramente). Aber wenn die „Gloria olivae", der Ruhm des Ölbaums strahlen wird, dürfte für menschlich aufgebaute Kirchenhierarchien und irdische Würden wohl kaum mehr Raum sein, wie hierfür auch in den Urgemeinden der messianischen Zeit nicht Raum war. Der „furchtbare Richter", der *sein* Volk (nämlich Petri II. Volk) richten wird, ist der neu einströmende „Heilige Geist", die „Urne des Wassermann". Es ist der neue, Gott im *Inneren* verbundene Zeitgeist des „Tausendjährigen Reiches Christi", dem die Erzengelkraft Michael vorbereitend den Weg gebahnt hat. Er wird erleuchtete Führergestalten hervorbringen, die — als Menschen inkarniert und mit Feuer getauft (im Geiste wiedergeboren) — auch der irdischen Kirche jene Form verleihen werden, die ihrem ewigen Inhalte entspricht. Denn „Kir-che" heißt nach den alten Wortstämmen kır (latein. cor) = Herz, und ka (cha) = Kraft: Trägerin der Herzenskraft!

Die Prophezeiung des Malachias ist somit nur einer reingeistigen Deutung fähig. Aber, indem sie — wenn auch in anderer Form — den Sinn der größten christlichen Offenbarung, der Apokalypse wiederholt, gewinnt sie gerade in unseren Tagen eine Bedeutung wie niemals zuvor. Und dieser Umstand rechtfertigt ihre ausführliche Besprechung an dieser Stelle. Das geistseelische Wandlungserlebnis der Gegenwart und nahen Zukunft, das wir als Michael-Mysterium bezeichneten, wurde bereits durch den „Engel des Herrn" von dem alten Propheten Maleachi verkündet. Es ist nun von großer Bedeutung, daß der Verfasser der Päpsteweissagung gleichfalls mit Malachias unterzeichnet hat. Sei er noch so unbekannter Herkunft, er beruft sich damit auf das Erbe des erwähnten Propheten, über dessen Wirken Calwers Bibellexikon wie folgt Auskunft gibt:

„*Maleachi* (Malachias): Name des Verfassers des letzten prophetischen Buches im Alten Testament. Inhalt der Schrift: Zeugnis wider die Entartung und unwürdige Amtsführung der Priester. Ankündigung des Fluches wegen ihres der göttlichen Bestimmung des Priestertums widersprechenden Verhaltens. Verkündigung des Tages des Herrn als eine Läuterung, ja verzehrendes Gericht für die einen, und des Heils für die anderen. Hinweis, daß das Volk sich selbst des göttlichen Segens verlustig mache durch seinen unredlichen Gottesdienst. Besonders beachtenswert die eigentümliche Weissagung vom Kommen des Herrn zu seinem Tempel (flos florum! D. Vf.) und des dieses Kommen vorbereitenden Engels (Michael als „pastor angelicus"! D. Vf.), unter welchem der wiederkehrende Elia zu verstehen ist. —"

Wie sprach doch Jesus nach dem Matthäus-Evangelium? „Er (Johannes) ist Elia, der da soll *zukünftig* sein." (Somit dereinst wieder der „Vorläufer" von dem auch später Paracelsus weissagte.) Elia aber ist Michael ...

Wer mit der Lehre der Kabbala vertraut ist, weiß, daß ihr exoterischer Deckname für Michael „Maleachi" war, eine Umstellung des Erzengelnamens unter Beibehaltung der gleichen Buchstaben. Die göttliche Lichtkraft „Michael" selbst war es also, die den alten Propheten zu seiner biblischen Verkündigung inspirierte und Jahrtausende später einen anderen Erleuchteten zur Verfassung der Päpsteweissagung des Malachias. So hat Michael selbst von seinem kommenden Eintritt in das irdische Geistleben zweimal Zeugnis abgelegt.

In diesem Zusammenhang wäre zu berichten, daß auch zwei Bücher der anthroposophischen Geistesrichtung über dieses Thema Bemerkenswertes auszusagen haben. So schreibt Dr. Rudolf Steiner in seinem Buche „Das Michaelmysterium" u. a.:

... „Sobald man in die geistige Welt mit seiner Anschauung hinaufdringt, kommt man an konkrete geistige Wesensmächte heran. In alten Lehren hat man die Macht, aus der die Gedanken der Dinge erfließen, mit dem Namen Michael bezeichnet ... Michael wird als eine reale Geistkraft unter den Menschen weilen. Er befreit die Gedanken aus dem Bereiche des Kopfes und macht ihnen den Weg zum Herzen frei." (De labore solis! D. Vf.)

Und Lic. Emil Bock sagt im Buche „Das michaelische Zeitalter":

... „Michael ist gleichsam das Antlitz Christi, der durch ihn am leuchtendsten offenbar wird ... Im gegenwärtigen Michaelszeitalter beginnt der Erzengel selber zur Erde herabzusteigen (der siebente Engel, vgl. Offbg. Kap. 10! D. Vf.), um der Menschheit mit seiner Kraft und Hilfe nahe zu sein (Pastor et nauta! D. Vf.) ... Michaels neuer Kampf mit den Drachengewalten heißt, daß der Durchbruch zu einer neuen spirituellen Weltanschauung gefunden werden muß (Gloria olivae! D. Vf.) ... Je apokalyptischer unsere Zeit wird und je mehr die Offenbarung des Johannes als Geistspiegel des Gegenwartschicksals erkannt wird, umso deutlicher wird das Christentum einen neuen Charakter annehmen ..."

Zum Abschluß soll eine Gegenüberstellung von drei großen Prophetenwerken aufzeigen, welche vollständige Übereinstimmung ihre Vorschau der Menschheitsentwicklung trotz gänzlich anderer Bildmalerei kennzeichnet:

1. Aus dem grauesten Altertum sind uns noch heute die Elemente der altägyptischen „Urbibel" in den 22 symbolischen Bildern des Tarot überliefert geblieben. Sie stellen sinnbildlich den Weg des Menschen durch die Schöpfung bis zu seiner Vollendung dar. Jedes Bild ist außerdem mit einem Schriftzeichen samt Zahlwert versehen, und dies ist der Ursprung aller alten Alphabete, wovon noch heute das althebräische ABC Kunde gibt. Tarot, altägypt. taruth bedeutete „die Wahrheit". (So alt

dieses Wort ist, es findet sich sogar im englischen „truth" mit der gleichen Bedeutung wieder!)

2. Die apokalyptische Offenbarung des Johannes wurde genügend besprochen. Hier nur der Hinweis, daß auch sie nicht „zufällig" gerade 22 Kapitel besitzt. Hier knüpft sich ein verborgenes Band zum alten Tarot! Darum ihr zweimaliges Wort „Hier ist Weisheit" ...

3. Die Malachiasweissagung soll nun an beiden geprüft werden. Hierzu stellen wir ihren *vier* letzten (geistigen) Papstsymbolen Nr. 108—111 die letzten *vier* Kapitel der Offenbarung, sowie die letzten *vier* Bildsymbole und Buchstaben des Tarot gegenüber, um den gemeinsamen Sinn zu entdecken. Es ergibt sich damit folgender Vergleich:

I.

a) Malachias: Symbol Nr. 108 „Blüte der Blumen" = Herzmitte, geistiges Lebenszentrum.

b) Offenbarung: Kapitel 19 „Erscheinung Christi, Hochzeit des Lammes mit der Braut".

c) Tarot: Symbol Nr. 19 „Geistiges Leben" — Buchstabe „Qôph" = der Gipfel, das Höchste.

II.

a) Malachias: Symbol Nr. 109 „Durch Vermittlung des Mondes" = Verstand und Vernunft g e l ä u t e r t als irdische Hilfsmittel.

b) Offenbarung: Kapitel 20 „Bindung Satans auf 1000 Jahre" = das v e r z e r r t e Denken schwindet, um dem geistigen Denken Raum zu geben.

c) Tarot: Symbol Nr. 20 „Das Gericht", auch „Neues Leben". — Buchstabe „Resch" (Haupt, Kopf) = Sitz des Denkens, Intelligenz!

III.

a) Malachias: Symbol Nr. 110 „Durch die Kraft der Sonne" = Wirksamkeit des göttlichen Geistes (Creator spiritus).

b) Offenbarung: Kapitel 21   „Neuer Himmel, Neue Erde. Das neue Jerusalem".
c) Tarot: Symbol Nr. 21 „Der fliehende Narr" = Ende der Torheit. — Buchstabe „Schin" (Flamme) = das schöpferische Geistfeuer.

IV.
a) Malachias: Symbol Nr. 111 „Glorie des Ölbaums" = Ruhm der lebendigen Frucht als Vollendung des Werkes (Magnum opus der Alchemie).
b) Offenbarung: Kapitel 22   „Strom und Holz des Lebens. Gemeinschaft der Seligen mit Gott".
c) Tarot: Symbol Nr. 22 „Das Zeichen" oder „Alles in allem" = der vollendete Geistmensch. — Buchstabe "Tau" (Tao) = das Zeichen, Signum der Schöpfung (Kreuz, Christus!).

Alle drei Symbolgruppen schildern somit das gleiche Prinzip! Sie zeichnen den Entwicklungsweg des Menschen bis zur vollen Entfaltung seines geistigen Ich, des göttlichen Geistfunkens. Daher gerade diese Folge der vier Päpste (geistige Beherrscher der jeweiligen Stufe), der vier Kapitel-Inhalte der Johannes-Offenbarung und der vier Endbuchstaben jenes alten, geistig erstellten Alphabets: Q + R + S + T = Christ! Oder nach ihrem Zahlenwert: 100 + 200 + 300 + 400 = 1000, die Symbolzahl der Vollendung, das „Tausendjährige Reich"!

Die durch genaue *Zeitabschnitte* (Thronzeit der historischen Päpste) festgelegte malachitische Prophezeiung vermochte und vermag rein irdisch anzuzeigen, an welchem Punkte die Entwicklung der Menschheit angelangt ist. Es wird weder ein Weltuntergang im kosmischen Sinn, noch ein Zusammenbruch der Kirche als innere Idee, noch der Sieg des Unglaubens und der Gottlosigkeit verkündet, wohl aber ein Untergang alles dessen, was dem wahren Geiste wesensfremd ist und die Menschheit am Aufstieg hindert. Wie könnte auch sonst der „Ruhm des Ölbaums" als „das Zeichen" offenbar werden? Auch die Kirche wird in neuer Gestalt und mit neuen Führern weiterhin der Menschheit dienen. Selbst davon spricht bereits eine Weissagung des Mittelalters, die „Prognosticatio" des Astronomen Johannes Lichtenberger vom Jahre 1488:

... „Nach der Einnahme Roms wird aufstehen ein einzlich Mann, beschrien von einer großen Heiligkeit, wie Joachim sagt im Buche der Einigkeit. Er wird im römischen Stuhle erhöht werden als ein apostolisch (!) Mann. Durch selbigen wird Gott so große Wunder tun, daß ihn alle Menschen werden in Ehren halten und keiner wider seine Ordnung zu tun wagt. Er wird viel Lehen haben und Zinsen verdammen und wird ordnen, daß die Geistlichen sollen leben vom Zehent und freiwillig Opfer. Er wird verbieten das Gepränge der Kleider und alles, was unehrlich ist. Und wird gebieten, daß man das reine Evangelium predige.

Es wird dieser heiligste Mann eine kleine Zeit im Papsttum stehen irgend vier Jahr und wird dann seliglich zum Herrn fahren. Bald hernach wird Gott erwecken andere drei heiligste Männer, einen nach dem andern, die in Tugend und Wunderzeichen gleich, die Geschicht und Rede des vorigen bestätigen werden. Unter welchem Regiment wird die Kirche wieder wachsen, und diese Männer wird man engelische Hirten heißen ..."

Das also ist die Weissagung von den vier „Engelspäpsten", die *nach* der Einnahme Roms (also nach Petrus II., dem letzten der alten Papstreihe) als die neuen geistigen Führer der Menschheit im Plane Gottes vorgesehen sind. Mit ihnen wird der Geist des Wassermann auch in Rom Einzug halten und aus der „urbs aeterna" (Ewigen Stadt) sinnbildlich auch dort das „Neue Jerusalem" gestalten. So lehren es die alten Seher und Weisen.

Die Weissagung des Paracelsus vom Jahre 1541

"Man muß das Brot des Herrn verkündigen, wie er es einem zu essen gibt" ...
(Ars spagyrica Paracelsi)

Einer der größten Eingeweihten in das geheime Wirken der Natur war Theophrastus Bombast von Hohenheim, genannt *Paracelsus*. Er war der bedeutendste Arzt des Mittelalters und verstarb 1541 in Salzburg, wo sich noch heute seine Grabstätte befindet. Nicht mit Unrecht wurde in ihm ein Vertreter jenes echten, ursprünglichen Rosenkreuzer-Ordens vermutet, der nur im Geiste wiedergeborene Menschen in sich vereinte. Die Paracelsus eigene Gabe der Heilkunst war wirklich eine Gabe des Heiligen Geistes, und sein Christentum bekräftigen seine Worte: „Aus Gott geht der Arzt hervor, und der Urgrund aller Arznei ist Liebe!" Von vielen Armen und Kranken dankbar verehrt, von seinen Zunftgenossen verhöhnt und angefeindet, schied mit Paracelsus ein wahrhaft Großer im Geiste von der Erde, dessen ärztliches Vermächtnis die Heilkunde der Nachwelt bis heute beeinflußt.

Wird die überragende Gestalt des Paracelsus als Arzt auch von der Wissenschaft gewürdigt, so beleuchtet sie damit jedoch nur eine Seite seines Wesens. Die andere, religiöse Wesensart ist nur aus seinen Aufzeichnungen erkennbar, die sich zumeist in alchemistischer und astrologischer Form mit den Fragen der Erkenntnis Gottes, der Natur und des Menschen befassen. Zweifellos kannte dieser Eingeweihte auch das Geheimnis der Transmutation der Metalle, den „Stein der Weisen". Darüber hinaus steht jedoch fest, daß er, wie alle Seher aus dem Geiste, das eigentliche Wesen der Alchemie als den mystischen Weg der Umwandlung des alten Adam in den neuen, des Tiermenschen zum höheren Gottmenschentum betrachtete. Darum sind die meisten seiner Bücher durchsetzt mit Symbolen der Entsprechungssprache, und dies sollte ganz besonders beachtet werden von denen, die seine folgende Weissagung allzu buchstäblich auffassen, woraus sich schon mehrfache recht absurde Auslegungen ergaben.

Auch mußte sich Paracelsus jener den geheimen Orden eigentümlichen Sprache bedienen, um nicht von der allmächtigen Kirchengewalt des „Bundes mit dem Teufel" bezichtigt zu werden, was damals beinahe sicheren Tod auf dem Scheiterhaufen bedeutete. Sein Verhältnis zur äußeren Kirche war ohnehin gespannt, verzieh ihm doch der Klerus niemals Aussprüche wie: „Tut, was ihr wollt! So euch Christus nicht zu bewegen vermag, was wollte euch mein Schreiben bewegen, das ihr weder lesen noch hören wollt. Also steckt der Teufel in *euch* und nicht der Heilige Geist, den ihr fälschlich anlügt. Euch ist's wie den Pfaffen mit ihren Heiligen: müssen alle im Himmel sein, ob sie schon in der Höll begraben liegen" ...

Daß Paracelsus sich zu geistigen Höhen durchrang, die ihn weit über die absonderlichen Blüten des Aberglaubens und Zauberwahns seiner Zeit emporhoben, beweisen trotz ihrer oft krausen Sprache die hohen Gedankengänge seiner Lehren, wie auch die wunderbaren Heilerfolge, die ihm zum Ärger seiner neidvollen Fachkollegen den Ruf eines von Gott begnadeten Heilers eintrugen. Und so trugen seine Schriften und Taten — verspottet von der Zunft und beargwohnt von der Kirche — ihm jenen Lohn ein, den Goethe in seinem „Faust" mit den Worten zeichnet: „Die Wenigen, die was davon erkannt, hat man von je gekreuzigt und verbrannt". Von Lehrkanzeln und Ratsherren vertrieben, führte Paracelsus ein Wanderleben von Ort zu Ort. Aber er fand dabei stets mehr seine Heimat im ewigen Geiste, der ihn die Einheit seines Wirkens in der Vielheit der Erscheinungen und Zeitfolgen offenbarte.

So wird man kaum fehlgehen in der Annahme, daß Paracelsus auch die Schranken von Raum und Zeit in seinem Geiste überwand und sein inneres Licht ihn über Jahrhunderte hinweg die kommende große Zeitenwende der Menschheit erschauen ließ. Dafür spricht zum Beispiel eine Deutung eines im Mittelalter kursierenden Papst-Bilderbuchs, das — ähnlich der Malachiasprophetie — den Verlauf des Papsttums symbolisch malte und von Paracelsus geistig und weltgeschichtlich richtig ausgelegt wurde. Noch deutlicher aber erwies er seine Sehergabe durch eine längere Weissagung, die er knapp vor seinem Tode aufzeichnete und deren Inhalt auf die umwälzenden Ereignisse unseres gegenwärtigen Jahrhunderts offenkundig hinweist. Hier der Wortlaut jener Prophezeiung, wobei des besseren Verständnisses halber einige altertümliche Ausdrücke durch zeitgemäße Wörter ersetzt wurden, ohne den Sinn zu verändern. Die einzelnen Absätze wurden nach ihrer Zusammengehörigkeit gegliedert:

„Drei große Schätze sind verborgen: einer zu Meiden in Friaul, der andere zwischen Schwaben und Bayern (den Ort nenne ich nicht, zu verhüten großes Übel und Blutvergießen), der dritte zwischen Spanien und Frankreich. Denen sie bestimmt sind, die werden dadurch zu einem solchen Triumph geführt, daß sich darob jedermann verwundern wird. Bei dem Schatz zwischen Schwaben und Bayern wird man überaus erfahrene Kunstbücher finden, dabei Edelsteine und auch ein Karfunkel liegen. Hier das Alter derer, welchen sie bestimmt und die sie finden werden: der erste 32 Jahre, der andere 50 und der dritte 28 Jahre.

Sie sollen bald nach Abgang des letzten österreichischen Kaisertums gefunden werden, und es wird geschehen, daß zur selben Zeit ein gelber Löwe von Mitternacht kommt, der wird dem Adler nachfolgen und ihn mit der Zeit übertreffen. Er wird ganz Europa und einen Teil Asiens und Afrikas in seine Gewalt bekommen und wird christlicher guter Lehre sein, dem alles bald zustimmen wird. Zuerst wird er viel Mühe haben, des Adlers Klauen aus dem Reiche zu bringen, und ehe solches geschieht, werden in allen Landen große Verwirrungen und viele Widerwärtigkeiten entstehen. Es werden die Untertanen wider die eigenen Herren streben, daß großer Aufruhr dadurch soll erweckt werden, doch wird das Haupt bleiben und die Bosheit gestraft werden.

Bei dem wird es nicht bleiben, sondern es wird ein großes *Feuer* ausbrechen und wird dadurch groß Verderben geschehen. Aber Gott wird den Gerechten beistehen und ihnen helfen. Es soll ein Fünklein der Gerechtigkeit bleiben, dasselbe wird danach so groß werden, daß man es wird mit Ehrfurcht annehmen, denn es wird, was tot ist, wiederum lebendig machen. Die Feinde Christi werden sich erst mächtig erzeigen und großes Verderben mit sich bringen, daß es scheinen wird, als ob es würde aus sein. Wenn nun der Feind in seinem höchsten Glück stehen wird, dann wird Gott der Allmächtige durch ein kleines Häuflein, das dem starken Löwen aus Mitternacht nachfolgt, den Feind grausam samt seiner ganzen Klerisei ausrotten, doch werden sich viele bekehren und an Seinen Namen und Seine Allmacht glauben.

Wenn nun dieser Löwe des Adlers Szepter bekommen wird, wird jedermann darauf sehen und ihm folgen. Denn er wird mächtig in Taten und Wundern sein und werden ihn die Untertanen, so ihn jetzt nicht kennen, mit großen Freuden aufnehmen. Wenn der Löwe von Mitternacht seinen Lauf vollführt und des Adlers Klauen stumpf gemacht hat, dann erst wird allenthalben Friede und Einigkeit kommen. Zuvor aber wird er Zeichen schicken, daß die vorlaufenden Boten die Ankunft des Herrn ankündigen.

Eines bitte ich, Theophrastus, daß ihr mir keine Schuld geben sollt, weil ich dies offenbare und anzeige. Da ich nicht wider den Willen Gottes streben kann, habe ich seinen Willen in der Natur verrichten müssen und mußte den Schatz und die verborgenen Heimlichkeiten offenbaren. Ferner sage ich, daß der obgemeldete Schatz zwischen Schwaben und Bayern gefunden wird, welcher mächtig an Barschaft mehr denn zwölf Königreiche ist, darunter ein Karfunkelstein, groß wie ein Ei, wie ihn kein Kaiser bezahlen kann, dort liegt. Der andere Schatz zwischen Frankreich und Spanien ist wohl auch sehr groß und mächtig, doch ist der vorige weit darüber. Er wird im Eintritt des gelben Löwen, der von Mitternacht kommt und den Adler tragen wird, offenbar werden. Dann erst wird erkannt werden, was ich, Theophrastus, gewesen bin.

Dieser Schatz, der die anderen weit übertrifft, an gemeldetem Ort zwischen Schwaben und Bayern als einem geheimen Verwahrungsort, hat meine höchst geheime Kunst als die *wahre* Verwandlung der Metalle, des kurzen Wegs, des Universals, des unübertrefflichen hochwürdigen Steines der Weisen. Wem nun solches zu finden und die rechte Tür aufzuschließen von Gott befohlen ist, der wird an diesem Ort einen Karfunkel und anderes Edelgestein finden. Er liegt in einer Truhe verschlossen, die von Menschenhand gemacht wurde, alles von lauter Edelsteinen und Gold. Der Schlüssel liegt oben drauf, alles in einem goldenen Sarge, der goldene in einem silbernen und der silberne in einem zinnernen Sarge verborgen, und liegt an einem Ort, den Gott hier haben wollte.

Gott der Allmächtige wird den, der dieses finden wird, in allem Glück und Sieg mit Seiner göttlichen Macht stärken und ihm Gewalt verleihen, damit alles Böse unterdrückt werde und alles Gute eröffnet. Daß dadurch auch die nötigen Dinge erlangt werden durch Gott, der die Welt erschaffen hat und wieder zerbrechen kann, durch den Sohn und Heiligen Geist, den wahren Gott, gelobt in alle Ewigkeit! Amen. —

Gegeben in Salzburg 1546.*)

*

Diese prophetische Schau eines großen Geistes, der sich anschickte, seine irdische Hülle zu verlassen, war gewiß nicht einem Bilde gewidmet, das wie zufällig an seinem inneren Auge vorüberzog und ein belangloses Ereignis der Zukunft widerspiegelte. Es war einer jener tiefen Einblicke in eine große Schicksalswende der Menschheit, die auch andere Seher wie z. B. *Nostradamus* in sehr realen Bildern erschaute, oder die Verkündern wie *Lorber* durch die Gabe des inneren Wortes geoffenbart wurde. Solche Weissagungen gewinnen dadurch an Glaubwürdigkeit, daß sie in verschiedenen Jahrhunderten entstanden und dennoch eine überwältigende Einheitlichkeit in der Darstellung des kommenden Geschehens aufweisen. Ihre Deutung wird heute erleichtert, indem die Weltgeschichte inzwischen einen Verlauf nahm und nimmt, die bereits manches Vorausgesagte zur Wirklichkeit werden ließ.

Wie bei allen großen Visionen, so wäre es auch bei der Weissagung des Paracelsus verfehlt, manche ihrer Bilder wörtlich aufzufassen und beispielsweise die drei „Schätze" als vergrabene materielle Güter zu betrachten. Wenngleich geistige Vorgänge auch im Weltverlauf eine oft überraschende Parallele finden, so muß doch jeder Versuch einer prophetischen Ausdeutung stets vom Bestande der Idee ausgehen und kann nur

---

*) Die irrtümliche Jahreszahl 1546 dürfte durch eine spätere Niederschrift entstanden sein, da Paracelsus nachweislich 1541 verstarb. D. Vf.

auf der Jakobsleiter der Analogie den dazugehörigen irdischen Ablauf der Dinge finden. Daher unterscheiden sich die drei Schätze des Paracelsus vom Golde der Materie in gleichem Maße, wie das Ziel aller *wahren* Alchemisten der bloßen Goldmacherkunst ihrer ungeläuterten Nachahmer ferne stand. Ebenso sind der „gelbe Löwe" und der „Adler" keine Wappensymbole regierender und stürzender Herrschergeschlechter oder Staaten, wie zuweilen vermutet wurde, sondern sind *Sinnbilder* für den Bestand und das Vergehen, bzw. Kommen geistiger Strömungen im Abendlande.

Mit dem Rüstzeug der Entsprechungslehre soll nun versucht werden, in das Dunkel dieser vier Jahrhunderte alten Prophezeiung etwas geistiges Licht zu bringen. Was dabei wirklich *wörtlich* zu nehmen ist, läßt sich unschwer vom Symbolischen trennen: Ländernamen, Zeitangaben, Ankündigung von Krieg, Not und Wirrnissen aller Art. Aber schon die Ursache dieser „Widerwärtigkeiten" und deren Ende wird bereits in *geistigen* Bildern gezeigt: im „gelben Löwen von Mitternacht, der des Adlers Klauen aus dem Reiche bringt". Man wird kaum irren, im Sinnbild des Raubvogels den Ungeist der Glaubenslosigkeit und des *Materialismus* zu erblicken, der mit seiner Herrsch- und Habgier „das Reich" (die Menschheit) in seinen Fängen hält. Der „gelbe Löwe" wäre dann eine mächtige geistige Regeneration, die unser chaotisches Zeitalter wieder zur Erkenntnis und Beherzigung der ewigen geistig-sittlichen Prinzipien führen wird. (Gelb = Farbe der Weisheit, Löwe = Macht, Stärke, und Mitternacht der Zeitpunkt tiefster geistiger Finsternis). Der „Löwe von Juda aus dem Stamme David" der alttestamentarischen Prophetie zeichnete bereits diesen paracelsischen Löwen vor. Was damals historisch auf den erwarteten Messias gemünzt war (und geistig für die Endzeit!), schildert Paracelsus mit dem gleichen Bilde. Unter dem sieghaften starken Löwen, der „christlicher guter Lehre" sein wird, ist *Christus* zu verstehen als die geistige „Wiederkunft des Herrn", von der bisher jede Offenbarung zeugte.

Daß diese Erneuerung aus der Sphäre der Religion (nicht

Kirche) hervorgeht und von durchgreifender Macht sein muß, läßt die Weissagung klar erkennen. Denn „das Häuflein Gerechter" in der Gefolgschaft des Löwen (in der wahren Nachfolge Christi) wird mächtig an Taten und Wundern sein und wird „Totes wiederum lebendig machen", das heißt ein erstarrtes Weltchristentum wieder mit dem lebendigen Geiste der Liebe und Weisheit erfüllen. Angesichts der Friedlosigkeit unserer Welt eine tröstliche Verheißung!

Deutlich kennzeichnet Paracelsus aber auch die unsägliche Verworrenheit unseres Jahrhunderts der Weltkriege, das mit seinen geistigen, sozialen und politischen Wirren und Kämpfen die Vergangenheit des gesamten Zeitalters in den Schatten stellt. Und er erblickt, was alle Seher sahen: „groß Verderben durch die Feinde Christi", die als gewaltige Zuchtrute eine Zeit lang ihre Geißeln über der morschgewordenen Christenheit schwingen werden, bis auch ihre zugelassene Aufgabe erfüllt ist. Doch auch hier die Verheißung für Menschen guten Willens: „Aber Gott wird den *Gerechten* beistehen und ihnen helfen." Nicht zu übersehen ist auch seine Ankündigung eines „großen, verderblichen Feuers", womit der auch anderorts so häufige Hinweis auf ein gewaltiges Naturereignis (Atommißbrauch? vgl. Lorbers Feind aus den Lüften!) eine neue Bekräftigung erfährt. Über all diesem Düsteren steht jedoch auch hier die Gewißheit vom endgültigen Siege des Christuslichtes, denn „es werden ihn die Untertanen, so ihn jetzt (d. h. durch die Kirchenlehre) noch nicht kennen, mit Freuden aufnehmen".

Welche Bewandtnis hat es nun mit den drei Schätzen? Hier liegt ein Geheimnis verborgen, das Paracelsus besonders am Herzen lag! Denn fast die Hälfte seiner Weissagung befaßt sich mit dem mächtigsten dieser Schätze, der zwischen Schwaben und Bayern seiner Hebung harrt. Bei der geistigen Höhe dieses gottverbundenen Alchemisten wäre jede Deutung im Sinne materieller Kostbarkeiten ein unverzeihlicher Irrtum! Der Wert des Schatzes (mehr denn zwölf Königreiche), der Hinweis auf die „erfahrenen *Bücher* der Kunst" (gemeint ist die geistige Alchemie, Verwandlung des Menschen!) und den „Stein der

Weisen" (Geist als die umwandelnde Kraft!) läßt uns mit Recht vermuten, daß es sich hier um Schriften von größter Bedeutung für die Menschheit handeln muß. Um die Aufbewahrung einer Lehre, deren Wiederfindung und Befolgung das kommende Geistleben entscheidend zu wandeln vermag. „Daß dadurch auch die nötigen Dinge erlangt werden durch Gott": klingt das nicht nach einer neuen gerechten Weltordnung (einer neuen „Erde"), aufgebaut auf den unwandelbaren Liebegeboten des Schöpfers und seinen geistigen Gesetzen? Wenn dieser Schatz seinem Finder (d. ist jedem, der ihn sucht!) „Gewalt über alles Böse verleiht und alles Gute eröffnet", dann war er wahrhaftig wert, dem Auge des lichtstrebenden Paracelsus visionär geoffenbart zu werden.

Dieser Schatz ist das durch Vermittlung des Mystikers Lorber wiedergeoffenbarte *„Große Evangelium Johannis"!* Er stellt die tiefste und umfassendste Offenbarung Christi an die Menschheit dar. Zunächst gibt dieses dem Inhalte nach ewige Evangelium Antwort auf eine vom Christentum immer wieder gestellte Frage, die lautet: „Wenn Jesus Christus die erhabenste Gestalt der Weltgeschichte ist und Begründer einer Religion, die die Krönung aller vorangegangenen Religionen sein soll, dann müssen seine drei Lehrjahre auf Erden *mehr* an Taten und Lehren enthalten haben, als in den vier kleinen Evangelien der Überlieferung bruchstückhaft aufscheint. Warum also wurde der Nachwelt so wenig übermittelt?" (Tatsächlich basiert bis heute die gesamte christliche Lehre auf wenigen Zeilen der Evangelien, deren drei sich inhaltlich überdies fast zur Gänze decken und daher als ein einziger Evangeliumsbericht gelten können.) Auf diese Frage antwortet der Schluß des biblischen Evangeliums Johannis in überzeugender Weise: ... „Es sind auch viele *andere* Dinge, die Jesus noch getan hat. Sollten sie aber eines nach dem anderen aufgezeichnet werden: die Welt würde die Bücher nicht fassen, die zu schreiben wären". —

Das sagte ein Johannes, der tiefer hinter die Dinge blickte als die anderen Apostel und seine Frohbotschaft für die ersten Gemeinden seines Zeitalters niederschrieb. Seitdem vergingen jedoch rund 1900 Jahre, in denen auch die Menschheitsreifung nicht stehen blieb. Aus der kindlich schlichten Gläubigkeit des Mittelalters schritt das Abendland in einen neuen Bewußtseinszustand, den des ausgreifenden Suchens nach neuer Wahrheit und ihrer Bestätigung. Mit dem Jahrhundert des Paracelsus begann die Blütezeit der Renaissance, wo sich der zweite „Zeuge" der Johannesoffenbarung, die forschende Wissenschaft zu regen anhub. Von der Kirche aus Geltungsdrang lange verfolgt (vgl. Galilei u. a.), trat sie dennoch ihren Siegeslauf durch die folgenden Jahrhunderte an. Aber erst als die Wissenschaft die Keime des Materialismus gebar und immer weniger zum Zeugnis des göttlichen Geistes fähig wurde, ging der große Riß zwischen Glauben und Wissen durch die Menschheit. Jetzt mußten ihr nach dem Plane der Vorsehung *neue* Offenbarungen gegeben werden, welche die alten erweiterten und das geistige Werk Christi in neuem und noch hellerem Lichte erstrahlen ließ. Nun erst war zumindest ein Teil der Menschen reif, den tieferen Sinn dessen zu fassen, was der Herr drei Jahre lang seine Jünger lehrte: Wahrheiten, die der Weg zum Leben sind und die allein die Menschheit zum Ziele der Vollendung führen.

In den drei großen Mystikern Böhme, Swedenborg und Lorber, den Hauptträgern der „Neuoffenbarungen", dürfen wir die Antwort des „Heiligen Geistes" auf dieses neue, innere Suchen der Menschheit erblicken. Ihrer zeitlichen Nacheinanderfolge entsprach auch eine stete Steigerung des Offenbarungsinhaltes, der in dem 24bändigen religiösen Schrifttum Lorbers seinen bisherigen Höhepunkt erfuhr. Mit Lorber erwachte in vollstem Maße jener gottinspirierte Prophetengeist, wie er die großen Propheten Israels und insbesondere Johannes, den tiefsten Verkünder Christi beseelte. Es ist darum sehr bedeutsam, daß sein zehnbändiges, durch das Innere Wort empfangene Evangelium wieder den Namen *Johannes* trägt. Indem dieses größte Neuoffenbarungswerk den genauen Verlauf der drei Lehrjahre *Jesu Christi* mit allen Begebenheiten schildert, tritt die Gestalt und das Lebenswerk des Gründers eines „Neuen Bundes" in seiner ganzen erhabenen Größe aus dem Dunkel ins hellste Licht. Es entspricht der Sendung des Herrn, daß er in seinen Lehrgesprächen voll tiefster Weisheit — einst seinen Jüngern, nun der ganzen Menschheit — unverhüllt Antwort erteilt auf die Fragen aller Fragen: „Was ist Gott und sein Wesen? Was ist das Weltall und die Natur? Was ist der Mensch und sein Lebenszweck?" — Hier wird unserem Zeitalter erstmalig eine allumfassende geistige Licht- und Lebenslehre dargeboten, die wahrhaftig eine „Wiederkunft des Herrn in den Wolken" (= im geoffenbarten Wort) darstellt. Und so wird dieses Evangelium zur Frohbotschaft des neuen Zeitalters werden und wird das Christuslicht der Liebe und Wahrheit als geistige Kirche in den Herzen der Menschen erwecken helfen.

Paracelsus, der das wahre Wort Gottes unverfälscht in seinem Herzen trug (das zeigt sein Leben und sein Schrifttum), malte die kommende Wiederoffenbarung der reinen Lehre Christi im Bilde des größten der drei Schätze, der „zwischen Schwaben und Bayern" verborgen sei. Damit beweist er auch eine Hellsichtigkeit für Irdisches, denn tatsächlich ist das Schwabenland — Heimat eines religiös besonders aufgeschlossenen Stammes — der Ausgangspunkt des gedruckten Lorberwerkes nach aller Welt. (Daß Paracelsus den Ort nicht nannte, um „zu verhindern großes Blutvergießen", war weise und vorausblickend. Denn bei der materiellen Einstellung der Nachwelt wäre dieser Ort wahrscheinlich von Schatzgräbern unter gegenseitiger Bekämpfung umgepflügt worden.) Bei den zwei anderen geweissagten Schätzen wird es sich gleichfalls um geistige Schriften besonderer Art handeln. Wurde doch durch Lorber geoffenbart, daß sich noch bedeutende Zeugnisse vom Wirken Jesu Christi an Orten befinden, wo sie — weil vermutlich der Kirchenlehre widersprechend — der Allgemeinheit entzogen ruhen. Da jedoch der dritte Schatz „weit darüber" ist, widmete ihm Paracelsus sein ganzes Augenmerk, und so möge die oben gegebene Deutung an seiner Beschreibung des Schatzes geprüft werden:

Der Schatz ist „mächtig an Barschaft mehr denn zwölf Königreiche": 12 ist die Zahl der Erfüllung, der Totalität. —

Königreich steht für die beherrschende Macht dieses (geistigen) Reichtums. —

„Dieser Schatz hat *meine* höchst geheime Kunst ...": er birgt die Lehre der wahren geistigen Alchemie, der Verwandlung des niederen Ich zur geistigen Wiedergeburt: ein Weg, den Paracelsus selbst beschritten hatte. —

„als die *wahre* Verwandlung der Metalle ...": Metalle, alchemistisch auch Planeten, sind die Seelenkräfte des Menschen. —

„als die Kunst des *kurzen* Weges und des Universals ...": das Evangelium lehrt als kürzesten Weg zum Ziele die *Liebe*, Urgrund alles Lebens, daher das „Universal". —

„und des unübertrefflichen, hochwürdigen Steins der Weisen": die tingierende, umwandelnde Christuskraft! —

„Wem die *rechte* Tür aufzuschließen befohlen ist" (wer diese Lehre in sich aufnimmt), „wird an diesem Ort (im ewigen Evangelium) einen Karfunkel finden" (roter Stein = das Licht der Liebe) „und anderes Edelgestein" (Wahrheiten, Lebenslehren). — „Der Schatz liegt in einer Truhe verschlossen, von Menschenhand gemacht" (irdische Niederschrift des Wortes durch einen Menschen), „alles von lauter Edelsteinen und Gold" (Wert göttlicher Wahrheiten). — „Der Schlüssel liegt oben darauf" (sofort erkennbare Grundtendenz der Lehre: die beiden Liebegebote Gottes), „alles in einem goldenen Sarge, dieser in einem silbernen, und der silberne in einem zinnernen Sarge verborgen" (der *dreifache* Sinn jedes heiligen Wortes: natürlicher Buchstabensinn = Zinn, geistiger Entsprechungssinn = Silber, universal-göttlicher Sinn = Gold). „und liegt an einem Ort, den Gott hier haben wollte" (Hinweis auf die Vorsehung und den höheren Schutz, den dieser Schatz genießt). —

Über die Wirkung des Schatzes wurde bereits oben gesprochen: er schildert die Macht der im Geiste Wiedergeborenen, die Führung der Menschheit zu übernehmen und der Welt den verlorenen Frieden zu bringen. — Zum „Alter" des Finders: Die Angabe „50 Jahre" dürfte symbolisch aufzufassen sein, es ist die alte biblische Zahl der Erfüllung, $7 \times 7 + 1 = 50$, das

„große Jubeljahr Israels"! Und *der* Finder sind alle Menschen guten Willens, die sich der erlösenden Lehre des Schatzes öffnen werden, um den „kurzen Weg" zu gehen.

Zur Zeitangabe der Auffindung: „Bald nach Abgang des letzten österreichischen Kaisertums", somit nach 1918: Die geistige Schau führte Paracelsus über vier *Jahrhunderte* hinweg, daher dürfte „bald" soviel wie wenige *Jahrzehnte* nach diesem Weltereignis bedeuten, doch besteht kein Zweifel, daß jene Schatz-*Findung* noch vor der Jahrtausendwende, also „nahe an zweitausend Jahre" stattfinden wird. Zwar wird das Lorberwerk schon seit 1877 im Druck verbreitet, doch kann von einer „Auffindung", das heißt einer weltumspannenden Erkenntnis des Wertes dieser Neuoffenbarungen heute noch nicht die Rede sein. Daher der Hinweis, daß der Schatz erst „im Eintritt des Gelben Löwen von Mitternacht" *offenbar*, das heißt erkannt werden wird. Mit anderen Worten: erst wenn die „Wiederkunft des Herrn im Menschengeiste", die „Ausgießung des Heiligen Geistes zu Beginn des Wassermann" (die „Flosflorum-Zeit" des Malachias!) eintritt, wird jene reine Christuslehre des „Großen Evangeliums" von der Menschheit ergriffen und aufgenommen werden.

Wie heißt es aber vom „Gelben Löwen" selbst? „Zuvor aber wird er Zeichen schicken, daß die *vorlaufenden Boten* die Ankunft des Herrn ankündigen." Geistig ist uns der große „Vorläufer" schon begegnet als der „Engel des Herrn", als die scheidende und umwandelnde Geisteskraft Elias-Michael, des „Pastor angelicus", der zum Hirten und Steuermann der Menschheit ins neue Zeitalter Christi wird. Irdisch sind diese Vorläufer und Boten in engerem Sinn das lichte Dreigestirn Böhme-Swedenborg-Lorber mit ihren vorbereitenden Schriften und Hinweisen. Und im weiteren Sinn sind es alle Menschen, deren Geist die *Wahrheit* der Prophetenworte und Weissagungen erkennt, die wie Lichtstrahlen das Dunkel des kommenden großen Geschehens erhellen. Darum prüfe sich ein jeder, ob auch er zu den vorlaufenden Boten zählt.

„Dann erst wird erkannt werden, was ich, Theophratus gewesen bin": einer der größten Mystiker und Eingeweihten in die königliche Kunst, die Verwandlung des unedlen Metalls der Menschenseele in das strahlende Gold reinen Gottmenschentums! Kann ein solcher Geist irreführenden Visionen zum Opfer fallen? Niemals!

Nostradamus
der Seher der Weltgeschichte

*Und dies geheimnisvolle Buch aus Nostradamus
eigner Hand, ist es dir nicht Geleit genug?*
(Goethe „Faust")

Aus dem Dunkel längstvergangener Tage leuchtet ein Stern am Prophetenhimmel, der schon im Aufgang sein Jahrhundert erhellte und seine Strahlen bis in unsere Gegenwart sendet: *Nostradamus,* der Künder der Weltgeschichte. Er ist eine der seltsamsten Gestalten des an großen Männern so reichen 16. Jahrhunderts, eines Wendepunktes in der Geistesgeschichte des Abendlandes. Wie seine Zeitgenossen: Luther, der gläubige Reformator einer Weltkirche, oder Agrippa v. Nettesheim, der Gelehrte magischen Wissens, und Paracelsus, der Arzt Gottes, einmalige Erscheinungen bilden, so nimmt auch Nostradamus in der Reihe der großen Seher eine besondere Stellung ein, indem er der Menschheit mit der Leuchte seiner Schauungen wegweisend die Zukunft erhellte.

Michel de Notre Dame, genannt Michael Nostradamus, lebte in Südfrankreich von 1503—1566 als angesehener Arzt und zugleich wissender Astrologe. Sein äußerer Lebenslauf wies kaum etwas von jenem Geheimnisvollen auf, das sein inneres Wesen in so hohem Maße kennzeichnet. Denn sein Ruf als Heiler wurde weit überstrahlt durch seine schon bei Lebzeiten bewiesene, geradezu unglaubliche hellseherische Begabung. In die Geschichte ging dieser merkwürdige Mann ein als Verfasser seiner rund 1200 prophetischen „Quatrains" (Vierzeiler) ein, die —in Gruppen zu je hundert als „Centurien" zusammengefaßt, zahllose Ereignisse der kommenden Jahrhunderte in bilderreicher Sprache vorausmalen. Ja sogar auf die folgenden Jahrtausende beziehen sich so manche dieser Verse, wenn sie von der geistigen Evolution der Menschheit und ihrer irdischen Auswirkung seherisch zu künden wissen. Da diese Prophetien bereits zu seiner Zeit in Druck gingen, hatte man die Möglichkeit, durch Gegenüberstellung der ältesten Ausgaben mit späteren entstellten Nachdrucken diese als wertlose Fälschungen zu erkennen, aber auch dem Skeptizismus des modernen Menschen durch historisch stichhaltige Erfüllungen jener Voraussagen begegnen zu können.

Entgegen allen früheren Hinweisen zur Beurteilung von Prophezeiungen wäre es diesmal verfehlt, die Symbolik seiner Verse nach dem Schlüssel der geistigen Entsprechungslehre deuten zu wollen! Die einmalige Gabe des Nostradamus bestand darin, Stimmen zu hören und Bilder zu sehen, die sich wirklich auf *reale* kommende Ereignisse der Weltgeschichte beziehen. Zeit und Ort dieser teils größeren, teils unbedeutenderen Geschehnisse zu bestimmen, gelang ihm nach seiner Aussage durch die Anwendung einer heute verloren gegangenen „judiziellen", d. h. beurteilenden Astrologie. Die Lehre von den die Zeitepochen formenden (geistigen) Planetenkräften (vgl. dazu die „Erzengel") und die Kenntnis der „Örter", d. h. Kräftekonstellationen, aber auch der den kosmischen Kraftfeldern entsprechenden irdischen Weltgegenden, Ländern und Rassen waren ihm als Kabbalisten wohlvertraut. War doch sein Vater ein getaufter Jude aus dem Stamme Isaschar, dem die semitische Überlieferung eine besondere Gabe der Weissagung zuschrieb. (Auch Isa-ja gehörte diesem Stamme an.) Nostradamus selbst erwähnt, daß ihn zuweilen als Erbe der Ahnen eine Art „lymphatischer Erregung" überkam, also ein gewisses astrales Hellsehen und -hören, das allerdings von einer beträchtlichen höheren Divination (inspirativen Eingabe) überlagert war. Darum sprach er stets von dem Engel, ohne dessen göttlichen Hauch es keine Wahrheitsverkündung gäbe. Stets nannte er sich bescheiden nur einen Seher, da er die heilige Kraft eines biblischen Propheten wohl von seiner zeitlichen Gabe zu unterscheiden wußte.

Die Deutung der Centurien war seit Jahrhunderten das Ziel ernster Forscher. Gegenwärtig gibt es geradezu Nostradamus-Spezialisten, die mit dem Rüstzeug astronomischer, geschichtlicher und politischer Fachkenntnisse durch einwandfreie Deutung von rund einem Drittel der Quatrains die Treffsicherheit dieser Sehergabe unzweifelhaft bewiesen. Außer solchen enthüllten Vierzeilern, deren Bilder sich in jedem Detail mit bereits eingetretenen Ereignissen decken, besteht noch eine große Anzahl Verse, die mehrere Auslegungen zulassen, bzw. noch gar keine, weil sie in ein nahes oder noch ferneres Zukunftsgeschehen weisen, von dem erst der Ablauf der Zeit den Schleier lüften wird. Denn das Eigenartige an dieser Prophetie ist, daß man ihren Sinn kaum zuvor zu erkennen mag (weil es eben keine geistigen Entsprechungen sind, sondern hellseherische Spiegelungen künftiger Ereignisse historischer Natur). Ist die Voraussage jedoch eingetroffen, dann liegen diese dunklen Bilder sonnenklar vor unseren Augen und ein jedes bildet einen neuen Beweis für die untrügliche Sehergabe seines Aufzeichners.

Nostradamus schrieb seine Weissagungen zuerst unverschlüsselt in Prosa nieder, mit voller Nennung der Jahreszahlen und Namen, die ihm nach seiner Aussage alle bekannt waren. Erst als er sich zur Veröffentlichung entschloß, verbrannte er diese Schriften und faßte sie aufs neue in Verse von einer verschleiernden Symbolik zusammen, die das prophezeite Geschehen so lange verbergen sollten, bis es sich von selbst offenbarte. Nur in wenigen Vierzeilern nennt der Prophet offen die Namen und Daten gewisser Ereignisse. Aber wo dies der Fall war, trafen sie mit größter Präzision ein und lassen daher den Schluß zu, daß auch an der Richtigkeit der dunkleren Verse kaum zu zweifeln ist. Weiter veränderte Nostradamus noch die Reihenfolge seiner Quatrains dergestalt, daß ein chronologischer Ablauf daraus *nicht* zu ersehen ist. Doch tat er dies kunstvoll nach einem geheimen Schlüssel, der gemäß Quatrain III/94 nach fünfhundert Jahren wiederentdeckt werden soll: „Dann erst dringt die große Klarheit durch und schafft Verständnis in diesen Jahren ..."

Zu dieser Verhüllung mag Nostradamus verschiedene Gründe gehabt haben. Vielleicht wollte er das Problem „Willensfreiheit oder Bestimmung" nicht berühren, obwohl er sah und wußte, *wie* sich die freie Menschheit entschließen werde. Oder er wollte nicht in die Fänge der „Hunde des Herrn" (Domini canes, wie er in einem Vierzeiler die Dominikaner nennt) geraten, die als Vollstrecker der kirchlichen Inquisition immer bereit waren, „Zauberer und Hellseher" als Satansdiener dem Scheiterhaufen auszuliefern. Sei dem wie immer: ein kongenialer Geist wird dereinst auch diesen Schlüssel wiederfinden, der das Tor zu den übersinnlichen Bereichen erschließt, aus denen der Prophet seine Weisheit schöpfte.

Nun zum Inhalte der Centurien selbst: Die Fülle der erwähnten Vierzeiler gestattet hier nicht, auch nur annähernd im Detail darauf einzugehen. Dafür bietet die Nostradamus-Literatur ein unerschöpfliches Studiengebiet. Auch ist es nicht Gegenstand dieses Buches, sich mit den vielen historisch erfüllten Vierzeilern zu befassen. Alle großen europäischen Kriege der Vergangenheit, wie auch die beiden Weltkriege unseres Jahrhunderts samt ihren weiteren Folgen erblickte Nostradamus ebenso voraus, wie die Entwicklungsphasen des kirchlichen Papsttums. Die geschichtlichen Führer aller Epochen standen ihm gleichfalls klar vor Augen, von seiner Zeit an über Napoleon bis zu Mussolini, Hitler und Stalin. Seine Vierzeiler nennen sogar zuweilen die Namen der Beteiligten in wörtlicher oder kryptogrammähnlicher Form. Oder durch einen Beinamen, der schlagartig und prägnant das Wesen des Genannten trefflich charakterisiert. Auch die geschilderten Begleitumstände, oft sonderbarster Art, erleichtern die Lösung so mancher Quatrains, die gar keine andere Deutung zulassen.

Wie anders als durch eine Hellhörigkeit ohnegleichen ließe es sich erklären, daß Nostradamus Namen und Ausdrücke gebrauchte, die seiner Zeit gänzlich unbekannt waren und erst Jahrhunderte später aufkamen. Beispiele hiefür: „Dauphin" für den französ. Thronfolger (IX/7), „Poilu", der Volksname für den heutigen französ. Soldaten (X/38), „Industrieklasse" für die soziale Arbeiterbewegung (VII/50), „Montgolfiere" für den ersten Luftballon (V/57), „Rubel" für den Wert der russischen Beute (VI/49) usw. Unter die volle Namensnennung fällt z. B.

Vers IX/16: ... „Aus einer Festung wird Franco die Seinen herausführen, die um Rivera geraten ins Handgemenge." Der spanische Bürgerkrieg 1936 mit General Franco und Primo de Rivera bestätigen wörtlich diese Voraussage.

Andere Vierzeiler nennen Decknamen oder Prädikate, die die Geschichtsforschung leicht zu enträtseln vermochte. Präsident Roosevelt wird „die Rose der Welt" genannt (V/96), Mussolini „der Duce" (VIII/66), Stalin „der Führer aus Armenien" (V/94), Hitler „der Braune" (VI/65) oder „Führer der Arier" (I/51) usw. — Besonderes Interesse erregten auch die sogenannten „Hadrie-Verse" (I/8—9, II/55, III/9 u. 11, X/38), die alle mit ihren scharfumrissenen Begleitumständen auf Adolf Hitler (H. A.?..) und seinen Kampf hinweisen. Es ist bekannt, daß sich sogar die deutsche Reichsregierung mit diesen Quatrains eingehend befaßte, doch konnten alle optimistischen Fehldeutungen die wahre Prophetie des Nostradamus nicht aufhalten:

„Im Kampfe wird der unterschätzte Große (Stalin!)
Doch zuletzt das Wunder vollbringen:
Wenn Hadrie dann sieht, was ihm alles fehlt,
Erschießt sich der Stolze (Hitler!) beim Festmahl." (II/55)

Oder:

„Die Waffen am Himmel schlagen alles zu Boden,
Der Stadtwald stürzt zusammen. (Tiergarten Berlin!)
Todeskämpfe, Gewissensbisse, Schwert und Fackel wüten,
Wenn die Tyrannei des Hadrie unterliegt." (III/11)

Oder Vers I/51:

„Wenn der Herr des Widders die Führung hat
Und Jupiter-Saturn beinanderstehen:
Ewiger Gott! Welche Veränderungen da kommen!"

Hier erkennen wir Hitler (Widder-Geborener) und die dreimalige Konjunktion Jupiter/Saturn 1939/40 als den Beginn der Erschütterung Europas.

Daß Nostradamus auch die Schrecken der modernen Kriegsführung voraussah, beweisen zahlreiche bildhafte Verse, die nur vergleichsweise das ausdrücken können, was damals noch tief im Schoße kommender Erfindungen lag. Ihm war bekannt: das U-Boot (III/13 „die untergetauchte Flotte"), II/5 „Waffen im Fisch eingeschlossen"), — die Amphibienfahrzeuge (I/29 „der merkwürdige Land- und Wasserfisch"), — der Rundfunk (III/7 „man schreit in den Himmelsäther"), — die Jagdflugwaffe (III/7 „Nahkampf der Vögel in der Luft"), — die Sturzkampfbomber (II/75 „die Stimme des ungewöhnlichen Vogels"), — die Flakgeschütze (II/75 „Kanonen auf dem Söller"), — Brandbomben (II/77 „Pechfackeln aus der Luft"), — aber auch die heutigen modernsten Vernichtungswaffen der Atomkräfte:

„Das, was immer lebt und ist doch unbeseelt,
Wird Verletzung bringen ..." (I/22).

Oder:

„Über das Meer hin wird der Ball (Atompilz!)
alles entseelen ..." (X/87) vgl. Hiroshima!

*

Nostradamus war nicht nur ein Kenner der Geistesastrologie, sondern auch ein glänzender Astronom. Beides ließ ihn auf viele Jahrhunderte voraus große und bedeutende Gestirnkonstellationen berechnen und deren Auswirkung zugleich geistig erschauen. Eine Meisterleistung war seine Vorhersage der Entdeckung des Planeten Neptun 1846 (den übrigens Lorber 1842 bereits durch das Innere Wort beschrieb) mit der genauen Beschreibung aller Gestirnstände, wobei er sogar dessen Namen wörtlich anführte! Bekannt ist auch seine Vorausberechnung der letzten und längsten Sonnenfinsternis unseres Jahrhunderts, die auf den 11. August 1999 fällt. Da Nostradamus nach der julianischen Zeitrechnung des 16. Jahrhunderts rechnete, schrieb er richtig:

„Im siebenten Monat des Jahres 1999
Wird am Himmel ein Schreckenskönig erscheinen.
Er wird auferwecken den großen König von Angoulême,
Vor und nach Mars wird er regieren zur guten Stunde." (X/72)

Wäre diese Finsternis nicht astronomische *Tatsache*, könnte man 1999 als symbolische Zahl („knapp vor der großen Zeitwende") auffassen. Aber diese Sonnenverfinsterung zeichnet sich ähnlich der vom 4. 2. 1962 durch weitere „Zeichen am Himmel", d. h. merkwürdige Gestirnskonstellationen aus: Sonne — Saturn — Uranus — Mars stehen am Himmel in *Kreuzform,* das heißt sie bilden genaue gegenseitige Quadraturen, eine einmalige Erscheinung! Da jedoch die Astrologie aus den äußeren Gestirnstellungen entsprechungsweise auch auf innere, geistige Vorgänge und Kraftballungen schließt, kommt diesem Ereignis eine solche Bedeutung zu, daß es von Nostradamus ausdrücklich verzeichnet wurde. Der „König von Angoulême" ist schwer deutbar, scheint aber auf jene Engelskraft (griech. Angelos) gemünzt zu sein, die uns bereits bei der Weissagung des Malachias begegnet ist: Angoul-ême = Engel M.

Damit sind wir bei der Frage angelangt, die heute die meistgestellte ist: Was sagt der große Seher über die zweite Hälfte des 20. Jahrhunderts und darüber hinaus? Zahlreich sind seine Quatrains, die offenkundig in diese Zukunft weisen, weil sie in der verflossenen Weltgeschichte noch keine Bestätigung fanden. Indessen, es wären keine Nostradamusverse, wenn sie *vor* Eintritt der zugehörigen Ereignisse wie ein offenes Buch vor uns lägen. Mit derselben Leichtigkeit, mit welcher die Historiker von heute die erfüllten Vierzeiler zu deuten wissen, werden die Forscher am Ende unseres Jahrtausends das gleiche tun, denn vieles wird dann aus dem Dunkel der Prophetie wieder ins reale Geschehen gerückt sein. Und wieder werden sich neue Generationen um den Sinn jener Verse bemühen, die *ihrer* Zukunft vorauseilen in das längst angebrochene Zeitalter des Wassermann.

Wer aber die heutige Weltlage aus geistigem Blickfelde betrachtet, wird auch in den offenen Vierzeilern so manche Anhaltspunkte für die weitere Entwicklung der Dinge finden. Wir finden zum Beispiel die „babylonische Verwirrung", das geistige und politische Chaos der Gegenwart recht deutlich gemalt in Vers I/55:

„Unter Babylons widerstrebendem Klima (Einfluß)
Wird großes Blutvergießen entstehen,
Daß Land und Meer, Luft und Himmel ungnädig werden:
Trennung, Hunger, Pestilenz, das Reich in Verwirrung."

Einen Atommißbrauch scheint Vers I/62 zu zeichnen:

„Welch großer Verlust! Was werden die Wissenschaften tun?
Bevor der Kreislauf des Mondes (= Verstand!) vollendet:
Feuer und Sintflut durch Herrschaft der Unwissenheit,
Daß es für lange Zeiten nicht wieder gutzumachen ist."

Kein Friede trotz UNO, solange sich die Menschheit nicht im Geiste die Hand reicht, wie Vers X/75 voraussagt:

„Nicht früher wird der ersehnte Friede kommen,
Bis Europa sich Asien nähern wird:
Entsprießen wird einer der Liga des Hermes (Weisheit!)
Und wird Herr sein über alle Könige des Ostens."

Auch der Fall der Kirche als Weltmacht ist vorgezeichnet:

„O stolzes Rom, dein Untergang ist nahe,
Nicht deiner Mauern, sondern deines Blutes und Wesens.
Gespitztes Eisen, das sich gegen alle richtet,
Dringt vor bis in deinen Beichtstuhl!" (X/65)

Das Jesuskind (die Christuslehre) wird den Marienkult einschränken:

„Von Gott selbst wird die Kirche verfolgt werden,
Die heiligen Kirchen (Kulte) werden ausgeraubt:
Das Kind (!) wird der Mutter nur das Hemd lassen ..." (V/75)

Und hier der erwartete „Engelpapst" (vgl. Joachim und Malachias!):

„Vor seiner heiligen Pracht wird man die Flügel senken,
Wenn der große Gesetzgeber erscheint:
Er wird das Niedere erheben und den Abfall strafen,
Auf Erden wird nicht mehr geboren, der ihm ähnlich." (V/79)

Das ist der auch in vielen späteren Prophetien immer wiederkehrende „Große Monarch", ein Retter der Menschheit und Erneuerer des Glaubens:

„Die Augen verschlossen, die Seele geöffnet
Den Lehren der Phantasie aus alter Zeit,
Wird das Leben der Priester verwandelt in Niedrigkeit:
Der Große Monarch wird ihr tolles Beginnen strafen
Und den verlorenen Schatz der Kirche an sich reißen." (II/12)

Aber auch zu den biblischen „Strafvölkern aus Mitternacht" finden sich bei Nostradamus irdische Parallelen:

„Wenn die Völker am nördlichen Pol vereinigt sind, (UDSSR!)
Gibt es im Osten großen Schrecken und Furcht.
Ein Neuer (Tyrann) wird gewählt,
Und das große Zittern geht weiter." (VI/21)

Einen Vorstoß des Bolschewismus erblicken die Deuter in:

„Der Mann aus dem Osten wird seinen Sitz verlassen,
Die Apenninen (Italien) überschreiten, um Frankreich zu sehn.
Er wird den Himmel durchbohren (Luftmacht!) und durch Schnee marschieren, und wird jeden schlagen mit seiner Knute." (II/29)

Auf die beiden Machtblöcke Ost und West und Atomkrieg deuten die Worte hin:

„Wenn der Erderschütterer Feuer aus Erde hervorbrechen läßt,
Wird er erzittern lassen die Umgebung der neuen Stadt (New York?).
Zwei große Felsen (!) werden lange den Krieg führen,
Dann wird Arethusa einen neuen Fluß rot färben." (I/87)
(areth = hebr. Erde, USA = Amerika).

Nach Erfüllung ihres Zweckes im Plane der Menschheitswandlung weissagten die alten Propheten das letzte Strafgericht über die „Heidenkönige" (Wehe dir, Assur (Russa)! Dazu der Nostradamusvers:

„Das Schwert des Himmels (!) wird herniederfahren,
Trotz großer Worte trifft der Tod,
Und Schicksals Ratschluß wird vollstreckt:
Die Axt wird an den Baum gelegt, das stolze Volk besiegt,
Und sühnen wird das Monstrum seine Fehler." (II/70)

Hier konnte nur ganz kurz skizziert werden, was auch zahlreichen anderen Versen zu entnehmen ist: der weitere Gang der

Weltgeschichte. Als letzte Probe noch einige Stellen aus dem berühmten Briefe des Nostradamus an König Heinrich II. von Frankreich:

... „Mut, Kraft und Eifer gewann ich für meine Prophezeiungen dadurch, daß ich meine Seele stille werden ließ vor dem Ewigen. Vor Gott bezeuge ich, daß ich nichts schreibe, was sich gegen den *wahren* Glauben richtet, selbst dann, wenn ich neben meiner Sehergabe astronomische Berechnungen zur Bestätigung heranziehe. Ich lege mir nicht den Titel eines Propheten bei, bekenne aber, daß alles von Gott kommt. Ihm schulde ich Dank für die Gnade und gebe ihm Ehre und Preis in Ewigkeit ...

... Zumeist begleitet vom Wandel der Gestirne, sehe ich wie in einem Brennspiegel tragische und wunderbare Ereignisse. Ich sehe Unglück über die bedeutenden Diener Gottes hereinbrechen, und sehe zunächst den nahen Abfall von den Kirchen, dann den Verfall der Stützen dieser Erde, verbunden mit unglücklichen Ereignissen, die man künftig im Wandel der Zeiten erleben wird. ... Dann wird das große Reich des Antichristen beginnen im Gebiete des Attila und Xerxes (Attila = Asien, Xerxes = Vorderer Orient. D. Vf.) In ungeheurer Zahl werden seine Anhänger auftreten, so daß das Kommen des Hl. Geistes, der auf dem 48. Breitegrad herabsteigt, verzögert wird. Er flieht noch vor den Greueln des Antichrist, der den Krieg gegen den König eröffnen wird, welcher dann der Stellvertreter Christi und seiner Kirche auf Erden ist. Das Reich des Antichristen wird eine Zeit lang bestehen, solange die Zeitumstände günstig sind. Vorher aber wird eine Sonnenfinsternis vorausgehen, die dunkelste, die es je seit der Schöpfung der Welt und seit dem Sterben Jesu Christi bis heute gegeben hat. Im Monat Oktober wird eine große Verlagerung der Erdbewegung stattfinden, so gewaltig, daß man glauben wird, die Wucht der Erde habe ihren Gang verloren und sie werde in die ewige Finsternis gestürzt. Vorausgehen werden im Frühling und nachfolgen außerordentliche Veränderungen, Umwandlung von Reichen und große Erdbeben ...

... Alsdann wird eine Verfolgung über die Kirchen hereinbrechen, wie sie noch nie gewesen ist. Dazwischen wird eine furchtbare Pest entstehen, daß von drei Teilen der Welt mehr als zwei vernichtet werden. Dann wird man nicht mehr erkennen die Lage der Felder und Häuser und wird in den Städten bis über die Knie im Grase waten. Der Geistlichkeit wird alles genommen und die Schildträger des Mars werden alles an sich reißen. Diese Verfolgung wird von der Macht der Könige des Nordens im Bunde mit den Orientalen ausgehen. Und Drangsale werden die römischen Regionen heimsuchen, wie man sie seit Gründung der Kirche Christi nicht erlebt hat ...

... Zum letzten Male werden alle Königreiche der Christenheit ebenso die Ungläubigen durch 25 Jahre zittern. Soviel Unheil wird durch den höllischen Fürsten angerichtet, daß fast die ganze Welt verwüstet werden wird. Bevor dies eintritt, werden einige seltsame Vögel hui, hui in den Lüften schreien (Raketenkrieg? D. Vf.) ... Dann wird nach dem Willen Gottes der Satan gefesselt werden, es wird allgemeiner Friede herrschen und die Kirche Jesu Christi — erneut von einem Manne, ausgehend vom 50. Breitengrade — wird keiner Verfolgung mehr ausgesetzt sein. Und dann beginnt ein neuer Friede zwischen Gott und der Menschheit ..."

Noch einmal drückt dies Nostradamus in seiner Centurie X/42 aus:

„Eine Herrschaft der Menschlichkeit göttlicher Herkunft
Kommt herauf, eine Friedenszeit der Völkergemeinschaft.
Dann wird die Furie des Krieges gefesselt sein
In ihrem Verließe für lange Zeiten."

(Vgl. dazu Offb. Joh. „Satan gebunden auf tausend Jahre, danach ein letztesmal für *kurze* Zeit losgelassen!")

*

Hier wandeln sich die visionären Gesichte weltgeschichtlicher Ereignisse auch bei Nostradamus zu einer verklärten Geistesschau jener Herrlichkeit des „Ruhmes des Ölbaums", die auch bei Malachias den Abschluß seiner Prophetie bildet. Durch Leid und Not zum Sieg des Geistes! Auch Nostradamus verkündet trotz aller Schrecknisse (im Gegensatz zu vielen Sibyllen alter und neuer Prägung) keinen Weltuntergang im kosmischen Sinne, wenngleich gewisse zu erwartende Naturereignisse einen solchen vorspiegeln könnten. Er weissagt den Triumph der Gottesliebe über den Satan im Menschen. Wissenschaft und Glaube werden geläutert, die ewige Wahrheit bricht sich Bahn, und aus dem Zustande des Materialismus, den unser Seher in Quatrain II/27 im Bilde malt:

> „Das göttliche Wort vom Himmel wird verflucht,
> So daß es kann nicht weiterdringen:
> Geheime Offenbarung wird versiegelt,
> Daß sie die Welt zertreten kann."

wird die Menschheit dennoch ans Ziel ihrer geistigen Vollendung gelangen, wie Quatrain III/2 verheißt:

> „Das göttliche Wort wird der Substanz,
> Die Himmel und Erde in sich schließt,
> Verborgenes Gold in mystischem Licht verleihen:
> Wenn Körper, Seele und Geist die Macht gewonnen,
> Wird's unten sein wie droben am Himmelsthron!"

Daß auch Nostradamus dies schauen durfte, stellt ihn dennoch in die Reihe der großen Propheten, auch wenn sich seine Bescheidenheit dagegen wehrte. Vielleicht war es seine Sendung, durch Preisgabe seiner kampfbewegten Centurien der Menschheit ein unerbittlicher Warner zu sein. Zugleich aber auch ein Wegweiser in eine glücklichere Zukunft, in die der Mensch — weil erdgebunden — erst durch Kampf und Läuterung zum Ziele seiner Bestimmung gelangt. —

(Die hier wiedergegebenen Texte folgen der kritischen Übersetzung, wie sie Dr. N. Centurio in seinem Buche „Nostradamus, der Prophet der Weltgeschichte" / Berlin 1953 / verwendet hat. — D. Vf.)

JAKOB BÖHME
DER VERKÜNDER DES LILIENREICHS

"Also redet der Geist mit offenem Munde und zeiget an, in welches Ende es gehen soll."

(Böhme)

Wie ein Nachfahre jener großen und kleineren Seher, an denen das ausklingende Mittelalter so reich war, tritt uns in *Jakob Böhme* noch einmal ein prophetischer Geist entgegen, der den Glauben an die verheißene Menschheitswende in die angebrochene Neuzeit herüberträgt. Will man für das Bibelwort vom „Geiste, der weht, wann und wo er will" ein lebendiges Beispiel finden, so ist die Gestalt Böhmes hierfür ein leuchtender Beweis. In diesem schlichten Schuhmachermeister, der von 1575 bis 1624 in Görlitz (Schlesien) lebte und zeitlebens kaum über seine Heimat hinauskam, loderte ein inneres Licht wie in wenigen seiner Zeitgenossen. Sein Riesengeist kreiste um Lösung und Ausdruck der tiefsten religiösen Probleme vom Ursprung des Guten und Bösen, so daß ihm seine Schriften den Titel „Philosophus teutonicus" eintrugen.

Mit der ihm eigenen mystischen Weltbetrachtung geriet Böhme zwangsläufig in Gegensatz zur starren Dogmatik des orthodoxen Kirchenglaubens seines Jahrhunderts, das ihn noch über den Tod hinaus mit Schmähungen verfolgte. Auch seine Prophetie vom nahen Untergang Babels und dem Anbruche des Lilienreiches (ein für Böhme charakteristischer Ausdruck für das Tausendjährige Reich der Offenbarung) stieß auf das für *jede* offizielle Kirche so typische Unverständnis religiöser Weissagung. Kein Wunder, daß ihm wegen seiner Warnungen vor dem nahen Gerichte der spöttische Name „Gramprophet" verliehen wurde und es nur wenige waren, welche die innere Größe seines geistigen Schauens erkannten. Es waren jedoch nicht die schlechtesten Köpfe, die im darauffolgenden Jahrhundert Böhmes Spuren folgten und mit seinem Gedankengut immer wieder ein dürres Verstandeschristentum neu befruchteten.

Liegt auch das Hauptwerk Böhmes nicht in seiner Prophetie, so bezeugen doch insbesondere seine „Theosophischen Sendbriefe" ein völliges Durchdrungensein Böhmes vom Gedanken des *nahe* herbeigekommenen Reiches und somit auch von der Nähe des vorangehenden Weltgerichtes, das er in seiner Gesamtheit als den „Fall Babels" betrachtete. Er fühlte sich selbst in der Endzeit lebend, am „Ende des sechsten Siegels, dem bald die Eröffnung des siebenten folgen werde". Vielleicht ahnte sein Geist bereits die Greuel des gerade angebrochenen Dreißigjährigen Kriegs, dieser ersten großen Dokumentation Babels, der verwüsteten Christenliebe. Aber Böhme vermied — im Gegensatz zu anderen — seine Zeit mit Gewißheit schon als die „Endzeit" zu verkünden, denn er wußte göttliche Schau von menschlicher Auffassung zu trennen:

... „Ohne daß wir gewiß erkennen, wie gar nahe die Zerbrechung der Stadt Babel, scheinet vor uns doch, als sei diese Zeit bald vorhanden. Als ein Gast, der einen Tag im Lande ist, nicht alles erlernen mag, also gehet es auch uns. Denn Gott hält ihm Tag und Stunde bevor, deutet aber die Wunder durch seinen Geist denen, die kräftig sind. Vor Gott ist tausend Jahr als ein Tag, der Geist sieht alles nahe. So vermeint auch der siderische Mensch, es sei bald, ist aber im Rate Gottes ..."

Damit beweist Böhme die Echtheit seiner Schauungen: *jede wahre Geistesschau ist ein „Nahgesicht"* und wird von dem Empfänger unmittelbar empfunden. Daher die jahrhundetelange Naherwartung der Erfüllung, vom Urchristentum an bis heute! Nur die geistigen und irdischen Zeichen der Zeit sind Wegweiser, wie weit sich das Geschehen schon mit dem Sinn der Weissagung deckt. Die Menschheitsgreuel des 16. und 17. Jahrhunderts waren noch einer grandiosen Überbietung fähig, wie das 20. Jahrhundert zeigt, darum das Babel der Böhmezeit noch nicht den endzeitlichen „Antichrist" darstellte.

Trotz dieser notwendigen Zwischenbemerkung über Böhmes verfrühte Erwartung ist es dennoch unbestreitbar, daß er in der Turbulenz seiner Zeit bereits das gesteigerte Walten „Babels" klar erkannte. Ebenso richtig hat er dieses Symbol — entgegen allzu einseitigen Deutungen — nicht nur auf die Entartung der christlichen Kirche bezogen, sondern erblickte in Babel den Abfall jedes Einzelnen vom Göttlichen, das als Gewissen im Menschen spricht. Babel, das ist die Selbstliebe, aus der alle Herrschsucht und alle Besitzgier entsprießt:

... „Du, Babel, suchst nur den äußerlichen Abgott als Silber und Gold und Fülle deines Bauches. Ihr Kinder Babels habt nichts mehr von Christo als einen leeren Atem und ein disputierliches Mundgeschwätz, oder eine Spötterei, da ein Bruder den anderen um seiner eigenen Erkenntnis Christi willen verachtet. Daß aber dieses soll in der letzten Zeit erfüllt werden, haben alle Propheten bezeuget. Und ist die Ursache, daß bei der letzten Posaune Schall soll vollendet werden das Geheimnis des Reiches Gottes und sein Bildnis ausgewickelt und offenbar werden. Das aber wird des gottlosen Menschen Fall sein, daß das Kind des Verderbens muß offenbar werden allen Völkern und Sprachen, denn er wird dann gerichtet werden von jedermann gleich einer Hure am Pranger..."

Wie richtig erkannte doch Böhme, daß nur die letzte Demaskierung des Bösen der Menschheit die Augen öffnen kann: ein Vorgang, der sich als Weltgeschichte unseres Jahrhunderts unablässig abspielt und einem endzeitlichen Höhepunkt zustrebt. Herrschen statt dienen, Zwang statt Liebe, so wollen es die „Amtsleute Satans", von denen Böhme sagt:

... „Es wurde allen Gewaltigen in Ämtern geboten, sie sollen nach Gottes Art wohl haushalten und nicht denken, wie sie nur nach Ehre und Hoheit trachten und ihren Bauch mit Fressen und Saufen füllen, und dem Armen seinen Schweiß mit Unrecht abdingen und den Elenden mit Gewalt zwingen und bedrängen. Diese alle sind die bösen Amtleute und Mörder, welche der Herr hieß umbringen und ihre Stadt mit dem Feuerzorne Gottes anzünden. Jetzt ist die Welt voll solcher Amtleute, denen der Herr hat schon lange viele Boten gesandt, aber sie haben selbe verhöhnt und verachtet. Darum wird der Meister selbst kommen in der Zeit der Offenbarung, welche nahe ist, da das Reich Christi wird erstehen allen Völkern auf Erden. Ihn werden die Völker erkennen und aufnehmen, wenn Babel sein

Ende nimmt, das die Welt ärgert mit dem Zanke seiner verwirrten Sprachen."

Freilich erkennt auch Böhme wie jeder Geweckte im Geiste die *Wurzel* des Übels in der zu Kirchenstaat und Staatskirche gewordenen Verweltlichung der Religion, die ihr geistliches Hirtenamt selber dem Machtwahn einer „Herrschaft über die Seelen", wie dem Geltungsdrang als Weltmacht geopfert hat: Damit wurde ihr aber die wahre Schlüsselgewalt, das heißt die Gabe, die Herzen der Menschen für Gott aufzuschließen, entzogen. So schreibt Böhme:

... „Sehet wohl, was euch die Offenbarungen Johannis und Daniels sagen: Es ist der Tag nahe, der Lohn folgt nach! Ihr habt jetzt Lehrer, welche die erste Kirche mit ihrem Geiste zugrunde drücken. Prüfet sie, sie sind Wölfe. Nun haben sie auch seinen Sohn ermordet als die rechte *Wahrheit* des göttlichen Wortes und in eitel eigenes Tun gewandelt. Darum sollen diese Haushalter Rechenschaft von ihrem Amte geben. O Babel, du willst mit Buchstaben Gottes Wort lehren ohne das lebendige Wort in dir! Aber die Schafe hören deine Stimme nicht, denn sie kommt nicht vom Grunde des Herzens. Darum die große Hungersnot der Dürftigen nach himmlischer Speise, aber auch dein Hunger als Begierde zu Geiz und Hoffart. Aber Gott läßt es geschehen, daß er also einen Besen mit dem anderen auskehre, doch nach Vollendung des Zorneswunders werden sie miteinander dem Abgrund übergeben ..."

Wenn der Glaube mangels einer reinen Lehre erlischt, dann erkaltet auch die Liebe unter den Menschen. Diese seelische Entartung greift über in das materielle Dasein und vergiftet durch Unfrieden und mörderischen Krieg die Verbrüderung der großen Menschheitsfamilie:

... „Sie haben jetzt die Turba (Widerordnung) in sich zum Götzen gemacht, die ihnen auch die *Sündflut des Feuers* auf den Hals führen wird. Sie haben keinen Glauben noch Verstand und sagen immerzu, es hat keine Gefahr, wogegen sie doch das Uhrwerk der Natur (der Fortschritt des Entwicklungsplans) bald an ein Ziel der Zerbrechung führt. Denn der verschlossene Geist steht am Ende seines Gefängnisses und eröffnet sich aus dem großen Uhrwerke der inneren und äußeren Natur. Das ist das Wunder, ohne jemands Aufhalten. Darum schürze dich, du antichristliches Babylon, und friß viel Blut: du bist's aber selber, die sich auffrißt! Dir ist kein Rat, auch keine Umkehr deines Willens. Aber den Kindern Gottes unter dir haben wir es geschrieben, wie wir solches gesehen und erkannt haben ..."

Wahrhaft prophetisch sah Böhme die Entwicklung Babels bis zum Höhepunkte und erhebt seine warnende Stimme als einer der vielen „Boten" Gottes:

... „Kehre ein jeder in sich selber um und wende sein Herz und Gemüt zur Liebe und Eintracht, sonst wird ein Volk das andere fressen und die Länder verzehren und verwüsten. Und es wird eine solche böse Welt werden, daß sie nicht wert sein wird, Menschheit zu heißen. Solches werden sie einander selbst tun, und es wird eine Vermischung der Völker im Streite sein, kein Teil besser als der andere. Dann aber wird der Zorn Gottes seinen Grimm erfüllen und es geschehen lassen, daß sich die Völker ins höchste Verderben und Elend stürzen und *erkennen* werden, was für Übel sie sich selber getan. Darum heißt es nicht mehr disputieren, sondern umkehren oder verderben. Welches Volk nicht wird in dieses Ziel eingehen, wird ausgezehrt und gefressen werden, deutet der Geist der Wunder. Nicht schreibe ich von mir, sondern zeige nur an, daß es vorhanden sei und kommen werde. Doch werden meine Schriften zur selben Zeit wohl dienen: Denn es kommt ein Tag des Herrn, der nicht aus dem gestirnten Himmel ist! Darin wird der heilige Geist erscheinen mit Wundern und Kräften, was Babel jetzt noch nicht glaubt. Und doch ist's schon auf der Bahn, aber der Welt verborgen ..."

Böhmes innere Schau, die in den sieben Siegeln der Offenbarung geistige Zustände und nicht abgegrenzte Zeitperioden erkennt, greift ebenso weit zurück, wie sie das Kommende vorauserblickt. Und dennoch fühlte er, wie seine Zeitepoche einen Höhepunkt des sechsten Siegels verkörpert, der nur noch durch das letzte, siebente Siegel übertroffen werden wird:

... „Die sechste Zeit hat nach dem Tode der Apostel Christi angefangen, als sich die Menschen Lehrer aus Gunst und äußerlichem Ansehen erwählten. Sie hat sich aus dem Schatten der Verborgenheit erhoben und mit den steinernen Kirchen hervorgetan, da die Kirche anstatt des heiligen Tempels Christi im Menschen stund. Der selbsterkorenen Priester äußere Gewalt ist das Flammenschwert des Cherub, und aller Krieg, den die Christen führten, ist wieder das gleiche

Schwert aus Babel. So höre nun, was der sechste Posaunenschall verkündet: Der Engel des Zornes (Luzifer/Satan) hat dich, Babel, ins Gericht geführt, darum bist du also grimmig, geizig, mörderisch und falsch. Du sammelst dir große Vorräte, damit du im Abgrunde genug Zehrung hast. — Darum, in wem nur ein Fünklein Gehör für dieser Posaune Schall ist, der gehe aus Sodom, es ist kein Harren mehr. Schon ist des sechsten Siegels Zahl am Ende und ist voll eröffnet. Und seine Zeit ist die wunderlichste unter allen Siegeln bis auf die siebente Zahl, die ist noch wunderlicher: denn es ist dieser Welt Ende und das letzte Gericht ..."

Jedes Denken und Tun einer Generation fügt alten Ursachen neue hinzu und erntet die Aussaat der Vorfahren. Findet keine wandelnde Umkehr statt, so wird das Übel umso stärker fortgepflanzt. So ist jedes Schicksal der nachfolgenden Epochen nicht zum wenigsten ein Erbteil der Vergangenheit: ein Gesetz, das allen Menschen sittliche Verpflichtungen gegenüber der Zukunft auferlegt. Daher mahnt und warnt Böhme wie ein Rufer in der Wüste seine scheinchristlichen Zeitgenossen:

... „Ein jeder prüfe sich selber, er wird das große Geheimnis des babylonischen Turmes, wie auch die Zahl des Tieres an sich selbst finden. Bedenket, ihr Lästerer, ihr habt ein schweres Latein. Besinnet euch, denn es soll euch eine Zeit gewiesen werden, daß der Himmel kracht. Wohl denen, die von der Posaune Schall ergriffen werden! Denn es kommt solcher Ernst hernach, daß Babel und Zank, alle Hoffahrt und Ehrgeiz, auch alle Falschheit und Unrecht sollen einen ernsten Trunk trinken: eben den, den sie selbst eingeschenkt haben, müssen sie auch austrinken. Wird man so gottlos bleiben, dann wird es weiter grausam regnen und hageln, daß die Erde wird erbeben und ungezählte Seelen im Wasser ersaufen werden. Denn der Zorn Gottes ist in allen entbrannt, und sind vor Ihm wegen ihrer falschen Religion alle gleich, da einer wie der andere lebt ..."

Damit leitet die Schauung Böhmes visionär zum letzten, siebenten Siegel mit seiner Scheidung der Geister im Endgerichte hin:

... „Babel steht schon im Loder und brennet an. Es ist kein Löschen mehr, auch keine Arznei für sie vorhanden. Sie ist böse erkannt worden und ihr Reich geht ins Ende. Siehe, es kommt ein Bote aus

Gottes Gerechtigkeit und fordert, das treulose Christentum des Namens mit Feuer und Schwert zu vertilgen und seinen *wahren* Kindern die Liebe Gottes zu offenbaren. Es eröffnet das siebente Siegel eine Zeit voll Ernstes, denn große Trauer und Trübsal windet sich empor. Den Turm von Babel meint man mit Stützen zu erhalten, aber ein Windstoß des Herrn wirft ihn um. Der Menschen Herzen und Gedanken werden offenbar werden, und viele werden sich verraten, um Leib und Gut durch Heuchelei zu bewahren. Die Maulchristen werden verzagen, wenn ihr falscher Grund wird offenbar werden. Das östliche Tier wird ein menschlich Herz und Angesicht kriegen, doch ehe das geschieht, hilft es den Turm von Babel mit seinen Klauen umreißen (!) — Der verstockte ergriffene Haufen ist schon gerichtet. Denn das Schwert der Sichtung hat sie ergriffen und sie laufen nun als rasende, unsinnige Leute in Herrschsucht, Geiz und Neid, und hören nicht den *letzten* Ruf des Engels: Ziehet aus von Babel, sie steht im Feuerschwert ergriffen! ..."

... „Und es werden zwei große Ruten von Gott erscheinen, eine durch Kriegsverwüstung, eine durch Sterben, in dem Babel soll zerbrochen werden. In der Finsternis von Mitternacht geht eine Sonne auf, die ihren Schein aus den sensualistischen Eigenschaften der Natur aller Wesen, aus dem geformten, ausgesprochenen Wort nimmt. Und das wird das Wunder sein, dessen sich alle Völker freuen werden ..."

... „Dir wird dann nicht verhüllt gerufen werden, o Babel, sondern mit offenem Munde und hellen Augen. Die Stimme des Rufers eröffnet Gottes Licht in seinen Kindern, und in den Gottlosen das Angesicht seines Zornes. Darum wollen diese die Hure der Selbstsucht vollends auf den babylonischen Turm führen. (Höhepunkt!) So ist Babel zum Panier und Zeichen der Mars (Kriegsgott!) gegeben worden, welcher soll regieren, bis Babel sein Ende hat. Und es soll dir, du abgöttisches Babylon, nicht verborgen bleiben, daß jetzt zwei Engel, Gottes *Wahrheit* und *Gericht*, in dich eingetreten sind und verkünden dir am Ende des verborgenen Siegels deinen Untergang. Welches du jetzt noch nicht glauben willst, aber in Jammer erfahren wirst! ..."

... „Siehe, wann das siebente Siegel aufgetan ist, so weidet der Erzhirte seine Schafe und erquickt ihre Seelen. Und wenn der siebente Engel posaunet, da werden in seiner Zeit die Geheimnisse Gottes vollendet. Es wird fürwahr keine Zeit mehr aus den vier Elementen sein, sondern es geht an die ewige Zeit Gottes und die des Abgrunds.

Wer sich nicht will raten lassen, der fahre hin, er wird bald erfahren, was das siebente Siegel am Centro mit sich bringet. Es ist der Stern erschienen, welcher das Siegel zerbrochen hat. Was gaffest du denn lange? Merke auf, die Zeit ist gekommen und ist kein Aufhalten mehr ..."

Untergang Babels, des Welttreibens, bedeutet Aufgang des Lilienreichs, dessen strahlende Verheißung auch die endzeitliche Schau des „Grampropheten" hell erleuchtet. Die Wiederkunft Christi im Geiste der Menschheit stellt sich Böhme im Entsprechungsbilde von Blumen dar. Blumen (ursprachlich b'lumen = Schöpfungen des Lichtes) bedeuten höherseelische Eigenschaften und geistige Erkenntnisse. Daher das Symbol der Lilie (weiß) für die göttliche Weisheit, das Wahre. Aber Böhmes „Lilienreich" ist auch die „Zeit der Rosen" (rot), das Sinnbild der göttlichen Liebe, des Guten. Immer wieder drängen sich diese Bilder machtvoll seiner Erwartungsschau wie gegenwärtig auf:

... „Eine *Lilie* blühet über Berg und Tal, in allen Enden der Erde: wer da suchet, der findet! Fürwahr, die Zeit der *Rosen* bringt es mit sich und es wird ein großes Blühen werden der Lilien! ...

... Seit Henochs Zeit ist uns die göttliche Sprache genommen, weil Babel nicht wert ist zu schauen, noch die Zeiten der Alter zu deuten, welche Zahl in der Lilie Rosen offen stehen soll. Schon grünet die Lilie im Wunder, wider welche der Antichrist Verfolgung erregen wird, da sein Ende kommt. Aber es bleibt die Lilienzeit, da die Rose blüht, wo uns nicht mehr stechen die Dornen in Babel ...

... Eine Lilie grünet allen Völkern. Wohl denen, die sie ergreifen! Eine Lilie stehet von Mittag (Symbol der Erkenntnis) gegen Mitternacht (gegen die geistige Blindheit). Wer dieselbe zum Eigentum bekommen wird, der wird das Lied von Gottes Barmherzigkeit singen, denn in der Lilienzeit sprießt des Herrn Wort wie Gras auf Erden ...

... Es wächst eine Lilie in menschlicher Essenz (im Inneren des Menschen), die wird in eigener Zunge die großen Taten und Wunder Gottes reden. Der Geist der Welt hat die Tinktur gefunden und seine Rosen blühen im Wunder. Und ist keine andere Zeit als die der Lilien, welche grünen in einem neuen Menschen vor Gott." —

Wer erinnert sich bei diesen wunderbaren Worten nicht der „Blüte der Blumen" (flos florum), die auch ein Malachias im Geiste kommen sah als das Aufkeimen der „Frucht des Ölbaumes" (gloria olivae)? Damit ist offenbar, daß alle bisher zitierten Propheten aus *einem* Geiste und *einer* Wahrheit redeten. Mögen daher die abschließenden Worte Böhmes nicht nur als für seine Zeit gesprochen gelten, sondern unverändert auch heute als Mahnung für alle, die religiöse Weissagung gering achten:

... „Ich vermahne alle, die ihr dies leset und höret, verstopfet nicht eure Herzen, seht doch die Zeit an und denket nach! Seid doch nicht so lau gegen die teure Offenbarung, die uns Gott zuletzt gegönnt hat! Leset sie recht, denn sie hat einen gar edlen Urstand, welcher reicht über alle Vernunft, ja über die äußere Welt und das Licht der Natur. Es ist jetzt eine wunderliche Zeit gekommen, nicht allen bewußt und erkannt: der Herr hat seinen Eifergeist gesandt! Warum widerstrebet ihr dem Höchsten?" —

ANNA KATHARINA EMMERICH —
VISIONÄRIN DER KIRCHE

*„Und Er nahm sich andere Leute
in seinen Dienst"*

A. K. Emmerich.

Zahlreich sind die prophetischen Schauungen, die seit Jahrhunderten von der großen Menschheitswende ins Wassermannzeitalter künden. Wie dabei geweissagt wird, soll diese Wende eintreten als Folge einer neuen Religiosität im Sinne reingeistiger Lehren, wie sie heute bereits als eine spirituelle Weltanschauung vertiefter Art in ungezählten Menschen zum Durchbruch gelangt. Daß auch Seherinnen im Range der westfälischen Nonne Anna Katharina *Emmerich* (1774—1824), die — ähnlich der heutigen Therese von Konnersreuth Trägerin des „Wunders der Stigmatisation" — von der röm. katholischen Kirche als bedeutendste Visionärin des 19. Jahrhunderts bezeichnet wird, größte Wandlungen innerhalb dieser Weltkonfession voraussagten, sollen einige Auszüge aus ihren Weissagungen darlegen. Ihre schriftliche Aufzeichnung verdanken wir dem Dichter Clemens Brentano, der auch ein Buch über A. K. Emmerichs Schauungen der Passion Christi verfaßte.

Wenn auch die Gesichte dieser Nonne nicht an die Gewalt der Visionen früherer Sybillen und Prophetinnen heranreicht — war sie doch eine getreue Dienerin der Kirche, in deren Begriffen sie völlig aufging — so zeigte ihr der *innere* Geist dennoch alle Schwächen und Unvollkommenheiten der Weltkirche, aber auch deren künftige Wandlung zu einer *Geistkirche,* die allein das Attribut einer Universalität wird in Anspruch nehmen können. Neben der besprochenen Päpsteweissagung des Malachias stellen ihre Schauungen vielleicht die eindeutigste symbolische Verkündung dar, die sich auf die kommenden Bedrängnisse einer in Kult und Liturgie erstarrten Weltkirche beziehen; aber auch auf den Sieg des ewigen Geistes, der den innersten Kern der Christuskirche wieder leuchtend und wirkend wird hervortreten lassen.

Die folgenden Prophetien schildern in Bildern jene Umwandlung, die im „Einreißen einer alten und Aufbau einer neuen Kirche" diese Vergeistigung bisher konfessionell gebundener Lehren im nahenden Äon mit deutlicher Symbolik erkennen lassen. Erst wenn eine große und universelle Weltanschauung die tiefgründige *Esoterik* der Lehre Christi offenbaren und damit alle konfessionellen Spaltungen überwinden wird, kann und wird jener große Schritt getan werden, der sodann auch den Grund zu einer wahren Völkerverständigung legen wird. Auch die Geistkirche der Zukunft wird einer äußeren Form nicht entraten können, darum erblickt die Emmerich diese in Gestalt eines neuen Kirchenbaues. Denn jedes geistige Symbol drückt sich in einer bildhaften Form aus, weil jedes begriffliche Denken einer solchen bedarf. Aber Formen sind wandelbar und wandeln sich von Zeitalter zu Zeitalter, damit der ewiggültige Inhalt des Geistes stets heller und leuchtender auch die Formen des Glaubens durchstrahlt. Wohl denen, die als Verantwortliche *aller* Weltkonfessionen deren Formen nicht erstarren lassen, sondern freudig und mit offenem Herzen mitarbeiten an der geistigen Wandlung, die sich nach dem Plane Gottes in jeder Evolutionsepoche immer stärker Bahn bricht!

Hier einige Auszüge aus den Zukunftsvisionen der A. K. Emmerich, niedergeschrieben etwa um das Jahr 1820. (Die in Klammer gesetzten Stellen sollen dem Leser den inneren Sinn der Bilder näherbringen. Kh.):

... „Ich sah die Peterskirche (das röm. kath. Glaubensgebäude) und eine ungeheure Menge von Menschen, die beschäftigt waren, sie niederzureißen; aber auch andere, die sie wiederherstellten. (Geistiger Neubau). Es zogen sich Linien von Handlungen durch die ganze Welt und sie hatten alle einen Zusammenhang (Überall Wille zur Erneuerung) ... Die Abbrechenden rissen ganze Stücke hinweg und es waren besonders viel Abtrünnige dabei (Abkehr vom Alten), zu meinem

Entsetzen waren auch katholische Priester darunter (Nonnenbegriff!). Manchmal, wenn sie nicht wußten wie abzubrechen sei, nahten sie einem der ihrigen, der ein großes Buch hatte, als stünde die ganze Art des Baues und seines Abbruchs darin verzeichnet (= die Offenbarung des Johannes!)...

...Während auf der einen Seite der Kirche so abgebrochen wurde, ward auf der anderen (geistigen) Seite wieder daran gebaut, aber zuerst ohne Nachdruck (erste Auflehnung gegen Dogmatik). Ich sah viele Geistliche, die ich kannte (als Geistwesen). Andere sah ich träge ihr Brevier beten und dazwischen etwa ein Steinchen als große Rarität unter dem Mantel (heimlich verborgen) herbeitragen. Sie schienen alle kein Vertrauen, keine Lust, keine Anweisung zu haben und gar nicht zu wissen, worum es sich handle (Kleben an der Überlieferung)...

...Schon war der ganze vordere Teil (die äußere Lehre) herunter und nur das Allerheiligste (die innere Lehre) stand noch fest. Da erblickte ich eine majestätische *Frau* (wird von der heutigen Kirche irrtümlich als Maria, die Mutter Gottes gedeutet). Ihren weiten Mantel (Symbol des Schützenden) hatte sie auf beiden Armen gefaßt und schwebte leise in die Höhe. Sie stand auf der Kuppel (das Höchste der Kirche) und breitete weit über den ganzen Raum der Kirche ihren Mantel, der wie von Gold (geistigem Licht) strahlte. (Vgl. Offbg. Johannis „das Weib, von der Sonne bekleidet," usw. = das Bild der Weltseele, der gestaltgebenden *Liebe* Gottes, in der Esoterik MARIA genannt. Diese wird nun geistig offenbar).

...Nun wollten die Abbrechenden wieder heran, konnten sich aber nicht mehr dem Mantelraume nähern. (Geistige Verzerrung wird nicht mehr zugelassen). Aber von der anderen Seite entstand eine ungeheure Tätigkeit der Aufbauenden. (!) Es kamen ganz alte, vergessene Männer (die Propheten Gottes) und viele kräftige junge Leute: Männer, Weiber und Kinder, Geistliche und Weltliche (*alle* Menschen guten Willens), und bald war der neue Bau ganz wiederhergestellt... Nun sah ich einen *neuen* Papst (geistigen Menschheitsführer) kommen, er war viel jünger und strenger als der vorige. (das junge

Wehen des kompromißlosen Geistes). Es schien, als sollte er die Kirche einweihen, aber ich hörte eine Stimme, es brauche keine neue Weihe, das Allerheiligste (der geistige Kern der Christuslehre) sei unversehrt geblieben... Ehe der Papst das Fest begann, hatte er schon seine Leute vorbereitet, die aus den Versammelten ganz ohne Widerspruch (!) eine Menge vornehmer und geringer Geistlicher ausstießen (die überalterte theologische Scholastik). Und er nahm sich ganz andere Leute in seinen Dienst, geistliche *und* auch weltliche Geistlehren und Wissenschafter)"...

Eine andere und ähnliche Vision der Seherin war folgende:
..."Ich sah die Peterskirche und viele Menschen aus allen Welten, die teils hineingingen (der alten Lehre anhangen), teils vorüber an andere Orte (zu anderen Glaubensformen). Es war eine große Feierlichkeit in der Kirche. Ich sah darin ein großes Buch aufgetan (die Offenbarung), das an der breiten Seite drei und an jeder Schmalseite zwei *Siegel* hängen hatte (die bisher uneröffneten Geheimnisse). Ich sah oben den Evangelisten *Johannes* (!) und hörte, daß es Offenbarungen seien, die er auf Patmos gesehen. Es war etwas geschehen, ehe dieses Buch aufgeschlagen ward, das ich vergessen habe, es ist eine Lücke hier...

...Der Papst war nicht in der Kirche, er war verborgen (im Geiste). Ich sah, daß alle Leute, Priester *und* Laien die Hand auf eine gewisse Stelle im Evangelienbuch legten (Glaubensbekräftigung), worauf auf viele derselben ein Licht kam (Erkenntnis)... Ich sah aber auch, daß viele es nur so obenhin taten. Am Ende kam die ganze Menge, die anfangs nicht eingetreten war, ein unabsehbares Volk (Durchbruch der geistigen Lehre in der Menschheit!) ...Ringsum in der Ferne (Gottlosigkeit) sah ich ein schreckliches blutiges Kämpfen, besonders von Mitternacht und Abend kam ein ungeheurer Kampf." (Norden ist geistig Lichtlosigkeit, Westen Sonnenuntergang, hier Weltglanz). —

Zum Abschluß noch ein drittes Bild, das die irdische und

geistige Zeitwende der Gegenwart und nahen Zukunft deutlich widerspiegelt:

... „Ich hörte, daß *Luzifer* (der „Antichrist" im Geistigen) — wenn ich nicht irre — 50 oder 60 Jahre *vor* Zweitausend wieder auf eine kurze Zeit losgelassen werde (1939—1945, zweiter Weltkrieg!) Ich sah die Erde in Finsternis, alles ringsum war dürr und welk wie im Absterben, alles hatte das Gepräge des Siechtums (Schiffbruch aller Ethik und Moral). Es schien, als seien selbst die Wasser der Quellen (lebendige Erkenntnis) erschöpft. Ich sah, wie sich die Werke der Finsternis unter den Menschen vermehrten, gewahrte Länder und Völker, die sich in äußerster Not befanden und sah große Menschenmassen, die einander aufs heftigste bekämpften? In der Mitte des Schlachtfeldes war jedoch ein großer Abgrund, in den die Kämpfenden hineinzufallen schienen, weil sich ihre Reihen immer mehr lichteten. (Alles Dämonische erschöpft sich durch sein Ausleben) ...

... Unter den Volksmassen sah ich zwölf *neue* apostolisch tätige Männer, die ohne gegenseitige (äußere) Verbindung durch Schriften wirkten und von anderen bekämpft wurden. Dann vergrößerte sich die Partei der Zwölf immer mehr. Nun sah ich aus der Stadt Gottes (der himmlisch-geistigen Welt) einen Blitzstrahl über den finsteren Abgrund fahren (Intuition dringt in das Verstandesdenken). Und über der verminderten und gedemütigten (alten) Kirche schwebte eine *Frauengestalt* mit ausgebreitetem Mantel und einer Sternenkrone auf dem Haupte. Vor ihr strahlte Licht aus und verbreitete sich stufenweise in der dichten Finsternis. Wohin diese Strahlen drangen, erneuerte sich die Erde und wurde wieder blühend. Die neuen Jünger versammelten sich unter diesen Strahlen (Geist der Liebe und Brüderlichkeit) und bald darauf war alles wieder in neuem Blühen ...

... Nun begann sich der finstere Abgrund allmählich zu schließen und ich gewahrte Völkerschaften, die ihre Gemeinschaft mit dem Lichte vollzogen. Ihre Massen waren von Personen geraden und erleuchteten Sinnes geleitet (neue geistige Führer) und traten in die Kirche ein (die nun schon eine neue geistige Gemeinschaft darstellt). Die Wasserläufe hatten die Fülle ihrer Fluten wiedererlangt (Wasser, Wassermann: lebendige Erkenntnis!) und überall prangte das Grün der Blumen (grün = Farbe der Entwicklung, Blumen = vom Licht geborene Gemeinschaften)"...

Wenn Walter *Widler* in seinem „Buch der Weissagungen" zu diesen Visionen der Emmerich schreibt: „Hier wäre eine Deutung vermessen. Es genügt festzustellen, daß die geschilderten symbolischen oder tatsächlichen Vorgänge ausschließlich der Zukunft angehören" — so gibt es unseres Erachtens kaum eine Prophetie, die einer leichteren Deutung fähig wäre. Denn sie liegt auf der völlig gleichen Linie *aller* bisher geschilderten Weissagungen, die immer wieder nur eines vorauskünden: Sieg des Geistes über den Ungeist, Zerbrechen morschgewordener Formen, Auferstehung in neuem Geistgewande! Auch sind diese Worte nicht ausschließlich noch zukunftsträchtig, sondern viele sind heute schon ein sich langsam vollziehendes Ereignis, das bereits sehr deutliche Strahlen auf das zukünftige Menschheitsgeschehen vorauswirft. Und zu Widlers Bemerkung: „Man beachte bei diesen Visionen die entscheidende Stellung, die dabei *Maria*, der Mutter des Herrn zugewiesen wird" — möge sich ein jeder stellen, wie es seinem erkennenden Erleben entspricht. Die Wandlung des Begriffs „Mutter Gottes" zu „*Gott als Mutter*", als die schützende und alles Geschöpfliche tragende und entwickelnde *Liebe* („die Frau mit Krone und Mantel") ist ja selbst ein Teil jener großen geistigen Gesamtwandlung, von der die Visionen der A. K. Emmerich (und alle anderen) künden. Warum daher heute um etwas rechten, das morgen schon der Menschheit als neue Gabe des heiligen und heilenden Geistes dargeboten wird!

Eines steht fest: die Schauungen der Emmerich als einer katholisch empfindenden Visionärin mit hellstem Geisteslicht erheben sich in ihrem Sinngehalt so turmhoch über die später nachfolgenden „Marienerscheinungen" der Hirtenkinder von La Salette (1846), Lourdes (1858) und Fatima (1917), daß die Aufnahme ihres Namens und Seherwerkes in unserem Buche voll gerechtfertigt erscheint.

STIMMEN DER GEGENWART
ZUR NAHEN ZEITWENDE

„Lasset sie herzutreten und uns verkündigen, was künftig ist, so wollen wir mit unserem Herzen darauf achten." (Jes. 41,22)

STIMMEN DER GEGENWART
ZUR NAHEN ZEITWENDE

„Es wird zu allen Zeiten Propheten geben, bis ans Ende der Welt." — Dieser Ausspruch Jesu Christi, neu geoffenbart durch Lorbers „Gr. Evangelium Johannis", soll wegweisend dem letzten Abschnitt unseres Buches vorangestellt werden. Denn jenes Wort entwurzelt die Auffassung der heutigen Kirchen, daß die religiösen Offenbarungen des Christentums mit dem Neuen Testamente abgeschlossen seien. Oder daß solche Kundgaben aus mystischen Sphären und geistigen Welten bestenfalls „Privatoffenbarungen" darstellten, allein bestimmt für den Empfänger und ohne verbindlichen Wahrheitsgehalt für die ganze Menschheit. Aber selbst diese Einzeloffenbarungen oder visionären Schauungen werden von der Kirche sofort abgelehnt, wenn ihr Inhalt der offiziellen Theologie zuwiderläuft oder der dogmatischen Bibelauslegung nicht völlig entspricht.

Indessen bleibt es der frei prüfenden Beurteilung überlassen, ob beispielsweise die großen Neuoffenbarungswerke eines Swedenborg oder Lorber — sowohl ihrem Umfange wie ihrem Lehrinhalte nach — vom Geiste nur zur Erleuchtung ihrer beiden Verfasser gemittelt wurden. Ungleich logischer ist doch wohl die Annahme, daß hier ein großes Gesetz im Rahmen der Gesamtentwicklung waltete und immer walten wird: das Gesetz der fortschreitenden Reifung der Menschheit, dem vom führenden Gottesgeiste durch immer neue, die alten Wahrheiten ergänzenden Offenbarungen Rechnung getragen wird. Unbedingt zu bejahen ist jedoch die Forderung nach einer Widerspruchslosigkeit zwischen alten und neuen Kundgaben des Geistes, denn ändern kann sich doch immer nur die Ausdrucksform, niemals aber der innere Sinn echter Wahrheiten, zu denen auch die religiöse Weissagung zu rechnen ist.

Ein Vergleich aller bisher angeführten Prophetien konnte diese Einheit der Idee in der Vielfalt der Worte und Bilder ausnahmslos bestätigen. Wenn nunmehr der Sprung von Jakob Böhme unmittelbar in unsere Gegenwart getan wird, so nicht etwa darum, weil das 18. und 19. Jahrhundert keine Propheten hervorgebracht hätte, sondern weil gerade die beiden größten unter ihnen — Emanuel Swedenborg und Jakob Lorber — ihrer Bedeutung wegen den Vortritt in früheren Kapiteln erhielten und ihrer geistigen Lehre ausführlicher gedacht wurde. Seit dem Ableben Lorbers (1864) stand zwar kein Mann des Inneren Wortes mehr auf, dessen religiöses Lebenswerk auch nur annähernd der Sendung Lorbers vergleichbar wäre, doch ist damit die Gabe der weissagenden Schauung keineswegs erloschen. Im Gegenteil, seit Beginn unseres Jahrhunderts ist eine zunehmende Hellsichtigkeit und Hellhörigkeit für geistige Einflüsse festzustellen, wobei sich mit dem fortschreitenden Ablaufe der Zeitereignisse auch Stimmen bemerkbar machen, die zum Nahen einer großen Menschheitswende sehr Wesentliches auszusagen haben.

Die mannigfachen Stufen des seelischen Lebens und seiner Verbindung mit der Welt des Geistes und der Geister machen es unserer mit diesen Problemen so wenig vertrauten Gegenwart nicht leicht, sich darüber ein gerechtes und zutreffendes Urteil zu bilden. Beschränkt sich doch das Wissen um religiöse Dinge und geistige Lehren beim überwiegenden Teile der Menschheit auf den Religionsunterricht der Kindheit, zuweilen auch auf ein lebenslanges genügsames Verharren in altgewohnten Glaubenssätzen, deren Widersprüche zur reinen Evangelienlehre ihnen kaum bewußt wird. Andererseits berauscht sich unsere Generation am Siegeszuge einer Wissenschaft, die zwar irdische Erfolge imposanter Art hervorbringt, durch ihre noch materialistische Einstellung hingegen den Glauben eher verdrängt als fördert. Das scheinbare Fehlen einer wahrhaft geistigen Lehre vom Sinn des Menschenlebens, vom Wesen Gottes und der Schöpfung treibt ungezählte Menschen von Kirche und Wissenschaft weg: in die Arme religiöser Sekten oder hin zu den unkontrollierten Gebieten des Okkulten mit seinem geheimnisvollen Zauber des Übersinnlichen. Auch im Spiritismus suchen viele, vom Jenseits aus einen Halt zu gewinnen für ein Diesseits, dem sie haltlos gegenüberstehen, ohne zu wissen, wie dabei Licht von Finsternis, Wahrheit von Irrtum zu unterscheiden ist.

So geht heute ein großes Suchen nach Antwort auf die Fragen des Seins und Daseins durch die Welt, dem durch hunderte von religiösen, philosophischen und geisteswissenschaftlichen Systemen begegnet wird, was schon Jesus mit den Worten weissagte: „Sie werden rufen, hier ist Christus und da ist Christus! Aber glaubet ihnen nicht ..." Wie notwendig, weil die Not wendend, ist daher ein neuer geistiger Lichtimpuls, der die Menschheit um eine weitere Stufe emporhebt, weil die alten zu zerbrechen beginnen! Wie unaufschiebbar, daß ihr Denken, Fühlen und Wollen endlich auf die Basis der *Wahrheit* gestellt wird und das geschaffene Lügenreich dieser Welt einer neuen „Erleuchtung durch den Heiligen Geist" weichen muß! Wie erlösend die Verheißung, daß da der Mensch lernen werde, Gott als den Christus *in sich* zu finden, um dann im Geiste der Liebe die Erde neu zu gestalten! Wie tröstlich die Worte aller Propheten vom Endsiege des Geistes zu einem Zeitpunkte, da die Welt bekennen wird, trotz Kirche und Wissenschaft totalen Schiffbruch erlitten zu haben ...

Auf den seelischen Hunger und das innere Fragen unserer Zeit antwortet heute wie ehedem der Geist mit jenen Ausdrucksmitteln, die ihm nach den ganz unterschiedlichen Entwicklungsstufen der Menschen zu Gebote stehen. Ist das Wachbewußtsein nicht allzu sehr an das Gehirndenken verklammert, so eröffnet vielen die Welt des Traumes oft seltsame Bilderreihen, die einen Blick in die unterbewußte Seelenwelt darstellen. Da die *innere Sprache* nicht Wort, sondern Anschauung ist, so malen solche Hellträume in symbolischen Bildern Spannungszustände des der ganzen Menschheit gemeinsamen kollektiven Unterbewußtseins und zeigen zuweilen auch an, mit welch explosiver Gewalt sich diese zu entladen drohen. Ein Vorgang, der Betrachtung einer Gewitterballung vergleichbar, wobei der

Geist schon dessen eruptive Auflösung voraussieht und der Vorstellung zugänglich macht.

Wieder anderen Menschen — sie werden Medien (Mittler) genannt — ist infolge geringerer Dichte ihres Fluidalkörpers eine direkte Aufnahme seelischer Einflüsse möglich, die ihnen von „Geistern" zugestrahlt werden. Solche Geister sind nichts anderes als Wesen außerhalb eines grobstofflichen Körpers, die in feinstofflichen Sphären bewußt ihre Weiterentwicklung fortsetzen. (Daß ein Großteil der Menschheit vergessen hat, selbst Geistwesen zu sein und nicht mehr weiß, daß ein jeder nach dem Leibestode diesen Weg lebendig weiterwandelt, zählt zu den tragischen Folgen des Materialismus, der nur Leben in der Materie für möglich hält, dem angeblich ewige Vernichtung folgt. Auch die Kirche mit ihrer Lehre von der „Auferstehung der Toten" erst am Jüngsten Tage wandelte ein symbolisches Bild der Offenbarung zu einer Seelenlehre, die niemals Vernunft und Gemüt der Gläubigen zu erhellen vermochte.) — Kein Zweifel, daß solche Bewohner der Seelenwelten (des astralen Plans) das seelische Chaos der verkörperten Menschheit sehr deutlich miterleben und ihrem stoffbefreiten Blicke die Folgen daraus nicht verborgen bleiben. Daher ergehen auch von dieser Seite immer eindringlichere Warnungen an ihre Erdenbrüder, ihr Tun den göttlichen Gesetzen unterzuordnen, statt durch Haß und Vernichtungswillen ihren Untergang herbeizuführen.

Weit über solchen psychischen Kontakten steht die Gabe des sogenannten „Inneren Wortes". Sie ist reingeistiger Natur und wird nur dem verständlich, der um die Dreieinheit des Menschen als Geist-, Seelen- und Körperwesen weiß. Der Geistfunke in der Menschenseele ist sein eigentliches „ewiges Ich". Er als gestaltgewordene Idee Gottes eine Teilkraft der Gottheit, und darum mit allen Vollkommenheiten begabt, die dem reinen Geiste zu eigen sind. Das Geistbewußtsein steht außerhalb jeder Beschränkung von Raum und Zeit und verfügt über alle Attribute, die wir als göttlich betrachten: Allgüte, Allwissenheit, Allmächtigkeit. Gelingt nun der Seele durch Höherentwicklung endlich die Einigung mit diesem ihr innewohnenden Gotteslichte (dem Christus im Menschen) — ein Vorgang, den die wahre Religion die „mystische Hochzeit" oder „geistige Wiedergeburt" nennt — so vermag auch der irdische Mensch in sich bewußt die Einsprache des Geistes zu vernehmen und durch das Innere Wort Führung und hohe Belehrungen zu empfangen. Dann eröffnet sich dem Menschen die unermeßliche Liebeweisheit des Weltenplans und damit auch ein Blick in die Zukunft, der himmelhoch über den beschränkten Fähigkeiten nur-seelischer Hellseher oder Medien steht. Aus dieser Sphäre allein stammt jede *echte und große* Prophetie, die über Jahrtausende hinweg die Absichten Gottes mit der „Schöpfung Mensch" offenbart.

Zwischen den obgeschilderten geistig-seelischen Entwicklungszuständen finden sich mancherlei Übergänge: vom unbewußten Ahnungsvermögen über wachbewußtes Hellsehen bis zu jener geistigen Schauungsweise, die als Intuition und Inspiration das Lebenswerk so vieler Menschen auf allen Gebieten erleuchtet. Solche wissen, ohne grübeln zu müssen. Sie erkennen, ohne hellzusehen und vermögen den Dingen auf den Grund zu gehen, indem ihr Geist mit der Welt der Ur-Sachen Verbindung aufnimmt. Dieser Menschentyp ist besonders feinfühlig für die hintergründigen Entwicklungen unseres Zeitalters, und solche Menschen wirken oft durch Wort und Schrift für den Durchbruch höherer Wahrheit und für die Erkenntnis, an welcher geistigen und kosmischen Wende wir heute stehen.

Diese kurze Skizzierung der für das Wesen der Prophetie charakteristischen Veranlagungen mußte dem Folgenden vorangehen, um das Verständnis der nachstehenden Weissagungen zu fördern, deren jede einem der oben geschilderten geistigen Verbindungswege entsprang. So zahlreich wie niemals zuvor sind heute die laufenden Kundgaben aus geistiger oder seelischer Sphäre, daß ihre Wiedergabe Bände füllen müßte. Was hier davon geboten wird, sind kleine Ausschnitte aus dem Gesamtgebiete der Prophetie — einer Gabe des Geistes, die jedoch vom Gewissen, der inneren Stimme im Menschen geprüft werden soll, um Licht vom Dunkel und Wahrheit von Täuschung zu scheiden.

Das Innere Wort spricht

Allen Kundgaben des Inneren Wortes ist die Ichform gemeinsam. Indem der Geistfunke im Menschenherzen ein göttlicher Teil des großen „ICH BIN" ist, drückt sich dieses Ichgefühl des Geistes sinngemäß in der Einsprache aus und wird daher folgerichtig vom Schreiber in dieser Weise wiedergegeben: eben so, wie es seine erleuchtete Seele unmittelbar empfindet. Mögen auch so manche „Vatermedien" in der Auffassung vom Ursprung des Vernommenen einer — durch eigene Wunschkräfte bedingten — frommen Selbsttäuschung unterliegen, so besteht dennoch kein Zweifel, daß sich darunter auch wirkliche „Mittler des Vaters" befinden, denen ihre echte re-ligio, die Verbindung ihres irdischen Bewußtseins mit dem Geiste, wenigstens für begnadete Stunden die Kraft prophetischer Wahrheitsverkündung verleiht.

Jeder vom „Christus im Menschen" ausgestrahlte Gedanke muß, um irdisch-sprachlichen Ausdruck zu gewinnen, den Seelenbereich des Vermittlers durchlaufen. Daher bedingt die individuelle Eigenart und persönliche Entwicklung eines Menschen den Grad, *wie* er das im Inneren vernommene „Wort" wiederzugeben vermag. Aus diesem Grunde weisen auch die folgenden Proben von Weissagungen der Gegenwart je nach ihren Empfängern unterschiedliche Gestaltung auf, die sich auch in stärkerem oder geringerem Gebrauche der Symbolsprache ausdrückt. Allen gemeinsam ist jedoch *ein* Grundtenor: der *Ernst* und die *Nähe* des kommenden Endes (nicht Weltuntergangs!), das aus der Ferne uralter Prophezeiung nunmehr in die letzte Verkündung des unmittelbar bevorstehenden Eintrittes gerückt erscheint. Damit erhält das alte Apokalypsenwort „Es wird keine Frist mehr sein!" eine erregende Bedeutung.

So spricht das Innere Wort in Menschen der *Gegenwart:*

1. ... „Ihr tretet bald in die letzte Zeit ein, von der Erwähnung getan wurde seit Beginn dieser Erlösungsperiode, und ihr werdet bald

alle Anzeichen erleben, die euch zu allen Zeiten durch Seher und Propheten verkündigt wurden. So wird sich dies alles erfüllen, weil Mein Wort Wahrheit ist und Ich selbst durch dieser Propheten Mund gesprochen habe. Alles, das Ich weissagen ließ, sollte die Menschen anspornen zur Arbeit an ihrer Seele ... Doch bisher war die Zeit noch nicht erfüllt, es hatte Satan noch nicht uneingeschränkte Macht über die Menschheit gewonnen. Darum war den Menschen noch eine längere Zeit zugebilligt, weil sich noch viel gebundenes Geistiges verkörpern mußte zum Zwecke der letzten Willensprobe auf dieser Erde. Mein Heilsplan aber wickelt sich ab nach den Gesetzen ewiger Ordnung, und kein Tag früher oder später ist eine Epoche beendet, weil Ich von Ewigkeit ersah, was dem Geistigen dient oder seine Entwicklung behindert ...

... Nun nimmt das Wirken Satans immer schrecklichere Formen an, da viel des gebundenen Geistes frei wird, und sein Einfluß wirkt nach dessen Verlangen. Daher nimmt auch das teuflische Gebaren der Menschen zu, je näher das Ende heranrückt. Der Widersacher glaubt sich stark genug, Mich gänzlich besiegen zu können und hält sich nicht mehr in den Grenzen der Machtbefugnisse, die ihm gesetzt wurden bei seinem Fall in die Tiefe. Sowie aber dieser Zeitpunkt gekommen ist, wird seinem Wirken ein Ende gesetzt werden ... Mein Widersacher wird sich offen gegen Mich stellen, indem er die Menschen vergewaltigen will, Mich abzuleugnen, und indem er jegliche Bindung mit Mir zerstören will, um alles in seine Gewalt zu bekommen. Wer um den Zweck des Erdenlebens weiß, der in dem freien Willensentscheid besteht, erkennt auch, daß ein solcher nun völlig unterbunden wird durch den Plan Meines Gegenpols. Und er weiß, daß dann der Zeitpunkt gekommen ist, wo Ich ein Ende setze seinem Wüten und ihn wieder in Ketten lege samt seinem ganzen Anhang.

... So ist alle Prophezeiung zu verstehen, die auf das *Ende* hinweist. Darum achtet dieses letzten Werkes Meines Gegners, an dem ihr deutlich erkennt, in welcher Zeit ihr lebt. Achtet auf die Bestrebungen, den Menschen jeglichen Glauben zu nehmen, und beachtet all das, was deutlich als Wirken des Antichrist wahrnehmbar ist. Achtet, wie die Menschen angefeindet werden, die in Wahrheit Mir dienen und die Wahrheit zu verbreiten suchen. Sowie ihr alle Anzeichen eines kommenden Glaubenskampfes erseht, wisset, daß ihr dann in die letzte Phase eingetreten seid. Dann wappnet euch, die ihr Mir treu bleiben wollt, mit Zuversicht und gehet mit Kraft in den

Kampf! Wisset, daß Ich vorangehe, daß ihr für Mich streitet und wahrlich unbesiegbar bleiben werdet, ob ihr auch an Zahl weit unterlegen seid der Schar Meines Gegners. Ich selbst werde ihn schlagen und gefangennehmen, wenn die Stunde gekommen ist, die vorausbestimmt ist seit Ewigkeit. Und ihr, Meine Getreuen, werdet aus diesem Kampfe hervorgehen zu neuem Leben und nicht mehr bedrängt werden können von dem ewigen Neinsager, der noch äonenlang Mein Gegenpol bleiben wird. Amen!" (Empfangen 1956)

*

2. ... „Höret ihr Völker, ihr Menschen, die ihr glaubet, Mein Wort sei nur für Feierstunden und im Alltag würden andere Gesetze gelten! Lasset euch nicht täuschen: Immer, wenn die Menschen früherer Zeiten so wähnten, mußte Ich sie mit Meiner Macht belehren, daß sie Irrwege wandelten. So versanken vor Jahrtausenden Welten, und es ist belanglos, ob ihr Sintflut oder Atlantis das nennt, was kommen wird, wenn ihr nicht zur letzten Stunde umkehret. Lächelt nur, ihr Aufgeklärten! Das Spotten wird euch vergehen, wenn die alte Erde erbebt unter all den Schauerlichkeiten, die ihr selbst in euren entmenschten Gehirnen zu eurem eigenen Ende ausgesonnen habt. Ihr führt folgerichtig fort, was ihr schon lange begonnen habt: das große Blutbad, das ihr euren Brüdern bereitet habt, wird sich dann auf euch selber ausdehnen! Durch zwei Weltkriege habt ihr euch vorgeübt für dieses große und letzte Gemetzel, doch konnten sie euch nicht zur Besinnung bringen und nicht zur inneren Umkehr bewegen. Groß war Meine Langmut und Meine Liebe, die wollte euch vor dem Gerichte retten. Aber *ihr* habt nicht gewollt und *wollet auch weiter nicht!* ..." (Empfangen 1949)

*

3. ... „Der Hochmut der Völker hat alles Maß überschritten. Das merket euch aber: Das Morgenrot *vor* Meiner Ankunft wird noch viel röter werden, und erst am Ende alles Würgens wird es sich zeigen, daß keine Partei den Sieg errungen hat, denn der rechte Sieger wird erst kommen! ... Kein Wüterich wird entrinnen und kein Richter, der sein Ansehen mit dem Blute der unschuldig Gefangenen zierte. Das Gericht kommt, wenn die Völker gänzlich von Mir abfallen und Gott verwerfen. Dann wird Satan beginnen, am Räderwerk der Ur-Ordnung zu rütteln, um die ganze sichtbare Schöpfung aus den Angeln zu heben und sie zu *Atomen* zu zerstören. Aber

fürchtet euch deshalb nicht, denn der Widersacher hat sich verrechnet! ..." (Empfangen 1949)

*

4. ... „Glaubet nicht, daß es noch Zeit sei! Ich komme bald, Mitternacht ist angebrochen. Eine kurze Zeitspanne bleibt euch noch: der letzte Posaunenschall, der gar bald einsetzen wird. Ich sammle Meine kleine Schar und wähle Meine Schnitter, denn es ist Zeit zur Ernte ... Eine ungeheure Gefahr schwebt auf euch zu, flehet empor zum Himmel, denn allein Einer kann euch retten. Ich wiederhole: Mitternacht ist angebrochen! Um der Gerechten willen wird das Gericht hinausgezögert bis zum letzten Augenblick, aber es muß erfolgen. Nicht mehr lange, und ihr werdet den ‚Antichrist' auftauchen *hören* und dann *sehen*. Aber auch seine Macht ist begrenzt, denn Meine ist größer und wird es ewig bleiben. Euer Trost sei: Meine Engelscharen werden euch umgeben wie ein eiserner Panzer, den nichts durchdringen kann; denn Ich bin bei euch immerdar! Amen." (Empfangen 1952)

*

5. ... „Ihr habt nun den Zeitpunkt erreicht, den ihr den Anfang des Endes benennen könnt. Es wird die Welt zu einem Brandherde werden, die Flammen werden auflodern und hemmungslos wird der Haß wüten. Die Menschheit wird von Furcht erfaßt werden und keinen Ausweg mehr sehen aus der Gefahr, die unabwendbar ist ... Wenn aber alles in Aufruhr ist, wird sich euer eine große Ruhe bemächtigen, weil ihr dann klar erkennt, daß die Zeit Meines Nahens gekommen ist. Und ihr werdet dies kundtun allen Menschen, die euch anhören wollen ... Der Brand ist entfacht und wird nicht mehr durch Menschen gelöscht werden können; doch Ich selbst werde ihn zum Erlöschen bringen, indem Ich ihm andere Elemente entgegensetze und denen gebiete, die sich gegenseitig vernichten wollen ... Eine Naturkatastrophe wird die Erde heimsuchen und die Kämpfenden auseinanderreißen, denn es wird ihnen eine Macht in den Weg treten, der keiner der Streitenden gewachsen ist. Nur kurze Zeit wird dieser Vorgang dauern, aber eine völlig veränderte Weltlage schaffen und ein anfangs unübersehbares Chaos, große irdische Not und Trauer unter den Menschen ... Noch müssen viele Läuterungsmöglichkeiten geschaffen werden, um noch viele Menschen in der kurzen Frist zur Reifung zu bringen. Das Ende ist nahe und ihr sollt mit Gewißheit

bald den Tag des letzten großen Gerichtes erwarten, auf daß sich erfüllt, was verkündet wurde durch Wort und Schrift ..."

(Empfangen 1951)

*

6. ... „Von der Endzeit leset ihr im Evangelium (Matth. 24): ‚Es werden sich die Kräfte des Himmels bewegen'. — Dazu meinen die Menschen, daß die Sterne vom Himmel fallen werden, aber solches wird nicht geschehen. Denn das Wort hat eine andere Bedeutung: Nun ist die Zeit, da Ich den Bewohnern der Planeten und Sonnen den inneren Blick auf eure Erde eröffnen werde. Da werden sich jene mächtig erregen und diese Bewegung wird sich erstrecken von der Venus bis zur Urka (Zentralsonne unseres Sonnenalls). *Dadurch* aber werden die Kräfte des Himmels in Bewegung geraten und es wird ein mächtiger Ruf an alle Bewohner der Erde ergehen. Ein Sturmwind wird brausen von Ost nach West und beugen alle starken und starren Geister, daß niemand vermag diesem Orkan Widerstand zu leisten. Dann aber werde Ich zu den Meinen kommen als ihr ewiger heiliger Vater! Amen." (Empfangen 1950)

(Nr. 1—6 Nachdruck aus der Zeitschrift „Mitternachts-Fanal", La Cumbre, Argentinien.)

*

7. ... „Nun ist die Zeit gekommen, wo der alte Same nicht mehr taugt in das Erdreich alles Lebens. Zu groß ist die Kluft geworden zwischen Meinen Kindern und denen, die sich noch baden wollen im Schmutz und Schlamm der Tiefe. Sie suchen ihr Heil in Leidenschaften, graben nach irdischen Schätzen und lassen den Geist Satans hochkommen nach seiner Weisheit, mit der er sich selbst den Untergang bereiten wird. Ich aber ergreife die Meinen mit großer Liebe im Herzen und lasse das Licht der Erkenntnis immer heller leuchten. Noch fühlen sich die vielen Satane auf Erden sicher, auch wenn sie den anderen Mitmenschen den Tod gönnen. Aber sie werden nicht mehr Zeit haben zu denken, wenn der Berg der Vergeltung auf sie stürzen wird, um sie zu zermalmen ... Durch das Licht der Liebe, das Meine Kinder im Gebet um die Erde ausstrahlen, entsteht in den geistigen Sphären große Verwirrung unter den finsteren Mächten. Sie klammern sich an ihresgleichen auf der Erde, und die Gehirne der Weltmächtigen beginnen sich mehr und mehr zu verwirren, daß sie nicht mehr wissen, was sie wollen und tun. Darum seid bereit und

haltet die Augen offen, doch sorget euch nicht: es wird wahrlich das Brot denen wenig schmecken, wenn der Greuel der Verwüstung große Formen anzunehmen beginnt ...

Ärger noch werden ertönen die Weckrufe in der Natur, bis ein Beben durch die Menschheit geht und die bange Frage erschallt: ‚Wen trifft es zuerst und wer kann uns noch Schutz gewähren?' Wieder haben sich die Kinder der Welt vergriffen am Gesetze der Natur und treiben ihr frevelndes Spiel mit den Kräften Gottes. Wieder ist die Menschheit in eine große Sündflut gefallen, und so wird die alte Welt mit ihren Sünden und Lastern zugrunde gehen, damit die Erde umgestaltet und neu gesegnet werden kann zu einer Wohnstätte der Kinder Meiner Liebe. Darum lasset die Menschen kämpfen, bis sie des Kampfes müde werden. Dann wird neue Kraft euch beleben und Ich selbst werde *in euch* der letzte Kämpfer sein! Alles geht einem neuen Werden entgegen, denn geistig und materiell wird sich alles neu gestalten müssen. Überall lauert Tod und Verderben auf der einen Seite, und Umwandlung und neues Werden auf der anderen ...

Weite Teile der Welt werden größte Veränderungen erleiden und manch schwerer Schlag wird noch fallen müssen. Manches kann euer Geist schon erfassen, aber vieles bleibt euch noch verborgen bis zur Umwandlung. Würdet ihr das kommende Geschehen schon jetzt in seiner ganzen Größe begreifen, so wäret ihr nicht fähig, mit euern Brüdern und Schwestern Schritt zu halten. Es wanken im Sturme alle Throne der Erde. Stellet euch in den Hintergrund, aber weiset die Menschen hin auf das Kommende, um sie im Geiste der Zuversicht zu stärken, wenn sie guten Willens sind, denn Ich werde ihre einzige Arche sein zu jener Zeit ... Geistig ist der Fall der Erde schon vollendet. Geistig steht alles bereit, die Flamme braucht nur noch entzündet zu werden. Doch wehe, wenn der Funke schlagen wird ins Welttreiben der Menschen! Da wird die Erde erzittern und keiner wird wissen, wie weit dies reicht und wie lange es andauern wird. Darum lasset euch nicht beirren, als würde das große Gericht leichtlich vorübergehen. Ihr kennt nicht den Tag und die Stunde, denn es wird nicht gehen nach eurer Zeitrechnung, sondern nach Meiner geistigen Rechnung, die ihr nicht ermessen könnt. In einem unbewachten Zeitpunkte wird sich die Erde entzünden und die Menschheit wird in eine Verwirrung geraten, aus der sie nicht mehr herauszufinden vermag. Es hat die letzte Posaune schon begonnen und wird nicht mehr enden, bis auch das Letzte vollbracht ist ...

So bereitet euch vor, Meine Kinder, daß ihr gerüstet seid und in Meinem Geiste getrost allem entgegenblicken könnt, was Mein ewiger *Liebewille* auch im Gerichte zur Lösung und Erlösung *aller* Menschen vorgesehen hat!" — (Empfangen 1956)

*

Dieser letzte Satz ist der Schlüssel zum Verständnis des Wesens eines Weltgerichtes überhaupt! Der „Zorn Gottes" enthüllt sich als eine Zeit des göttlichen „Eifers", einer gesteigerten Liebetätigkeit des Geistes, um der Menschheit neue Bedingungen zu neuem Aufstiege zu schaffen. Was sich dem entgegenstellt, richtet sich selbst, indem es nicht willens ist, sich dem Evolutionsplane einzufügen und daher anderen Entwicklungsmöglichkeiten in anderen Weltsphären zugeführt wird. Der „Zorn Gottes" löst in Weltgerichten irdische Leiber auf, um seelisches Leben vor der Zerstörung zu erretten! Das ist göttlich gedacht, und wird doch nur von wenigen Menschen in seinem tiefsten Sinne begriffen ...

Zum Abschluß sei ein Inneres Wort gesetzt, das Offenbarung und Mahnung zugleich ist:

„... So steht geschrieben: Es wird ein neuer Himmel und eine neue Erde sein. Denn das Alte ist vergangen, siehe, es ist alles neu geworden."

Dieses gewaltige Wort der Offenbarung ist den Menschen zum Gesetz gegeben, das sie noch nicht kennen und seinen Sinn nicht sehen, gegen das jedoch die alte Erde sich mit ihrer letzten Kraft erhebt. Die Weltkinder spüren dieses Neue, sie wittern es wie Tiere die Gefahr. Und wie Tiere versuchen sie auch auszuweichen, zu entfliehen. Ein Steppenbrand ist aber schneller als flüchtige Hufe aufgeschreckter Herden. So ist es mit dem neugegebenen Gesetz, das unsichtbar als des Endes erster Vorbote gekommen ist.

Niemand weiß es außer jenen, die es offenbart erhalten, und ihrer sind wenige. Aber viele merken den Odem, der dem Gesetz vorauseilt wie der brandige Geruch dem Steppenfeuer. Doch sie kennen die Gefahren nicht, auch nicht, woher sie kommen. Sie schauen ängstlich fragend drein, doch ihr Raten ist vergeblich. Sie wollen der Welt Frieden bringen und sind selber im Herzen bar des Friedens! Wie können sie dann geben, was sie selbst nicht besitzen? Sie möchten die Völker erlösen, sträuben sich jedoch gegen die einzige wahre Erlösung durch das heilige Blut Christi. Sie nehmen es nicht an, sondern lachen und spotten, und ihr Rat darüber ist der Hölle letzter Abgrund. Die Länder wollen sie vereinigen, allein sie stemmen sich dagegen voll Hader und Zwietracht und laufen auseinander wie eine Herde ohne Hirte. Was soll drum solche Vereinigung, von der sie fühlen, daß sie ihnen nicht gelingt?

Die *letzte Gnadenzeit* füllen sie mit nutzlosem Tun und fragen weder nach dem Gebote der Liebe, das Christus lehrte, noch nach dem Gesetze, das das Alte auflöst und eine neue Erde, einen neuen Himmel bringt. Das große Gesetz, schon längst bereit, alles Vergangene aufzuheben, es schließt die wahrhaft Gläubigen in seinen Kraftquell ein, weil es der Siegelbewahrung des Lebens Jesu gilt und mit vollster Souveränität ausgestattet ist. Ihm gilt der Endzweck aus des Höchsten Erdenleben: Enderfüllung der Erlösung! Das Zeichen ist gegeben, wann das neue Gesetz nun wirksam wird.

Zu dieser Zeit überstürzen sich die Weltgesetze. Zu jenen, die scheinbar zur Hilfe der Völker ausgeschrieben wurden, kommen immer weitere hinzu. Zum Schluß löst ein Gesetz das andere ab, bevor das alte wirksam wurde. Die Gesetzesgeber kramen im Wust der Papiere wie geile Krämer, die ihre ersten Wucherpreise schon vergessen haben über all den neuen, die den armen Menschen zu untragbaren Lasten werden. Doch die Menschheit wird sich bald erzürnen, sich über die Wirrnisse erheben und sie alle zerschlagen. Freilich kommt dadurch die ärgste Zeit: denn *gesetzeslos* kann die Erde nicht bestehen, und viele Menschen werden sich wie wilde Tiere tummeln.

Vordem weht ein Rauch dahin und hüllt die Erde *dreimal* ein. Wenn er vorüber ist, werden Viele nicht mehr sein, denn das Endgericht ist angebrochen. Es wird ein Schreckensfeuer brennen, wie Johannes es verkündete; das verzehrt die Bosheit und auch jene, die ihr huldigen. Die Wolken brechen, um hinwegzuspülen alle Wucherer und die Betrug in ihrem Munde haben, die ihre Hände damit unrein machen. Zuletzt erheben sich die Berge über alle Großen, die da rufen: Wo ist Gott? *Wir* sind, die da richten und ist über uns kein anderes Gericht! — Doch höher sind die Berge als die hohle Hoheit aller Hohen. Und DER wird sie damit begraben, der die Berge setzte zum Zeichen Seiner allewigen Macht und Stärke!

Verstehet das Wort! Der *Rauch*, die Erde dreimal treffend, ist furchtbares Morden und ein Blutgericht. Die Menschheit könnte leicht diesem Schrecken entgehen. Denn nicht Gott sendet das Gericht in Seinem Zorn, weil die Erde reif zur Strafe ist. O nein! Der Weltkinder Bosheit zündet diese Brände an, daraus erstickender Rauch aufquirlt. Vollständige *geistige* Armut, verbunden mit Krankheit und Übeln aller Art, sind das zweite Wehen. Das Dritte kommt aus einer Wissenschaft, die die letzte Hölle auf die Erde wirft. Doch weder dieser noch der Hölle bleibt die Zeit, ihr gottloses Treiben bis zum Ende durchzuführen.

Aus der „*Wüste Welt*" erhebt sich ein Geschrei. Die Stimmen streiten um die Macht und um ein Land. Sie sagen: Wir wollen dem Lande helfen und allen armen Völkern. — Glaubt ihnen nicht! In ihrem Munde ist Betrug und ihre Rede ist Verrat. Kümmert euch weder um das Streiten der Macht noch um irgendwelche Länder. Die des Geistes harren haben ja ihr Vaterland, das nicht aus ihren Herzen zu reißen ist. Wenn aber das geschieht, so wisset, daß das Feuer in der Steppe loht und daß EINER, gewaltig über Himmel und Erde, den Brand geworfen hat, der alles dürre Gras verzehrt und die Tiere jagt. Die unter diesen Tieren leben müssen und keinen Teil an ihnen haben, die führt der *Geist* an einen breiten Bach, dessen Wasser sie errettet.

Versteht das Wort! Die *Wüste* ist die Glaubenslosigkeit, ist auch die leere Hand der Mächtigen, die sie den Völkern bieten. Versprechungen, die sie nicht zu halten gedenken, weil sie genau fühlen, daß sie gar nicht mehr imstande sind, diese wahrzumachen. Umso lauter preisen sie ihr Angebot, um ihre Unzulänglichkeit zu decken. Doch keiner soll sein irdisches Vaterland ohne äußerste Not preisgeben, denn auch diese Last zu tragen, ist ein Teil des neugegebenen Gesetzes. Wer nicht im Irdischen die Treue wahrt, wie will er sie denn geistig halten? Doch ist das Geistige hoch über alles Irdische zu stellen und das Irdische ist durch das Geistige zu bestimmen.

Der *Brand* aus dem Gerichtsgefäß, vom Engel in die Steppe, d. h. in die Politik der Machthaber geworfen, kann auch die Lichtkinder mit erfassen, weil sie als Menschen ans Irdische gebunden sind. Ihnen sei gesagt: Fürchtet euch nicht! Eure Lasten sind miterlösende: sie helfen das vergessene Gesetz durch das Neue wiederzubringen. Sie werden euch nicht schwer, wenn ihr sie dem Ewigen in die Hände legt. Der *Bach,* zu dem der Gnadengeist hinführt, ist das Brot des

Lebens, das ihr jederzeit empfangt. Und er ist auch der Schutz, den die Behütenden euch angedeihen lassen.

Der dreifache Rauch ist nocht nicht vorüber, wenn das *Zornesfeuer* flammt. Nicht materiell, doch die Erde schrecklich treffend, entsteigt es jenen Boshaften, die dem Nächsten Friede, Habe, Glaube und das Leben nehmen. Die letzten Höllengeister sind die Jäger. Doch auch ein *natürliches* Feuer wird an vielen Orten wüten, das viele Boshafte samt ihrer Bosheit vertilgt. Die alte Erde stößt es von sich, und Blitze, wie sie nie gesehen wurden, fahren vom Firmament auf Menschenwerke nieder. Da nehmen mit entsetztem Blick die Spötter wahr, daß die Geduldsmühle GOTTES für sie abgelaufen ist. Dann möchten sie sich wohl umkehren, doch es ist zu spät! Ihr altes Gesetz wird sie nicht mehr schützen und des Himmels neues hat für sie noch keine Gültigkeit, sondern nur für jene, die dem Lichtrufe Folge leisten. Erkenntnis zu erringen — was eine Umkehr mit sich brächte — sind sie nicht befähigt, denn sie verpraßten ja des Vaters Erbe. Des Todes Finsternis kommt über sie, geistig wie auch zeitlich in ihrer Umkehrzeit.

Nicht anders kommt es mit dem *Wolkenbruch*, der alle Wucherer samt dem Betruge hinwegspült. Doch nicht sind nur die Mammonwucherer gemeint, auch diejenigen der Weltmacht. All ihr Betrug wird wie brausende Gewässer, wie eine Springflut über alle Länder jagen. Wer aus der ersten Welle seinen Zinsgewinn noch buchen kann, den erfaßt die nächste und begräbt ihn unter sich. Der Gewinn der zweiten Welle erntet nur Verlust und Tod. Alles Mühen wird ohne Früchte sein, weil eine Wucherwelle die andere bedeckt. Doch auch *naturgemäß* ereilt die Menschheit das Verderben der Gewässer, sie zerstören weite Gebiete.

„Ihr *Berge* decket uns, ihr Hügel fallet über uns!" — werden sie rufen, wie der Prophet Hosea weissagte. Doch vergeblich wird der Ruf ertönen, weil — wenn es geschieht — die Berge schon im Wanken sind. Auch hier geht das Menschlich-Innere und die Natur der Erde Hand in Hand. Die Machthaber nennen sich granitene Säulen, Berge, die sich über alle Völker stellen. Sie halten ihre Macht in Buchstabengesetzen fest, also in Erstarrung, wie die Bergspitzen scheinbar im ewigen Eis und Schnee erstarren. Allein, ein gewaltiger Föhn fällt über sie und Eis, Schnee und Stein stürzen nieder. Umstürzler sind die entfesselten Völker. Und einmal die *Gewaltsysteme* ins Wanken gebracht, wird eine Festigung der Ordnung keinem mehr gelingen. Alles Tun in dieser Richtung ist nur Notarbeit, es kommt zu keinem Weltaufbau. Die Erde hat abgewirtschaftet. Auch besitzt das dämonische Schattenreich nicht mehr genügend Mittel, denn sein Oberster hat sich umgewendet. — Feuer und Wasser aber, katastrophal als Elemente aufgewühlt, machen Berge wankend und stiften viel Unheil an.

Hieran kann der, welcher Golgatha erkennt, am besten sehen, daß die Erlösung durch das Wort „Es *ist* vollbracht" eine vollgültige war und ist. Das Vollgültige ist der unvergängliche „Berg Zion" der Propheten, der nicht wankt und weicht, auf den man alle Hoffnung setzt. Von IHM aus geht das Fallen von Bergen und Hügeln durch das neu gegebene Gesetz, unter dessen schweren Schatten die Erde und die Mächtigen ihr Ende finden. Die fallenden Berge heißen: Gericht, Gerechtigkeit, Auflösung der Materie und — das gefürchtete *Unbekannte,* in dem auch der neue Himmel und die neue Erde eingeschlossen sind.

Jahrhunderte, besonders nun das jetzige, wollten Licht und Wahrheit unterjochen. Damit wurde ernstlich Gesetz und Ordnung dieser Erde aufgehoben. Alle Lügner und Spötter glaubten in ihrer Bosheit, das Licht verfinstern, die Wahrheit vertreiben zu können. Sie gedachten an Stelle des wahrhaftigen Gottes ein goldenes Kalb auf den Sockel ihrer Weltmacht zu erheben. Sie haben sich geirrt! Denn nun sie ihre Macht verloren haben, wird das *Licht* umso glorreicher und mächtiger erscheinen. Sie ertragen geistiges Licht nicht und verbergen ihre Angesichter in die Mäntel ihrer letzten Bosheit, doch nichts kann sie davon befreien, denn das kommende Geschehen brennt sich in alle Erdenseelen ein.

Gerechtigkeit scheidet die Schafe von den Böcken, den Weizen von der Spreu, die Lichtseelen von den Finsterlingen. In einer Stadt, in einem Hause, ja in einer Familie werden die Menschen das Gericht verspüren. Doch die Schafe finden ihren Hirten, der sie zum Bache leitet, wo sie vor dem Steppenbrande geborgen sind. Der Weizen wird vom Landmann GOTT zur rechten Zeit gesondert, ehe die Befehls-Engel die Weltentenne fegen und die Spreu vertilgen. Das ist für das Licht die Zeit des großen Hallelujah, denn die Welt hat daran keinen Anteil.

Vier Fluten treten auf: Mord, teure Zeit, Pestilenz und Tod. Aus denen gehen Plagen aller Art hervor als gerechte Folge übler Taten der Widerordnung. Die *Sünde* muß sterben und das Böse wird vertilgt. Das teuflische Wesen zerfällt in sich selbst und wird ewig nicht mehr sein. Diese Plagen richten vieles Unheil an durch das Tun der

Machthaber und ihrer Völker. Der Menschheit schlimmster Feind ist die fast erzwungene *Glaubenslosigkeit* bis zur Ausrottung der Religion, nicht weniger aber auch der *äußere Glaube* ohne Liebe. Ein Volk, das Krieg führt, kann für jeden einzelnen seiner Untertanen eine Kirche bauen: sie wären nichts anderes als Stätten ihrer Macht, des Mammons, der Unterdrückung und der Brutalität. Solche Machthaber werden sich vergeblich brüsten am Tage, wo die Finsternis mit der Sonne kommt.

Indem all ihre festgefügten Werke ganz ins Wanken geraten, werden sie sich selbst und Gott verfluchen, und ihre Lasterhaftigkeit wird größer sein denn je. Allein, an diesem Tage ist ihnen schon die Macht entrissen und sie herrschen nur noch kurze Zeit. Selbst ihre abermalige Erhebung, Volk wider Volk, bringt nichts als schwere Verwüstungen, geistig wie irdisch. Auch der Erdboden wird sich an vielen Orten spalten und die *elementaren Geister* des Feuers, des Wassers, der Erde und der Luft machen manches Menschenwerk zunichte. Einzelne werden sich bemühen, sich gegen das Toben zu stemmen und möchten mit besserer Einsicht dem furchtbaren Chaos gegenübertreten. Da diese wenigen Machthaber, Führenden und Wissenschaftler aber zu spät zur Einsicht kommen, können sie die Flut nicht mehr dämmen, die sich über die Menschheit ergießt.

Wenn dann die Verantwortlichen schreien: Wo bist Du, Gott, der Du solches sendest, und wo ist Dein Erbarmen? — da werden die „vier Engel, die die vier Winde in den Händen halten" (Offbg.Joh.) rufen: „Ihr habt keinen GOTT gekannt und vergeblich ist euer Geschrei! Ihr habt aus Wahngier für Macht und Mammon die *Tiefe* aufgewühlt, um ihre Schätze euren Götzen in den Rachen zu werfen. Wundert euch nur nicht, daß die Erde euch nun verschlingt. Hättet ihr um wahren Wohlstand, Gleichheit und Freiheit, um geistiges wie natürliches Recht die unterirdischen Güter und die Kräfte des Kosmos zum Dienste der *ganzen* Menschheit eingestellt, wahrlich, unerschöpflich wäre der Brunnen geblieben und Segen hätte die Güter tausendfach vermehrt! So aber nahmt ihr den Gewinn allein für euch in Anspruch, um dadurch Völker zu verderben, Arme auszubeuten und schauerlichste Kriege zu entfesseln!

Ihr habt mit Verstand und törichtem Wissensdurst in die *Höhe* gegriffen. Nun, die Höhe ist über euch hereingefallen. Hättet ihr mit Vernunft und göttlicher Weisheit zum wirklichen Heil der Menschheit geforscht, um dadurch den geistigen Frieden zu sichern: wahrlich, die Höhe wäre zu euch herabgekommen sanft und heilsam und hätte euch die Ordnungsgesetze des Weltalls offenbart! So aber wundert euch nicht, wenn das Gericht des HERRN über euch hereinbricht!"

Vor diesem Gericht bleibt jede Anstrengung zum *Frieden* der Völker erfolglos. Was sich ab und zu als Scheinerfolg zeigt, ist weitaus das Gegenteil, weil im gegenseitigen Mißtrauen in Wahrheit niemand an Frieden denkt, den aufzurichten einer dem anderen verspricht. Sie sagen im Rat Ja und hinter der Türe Nein. Und die Fäden, die sie zu entwirren suchen, verspinnen sich zum unheilvollen Netz, in dem die Ratgeber sich selbst gefangen nehmen. Einen großen Spruch setzen sie auf, daran sich alle halten sollen, doch wird sich niemand darum kümmern, weil keiner der Erste sein will, der den Weltspruch hält. Grenzen fallen, zehn und mehr, aber neue Grenzen werden geschaffen, hundert und mehr. Das heißt, was Gutes geschieht, wird durch Böses vielfach wieder aufgehoben. Auf einen *geredeten* Frieden folgt Fehde ohne Unterlaß. Das ist das Spiegelbild der letzten Hölle, nicht mehr nur wesenhaft, sondern als Menschen in erschreckender Wirklichkeit!

Ihre Forschungen, von denen sie glauben, daß sie ins Geistige hinüberragen, richten größtes Unheil an. Sie kennen den Ur-Geist nicht, noch Seine heiligen Gesetze. Würden sie beides aber auch erkennen, es fiele ihrem Hochmute nicht ein, sie zu respektieren. Daran hindert sie die Machtgier und der Wille, anderen Völkern ein Grab zu graben, um allein die Weltherrschaft an sich zu reißen. Selbst bei direkten Anzeichen von Gefahr werden sie nicht ablassen, die Tiefe der Erde aufzureißen und die Höhe zu sich herabzuziehen. Sie brauchen sich dann nicht zu verwundern, wenn Tiefe und Höhe zum Verderben sich vereinen.

Wird dann die *Not* fast unerträglich, werden die Lichtträger verfolgt werden, weil sie das Gericht als Barmherzigkeit Gottes verkünden. Dann möchten Viele erkennen, doch erst, wenn der letzte Engel den Samen des Gerichtes ausstreut, wird ein Tor der Umkehr aufgetan. Doch dann ist die Gerichtszeit fast vorüber und der HERR der Ewigkeit wird sich allerorten im Geiste offenbaren. Zornesschalen und Posaunen, Herolde dessen, der da wiederkommt, bringen größte Veränderungen mit sich.

Die mächtigste *Wandlung* aber, daran die wenigsten Gläubigen denken, lastet auf der Menschheit selbst. Ihre tausendjährige Beständigkeit, soweit sie nicht schon Katastrophen unterworfen war, wird zerstört, in mancher Hinsicht sogar ganz aufgerieben. Familien,

Sippen, Völker, Reiche, alle erleben den Sturz ihrer Beständigkeit, alle verlieren mehr oder weniger den Boden unter den Füßen. Existenz und Lebensrichtung sind dann nur noch eine Fata morgana. Je krampfhafter die Menschen den kläglichen Bestandrest festzuhalten suchen, umso mehr zerrinnt er unter ihren Fingern wie der Schnee im Sonnenstrahl. Mit diesem gehen — wenn auch in minderer Form — erdkatastrophale Veränderungen Hand in Hand. Daß jedoch der Erdkörper aus seiner Bahn geschleudert, plötzlich auseinanderbersten wird, geschieht auf keinen Fall. Auch widerspricht solche Ansicht dem Urgesetz der Ordnung, wonach jede Eruption im Rahmen der Entwicklungsgesetze verläuft. Wer davon nichts weiß, dem kann freilich manches Phantasiegebilde die Vernunft trüben. Wer jedoch an Gottes ewiges Walten glaubt, der ahnt, daß das All samt seinen nie erschöpften Gründen die Ordnung als Fundament besitzt und durch Schöpferwillen gestaltet und erhalten wird.

Die Welt ist des Wahnes, Reichtum und Macht zu haben. Viele Christen sind auch der Überzeugung, Glaube und Erkenntnis zu besitzen. Fehlt ihnen aber Liebe und Barmherzigkeit, so sind sie ärmer als die Kinder dieser Welt. Wer die Gerichtszeit verstehen will, muß zuerst die Menschheit verstehen lernen. Wer helfen will, muß selbst an sich die Hilfe spüren. Erst so kann ein Kind des Lichtes den anderen ein *zweifacher* Zeuge werden: für die Bedeutung des *Weltgerichtes* und für die Erkenntnis über das *ewige Reich,* das keine ewige Verdammung kennt. Dann geht die Kraft von ihnen aus, daß es manche spüren und annehmen, manche davor zittern. Viele werden auch dagegen kämpfen, aber ihr Kampf ist genau so aussichtslos, wie einst Luzifers Kampf gegen Michael vergeblich war.

Den Lampenträgern in dieser Zeit sei noch gesagt: Wenn mit einem neuen Tag die Finsternis die Erde schreckt, dann ist das erste Zeichen da, dem andere folgen. Sehet zu, daß ihr vorher mit Waffen des Geistes völlig ausgerüstet seid, zu streiten *für* Gott, *für* die Menschen und *gegen* die Sünde. Es ist ein Unterschied, ob jemand das Zorngericht predigt und dabei nicht versäumt, mit der Zornverkündigung zugleich die Hand der *Liebe und Erbarmung* Gottes aufzuzeigen, die Wege zur Heilung und Erlösung auch der Gerichteten vorsieht, — oder ob jemand von ewiger Verdammnis spricht, vom feurigen Pfuhl als ewiges Gericht, oder gar von einem ewigen Tod! Davor wird freilich manche Seele zittern und aus Furcht zur Umkehr kommen. Solche Furcht aber wird den falschen Propheten angerechnet, denn GOTT ist gnädig und barmherzig und vergilt nicht nach der Missetat der Menschen.

Wer dieses Licht sich nicht zu eigen macht, kennt den Hauch der göttlichen Liebe nicht, schriebe er auch ein Buch darüber. Der HERR kommt bald und Sein Reich mit IHM! Dieses Reich hat ein weites, zweiflügeliges Tor. Der eine Flügel bedeutet Sein heiliges Schöpferwerk, der andere Sein nicht minder heiliges Erlöserwerk. Es bleibt Ihm überlassen, am Ende *beide* Flügel aufzutun, in Gnaden *alles* aufzunehmen, was einst verloren war. Wer das begreift, gelangt zur Krone und kann auf Erden schon ein Pfeiler werden. Und er wird auch den neuen, heiligen Namen erkennen, vor dem das Erdreich bald erzittert ..." A. W.

(Teilauszüge aus dem UG-Heft „Gericht als Barmherzigkeitsakt Gottes", Wiesbaden 1952)

*

Solche Art prophetischer Worte schöpfen heute viele Menschen in aller Welt aus dem inneren Born ihres Geistes. Es sind zumeist schlichte Gemüter von tiefinnerlicher Religiosität, weitab vom Treiben und Sinnen und Hasten ihrer Umgebung und daher von der Welt ungekannt und unbeachtet. Es sind auch keine großen Worte, die sich in ihnen durchringen, und ihr Wirken liegt ferne vom Propagandalärm werbender Sekten, die in Massenversammlungen den nahen Weltuntergang verkünden, der nur sie als „Heilige" verschonen wird. Aber sollen wir darum die Stimmen dieser Stillen verachten, die mehr vom Kommenden zu sagen wissen als alle gewaltigen Kanzelprediger? Auch heute noch gilt vom Geiste der Weissagung das Evangelienwort Jesu: „Ich preise dich, Vater des Himmels und der Erde, daß du solches verborgen hast den Weisen und Klugen, und hast es offenbart den Unmündigen!" (Matth. 11,25.)

Kundgaben auf spirituellem Wege

Der Eintritt entkörperter Geistwesen (irdisch Verstorbener) in das Bewußtseinsfeld geeigneter Medien bildet eine weitere Verbindungsmöglichkeit zum sogenannten „Jenseits", das die andere und verborgene Seite des menschlichen Seins darstellt. Wie eng auch das jenseitige Denken und Fühlen mit der irdischen Gedankenwelt verknüpft ist, zeigt die immer häufiger bewiesene Anteilnahme dieser Sphärenbewohner am Geschick der Menschheit gerade vor der entscheidenden Zeitenwende. Je nach seelischer Eigenart der einzelnen Medien formt sich die Ausdrucksweise des geistig Vernommenen, aber auch die Kontaktmöglichkeit mit den mannigfachen Stufen der Seelenwelt, deren Bewohner gleichfalls einer unterschiedlichen geistigen Entwicklungshöhe unterliegen, die ihren inneren Weit- oder Kurzblick formt.

Eine belehrende Botschaft aus dem Jenseits an das Diesseits über *Wesen und Zweck* solcher Offenbarungen sei an den Eingang dieses Kapitels gestellt, da sie geeignet ist, die nachfolgenden Kundgaben dem Verständnis leichter zu erschließen:

... „Nicht welches Bild euch eine geistige Botschaft vermittelt, ist wesentlich, sondern daß ihr erkennt die Wende in das Geistige und bereit seid, es liebend und wirkend aufzunehmen. Ihr sollt alle diese Offenbarungen nicht mit euren Ohren und Augen abtasten, sondern mit eurer Seele erhören und werdet dann genau Harmonie oder Dissonanz unterscheiden können. Die göttliche Kraft wird so ohne jede Verfälschung durch menschliches Wollen in euch erklingen. Ihr sollt nicht am Worte kleben! Denn wisset, der Geist ruft euch und das Wort ist nur Schale, in der sich euch der liebende Wille eines Helfers naht. Habt Öl in euren Lampen, das entzündet werden kann! Seid als Mittler nicht anmaßend und dünket euch nicht auserwählt, sondern seid bereit, des heiligen Geistes zu harren in der Tätigkeit eurer Herzen und im Flammen eurer Seele!" —   (Durch W. K. 1949)

Aus den Jahren 1949 bis 1956, einem Siebenjahres-Rhythmus voll großer Spannungen und *innerer* Entscheidungen der Menschen als Geistwesen, seien hier einige solche Botschaften verschiedener Geisteskräfte und Empfänger wiedergegeben. Sie stellen gekürzte Nachdrucke von Kundgaben dar, die in der Zeitschrift „Das geistige Reich", Mattsee/Österreich, veröffentlicht wurden:

1. ... „Ihr fragt uns nach vielen Einzelheiten des kommenden Geschehens und vergeßt, daß wegen der Willensfreiheit der Menschen noch manche Entscheidungen offen bleiben. Darüber kann auch von uns in der geistigen Welt nicht geurteilt werden. Wenn Propheten wie Hesekiel, Daniel oder Johannes über Jahrhunderte hinweg Voraussagungen machten, so nur darum, weil Gott für die Menschheit einen großen Erlösungsplan vorgezeichnet hat, und dieser wird sich genau und unwiderruflich erfüllen. Gott ist übergroße Liebe und gewährt den Menschen lange Fristen, doch wird Er seine vollziehenden Engel senden, wenn das Welttreiben die Menschheit nicht mehr vorwärtsschreiten läßt. So gewährt er auch allen Teufeln auf Erden, daß sie heute noch Todesurteile sprechen über ihre Brüder und sie berauben und quälen. Doch dann werden sie sich gegenseitig zerfleischen und die Nachkommenden werden diejenigen richten, welche die Vorangegangenen gerichtet haben. Dies geschieht in jener Erdsphäre, wo Gott geleugnet wird: dort werden sie sich aufreiben und vernichten. Zuerst aber muß durch sie noch manches andere aufgeräumt werden, aber Sieger werden jene bleiben, die angetrieben von der Kraft Gottes diese düsteren Mächte endgültig entmachten werden.

Ihr heget den Gedanken: Gott will doch nicht den Tod der Menschen und befiehlt, nicht zu morden! — Wenn aber jene Menschen ihres Namens unwürdig geworden sind und geistig für das Leben keine Aufgabe mehr erfüllen, so sieht der göttliche Wille vor, sie durch Kriege oder Katastrophen von dieser Erde zu entfernen. Seit Christus haben die Menschen die warnende Verkündung eines Gerichtes immer wieder vernommen. Diese Worte aber werden zur Tat, wenn die Menschen ihre Becher vollgefüllt haben mit Schmerz und Leid. Es ist noch nicht zu erkennen, ob nun ein letzter Krieg kommen wird, denn auch Gottes Diener im geistigen Reiche sind nicht allwissend. Noch immer können die Menschen mit freiem Willen bestimmen, ob und wann die Katastrophe losbrechen soll und damit das große, allgemeine Vernichtungswerk. Ihr jedoch sollt nicht in Angst und Sorge sein um dieses Geschehen, was immer sich vorbereitet. Betet nicht nur für euch, schließt alle Völker und die vielen Menschen mit ein, die Gott nicht kennen. Wenn ihr in Liebe so bittet, dann sind eure Gedanken rein und ihr seid beschützt und gesegnet in allem, was da kommen wird ..." (Zürich 1951)

*

2. ... „In euch allen sind Vorgänge eruptiver, vulkanischer Art, denn auch jedes kosmische Geschehen spiegelt sich im Gefühlsleben eurer Seele gleichnishaft ab. Der Erfolg soll sein, daß ihr das Ganze belebt und die Liebe des Vaters in euch wirksam werden lasset. Und das bedeutet die Fähigkeit, den Mitmenschen zu einer Quelle zu werden, daraus sie etwas für ihren geistigen Hunger und Durst schöpfen können. Wer fürchtet sich vor dem Morgen? Doch nur der, welcher nicht glauben kann, daß mit jedem Morgen ein neues Werden folgt! Es wird in den kommenden Tagen für die ganze Menschheit nur einen Weg geben: alle Selbstüberhebung zu begraben, denn nur im gemeinsamen guten Willen wird die Erfüllung aller Hoffnungen liegen, die im Geiste der Völker lebendig sind. Die Tyrannei auf Erden wird aufgehoben werden, darum wird ein nahendes Geschehen wie ein Ungewitter mit furchtbaren Anzeichen am Horizonte aufflammen. Aber es wird sich nicht mit voller Wucht entladen können, sondern wird ein gewaltiges Wetterleuchten bleiben, aus dem ein jeder Gerettete die Erkenntnis schöpfen wird, daß in der letzten Entscheidung immer der göttliche Geist und das Leben den Sieg behält ..." (W. K. 1949)

*

3. ... „Weinet nicht mit den Trauernden, denn diese alte Welt muß untergehen, damit eine neue zur Auferweckung gelangt. Die Stunde der größten Offenbarung des Himmels an die Erde ist nahe herangekommen. Vorher jedoch ist eine große Prüfung und Sichtung notwendig, um den Sinn der Menschen auf das Geistige zu lenken. Gewaltig und unerwartet wird diese hereinbrechen und den ganzen Planeten Erde überdecken wie ein Netz, denn ein jeder Erdenbewohner muß dieses Zeichen wahrnehmen. Wohl dem, der dann vorbereitet ist auf diese Stunde, denn sie ist den Gerechten vorbehalten, die sich vor der Finsternis das Öl für ihre geistigen Lampen gesammelt haben. Ungezählte Menschen werden unwissend erzittern über die gewaltigen Umwälzungen auf dem Planeten Erde, aber die Kinder des Lichtes werden den Himmel offen sehen und vom Geiste erleuchtet werden. Die Zeit ist angebrochen, da die alte Welt auf eine höhere

Entwicklungsstufe erhoben werden soll, die sie aus dem Chaos zum himmlischen Frieden führt. Ihr aber, meine Lieben, seid wach und betet, um mit innerem Lichte den bösen Gewalten, die über die Erde rasen, entgegenzutreten und der göttlichen Hilfe teilhaftig zu werden. Wie viele sind da, die in der großen Finsternis an nichts anderes denken, als zu fliehen dahin und dorthin, ohne den Blick nach oben zu lenken zum ewiggütigen Vater. Indem sie ihr Leben retten wollen, werden sie es verlieren. Darum verharret vertrauend auf der Stelle, wo ihr von dem Verhängnis überrascht werdet, und dort, wo ihr weilet, werdet ihr beschützt sein. Dann wird euch der Blick in die Geisterwelt erschlossen werden und der Himmel wird wie ein klarer Kristall die höheren Sphären sehen lassen. Fürchtet euch darum nicht vor den dunklen Stunden, die vorerst kommen müssen, denn die Erde wird verherrlicht in neuem Glanze strahlen. Bereitet euch in Liebe vor auf jenen großen Akt des Endes dieser alten Welt und das Herankommen einer neuen! Dann werdet ihr nicht mehr tauben Ohren predigen, sondern die Herzen werden euch zuströmen, wenn der Geist Gottes sie fortan den rechten Weg führen wird ..."

(C. A., Frankreich 1950)

*

4. ... „Der Mensch der Gegenwart wird von einer Angst gepeinigt, die seine Existenz einengt und ihm das Schöpferische des Geistes wegzunehmen droht. Er wird immer mehr zu einem Sklaven des kleinsten Teils der Schöpfung: nicht der Mensch beherrscht das Atom, sondern dieses beginnt ihn zu beherrschen! Ist nun dieses Zeitalter ein Ende der menschlichen Freiheit, oder der Beginn einer neuen, höheren Freiheit? Niemand, der an den auferstandenen, sich allen offenbarenden Gottesgeist glaubt, hat auch nur die Möglichkeit, der Angst vor völliger Vernichtung zu verfallen. Darum ist es widersinnig, diese Zeitenwende als den Schlußpunkt der Menschheit anzunehmen. Alles Geschöpfliche wird *verwandelt* werden und es wird nicht geben Anfang oder Ende. Wenn auf der Erde durch das Atom der Liebe das Maß der Zeit in das Unermeßliche der Ewigkeit umgewandelt wird, dann wird alles, was sich bisher als beherrschende Macht kundgab, zu einer Kraft werden, die den Menschen liebend in die Vollendung führt. Atomzeitalter ist die Zeit der Auferstehung in den Geist! Das ist es, was ihr Menschen erkennen müßt, wollt ihr den Plan Gottes erfassen ..."

(Salzburg 1951)

*

5. ... „Wisset ihr, daß es bald keinen Menschen mehr geben wird, der in den kommenden Tagen der Entscheidung wird sagen können: ,Ich habe eine Heimat!' Im Grunde werden alle heimatlos werden, bevor sie in das neue, für die Zukunft bestehende Reich eingehen können. Es ist das *seltsamste* Geschehen, das sich vorbereitet, aber auch das, was auf eurer Erde tatsächlich die endgültige Wende herbeiführen wird. Wahrlich, es wird euch, meine Lieben, ein großes Beschenkendes erfassen, das wert ist allen Leides und aller Bindungen, die ihr bis dahin noch ertragen müßt. Ihr werdet nach dem Wogen und den Wirrnissen dieser Zeit dann erkennen, daß es möglich ist, auch auf der Erde ein Paradies zu erleben. Daher habt festeren Glauben und mehr Vertrauen zu dem kommenden Ablaufe der Ereignisse, welche nur die in völlige Verzweiflung werden fallen lassen, die nicht den geringsten Lichtschacht mehr aus ihrer Finsternis zu graben vermögen.

Es ist die Kraft der Liebe unendlich groß und die Zeit ist nahe, da das Göttliche sich durch den Geist offenbaren wird. Das Geschick der Welt und Menschheit steht vor der entscheidenden Wende in den Geist. Alle Geschöpfe der Welt haben Teil an der *Umwandlung*, und niemals war diese Kraft lebendiger unter den Menschen als heute. Darum diese krassen Unterschiede zwischen Licht und Schatten, darum die Sinnlosigkeit, eingedrängt in Sehnsucht nach Besinnung. Kümmert euch nicht um die Elemente, wenn sie sich wieder zur Urkraft sammeln! Kündigt euch nicht die Natur, daß in jedem Zerstörenden das Wandelnde liegt, das Werden und nicht Untergang bedeutet? Wer nur Strafgericht und Zerstörung den Menschen zu künden weiß, der redet aus einer Sphäre, die den erlösenden Gott noch nicht in sich aufgenommen hat. Es werden die Grenzen zwischen Diesseits und Jenseits fallen und es wird ein Tor aufgetan für jeden, der in diesem Erleben den göttlichen Sinn erkennt. Denn du kommst aus der Ewigkeit, Mensch, wirst gewandelt durch den zeitlichen Wechsel des Erdgeschehens und wirst dich wieder vollenden in Ewigkeiten ..."

(W. K. 1951)

*

6. ... „Warum so hoffnungslos, ihr Menschen? Warum in solcher Angst vor dem Unbekannten, das vor euch liegt? Die Menschheit vermeint, daß ihre politischen und wirtschaftlichen Probleme die größten Fragen der Gegenwart seien, indem sie das Künftige entscheiden. Ihr irrt euch, denn es gibt nur eine Lösung, und die wird

allen zuteil werden, die sich vom Gottesgeiste lenken lassen. Sie heißt: habt die Demut, zu erkennen, daß euer Unsterbliches nur die *Liebe* ist. Wer sich aber der anmaßenden Macht wie der gefallene Widergeist zu eigen gibt, der bindet sich an den Augenblick und nimmt sich selbst das Unendliche.

Ihr Menschen seid eine geistige Welt und habt alles geschaffen, was euer freier Wille in euch wirkt. Ihr seid daher mitverantwortlich für alles, was auf der ganzen Erde in Erscheinung tritt. Darum, wollt ihr den Frieden, so erkennet euch selbst und urteilt, ob die Menschheit noch ein Ebenbild der Gotteskraft ist oder verzerrt wurde zur Machtgier und Herrschsucht. Es bedarf in letzter Stunde des Willens, sich beugen zu können, dann wird die Freiheit auferstehen und der Erdball wird durchflutet sein von Sonnenhelle. Die Gegenwart, als die Zeit der großen, notwendenden Entscheidung, ist die Phase der Entwicklung, wo die Menschheit die Möglichkeit besitzt, sich letzter Fesseln zu entledigen. Das Gesetz des Höheren will, daß die Zukunft nicht mehr erdrückt werde vom Willen zur Macht, sondern daß der Stein von der Grabesgruft des Geistes hinweggewälzt wird. Gott ruft und wandelt die Welt, und so sehr sich die Menschheit zu wehren scheint, so vollzieht sich dennoch diese Neugeburt, wenngleich unter leidvollen Wehen. Der Engel sitzt als Wächter vor dem leeren Grabe, und Erkenntnis wird allen lichten Menschen zuteil werden, daß sie im Geiste auferstanden sind! .. " (W. K. 1951)

*

7. ... „Seit Entstehen des Weltalls mit seinen Lebewesen fanden in Jahrmillionen immer wieder große Umbrüche statt, zuletzt der Fall des Geistmenschen in die dichte Materie. Nun wandert die Menschheit seit Ankunft des Erlösers Christus wieder den Weg zu Gott zurück und durch alle Gegensätze vorwärts zu einer neuen, geistigen Kultur. Wohl sind eure Wissenschaften und Technik schon weit entwickelt, doch die Menschen stehen in ihrer moralischen Stufe noch tief unter diesem Fortschritt. Nun lebt ihr in einer großen Veränderung eurer Welt, in der Zeit des kommenden geistigen Lichtes. Die Gesetze des Alls treiben alles unaufhaltsam vorwärts und dulden keinen Stillstand. Wieder steigert sich seit Jahren die Furcht und Angst unter der Menschheit. Diese Gedankenströme vergiften die Atmosphäre und ziehen damit alle Keime des Lasters an sich. Die Materie ist durchdrungen von einer Sphäre, aus der jegliche Verbrechen, Krankheiten und Katastrophen stammen. Von diesen Gefahren können nur

jene Menschen errettet werden, die in sich selbst lichte Gegenkräfte wirksam werden lassen. Daher werden geistig Gefestigte niemals den großen Naturgewalten unterliegen.

Nun häufen sich in der Erdatmosphäre die geballten negativen Gedankenkräfte wie dunkle Wolken an in solchen Mengen, daß in kurzer Zeit ein gewaltiger Zusammenprall dieser dunklen Kräfte mit denen des Guten zu erwarten ist. Denn auch die zahllosen Gedanken der Liebe, Brüderlichkeit, Freiheit und Gerechtigkeit erfüllen die gleiche Atmosphäre und werden belebt durch mächtige Helfer aus allen geistigen Sphären, die dem Werke Gottes dienen. Und wie nach elementaren Gesetzen ein Gewitter alle Spannungen auflöst, so wird dasjenige, was ihr als Weltgericht ersehnt oder fürchtet, alles Verderbliche vernichten und dem Lichte der geistigen Sonne zum bleibenden Durchbruche in der Menschheit verhelfen. Darum seid bereit und wachsam, auf welche Seite ihr euch gestellt habt oder noch stellet!"

(Tschech. Kundgabe 1955)

*

8. ... „Das Schwert ist über euch. Wandelt es durch euer Gebet in einen Strahlenkranz der Liebe! Das Gift, das ausgegossen wurde durch Jahrhunderte über eure Erde, will nun Frucht tragen und schäumend die Menschheit verschlingen. Aber Gott, der Herr, läßt dies nicht zu. Lebt in der Erwartung aller Dinge, die da kommen werden, macht euch vertraut mit den Schrecken und blicket durch sie hindurch in die weite, helle Zukunft. Immer wieder sagt euch, daß ihr durch diese Bitternisse hindurchgehen müßt, um die neue Zeit zu erleben und euch an ihr zu erfreuen.

Innerlich müßt ihr an der großen Wandlung heute schon teilhaben. Jeden Tag erforschet euer Gewissen nach den Fortschritten, den euer innerer Mensch zu verzeichnen hat. Es genügt nicht, daß ihr auf die Worte von der neuen Zeit des Lichtes vertraut, ohne in euch selbst etwas dazu zu tun. In eurer Seele würde das Licht vollständig erlöschen gerade im Augenblick, wo es darauf ankommt. Und würde es in euch selbst finster, so wäret auch ihr der Dunkelheit in den Rachen geworfen und ihr würdet, wie so viele andere Menschen, der Verzweiflung zum Opfer fallen. Darum wachet und betet, es ist die Stunde der letzten Vorbereitung gekommen. Verbannet die Angst! Sie will sich einfressen in euren Sinn, um euch, wenn der Zeiger auf Zwölf gerückt ist, aus dem Hinterhalte zu überfallen. Glaube und Vertrauen auf die Hilfe Christi muß euch führen und euer tiefster Wille, dem Guten zu dienen.

Immer näher kommen die grauen Tage, aus denen ein Entrinnen nun auch unseren Augen kaum mehr möglich scheint. Ihr Menschen guten Willens seid es aber, die mit der geistigen Kraft der Liebe dem Werke der endgültigen Zerstörung entgegentreten, um den Bau zu halten, der vom menschlichen Standpunkte betrachtet ins Nichts auseinanderzufallen droht ... Feuer steht am Beginn, und heulende Schakale werden flüchten wollen in die Wüste, aber das Feuer folgt ihnen nach. Denn das Feuer reißt den Kern, der gefesselt liegt in den Tiefen da und dort, heraus ans Licht. Was noch zu reinigen ist, was sich noch klären und erheben läßt, kann in der Glut des Feuers geläutert werden und dennoch auferstehen. Die Schakale aber, deren Maß voll geworden ist, werden im feurigen Sande ersticken und von den nachkommenden Fluten ersäuft werden.

Kümmert euch nicht zuviel darum, wir sagen euch dies nur als Mahnung, daß ihr die Schrecken, mögen sie kommen woher sie wollen, im voraus *in euch* besiegen müßt! Furchtlos müßt ihr sein, nicht nur im Irdischen, sondern in erster Linie den dunklen Schatten gegenüber. Bisher wißt ihr ja noch gar nichts von dem, was ihr Dämonen nennt. Eure persönlichen Versuchungen sind nur die Schein- und Schattenbilder der astralen Welten. Doch es gibt auch echte dämonische, das heißt dunkle Wesenheiten aus dem Reiche des gefallenen Geistes, und diese werden in den letzten Tagen und Monaten der alten Erde aufstehen und groß werden. Ihr müßt ihnen begegnen können, und ihr könnt es auch bei eurem Wege, welcher der Christusweg ist.

Michael hat seinen hellen Kampfruf in alle Himmel hallen lassen, und es ist für *euch* der Ruf, soweit ihr es vermöget, hinunterzusteigen und zu verwandeln das Böse und Dunkle, wo immer es euch entgegentritt. Nehmt es von euren Mitmenschen weg, soweit sie noch einen Funken reinen Wollens schlummernd in sich tragen, — durch die siegende Kraft der Liebe, damit auch sie frei werden. Ihr werdet dadurch nicht verdunkelt, es gleitet von euch ab, oder zum Teil wird es tatsächlich in euch durch die Wandlungskraft wieder hell und leuchtend. Hebt euch aus dem Bewußtsein eurer Körperlichkeit, dehnt aus die Hüllen, die eure Seele umschließen und vereinigt euch mit dem großen Geistesstrom, der von Gott kommt und zu Gott geht.

Noch strahlt eure Sonne in hellem Glanze, doch ist es nicht sicher, ob sie euch noch leuchten wird in absehbarer Zeit. Wisset, versiegelt sind die Worte, die wir zu euch sprechen müssen, die ihr in irdische Gewänder gekleidet seid. Unsere Begriffe sind von anderer Art als die eurigen, doch könnt ihr trotzdem den Sinn verstehen, wenn ihr euren Geist erhebet zum Göttlichen. Trüber werden eure Erdentage mit jedem Monat, doch jenseits ist das Tor und leuchtend strahlt Helle über euren Weg. Gottes Herz ist offen, euch als Kinder zu empfangen! Kann euch da noch bangen, wenn ihr diese Liebe spürt? Gott mit euch, jetzt und in Ewigkeit! — Hardus."

(Empfangen Wien 1954)

*

9. ... „Unheil, Katastrophen, seltsame Erscheinungen, erdrückende Wirrnisse sind nicht Zeichen, daß die Menschheit verdammt ist! Im Gegenteil, sie sind Zeichen des Aufbruchs, denn alles, was die dämonischen Mächte noch einmal versuchen der Menschheit aufzuzwingen, wird in kurzer Zeit — auch nach eurem Ermessen — zur großen Wende in das neue Werden führen. Die Stunde der Ankunft der größten und mächtigsten Geistmacht ist da. Wenn sich alle Elemente wider den Menschen scheinbar empören werden, dann ist dies das Signal, daß alle luziferischen Kräfte ihren letzten Einsatz auf das Schlachtfeld der Erde werfen. Die kommenden Jahre bergen ungeheure Entscheidungen, von einem Ausmaße, den der menschliche Verstand nicht ermessen kann. Noch einmal sei in dieser Stunde jedem zugerufen: Wende dich dem Lichte zu! Es werden satanische Kräfte am Werke sein, die mit einem blanken Schwerte den Kämpfern des Dunklen scheinbar zu Hilfe kommen, um ihren Sieg vorzugaukeln, der in Wahrheit zur furchtbaren Niederlage werden wird. Ihr sollt darüber nicht grübeln, aber ihr sollt euch innig verbinden mit all dem, das in euch an positiven Geisteskräften lebendig ist. Es gibt nur noch ein deutliches Ja oder Nein, welches in das Licht oder das Dunkel weist. Die Nebel- und Schattenseelen, die nicht wissen, wohin sie gehören, sollen in ein solches Erleben geraten, das die letzte Hülle durchdringt und sie sehend machen wird. Es wächst die Kraft mit eurem guten Willen, und Unerreichtes ist greifbar nahe, wenn ihr ablasset von allem Schein, der euch verblendet..."

(Salzburg 1953)

10. ... „Viele Voraussagungen verkünden euch den Anbruch einer neuen Ära. Umwälzendes Geschehen bereitet sich vor, das einen Markstein für das Schicksal der Erde und Menschheit bilden wird. Unfaßbare Gewalten der Sphären treffen sich in ihrer Wechselwirkung: Schwingungen, zu deren Bemeisterung die Erdenmenschheit noch nicht fähig ist. Indessen umgeben auch die Geistwesen des Lichtes euren Planeten mit ihrer Fürsorge. Der Entwicklungsprozeß beschreitet neue Bahnen, und diese werden in einem bisher ungekannten Rhythmus beschleunigt. Dank der göttlichen Führung werden die Erdenbewohner trotz gewaltiger Störungen und sintflutartiger Ereignisse auch aus dem selbstverschuldeten Unglück einen Ausweg finden. Auch im irdischen Leben werden einige Mächtige durch hochgeistige Führergestalten ersetzt werden, denen die Menschheit freudig folgen wird. Das Vertrauen wird nach schwersten Prüfungen wieder wachsen, ein neuer Friedensruf wird über die Welt gehen und die Verständigung der Völker herbeiführen. Im Geiste Christi ist *jeder* Weltbürger auserkoren, am Aufbau des neuen Reiches der dienenden Liebe mitzuwirken und damit dem Entstehen einer vergeistigten Weltordnung den Weg bereiten zu helfen ..." (K. Sch., Schweiz 1956)

*

11. ... „Die Ereignisse in der irdischen Welt drängen mehr und mehr zu einer katastrophalen Entwicklung, die alle mit Besorgnis erfüllt. Es war kein guter Geist, der eure Forscher hinter die Geheimnisse des Atoms gelangen ließ. Diese unvorstellbar gewaltigen Kräfte, die der Schöpfer in die Materie bannte und welche das gesamte stoffliche Dasein erst ermöglichen, werden im Dienste der Menschheit — wie wir immer deutlicher sehen — nicht zum Wohle, sondern zum Wehe der Erdbewohner entwickelt. Einmal entbunden, können sie unermeßlichen Schaden anrichten, wenn nicht eine bessere Erkenntnis die leitenden Verantwortlichen zu anderen Methoden führt. Wir sehen, daß sich Unheil anbahnt und Entwicklungen, die zu nichts Gutem führen können. Menschliche Kurzsichtigkeit und Machthunger spielen mit dem Feuer wie ein Kind mit Zündhölzern, ohne daran zu denken, daß das ganze Haus in Gefahr gerät, zu verbrennen. Mit allem Ernste sei daher auf die schrecklichen Gefahren hingewiesen, die eine gewissenlose Handlung wie das Spielen mit Kriegsgedanken für die gesamte Menschheit der Erde haben kann!

Hütet euch vor hochmütigem Leichtsinn, ihr törichten Menschenkinder! Gott will nicht, daß ihr vorzeitig euer irdisches Leben verliert. Er will, daß sich seine Gedanken durch euch so verwirklichen, wie Er es in seiner Weisheit von Anfang vorgesehen hat. Leider sind durch die Gottesentfremdung der willensfreien Menschheit und durch dämonische Einflüsse seine Pläne immer wieder durchkreuzt worden, doch hat auch dies seine Grenzen. Jetzt ist die Zeit gekommen, wo nicht mehr ersetzbare Schäden und wieder ausgleichbare Verluste an Menschenleben einträten, wenn Wahnsinn und Verantwortungslosigkeit einen letzten Weltkrieg entbrennen ließen. Der Bestand eines großen Teiles der Menschheit würde durch ein solches frevelhaftes Spiel gefährdet sein. Wir auf der anderen Seite des menschlichen Lebensbereichs, die wir Gottes Willen viel besser kennen als die Frömmsten im irdischen Kleide, warnen euch aufs eindringlichste vor solchen Machtgelüsten! Denn aus solchen Gedanken wird nur allzu leicht furchtbares Unglück geboren, wie eure blutgetränkte Weltgeschichte schon so oft bewiesen hat. Was sich jedoch ereignen würde, wenn die Lunte des Atoms am Pulverfaß entzündet würde, geht über euer Vorstellungsvermögen gänzlich hinaus. Darum hütet euch, ihr Toren! Das ist das einzige, was wir euren verblendeten Führern noch raten können!..."   (Ph. L., Deutschland 1956)

*

Zum Abschluß noch eine der bekanntesten geistigen Botschaften der U.S.A., die mit dem vielumstrittenen UFO-Problem zusammenhängt und Wesen und Zweck der „Fliegenden Scheiben" erläutert. Es fällt nicht in den Rahmen dieses Buches, jene Erklärungen hier zu wiederholen. Auszugsweise sei hier nur angeführt, wie ein außerplanetarisches verkörpertes Geistwesen die heutige Lage der Menschheit und das Kommende beurteilt:

12. ... „Bevor die endgültige Neuumwandlung der Erde vor sich geht, müßt ihr voneinander unabhängige, vielerorts auftretende große Naturereignisse abwarten. Sie sind dazu bestimmt, lange zusammengedrängte Kraftansammlungen des naturgeistigen Erdinneren frei zu machen. Solche Gewalten genügen, um Berge zu spalten, Wüsten zu überfluten und Länder untergehen oder neu emportauchen zu lassen. Diese Umwälzungen werden jedoch nach einem vorausbestimmten weisen Plane vor sich gehen, wobei jene Landstriche, die sich für das Leben des neuen Zeitalters am besten eignen, verschont bleiben oder nur umgewandelt werden, um sie den Bedingungen ihrer zukünftigen

Bewohner anzupassen. Solche Vorgänge sind der *naturhafte* Teil der Weltwende, nicht aber der Untergang der Erde! Niemals wurde ein solcher von den Propheten oder Christus verkündigt, weil die Güte des Allmächtigen euren Planeten für ein neues und höheres Leben ausersehen hat.

Ein durchgreifender Reinigungsprozeß der Menschheit ist unvermeidlich geworden, bevor eine vollkommenere Lebensgrundlage auf eurer Erde neu errichtet werden kann. Aber die Übelstände, die mit solchem Geschehen verbunden sind, können für viele Teile der Menschheit vermindert werden. Während an verschiedenen Orten des Erdballs nur ein völliges Wegfegen jeglicher Spuren alter Greueltaten diesen Zweck erfüllen kann, sind anderen Ortes solche Maßnahmen nicht notwendig, weil deren Bewohner als Einzelne oder Gemeinschaften sich schon jetzt mit den höheren Forderungen des neuen Zeitalters geistig in Übereinstimmung bringen. Hat je ein wahres menschliches Verhalten eine Kultur vernichtet? Wie wenige danken dem himmlischen Vater, daß die Greuel eures heutigen Welttreibens überhaupt ans Tageslicht gelangen, um dem besseren Teile der Menschheit die Augen zu öffnen. Und doch solltet ihr alle Ihm danken, daß die satanischen Untaten, die aus der Welt geschafft werden müssen, euch immer klarer zum Bewußtsein gelangen. Diese Dinge haben euren ganzen Lebensbereich aus der Bahn geworfen, eure Seelen vergiftet und sogar die Kräfte der Natur aus dem Gleichgewicht gebracht. Denkt an die Elemente des Wassers, an die Erdbeben, an die verseuchte Luft, die ihr einatmen müßt. Es sind ungreifbare Dinge dahinter, die alles Existierende durchdringen und sich — von den menschlichen Strahlungskräften beeinflußt — entweder schöpferisch oder zerstörend auswirken.

Zusammen mit euch werden wir Bewohner anderer Weltsphären dem ewigen Vater danken, wenn diese leidbringende Zeit der Säuberung beendet sein wird und wir mit euch am Aufbau eines glücklichen Zeitalters und der Neubildung aller Lebensverhältnisse auf Erden mitwirken dürfen. Unsere Kräfte werden sich in froher Übereinstimmung mit euch vereinen, wenn ihr euch bemühet, den lebendigen Christusgeist voll in eure Herzen aufzunehmen. Wer durch Verharren in seiner tierischen Natur oder durch bösen Willen sich nicht zu einer höheren Seelenschwingung wird erheben, der wird nicht teilhaben können an dem neuen Leben, das bald die Erde erfüllen wird. Jeden aber, der es vermag, trotz eurem heute so leidvollen

Dasein das Vertrauen in die Liebe Gottes freudig zu bewahren, den grüßen wir schon jetzt als einen Bürger der neuen Welt in einem neuen Zeitalter! ..." (Botschaft Ashtar, USA 1955/56)

*

Das Kapitel „Spirituelle Kundgaben" beschränkte sich auf Beispiele geistiger Botschaften durch deutschsprachige Mittler, bzw. auf solche, die in deutscher Übersetzung vorliegen. Kein Zweifel, daß ähnliche Durchsagen in aller Welt und allen Sprachen vorliegen. Auch fanden nur Kundgaben Aufnahme, die erst nach Abschluß des zweiten Weltkriegs an die Menschheit ergingen. Es waren die Jahre, wo sich entscheidende Vorgänge in den übersinnlichen Ebenen der menschlichen Seelenwelt anbahnten oder vollzogen: der Beginn jener großen Scheidung der Geister, den schon die alte Apokalypse eindeutig für die Endzeit geweissagt hatte. Bei dem steten, den meisten Menschen allerdings unbewußten Kontakte zwischen dem Diesseits und Jenseits ist es begreiflich, daß da Geisteskräfte von drüben ihren irdischen Brüdern Kunde geben wollten, wie nahe dieser Zeitpunkt herangerückt ist. Und sie taten dies in der ganzen Welt durch fast alle Mittler (Medien), die ihre Strahlungen aufzunehmen vermochten.

Es bedarf oftmals einer sehr subtilen Einfühlung, um zu erkennen, was sich hier bildhaft den Menschen wirklich kundgeben wollte. Unseren Lesern, die in den vorangegangenen Kapiteln so viele Beispiele der symbolischen Entsprechungssprache kennenlernten, dürfte der innere Sinn leicht klar werden. Diese Botschaften künden geistig-seelische Vorgänge *und* kosmisch-naturhafte Möglichkeiten zugleich. Denn alle Prophetien vom Alten Testamente bis zur Gegenwart weissagen neben geistigen Umwälzungen auch den Eintritt gewaltiger Naturereignisse als Teil der großen Zeitwende. Nur das exakte *Wie* läßt sich aus den Schauungen nicht ableiten, und spirituelle Kundgaben mit Anführung genauer Jahreszahlen — auch solche sind bekannt und richten vielfach Verwirrung an — sind mit großer Zurückhaltung aufzunehmen. Die geistige Welt rechnet nicht nach irdischem Zeitmaß, sondern erkennt die Nähe oder Ferne großer

Geschehnisse an der Verdichtung gelegter Ursachen, die einer Auswirkung in der Materie zustreben.

Auch als Erdenmenschen werden geistige Führer aufstehen, die alle Gutwilligen zur bejahenden Tat aufrufen, damit eine vom Geiste getragene neue Weltordnung die Dämonie unseres vergehenden Zeitalters besiegt. In der inneren Welt, als dem Urstande alles irdischen Schicksals, ist dies schon offenbar, während über den elementaren natürlichen Begleitumständen noch der zukunftsträchtige Schleier des Verborgenen ruht. Indessen, eintreten werden auch diese Realitäten unfehlbar, doch kann ihr Wesen heute erst mehr erahnt als begrifflich gedeutet werden.

Wie in sämtlichen bisherigen Schauungen, Weissagungen und Prophetenworten zeigte sich ebenso in den hier zitierten spirituellen Kundgebungen bei aller Vielfalt der Bilder jener einheitliche Sinn, den nachzuweisen ein Hauptanliegen des Buches war. Was noch folgt, sind Streiflichter aus anderen Perspektiven, die das große Thema Weltgericht und Weltwende auf ihre Art widerspiegeln und das Lichtgemälde der religiösen Prophetie abrunden helfen.

Die Schauungen der Hellseher

Es bliebe eine Lücke in diesem Buche, würde nicht auch der Aussagen jener Hellseher gedacht, deren Prognosen ungemindert das Interesse der Allgemeinheit erwecken, weil sie nicht geistiges Geschehen in Symbolen, sondern reale Weltereignisse der nahen Zukunft umfassen. Mit religiöser Weissagung, die stets nur Blicke in die innere Welt der Menschheit vermittelt, haben diese Teilgesichte der Zukunft nur selten direkten Zusammenhang. Indem sie jedoch die Auswirkungen übersinnlicher Kämpfe und Entscheidungen in der Weltgeschichte durch blitzartig erhellende Visionen beleuchten, können sie sehr wohl als eine Ergänzung der wahren Prophetie gleichsam um eine Spirale tiefer gewertet werden.

Völlig Abstand zu nehmen ist dabei von den alljährlich stets wiederkehrenden „Jahresprognosen" der Pseudohellseher, Scheinastrologen und okkulten Geschäftemacher, die mit ihren Erzeugnissen die Presse der ganzen Welt überfluten und der Sensationslust im Menschen nur allzu gerne Rechnung tragen. Besäßen ihre Leser etwas mehr Kritik, so würden sie zu jedem Jahresende unschwer eines feststellen können: daß nämlich — falls es sich nicht um unverbindliche Entwicklungsandeutungen, sondern um konkrete Voraussagungen bestimmter Ereignisse handelt — nichts eingetroffen ist von all den zu Jahresbeginn so selbstsicher verkündeten „Weissagungen".

Zwar ist die Gabe des astralen Hellsehens künftiger Dinge mehr verbreitet, als vermutet wird, und sie vererbt sich sogar in manchen Gegenden durch ganze Geschlechterfolgen fort (z. B. in Westfalen und Schottland). Indessen bleiben die Visionen dieser Seher zumeist nur auf Ereignisse persönlicher Natur oder auf Dinge ihrer Umgebung beschränkt. Schauungen größerer Art oder gar solche, die Anspruch auf Vorausschau der Weltgeschichte erheben, sind weitaus seltener: die Tradition zählt jeweils nur einige Menschen in jedem Jahrhundert auf, denen solche seltenen Gaben zu eigen waren. Immer aber kennzeichnete eine echte Religiosität ihre Träger, die aus ihren Fähigkeiten niemals materiellen Gewinn zogen. Die Gesichte dieser Visionäre sind durch Aufzeichnungen ihrer Zeitgenossen meist gut belegt. Einiger solcher Weissagungen der letzten Jahrhunderte soll auch in diesem Kapitel Erwähnung getan werden, um die hellsehenden Wahrnehmungen der wenigen Menschen *unseres* Jahrhunderts zu bekräftigen, die vom zukünftigen Menschheitsschicksal einen Teilblick einzufangen vermochten.

Unter diesen ragen durch besonders genaue Angaben zwei Männer hervor, deren Schauungen auch gesammelt in Buchform festgehalten wurden. Es sind dies der 1929 verstorbene Schwede Anton *Johansson* und der in Bayern verstb. Alois *Irlmeier:* zwei einfache Männer aus dem Volke, deren Sehergabe durch den vorausgesagten Eintritt und Verlauf des ersten, bzw. zweiten Weltkriegs bewiesen erscheint. Beide zeichneten keine „Generallinie" vor, sondern machten äußerst präzise Angaben, die sich nachher im Detail voll bestätigten. Und beide erhoben ferner keinen Anspruch darauf, als „Propheten" zu gelten, sondern gaben nur zögernd ihre Visionen der ungläubigen Mitwelt bekannt. Zu erwähnen wäre noch der in Lübeck lebende Kunsthändler Albert *Oldag,* ein ethisch und charakterlich aufrechter Mann, dessen Gabe des Zweiten Gesichtes ihn mit dem Unverstand „aufgeklärter" Behörden des Dritten Reiches in Konflikt brachte. Seine Warnungen blieben erfolglos und angesichts des herrschenden Materialismus zieht es Oldag vor, heute über das von ihm geschaute Kommende zu schweigen.

Johansson, einem am Nordkap lebenden Fischer, wurde die Zukunft der Völker auf religiöse Art (er hörte „Gottes Stimme"), jedoch in realen Bildern von Kriegen und Katastrophen mit Zeit- und Ortsangaben geoffenbart. Da seine Weissagungen im Jahre 1907 erfolgten und die beiden Weltkriege 1914/18 und 1939/45 viele und genaue Teilerfüllungen brachten, schließt man aus den noch nicht eingetroffenen Gesichten, daß sie die zweite Hälfte unseres Jahrhunderts betreffen. Johansson schreibt dazu: „Ich sah vor mir eine lange Reihe von Jahreszahlen, bis in die Zukunft hinein, und in diesem großen Zeitkalender die Ereignisse, welche eintreffen würden". Was also Nostradamus in so hohem Maße an Prophetie auszeichnete, findet man hier in ähnlicher Art bei diesem merkwürdigen Manne in der Einsamkeit des Nordmeeres wieder. Es ist hier nicht der Ort, auf die Hunderte von Detailvisionen einzugehen, die der Sammler von Johanssons Berichten in einem Buche zusammenfaßte (A. Gustavsson „Merkwürdige Gesichte — Die Zukunft der Völker, gesehen vom Eismeerfischer Anton Johansson". Sverigefondens Verlag, Stockholm, deutsche Ausgabe 1953). Befriedigend an diesem Werke ist, daß der Verfasser ausschließlich das religiös erzieherische Moment dieser weltprophetischen Schau herausstellt und damit nochmals einen ernsten Mahnruf an die Staatsmänner ergehen lassen will. Denn: Johansson warnte auch vor gewaltigen kriegerischen Ereignissen zwischen 1953 und 1963 und seine Schauungen lassen unzweifelhaft erkennen, daß dabei Atomwaffen ihr entscheidendes Wort reden werden. Jede Prophetie aber ist latente Möglichkeit und wird erst wirksam, wenn sie die Menschheit mißachtet und dadurch erst zur irdischen Gestaltung drängt! Daß auch die seit je verkündeten Naturkatastrophen und verheerenden Epidemien dem schlichten Fischer gezeigt wurden, deutet gleichfalls auf seine Inspiration aus einer Quelle, die höher zu bewerten ist als Wahrsagerei und Prognostik.

Irlmeier, ein Brunnenmacher in Bayern, ist ein bekannter Zeuge für die Gabe des Hellgesichtes. Er sieht gleichfalls einen noch kommenden letzten Krieg als eine Auseinandersetzung von ganz kurzer Dauer. Ehrlich gibt der Seher zu, aus der Wahrnehmung einer „Drei" nicht entnommen zu haben, ob dieser schreckliche Konflikt drei Tage, Wochen oder Monate dauern werde. Deutlich sieht er die befürchtete Auseinandersetzung zwischen Ost und West, als den beiden Machtblöcken unserer Zeit, mit allen düsteren Folgen eintreten. Bildhafte Schau kennzeichnen seine Gesichte von den „Raupen" (Panzern) und den „Tauben" (Flugzeugen) und von einem abgeworfenen „schwarzen Kästchen" (Atombombe), das an einem Tage mehr Menschen vernichten werde, als beide Weltkriege zusammen Opfer forderten. Auch scheint die Verwendung einer H-Bombe jene gewaltigen Überschwemmungen im Raume der Nordsee hervorzurufen, die auch Johansson in einer ihm unerklärlichen Vision als Taifun oder Erdbeben mit ungeheurer Flutwelle an den Atlantikküsten schilderte.

Irlmeier sieht drei Feuersäulen (Heereszüge) von Osten nach Westen durch ganz Europa ziehen, gleichzeitig erbitterte Kämpfe in Italien und Südfrankreich, doch soll sich der letzte Entscheidungskampf in der Rheingegend abspielen und mit Vernichtung der weltbolschewistischen Mächte enden. Auch sieht er „die große Stadt mit dem eisernen Turm" (Paris) sowie Rom in Flammen und den Papst flüchten, doch würden Italien und Frankreich das Opfer innerer Bürgerkriege werden. Über die Wirkung des Atomkriegs lassen die Worte des Sehers keinen Zweifel: wo der „gelbgrüne Rauch oder Staub" niedergeht, wird kein Lebewesen ein Jahr lang mehr den Boden betreten, und von der Heeresmacht des Ostens kehrt keiner mehr in die Heimat zurück. Den Beginn dieser Entscheidungskämpfe sieht Irlmeier mit einem Attentat verknüpft: „nach Ermordung des dritten Hochgestellten geht es los". (Er hatte dieses Hellgesicht im Jahre 1947, seitdem fielen Mahatma Gandhi und Graf Bernadotte einem Anschlag zum Opfer.)

Soweit die Voraussagungen Irlmeiers, die noch zahlreiche andere Details enthalten. Sie wurden 1950 von Freunden des Sehers gesammelt in einer Broschüre veröffentlicht und von zahlreichen Zeitschriften übernommen. Seine visionären Bilder, die sich im Gegensatz zu den Gesichten Johanssons nur auf Europa beschränken, zeigen rein äußeres Geschehen an und sind nicht von religiösen Erwägungen begleitet. Leider bergen sie infolge der sichtbaren Entwicklung der Dinge einen hohen

Wahrscheinlichkeitswert in sich und sollten daher gleichfalls zu den letzten Warnrufen an die Menschheit gezählt werden. Solche Zukunftsblicke von Menschen der Gegenwart sind zweifellos nicht auf die beiden vorgenannten Beispiele beschränkt, da sich jedes kommende Weltgeschehen schon lange vorher in der Seelensphäre bildhaft abzeichnet und dort von hellsehenden Personen mehr oder weniger deutlich wahrgenommen werden kann. Was die Schauungen Johanssons und Irlmeiers jedoch bekräftigt, sind ähnliche, ja völlig gleiche Hellgesichte von Vorgängern, die jahrhundertelang zuvor gewiß nicht durch das kollektive Unterbewußtsein der Gegenwartsmenschheit beeinflußt sein konnten. Es sei daher abschließend ein kurzer Rückblick auf einige Prophezeiungen, seit Beginn der Neuzeit gegeben. Zuvor jedoch eine der ältesten erhaltenen Weissagungen, die im Jahre 1084 der Schweizer Mönch Hepidanus in St. Gallen aussprach. Nachdem er (sinngemäß) die Reformation Luthers und die Revolution Hitlers prophezeite, sieht er im Geiste Deutschland und schreibt:

... „Ich sehe große Vögel mit eisernen Schnäbeln, deren Flügelschläge rauschend die Luft erfüllen. In Germanien, wo sich jetzt die Wälder längs der Ströme hinziehen, sehe ich ein großes, von ungezählten Menschen bewohntes Land. Aber vom Osten her weht ein Sturm und aus Westen heult der Wind: wehe allem, das in den Bereich dieses furchtbaren Wirbels geraten wird. Tausendjährige Throne werden herabsinken von ihrer Höhe und zwischen dem Rhein und dem morgenwärts fließenden Strome (Donau) wird sich ein weites Leichenfeld dehnen als eine Landschaft der Raben und Geier. Im Sternbild der himmlischen Krone wird ein neuer Stern hellglänzend da erscheinen, wo jetzt die Bläue des Weltenraumes herrscht. Wenn dieses Feuerzeichen erscheinen wird, dann ist die Zeit nahe, wo jene Tage über die Menschheit kommen werden..."

(Hierzu eine astronomische Bemerkung: im Sternbild der „Nördlichen Krone" flammte im Jahre 1946 ein heller Stern, eine sogenannte Nova auf. — Der Verf.)

Lassen wir nun aus dem 16. Jahrhundert nochmals Nostradamus mit einigen seiner berühmten Vierzeiler sprechen. Sie könnten hinweisen:

a) auf einen Vorstoß der Sowjetmacht (Armenien steht hier symbolisch für den Osten):

„Übergesetzt in das ganze Deutschland,
Selbst bis Brabant, Flandern, Brügge und Bologne:
Durch heuchelndes Handeln wird Armeniens Führer
Angreifen Wien und Kölln." (V/94)

b) Zerstörungen in ganz Europa:

„Genug der Ruinen großer, heiliger Stätten
In der Provence, Neapel, Sizilien und Pons.
Deutschland am Rhein und zu Kölln
Tödlich bedrängt durch die Truppen Magogs." (V/43)

c) Anwendung von Atomwaffen:

„Himmlisches Feuer vom Westen her droht
Und vom Süden wird es züngeln bis Ost,
Die Pflanzen sterben ab ohne Wurzeln.
Das dritte Zeitalter sieht Mars am Kriegspfad,
Karfunkel wird man feurig blitzen sehen." (XI/27)

d) Naturkatastrophen besonderer Art:

„Unter Donnerschlägen strömt Regen vom Himmel,
Ich sehe Wasser, Feuer und Blut durcheinander.
Der Himmel, an dem die Sonne sonst steht, erbebt:
Kein Lebender hat je erlebt, was nun zu sehen ist!" (XI/32)

Welche Schauung über Jahrhunderte hinweg, deren Entwicklungen doch völlig im Dunkel der Zukunft lagen! — Das 17. Jahrhundert brachte die Weissagung des gelehrten und tiefgläubigen Dr. *Bartholomäus Holzhauser* (1613—1658), von dem auch eine Erklärung der Apokalypse Johannis stammt. Die von Görres 1814 wiederentdeckte Prophetie Holzhausers vom „Großen Monarchen", den Gottes Allmacht bestimmt hat, einen Teil der Welt zu strafen, ist weiten Kreisen bekannt. Von diesem Monarchen (es kann auch eine Weltmacht sein!) heißt es:

... „Mit einem Male wird er unter dem Zeichen des raubsüchtigen Adlers das Reich beherrschen, das immer wieder in die Fehler verfällt, die es vermeiden sollte (Deutschland). Und durch den Geist der

Zwietracht wird er nun in die anderen Reiche dringen, besonders in jene, die jenseits des Rheins liegen. Er wird den größten Teil ihrer Reiche verwüsten und die Szepter ihrer Beherrscher zerbrechen. Überaus groß wird das Elend sein und Zeichen werden den Bedrängnissen voraneilen. Auch wird das römische Reich elendiglich zerrissen werden, und weil viele um den Vorrang streiten, wird alles gestürzt werden. Es wird dieser starke Monarch einige, aber nicht lange Zeit herrschen in einem Teile des Orients und auch des Okzidents (Abendland), damit alle Welt verarme zur Strafe der Völker, auf daß sie wiederkehren zu Gott, unserem Herrn ..."

Holzhauser, der geistig inspiriert war, blickt jedoch über die Schilderungen unserer Gegenwartsseher hinaus, indem er auch die große Wende hernach schaut:

... „Die Völker werden in aller Weise in tiefste Armut sinken und sich dann im Gebete an Gottes Barmherzigkeit wenden, daß er abwende von ihnen die dreifache Strafe: Krieg, Hunger und Pest. Und es wird sich die Hilfe unseres Herrn in solcher Weise bewähren, daß alle Welt an ihn glauben muß. Als sollte der ganze Erdkreis zusammenstürzen (!), eine solche überaus wunderbare Veränderung wird sich nun ergeben, daß kein Sterblicher einen solchen Wechsel sich hätte einbilden mögen. Das Ende jenes starken Monarchen ist nun verhängt, denn erfüllt ist das Wort und ein großer Teil der Welt durch ihn gezüchtigt ... Die Hilfe der ganzen Welt wird zum Kriege gegen diesen Monarchen und seine Verbündeten verwendet werden. Ein mächtiger, von Gott gesandter Führer wird ihn in offenem Felde aufreiben und alle Feinde diesseits und jenseits des Meeres austreiben ..."

Und wieder stand im 18. Jahrhundert ein neuer Seher auf, der visionäre Blicke in die Zukunft tat. Es war der rheinische Klosterbote *Bernhard Rembold* (1689—1793), genannt der „Spielbernd", der heimatliche Gesichte von seiner Epoche bis zur Endzeit hatte, von der er schrieb:

... „Das ist der Blutzeit Anfang, wenn die Stadt Kölln eine fürchterliche Schlacht sehen wird. Es wird grausamlich Kriegswesen und Verheerung nicht abzuwenden sein und man wird allda bis zu den Knöcheln im Blute waten. Zuletzt aber wird ein fremder König aufstehen und den Sieg für die gerechte Sache erstreiten. Die Überbleibsel entfliehen bis zum Birkenbäumchen (in Westfalen), hier wird die letzte Schlacht gekämpft werden. Die Fremden haben den schwarzen Tod mit ins Land gebracht: was das Schwert verschont, wird die Pest fressen. Das Land wird menschenleer sein und die Äcker herrenlos, daß man ungestört tagelang wird eine Fuhr machen können ... Die in den Bergen verborgen sind, werden hernach die Äcker wieder anbauen. Um diese Zeit wird Frankreich zerspalten sein und das deutsche Reich wird sich einen Bauern zum König wählen, welcher nur ein Jahr regieren wird. Der aber die Krone nach ihm trägt, wird der Mann sein, auf den die Welt gehofft hat, denn er wird der Menschheit den Frieden bringen. Und darnach wird eine gute und glückliche Zeit sein ... Wenn auch die Menschen mich verhöhnen als einfachen Spielmann, so wird dennoch eine Zeit kommen, wo sie meine Worte wahr erfinden werden." —

Das 19. Jahrhundert überliefert uns einige Prophetien, darunter bemerkenswert die zweier bekannter Heiliger der römisch-katholischen Kirche, welche schwerste Bedrängnisse der Kirche voraussagen. Es sind dies *Don Bosco* (1815—1888) und insbesondere die hl. *Anna Katharina Emmerich* (1774-1824), bekannt durch ihre Visionen vom bitteren Leiden Jesu Christi. Sie verkündigte, daß etwa fünfzig Jahre vor dem Jahre Zweitausend („nahe an zweitausend Jahren"!) Satan auf die Menschheit losgelassen würde. Auch schildert sie den Einsturz der Peterskirche in Rom, doch reicht diese Schauung — vom Klerus wörtlich genommen — zweifellos ins Symbolische und bedeutet den Untergang der Weltkirche in ihrer heutigen Form. — Ein anderer Mönch, *Ludovico Rocco*, ein Eremit vom Berge Sinai, prophezeite um 1800, daß halb Paris in Schutt und Asche sinken werde, wenn Frankreich nach einem „auswärtigen" Kriege (Indochina?) um den Weiterbesitz von Algerien ringen müsse. (!) Dann werde das Volk aufstehen und nach Ermordung seines Präsidenten ein Blutbad anrichten (vgl. Irlmeiers „dritter Hochgestellter"). — Auch der Französin *Melanie Matthieu* wurde 1846 im Rahmen von Visionen geoffenbart, daß Paris durch den eigenen Pöbel in Trümmer sinken werde.

Noch heute kursieren im deutschen Volke die Weissagungen zweier Lokalpropheten aus Bayern: die des Waldhirten *Stormberger* (gest. 1806) und des „Mühlhiasl" genannten *Matthias Pregl* (gest. 1825). In den Jahren 1930—50 erschienen im Druck verschiedene Fassungen ihrer Hellgesichte, die sich im Wesen mit den Schauungen des bayrischen Irlmeier decken und trotz ihrer lokalen Färbung gewisse weitere Ausblicke eröffnen:

... „Über die böhmischen Berge werden sie kommen, die Rotjanker, keine französischen Rothosen, aber rot sind sie doch. Über Nacht wird es geschehen: noch werden im Wirtshaus viele Leute beisammensitzen, da werden schon draußen die Soldaten über die Brücken fahren. Die Berge werden schwarz voll Menschen. Nur die Leute, die sich im Walde verstecken, werden verschont bleiben ... Dann beginnt das große Abräumen! Die Leute werden krank und niemand kann ihnen helfen. (!) Wer es übersteht, muß einen eisernen Kopf haben. Wer diese Zeit überlebt, wird zum wildfremden Menschen, der ihm begegnet, sagen: ‚Bruder, wo hast du dich verborgen gehalten?' Wenn man herüber der Donau noch eine Kuh findet, der soll man eine goldene Glocke anhängen. Der Hirte wird seinen Stecken in den Boden stoßen und sagen, hier sei einmal ein Dorf gestanden. Wer noch lebt, kriegt ein Haus geschenkt und Grund, soviel er mag. Je mehr Hände einer hat, desto mehr wird er gelten. Da auch jenseits der Donau alles wüst geworden ist, werden die Waldleute dort angesiedelt, denn der Wald ist öde geworden und aus den Orten wachsen in wenigen Jahren die Brennesseln ...

... Wenn aber die Menschen gereutert (gesiebt) sind, dann kommt wieder eine gute Zeit. Es werden große Glaubensprediger aufstehen und heilige Männer werden viele Wunder tun. Die Menschen finden wieder zum Herrgott zurück und es wird eine lange Friedenszeit anbrechen. Alles Schlimme ist vorbei, alles Böse überstanden, alles ohne Krieg und Sterb ..."

*

Mögen auch manche Hellgesichte dieser kleinen Propheten — hier nur als Ergänzung zur religiösen Weissagung angeführt — von Zeitumständen, Umgebung und subjektivem Empfinden geformt und gefärbt sein: sagen sie im Grunde nicht das Gleiche aus wie die Worte der Großen im Geiste? Aufruhr von „Feuer,

Wasser, Luft und Erde" als die Seelentemperamente im Menschen müssen zwangsläufig auch die entsprechenden Naturelemente mobilisieren. Und dies in vollstem Maße in jener Entscheidungswende voll Leid und Grauen, hinter der jedoch ein jeder Seher das neue Licht erblickt, das all diesem Geschehen erst den tiefen und tröstlichen Sinn verleiht.

Astrologische Zeichen — die Schrift des Kosmos

Zwei Umstände sind es, die es der heutigen Zeit so schwer machen, einen sinnvollen Zugang zum Wesen jener uralten Wissenschaft zu finden, die sich Astrologie, das heißt Lehre von den geistigen Kräften des Alls nennt. Der eine Grund hiefür liegt im Denken des modernen Menschen, das ganz in der Materie verhaftet ist und die Verbindung zu den übersinnlichen Welten verloren hat. Den anderen Grund jedoch liefert die Entartung der Astrologie selbst, die — einstmals intuitiver Schauung (Divination) entsprungen — heute nur noch Bruchstücke eines ehemaligen einheitlichen Menschheitswissens aufweist, überdeckt durch ausgeklügelte Regeln und Systeme. Mit dem, was der Menge heute als Horoskopie dargeboten wird, hat wahre Astrologie nichts mehr zu tun. Ebenso läßt sich zu dieser Geisteswissenschaft kein Zugang finden mit einer falschen, weil kausalen (ursächlichen) Erklärung des Zusammenhangs von Sterneneinfluß auf das Menschenschicksal. Astrologie ist reinste Entsprechungslehre und beschäftigt sich ausschließlich mit geistseelischen Schöpfungskräften, die ebenso im Universum, dem Makrokosmos, wie im Mikrokosmos Mensch wirksam sind. Was die sichtbaren Gestirne zur Bewegung antreibt, sind innere Kräfte, hinter denen eine geistige Idee steht. Und was den Menschen in der Materie zum Handeln bewegt, sind gleichfalls transzendente Impulse übersinnlicher Natur. Zwischen beiden besteht nun zwar kein mechanischer, wohl aber ein metaphysischer und daher nur geistig wahrnehmbarer Zusammenhang, indem in der Weltenschöpfung das Kleinste mit dem Größten in inniger Wechselbeziehung steht.

Hier kann nur in Kürze dargelegt werden, daß die echte Astrologie das Sonnensystem mit seinen Planeten in eine Analogie (Entsprechung) zum Menschen setzt, den sie gleichfalls als ein geistiges Sonnensystem erkennt, wobei die Sonne das zentrale Ichbewußtsein und die Planeten verschieden gefärbte

Hauptseelenkräfte darstellen. Und wie sich — vom Erdstandpunkte aus gesehen — jeweils bestimmte Gestirnfiguren (Konstellationen, Planetenaspekte) harmonischer oder disharmonischer Art ergeben, so nimmt die Seele des Menschen unterbewußt gleichsam an diesen Kraftballungen durch ihr eigenes „inneres Firmament" teil. Weil eben der Seelenmensch mit seinem „siderischen Leib" (Paracelsus) eingebettet ist in den Kosmos wie ein Kind im Mutterschoß, fühlt er gewisserart durch seine Seelenorgane das ewige Weben der makrokosmischen Kräfte mit und wird von ihnen beeindruckt. Wer dies fassen kann, der fasse es, und wer es nicht vermag, breche nicht den Stab über eine Lehre, die so alt ist wie das Urwissen der Menschheit überhaupt ...

Diese akausale, das heißt in keinem ursächlich-mechanischen Zusammenhang stehende Gleichzeitigkeit von Abläufen kosmischer Vorgänge mit seelischen Zuständen im Menschen, ja innerhalb der ganzen Menschheit, bildet das Erfahrungsgut der Astrologie. Auf ihr fußt auch die bereits früher erwähnte Lehre der aufeinanderfolgenden geistigen Zeitalter, die dem Wandern des Frühlingspunktes der Sonne parallel laufen. Nun tritt unser Zentralgestirn in das Zeichen Wassermann ein und wird damit auch seinem ganzen System neue Kraftströme aus dem All vermitteln: Impulse metaphysischer und physischer Natur, die auch das Denken und Fühlen der Menschheit ergreifen, ähnlich einem Prisma, das durch Veränderung des Lichteinfalls andere Farben aufleuchten läßt.

Von diesem Standpunkte aus gewinnt eine nahende Gestirnkonstellation besonderes Interesse, die sich geradezu wie eine Visitenkarte des Wassermann am Himmel präsentiert. Sie ist so einmaliger Art, daß ihre Wiederholung in ähnlicher Form nach astronomischen Gesetzen nur in Jahrzehntausenden möglich ist: Am 4. Februar 1962 versammeln sich sämtliche sieben „klassischen" Planeten im Zeichen Wassermann! Ist diese Tatsache an sich schon erstaunlich, so wird sie noch durch den Umstand vermehrt, daß sich auch die „nichtklassischen" (erst zwischen 1781 bis 1930 entdeckten) drei Planeten Uranus, Neptun und Pluto in keiner beliebigen Stellung zum Zeichen Wassermann befinden, sondern zu ihm genaue Quadraturen und Oppositionen bilden (Winkel von 90 bzw. 180 Grad). Damit erscheinen drei von den vier Weltecken des kosmischen Kreuzes (die vier „Tiere" Hesekiels und der Offenbarung) von allen bekannten Planeten besetzt. Heute bilden diese Weltecken die vier Zeichen Löwe — Stier — Wassermann — Skorpion, jedermann durch den Kalender vertraut und dennoch unermeßliche Geheimnisse kosmisch-geistiger Art bergend. Nun sollen gemäß der alten Hindu-Astrologie und der ägyptischen Sternenweisheit noch zwei weitere „okkulte" (vielleicht feinstoffliche?) Planeten bestehen, die bisher von der Astronomie nicht entdeckt werden konnten. Diese sollen außerhalb der Plutobahn und innerhalb der Merkurbahn liegen. Eine kühne Schlußfolgerung ließe nun die Vermutung zu, daß es gerade diese beiden Unbekannten sind, die während jener einmaligen Konstellation ihren Platz an der einzigen unbesetzten „Weltecke" Stier einnehmen: eine auf reingeistigen Erwägungen begründete Annahme, jedoch astronomisch unbeweisbar, während die anderen Planetenstellungen des 4. Februar 1962 längst errechnet und überprüfbar sind. Die genaue Konstellation ist folgende:

Mars	ca. 3°	Wassermann.
Saturn	ca. 3°	Wassermann.
Sonne	ca. 15°	Wassermann.
Mond	ca. 15°	Wassermann.
Venus	ca. 18°	Wassermann.
Jupiter	ca. 18°	Wassermann.
Merkur	ca. 19°	Wassermann.
Neptun	ca. 12°	Skorpion.
Pluto	ca. 7°	Jungfrau.
Uranus	ca. 29°	Löwe.
Unbek. Pl. X:		im Stier?
Unbek. Pl. Y:		im Stier?

Um das Maß der Seltsamkeiten voll zu machen, sind auch die sieben Planeten im Wassermann nicht „irgendwie" verteilt. Im Gegenteil: innerhalb dieses Zeichens gehen je zwei astrologisch polar wesensverwandte Elemente gleichsam eine Ehe ein. Denn es bildet sich auf 3 Grad Wassermann eine Konjunktion von Mars und Saturn (das „kleine und das große Unglück", oder die beiden „Übeltäter" nach der Sprache des Mittelalters). Ferner bilden am 15. Grad eine Konjunktion die beiden „Himmelslichter" Sonne und Mond (was somit eine Sonnenfinsternis für uns verursacht), — und auf 18 Grad vereinigen sich Venus und Jupiter (das „kleine und große Glück", oder die beiden „Wohltäter", denen sich auch noch der „Götterbote" Merkur anschließt! Wahrlich genug des Merkwürdigen am Firmamente ...

In dem Dreieck Wassermann-Skorpion-Löwe steht Neptun, der Planet des Mystisch-Transzendentalen auf einsamer Höhe (Lorbers „Miron" = der Wunderbare!), während im Löwen ... Uranus, und im Nachbarzeichen Jungfrau Pluto Oppositionen zu der siebenfachen Wassermannballung bilden. In der Symbolik stehen Uranus und Pluto für revolutionierende und auflösende Seelentendenzen, was beiden in unserer großen Umbruchzeit eine besondere Note und Kraft verleiht. Was sich im letzten Zeichen Stier (satyr, Symbol materieller Verdichtung) an Kräften zusammenballt, ist — wie schon erwähnt — astronomisch nicht nachweisbar. Nur die Lehre von den geistigen Planetensphären vermag ahnen zu lassen, welches „Strahlungs-Dynamit" dadurch auch in der Menschheit lebendig wird, so daß die Kenner der Astrologie das Jahr 1962 als eines der bedeutsamsten in der großen Menschheitswende betrachten und nicht nur im geistigen, sondern auch im irdischen Weltgeschehen Umwälzungen größten Formates erwarten.

Das Zeichen am Himmel

Aus dem Blickfelde der christlichen Esoterik gesehen, gewinnt das kosmische Zeichen vom 4. 2. 1962 eine geradezu sakrale Bedeutung. Denn es gemahnt an das prophetische Wort Jesu Christi: „Alsdann wird erscheinen das Zeichen des Menschensohns am Himmel" (Ev. Matth. 24, 30). Wenngleich dieser Ausspruch primär rein geistig zu deuten ist, so finden dennoch alle Weissagungen göttlichen Ursprungs ihre Analogie auch im sichtbaren Weltall. Alles Vergängliche ist nur ein Gleichnis, aber eben doch ein Gleichnis für die dahinter waltenden geistigen Ideen und Kräfte. Solche Zeichen sind nur deutbar nach einer Astrologie von der Art der drei Weisen aus dem Morgenlande, die auch „Seinen Stern sahen" und dabei auf der geistigen Weltenuhr zu lesen verstanden.

Schon diese siebenfache Gestirnballung von Sonne, Mond und fünf Planeten im Zeichen des neuen Weltenmonats Wassermann mutet als kosmische Himmelsschrift an wie eine Entsprechung für das Wort Gottes an HIOB: „Kannst du die Bande der sieben Sterne zusammenfügen, weißt du des Himmels Ordnungen? Wer ist es, der Weisheit legt in das Verborgene?" Und welches Bild innerhalb dieser Konstellation! Da treffen sich Sonne und Mond im 15. Grade des Zeichens Wassermann, also genau in der Mitte, auf seinem Höhepunkte. Da reichen sich Saturn und Mars in der *einen* Hälfte, Jupiter und Venus samt Merkur in der *anderen* Hälfte die Hände. Da bildet diese Siebenheit mit der Konstellation der anderen Planeten, der drei Trans-Saturnier das göttliche Zeichen des *Dreiecks*. Sollten aber die beiden noch unbekannten Planeten (siehe oben) sich im Zeichen Stier befinden, dann ergäbe diese Besetzung aller vier Weltecken das heilige Zeichen des *Kreuzes* — jenes Symbol, dem zu allen Zeiten die höchste Bedeutung im geistigen und kosmischen Sinn zugesprochen wurde.

So ist das Auftauchen dieses Himmelsbildes nicht nur eine

astronomische Merkwürdigkeit sondergleichen; weit bedeutsamer ist es als eine Entsprechung höchster göttlicher Ordnungskräfte, die nur im Sinne einer alten, fast verlorenen Geistastrologie einer Deutung zugänglich sind. Im Ganzen gesehen, zeichnet sich in jener einmaligen Konstellation ein unbegreiflich hohes Gleichnis ab: die *Wiederkunft Christi* im Menschengeiste, wie sie von Jesus für das „Ende der Zeiten" verkündet wurde, d. h. für das Ende jenes Zeitalters der Fische, am dessen Beginn seine irdische Menschwerdung stand. Mit dieser Wiederkunft aber verbindet die Prophetie auch den Beginn des Weltgerichtes. Nun steht in der geistigen Astrologie die natürliche Sonne als Entsprechung für die geistige Sonne (Christus), und der Mond für den natürlichen Menschen, der sein Licht und Leben von dieser Sonne empfängt. Betrachten wir nun diese engste Verbindung beider auf der dominierenden *Mitte* des Zeichens: ist es nicht, als ob der Mensch (Mond) vor den Thron Christi (Sonne) tritt, um seinen Richtspruch zu empfangen?

Weiter offenbart diese Gestirnstellung das Wort der Apokalypse: „Er wird kommen, zu scheiden die Schafe von den Böcken" in grandioser Symbolik. Denn zur *rechten* Seite der Sonne sehen wir Jupiter und Venus, denen sich der „Götterbote" Merkur anschließt. Nach astrologischer Lehre steht Jupiter für die Seelenkraft wahrer Religiosität und Ehrfurcht, Venus für jene der Harmonie und Liebe, und der „rechte" Merkur für das geistverbundene Denken des Menschen. Zur *linken* Seite aber gewahren wir die „Böcke": Saturn als die negative Kraft der Verdichtung und Verstofflichung (Materialismus), und Mars, den „Kriegsgott", als die leidenschaftlichen Energien luziferischer Seelenkräfte (Herrschsucht, Machtgier). Wer Augen hat, der sehe!

Ein anderes Entsprechungsbild aus anderem Blickfelde: Betrachten wir das Himmelsbild vom 4. 2. 1962 als das Geburtsbild des Wassermann-Äons und als die „Visitenkarte" für die ganze Dauer seiner Herrschaft, dann zeigt sich folgendes: Am

Beginn des Zeitalters regieren noch Saturn und Mars, die in der Menschheit jene chaotischen Zustände hervorrufen, die schon jetzt unser ausklingendes Fischezeitalter kennzeichnen. Dominierend für die Wassermannepoche ist jedoch der Stand von Sonne und Mond, vereint in der *Mitte* seiner Zeitperiode. Hier zeigt sich der innere Geistmensch mit dem äußeren Erdenmenschen bereits in Einklang und Verbundenheit. (Dies drückt auch das astrologische Zeichen ≈≈ = Wassermann aus). Die Wirkung davon ist, daß ab diesem Zeitpunkt bis zum *Ende* des Äons Religion (Jupiter) und Wissenschaft (Merkur) durch die Liebe (Venus) geeint dem Göttlichen auf Erden dienen werden.

Dies alles offenbaren die gegenseitigen Konjunktionen der betreffenden Planeten und ihre Orte im Tierkreiszeichen überdeutlich jedem, der die Schrift des Himmels noch geistig zu lesen weiß. So zeigt das Jahr 1962 auf der kosmischen Uhr den Beginn des Wassermann (water man = weiser Geist!) *und* die geistige Wiederkunft Christi an, die als eine neu wirksam werdende Strahlung die notwendige Not-wende herbeiführt. Einen Wendepunkt der Menschheit, mit dem auch die letzten und schärfsten Gerichte in dieser Welt ihren Anfang nehmen werden, um dem Neuen Bahn zu brechen: scheidend oder erlösend für jeden Menschen je nach der Seite, auf die er sich mit freiem Willen selbst gestellt hat.

*

In diesem, der Kosmogonie (Weltschöpfungslehre) und der astrologischen Prophetie gewidmeten Kapitel sei noch einer Schrift gedacht, die das Thema 4. Februar 1962 in geradezu radikaler Form abhandelt. Denn sie nimmt eine Erwartung vorweg, deren Erfüllung die Apokalypse nicht an den Beginn, sondern an das Ende des Tausendjährigen Reichs setzt: die auch *kosmisch* gedachte totale Umgestaltung unseres Planeten samt seinen Bewohnern zu einer „neuen Erde" mit einem „neuen Himmel". *Paul Otto Hesses Buch* „Der Jüngste Tag" entstand 1949, nach Aussage des Verfassers auf Grund von Eröffnungen durch das innere Wort, dessen Gedankenstrahlung Hesse in Form erläuternder Darlegungen der Mitwelt zur Kenntnis brachte.

Der geistige Tenor des Buches ist das Hohelied von der Urkraft der Liebe und der Weisheit des Schöpfungsplanes, die sich in jenen Vorgängen sichtbar offenbaren, wo kosmische Lichtkräfte und Bewegungsvorgänge auch der umwandelnden Neugestaltung der Menschheit samt ihrem Wohnhause dienen werden. Wenngleich der Autor auch das Weistum ältester indischer und ägyptischer Überlieferungen ergänzend heranzieht, fußt das Werk dennoch auf den christlichen Evangelien und Offenbarungen und gibt manchem prophetischen Worte Jesu einen seltsam aufhellenden und erregenden Sinn. Bevor über den *Zeitpunkt*, den Hesse als Erfüllung der apokalyptischen Weissagung annimmt, gesprochen wird, sei zuvor der Inhalt der vermittelten Lehre kurz skizziert:

„Im Anfang war das Wort" heißt: aus dem Zentrum der göttlichen Liebe strömt das schöpferische Urlicht hinaus in die Unendlichkeit. In jedem Milchstraßengebiete des Weltalls bestehen Zentralsonnen, deren reinste Ätheratmosphäre durch Berührung mit dem Urlichte zu einem strahlenden Lichtkranze aufflammen, der weit hinaus in den Weltenraum reicht. Diese Lichtschwingung bleibt durch ihre Feinheit und hohe Frequenz, wie auch durch die Trübung der Erdaura dem menschlichen Auge verborgen, das nur den dichteren Hüllenkörper der Sonnen als Sternenglanz wahrnehmen kann. Tritt aber im Laufe der Gestirne zuweilen auch unser Sonnensystem in den Strahlungsring seiner Zentralsonne ein, so wird die Atmosphäre aller Planeten miterregt und leuchtet in ähnlichem Glanze auf. Dies so lange, bis das Sonnensystem aus jenem Lichtkegel wieder in die übrige Finsternis des Weltraums zurücktritt. Dieses gewaltige Ereignis steht nun nach Hesse der Menschheit in naher Zeit bevor:

... „Auch die Zentralsonne, zu der unsere Planetarsonne gehört, wird von einem in sich geschlossenen Ring allerfeinster manasischer Materie umgeben, der dem Durchlauf unseres Sonnensystems einen

Raum gewährt, um darin für die Zeit von ein- bis zweitausend Jahren zu verweilen. Durch diese leuchtende Substanz muß für die erwähnte Zeit unser Sonnensystem bei einmaligem Umlauf in etwa 24 000 Jahren *zweimal* hindurchgehen. Diesem Ereignis sehen wir in wenigen Jahren entgegen. Der Eintritt ist nach der Bedeutung der Worte Jesu der ‚Jüngste Tag', an dem sich der Menschheit das Lichtreich Gottes offenbart, und der je nach der Mentalität der Menschen den Liebenden vom Lieblosen scheidet ..."

Wieso diese Scheidung der Geister durch neue kosmische Bedingungen möglich ist, lehrt der Zusammenhang des Menschen mit dem All durch seinen manasischen Strahlkörper, den Geistleib. Sein Zustand entscheidet, ob der Mensch die kommende Lichtschwingung ertragen wird oder nicht:

... „Dadurch scheiden die Menschen, die hinsichtlich ihrer geistigen Entwicklung keinerlei Fortschritte gemacht haben, für den Zeitraum von ein- bis zweitausend Jahren aus der irdischen Entwicklung aus, *wenn* sie nicht auf die Reizschwingungen reagieren können, die jene manasische Vibration (Liebeschwingung) hervorrufen wird. Erstrahlen und damit irdisch weiterleben können nur Menschen, die in sich der dazu notwendigen Liebestrahlung fähig sind. Deshalb sagte auch Jesus: Einer wird angenommen, der andere verlassen werden. Auch Paulus spricht vom unverweslichen Leibe, und daß am jüngsten Tage alle verwandelt, nicht aber alle entschlafen werden ..."

Sind somit nur wenige auserwählt, gemäß ihrem geistigen Zustande in dem neuen Lichtreiche auf Erden weiter verweilen zu können? Und sind die Nichtangenommenen etwa ewig verdammt? Beides wird entschieden verneint, denn:

... „Es wird an diesem Jüngsten Tag von den einzelnen Menschen nicht die Vollkommenheit gefordert, sondern lediglich Liebefähigkeit als eine beseligende Schwingung des Gemütes, die den Allgeist in der Weltschöpfung mit Daseinslust empfindet ... Jesus erscheint an diesem göttlichen Tage nicht in menschlich-körperlicher Gestalt, sondern in der Verklärung des *Christus im Urlichte:* in jener kosmischen Strahlung, die hier als die manasische Vibration erklärt wird und in der auch alle Menschen mitstrahlen werden, die angenommen sind ..."

In allen Prophetien fanden wir verkündet, daß am „Tage des Gerichtes" die tierisch gebliebenen Menschen mit ihrem niederen Gedanken-, Wunsch- und Begierdenleben wie die Böcke von den Schafen gesondert werden. Auch Hesse gibt die gleiche Sinndeutung und erläutert das Apokalypsenwort vom Satan, der auf tausend Jahre gebunden wird, wie folgt:

... „Weniger günstig gestaltet sich das Leben für alle Menschen, die von der kosmischen Strahlung *nicht* angenommen werden. Denn sie sind aus dem Prozeß der Evolution für etwa ein- bis zweitausend Jahre ausgeschlossen und können ihre Seelen erst weiterentwickeln, wenn unser Sonnensystem aus dem Strahlring der Zentralsonne wieder in den Weltraum der Finsternis zurücktaucht ..."

Was bezweckt nun der Schöpfungsplan mit diesem kosmischen Rhythmus vom Laufe der Gestirne im Licht und Dunkel? In kurzen Worten sagt darüber das Buch Wesentliches aus:

... „Diese etwa zehntausendjährigen, mit Unterbrechung von tausend- bis zweitausendjährigen Lichtperioden immer wiederkehrenden Zeitabschnitte dienen zur Förderung des geistigen Wachstums des Höheren Selbstes. Sie bewirken, daß die Entwicklung der Menschheit bei freier Wahl zwischen Gut und Böse — im Dunkel der verhüllenden Macht der Natur — den Aufstieg findet. Zum anderen, um die immer wieder von der Entwicklungsbahn abirrende Menschheit — durch Verweilen im Urlichte — in die gesetzmäßige Ordnung der Weltschöpfung zurückzuleiten ... Angesichts dieser Offenbarung tritt uns die göttliche Größe und Güte des Vaters entgegen, der auch den schwachen Seelen erneut in einem folgenden zehntausendjährigen Zeitabschnitt weitere Möglichkeiten gibt, das Versäumte nachzuholen ..."

Damit entsteht eine ungewöhnliche Auffassung des biblischen Sündenfalls. Dieser ist nach jener Lehre kein einmaliges Ereignis, sondern wiederholt sich immer dann, wenn sich die „manasische Schwingung des Urlichtes" durch *Austritt* unseres Sonnensystems aus dem Strahlring der Zentralsonne verliert. Die Vollendeten der nun erlöschenden Lichtperiode bedürfen keiner weiteren materiellen Körper, sie gehen als Geistwesen in die Geistwelt ein. Bekanntlich wird „Satan am Ende des Tausendjährigen Reichs noch einmal auf kurze Zeit losgelassen". Das bedeutet: Knapp vor Eintritt der Erde in die neue Ära der Finsternis werden sich die bisher vom irdischen Lebensbereich ausgeschlossenen Seelen wieder inkarnieren dürfen: zum freien

Willensentscheid für oder gegen Gott. Bei letzterer Entscheidung verbleiben sie auf Erden und machen mit ihr den neuen Fall in die Finsternis mit.

Durch die — jedes solche kosmische Ereignis begleitenden — gewaltigen Naturkatastrophen versinken die alten Kulturen und in einer neuen, zehntausendjährigen Entwicklungszeit muß dieser böse gebliebene Teil der Menschheit sich aufs neue wieder emporarbeiten bis zum folgenden „Jüngsten Tag". So werden nur jeweils Teile der reifgewordenen Menschheit erlösungsfähig, während die anderen diese Stufe sich weiter erwerben müssen.

Über das große Vergessen der Menschheitsgeschichte, die sich im Dunkel grauer Vorzeit verliert, sagt Hesse:

... „Wenn wir uns vorstellen, wie intensiv beim Ein- und Austritt der beiden kosmologischen Erdzustände die geologischen und geographischen Umwälzungen der Erdoberfläche sind, dann begreifen wir, weshalb nicht das geringste Kennzeichen ehemaliger Zeitalter und deren Kulturen erhalten geblieben sind. Das Bewußtsein des Menschen soll eben nicht an den konkreten Dingen des materiellen Lebens haften bleiben, und die Natur offenbart sich jedesmal wieder neu im Wechsel des Formendaseins. Unverändert bleiben nur die Gesetze des Lebens und als dessen Beseelung die Liebe..."

Aus dem *übersinnlichen* Bewußtsein der Menschheit ist eine dumpfe Erinnerung an längstversunkene vorgeschichtliche Kulturepochen jedenfalls nicht verdrängbar. Noch immer sucht die moderne Wissenschaft das sagenhafte Atlantis und rund 25 000 Veröffentlichungen umfaßt heute die Literatur über diesen einstigen Kontinent. Dem *historischen* Bewußtsein hingegen ist diese Geschichte einer Menschheitsperiode *vor* dem letzten Lichtreiche nicht mehr geläufig. Und eine Menschheit *nach* dem kommenden Tausendjährigen Reiche wird ebenso wenig von unserer Kultur, ihrem Aufstiege und Verfall etwas wissen. Daher die prophetischen Worte Jesu: „Es wird keiner mehr des Vergangenen gedenken". — Dazu schreibt Hesse:

... „Immer wieder von vorne muß die Menschheit unter ganz veränderten Bedingungen eine neue Kulturepoche von etwa zehntausend

Jahren durchleben, die als unwesentlicher Bestandteil ihres *Lebens* der Vergänglichkeit und dem Vergessen anheimfällt. Allein die Größe des daraus hervorgehenden ewigen Menschengeistes ist das Wesentliche und Bleibende."

Eine atlantische Parallele zu unserer Gegenwart zieht, wohl sehr richtig gesehen, der Verfasser:

... „Nichts wissen wir mehr von dieser Kultur. Sagenhaft ist nur noch in ungewisser Erinnerung, daß die Atlantier eine ätherische Kraft benutzten, die sie Vril nannten, und daß der Mißbrauch dieser Kraft eine große Katastrophe für die Menschheit brachte. Merkwürdig dazu ist der Umstand, daß auch wir heute — kurz vor Abschluß eines entsprechenden Kulturzeitraums — das Wissen von einer Atomenergie haben, die eine Plage werden kann, wenn sie nicht mit den Händen der Liebe behütet wird ..."

Gerade die Spaltung des Atoms stellt einen ungeheuren Griff nach den feinstofflichen Kräften der kosmischen Natur dar und reicht bereits in die Welt des Astralstoffs, jenes Seelenäthers, der Träger unserer Gefühls- und Empfindungswelt ist. Zu einer weiteren Zertrümmerung der Elektronen tastet sich die Wissenschaft schon zögernd heran, doch würde sie damit noch unvorstellbar größere Energien als bisher frei machen. Auf diese Kräfte weist eine Stelle des Buches hin:

... „Physikalisch wäre es möglich, ein Elektron nochmals zu teilen, doch ist dieser Prozeß noch nicht entdeckt worden. Er würde bereits in das Reich der Lichterscheinungen zu verweisen sein und entspräche metaphysisch dem Mentalstoff (manasischer Äther) und den Vibrationsbewegungen unserer Gedanken selbst. Am Jüngsten Tag wird dieser Spaltungsprozeß durch den Eintritt des Sonnensystems in die Strahlzone des Leuchtrings der Zentralsonne naturgesetzlich bewirkt werden. Eine darüber hinausgehende materielle Spaltung ist aber nach den Gesetzen des irdischen Lebens unmöglich, weil das Leben in seinen physikalischen Erscheinungen nur einer dreifachen atomistischen Teilbarkeit unterworfen ist ..."

Wie viele Seher erblickten schon visionär die fast sprichwörtlich gewordene „dreitägige Finsternis". In zahlreichen geistigen Botschaften spielt diese Schauung eine bedeutsame Rolle. Mag auch die Deutung des primären Sinns geistiger Natur sein, so gibt Hesses Buch dazu gleichsam einen physikalischen Kommentar, der einer astronomischen Logik nicht entbehrt:

... „Befindet sich unsere Erde zur Zeit des Ereignisses hinter der Sonne, so daß diese in der Richtung des Umlaufes zuerst in den Strahlring eintritt, so wäre im ungünstigsten Fall unter Berücksichtigung der Bewegungsgeschwindigkeit des Sonnensystems (29 km/sec.) mit einer 110stündigen Finsternis zu rechnen, bis die Erde selbst in diesen Strahlzustand gelangt. Gewissermaßen taumelt die Erde in den neuen Zustand hinein, was seherisch von den prophetischen Verkündungen sehr überzeugend mitgeteilt wurde. Astrophysikalisch werden nämlich durch Abnahme des Lichtdruckes die Gleichgewichtskräfte verändert, wodurch die Polachse der Erde ihre Lage verschiebt. Dies aber genügt bereits, um das künftige geographische Bild unseres Planeten vollständig umzugestalten ..."

Damit weist Hesse auch auf die eigentliche Ursache der periodischen Eiszeitbildungen hin, die der Wissenschaft wohlbekannt sind, ohne daß sie deren Grund zu erforschen vermochte. Aber auch die geweissagten „Zeichen am Himmel" werden im Sinne dieser Himmelsmechanik gedeutet:

... „Planeten, die in der Zielrichtung des Sonnenumlaufs *vor* dieser in die Lichtzone des Universums eindringen, werden gleich riesengroßen Feuerbällen aufleuchten, sodaß es nach den prophetischen Angaben tatsächlich den Anschein haben mag, als fielen die Sterne vom Himmel. Auf die hierauf nicht vorbereitete Menschheit wird ein derartiges Ereignis sehr schreckhaft wirken, da es den Eindruck hervorruft, als würde ein Weltkörper verbrennen ..."

Wie sagt doch das Evangelium? „Und die Menschen werden bange sein in Erwartung der Dinge, die da kommen." Bei der Geschwindigkeit unserer Fortbewegung im Weltraum muß ein solches Ereignis tatsächlich wie ein Blitz über die ahnungslose Menschheit hereinbrechen. So unvermutet, wie es das Wort des Herrn weissagt: „Siehe, ich werde kommen wie ein Dieb in der Nacht." Und doch brauchte die Menschen dieses Geschehen nicht unvorbereitet treffen, denn Hesse bemerkt zutreffend:

... „Sinn und Zweck des irdischen Erscheinens Jesu war es, die Menschheit für die neuen Daseinsbedingungen geistig vorzubereiten.

Er lehrte den Menschen die Liebe und brachte sich dieser Liebe selbst zum Opfer. Der Jüngste Tag in seiner Wiederkehr ist die Erneuerung des Liebesbundes zwischen dem Vater und des von ihm erschaffenen Lebens. Mit dem Wissen von dieser Liebe hat Christus, auch unter Hinweis auf die alten Propheten, der Menschheit für den Tag des Endes der Finsternis belehrende Anweisungen zu einer geistigen Haltung gegeben, wenn unser Sonnensystem in die kosmische Strahlsphäre des Urlichtes eintritt ..."

Mit solchen Augen gesehen, gewinnen auch viele Weissagungen der großen Propheten neben Jesu Worten eine Wendung, die klar auf einen solchen „Jüngsten Tag" als den Gerichtstag oder „Tag des Herrn" hindeuten.

... „Von den zu erwartenden Veränderungen des weiteren irdischen Lebens haben die Propheten sehr anschauliche Bilder entworfen. Jesus beschränkt die Ausführungen hauptsächlich auf Verhaltungsmaßnahmen, die zu diesem Zeitpunkte den Menschen auf die innere Verfassung hinlenken, die für die Annahme der manasischen Strahlung notwendig ist."

Das sehr lesens- und beherzigenswerte Buch Hesses bringt neben zeitlosen geistigen Wahrheiten auch Beschreibungen der großen Erdveränderungen *nach* dem obgeschilderten kosmischen Umbruch, doch mußte sich *unser* Buch darauf beschränken, durch kurze Zitate von einer Stimme der Gegenwart zu berichten, deren Offenbarungsgehalt Religion und Wissenschaft miteinander verbindet. Es bleibt noch eine Stellungnahme zu dem Termin übrig, den Hesse für den Eintritt des geweissagten Geschehens annimmt. Aus seinem Buche geht unzweifelhaft hervor, daß er dieses Kommende für das Jahr 1962 erwartet, wofür auch beigefügte Skizzen zeugen. Im Texte wird allerdings öfters nur der Ausdruck „in wenigen Jahren" oder Ähnliches verwendet. Auch schreibt der Verfasser im Sinne der Wahrheit:

... „In sehr kurzer Frist wird wieder ein solches Ereignis zu erwarten sein. Tag und Stunde, wie überhaupt der genaue Eintritt bleiben nach den Verheißungen aus Gründen unbekannt, die Jesus selbst ausgesprochen hat ..." (Vgl. dazu Ev. Matth. Kap. 24 und 25!)

Die Realisierung mit 1962 ist eine Annahme Hesses, die noch keinen diktatorischen Gültigkeitswert besitzt. So scheint zum

Beispiel Nostradamus dieses Ereignis mit der großen Sonnenfinsternis 1999 in Verbindung zu bringen, was aus einigen auch hier angeführten Quatrains hervorgeht. Warum auch Hesse nicht den genauen Zeitpunkt zu bestimmen vermag, erhellen einige Eingangssätze des Buches:

... „Astrophysikalisch schätzt man einen Sonnenumlauf auf etwa 25 800 Jahre. Die Astronomie des Ostens und damit in Zusammenhang stehende alte geistige Lehren setzen die Umlaufzeit des Sonnensystems auf 21 000 Jahre fest. Wir wollen aber in Verfolg der Offenbarungen über die Bedeutung des Jüngsten Tages hier *annehmen*, daß diese Umlaufzeit 24 000 Jahre beträgt ..."

Diese Unsicherheit tut dem Inhalte des Buches jedoch keinerlei Abbruch. Immerhin sind die drei verschieden genannten Längen des Weltenjahres doch beträchtlich differierend. Nur die genaue Kenntnis der wirklichen Sonnenumlaufszeit ließe mit einiger Sicherheit auch den ganzen Termin des erwähnten Lichteintrittes errechnen. Und so bleibt dieser zwar „nahe bevorstehend", dem Zeitpunkte nach jedoch unbestimmt, wie auch der *genaue* Anbruch des — damit im Zusammenhang stehenden — Beginns des Wassermannzeitalters astronomisch nicht berechenbar ist. — Mit dieser geistig-astrologischen Offenbarung gewinnen auch die vier „Tiere" (Weltecken) der alt- und neutestamentlichen Apokalypsen eine neue, kosmologische Deutung:

... „Betrachten wir das Zifferblatt der großen Weltenuhr, so gleichen ihre 24 000 Jahre vier Quadranten, von denen zwei (zu rund je zehntausend Jahren) die Versenkung der Menschheit im materiellen Verstandeswissen darstellen, während die beiden anderen (rund je 2000 Jahre) der geistigen Erneuerung dienen. Das Himmelreich — alle Kraft der Erkenntnis und Liebe — vermittelt kosmologisch als Ewiges Evangelium in unserem Gewissen der Heilige Geist, der hier als die manasische Vibration dem Verständnis nähergebracht wurde."

Und Hesse beschließt sein Buch, einer geistigen Offenbarung entsprungen, mit den Worten:

... „Lächelnd über all den Mühen und Beladensein der Menschen scheint die glückverheißende Sonne. Sie zieht mit ihrem Gefolge von Planeten, Monden und Kometen dem Lichtreiche des Vaters entgegen.

Und in strahlend schweigender Schönheit bewahrt sie das Geheimnis der All-Liebe, Allweisheit und Allgüte!"

*

Der Grund, warum Hesses Buch hier ausführlicher besprochen wurde, dürfte einleuchtend sein: darin werden auf dem Offenbarungsweg erstmalig nähere Angaben gemacht über die *Art* eines zu erwartenden kosmischen Großereignisses, dessen bloße Andeutung fast alle Prophetien vom Altertum bis zur Gegenwart enthalten. Denn nochmals sei betont, was die wahre, auf innerer Schau beruhende Astrologie lehrte und auch der hermetische Spruch „Wie oben, so unten" ausdrückt: Geistiges und kosmisches Geschehen läuft parallel ab und ist auf eine verborgene Weise miteinander verknüpft, weil das Abbild des Kosmos im Menschen ruht, der alle Elemente des Alls in sich birgt.

Jede Wahrheit, jede Offenbarung religiösen Ursprungs ist in ihrem dreifachen Aspekt zu betrachten, in ihrem geistigen, seelisch-elementaren und stofflich-materiellen Sinn. Auf diese Kenntnis allein läßt sich die Lehre der Analogie (Entsprechungen) aufbauen, die das Erlernen der metaphysischen Gesetze ermöglicht. Und schließlich muß man die Vielheit der Gesetze durch Entdeckung des Prinzips oder der ersten Ursache auf die Einheit zurückführen, auf Gott, aus dem alles Werden der Schöpfung hervorgeht. Und so schließt auch die altägyptische Tabula Smaragdina des Hermes mit den Worten: „Und wie alle Dinge Eins gewesen und daraus entstanden sind, so sind alle Dinge durch Anpassung aus diesem Einen geworden". Da haben wir in kurzen Worten die ganze Lehre über die Schöpfung der Welt, in der Urzentralsonnen und Atome als Lebenshauch Gottes eine untrennbare Einheit bilden und lebendig aufeinander wirken.

RÜCKBLICK — SYNTHESE — AUSBLICK

Nach der Vielzahl prophetischer Stimmen, die in unserem Buche zu Worte kamen, erscheint es angezeigt, noch einmal zu rekapitulieren, welche Grundlinie die visionäre Weissagung vom Altertum bis zur Gegenwart durchzieht. Lassen wir uns durch die Mannigfaltigkeit der Bilder und Sprache nicht beirren, denn ein jeder Prophet und Seher ist eine andere Harfe für Gottes Melodie. Einheitlich aber ist der Klang aller und ergibt eine gewaltige Symphonie, die warnend, aber auch tröstend durch alle Zeiten bis in unsere Tage herüberklingt. Wie in einem Orchester die Partitur größere und kleinere Instrumente zu einem geschlossenen Tonbilde vereinigt, so ist auch das Werk aller Propheten ein harmonisches Ganzes: es ist der Ruf des Ewigen Evangeliums, der Heilsgeschichte Gottes am Menschen, die sich durch Auserwählte weissagend offenbart. Dissonant klingt der Menschheit nur das Wort vom „Zorn" Gottes, weil sie selbst aus der Ordnung der Schöpfung herausgetreten ist und daher hinter den wiederherstellenden geistigen und kosmischen Gesetzlichkeiten nicht die Liebeweisheit des Allvaters zu erkennen vermag. Denen aber, die Ohren haben, zu hören, klingt die Verheißung anders und weckt in ihnen ein neues Bewußtsein des Geistes, das ins Ewige hinüberzuragen beginnt.

Wir sollten heute nicht grübeln, *was* das Morgen an umwälzenden Wandlungen in sich birgt und wieviel davon geistig oder naturmäßig aufzufassen ist. Es gibt nur einen Weg zum inneren Frieden, und dieser Weg ist das grenzenlose *Vertrauen* in die Allgüte Gottes, der auch ein Weltgericht zum bleibenden Segen der Menschheit gestaltet. Wach sein und bereit sein, ist die Forderung unserer Zeit, die von Jahr zu Jahr mehr zum Spiegelbilde der vorhergesagten endzeitlichen Verfassung wird. Nicht um Angst zu verbreiten, sollen nachfolgend nochmals die

Seher aller Zeiten mit Kernstücken ihrer Prophetie an unserem Auge vorüberziehen: Zu jeder Gerichtsverkündung findet der aufmerksame Leser, der sich das Ganze eingeprägt hat, auch die Frohbotschaft von neuem Sonnenglanze nach dem reinigenden Weltengewitter.

Allen Visionen gemeinsam ist die Voraussage von Krieg, Not und Naturkatastrophen, an denen nicht zuletzt der Mensch selber die Schuld trägt. Darüber hinaus jedoch steht andeutungsweise das Gesicht eines nahenden Geschehens kosmischer Art und erdumspannender Größe, das ein übersinnliches und zugleich irdisch wahrnehmbares Ereignis sein wird. Darauf gefaßt zu sein, bannt im geistig Aufgeschlossenen jede Furcht und schafft die Voraussetzungen, den Mitmenschen in den kommenden Tagen seelischer Pein Helfer und Berater sein zu dürfen. In diesem Sinne prägen wir uns nochmals die vernommenen Worte ein:

(Die Zahlen verweisen auf die Buchseite der zitierten Stellen.)

Jesaja: ... Der Herr wird sich aufmachen, zu schrecken die Erde (111). — Sie kommen aus fernem Lande, vom Ende des Himmels (116). — Die Fenster der Höhe sind aufgetan und die Grundfesten der Erde beben. Es wird die Erde mit Krachen zerbrechen und wird taumeln wie ein Trunkener (117). — Der Herr wird sein Werk vollbringen auf eine seltsame Weise (117). — Finsternis bedeckt das Erdreich und Dunkel die Völker, aber es geht auf die Herrlichkeit des Herrn (123).

Jeremia: ... Ich sah das Land, siehe, das war wüst und öde und der Himmel war finster. Und die Berge bebten und alle Hügel zitterten (131). — Da war kein Mensch und das Gefilde war eine Wüste (131).

Hesekiel: ... Aller Knie werden weich, aller Angesichter werden jämmerlich schauen und mit Furcht überschüttet sein: der Ausrotter kommt! (136).

Maleachi: ... Es kommt der große und schreckliche Tag des Herrn, der soll brennen wie ein Feuerofen und anzünden die Gottlosen (142).

Joel: ... Wehe des finsteren Tages, der da kommt wie ein Verderber vom Allmächtigen! Vor ihm her geht ein verzehrendes Feuer und nach ihm eine brennende Flamme. Das Land ist danach wie eine wüste Einöde (144).

Sacharja: ... Und es soll geschehen, daß zwei Teile im ganzen Lande sollen ausgerottet werden und nur ein Teil soll übrig bleiben (146).

Matthäus: ... Auch des Himmels Kräfte werden sich bewegen, und es wird erscheinen das Zeichen des Menschensohnes am Himmel (160).

Lukas: ... Und die Menschen werden verschmachten vor Furcht in Erwartung der Dinge, die da kommen sollen über die Erde (160).

Petrus: ... Es wird aber des Herrn Tag kommen wie ein Dieb in der Nacht, an welchem die Himmel vergehen werden mit großem Getöse, und die Elemente werden vor Hitze schmelzen (163).

Ap.-Gesch.: ... Und ich will Wunder tun oben am Himmel und Zeichen auf Erden: Blut, Feuer und Rauchdampf. Die Sonne soll sich verkehren in Finsternis und der Mond in Blut, ehe der große und *offenbare* Tag des Herrn kommt.

Paulus: ... Siehe, ich sage euch ein Geheimnis: wir werden nicht alle entschlafen, werden aber alle verwandelt werden. Und dies plötzlich, in einem Augenblick (!), zur Zeit der letzten Posaune (163).

Johannes: ... Und der siebente Engel goß seine Schale aus in die *Luft* und eine Stimme vom Himmel sprach: „Es ist geschehen!" Da kamen Donner und Blitze und es ward ein großes Erdbeben, wie solches niemals gewesen (176).

Malachias: ... Untergang, wenn der furchtbare Richter sein Volk richten wird (200).

Paracelsus: ... Es wird ein großes *Feuer* ausbrechen und dadurch groß Verderben geschehen (218).

Nostradamus: ... Vorausgehen wird die dunkelste Sonnenfinsternis seit Erschaffung der Welt. Eine große Verlagerung (!) der Erdbewegung wird stattfinden, daß man glauben wird, die Erde sei aus ihrer Bahn geworfen und in die ewige Finsternis gestürzt (238). — Das Gotteswort wird der Substanz, die Himmel und Erde verbindet, verborgenes Gold in mystischem Lichte verleihen (240).

Böhme: ... Die Menschen haben sich die Widerordnung zum Götzen gemacht, die ihnen auch die Sündflut des *Feuers* auf den Hals führen wird (244). — Es kommt ein Tag des Herrn, der nicht aus dem gestirnten Himmel ist, da wird der Heilige Geist erscheinen mit Wundern und Kräften (245). — Und wenn der siebente Engel posaunt, werden die Geheimnisse Gottes vollendet. Es wird fürwahr mehr keine Zeit aus den vier Elementen sein, sondern die ewige Zeit Gottes ... Es ist der *Stern erschienen,* welcher das Siegel am *Centro* gelöst hat (247).

Lorber: ... Es wird ein *Feind aus den Lüften* angefahren kommen, der wird alle Übeltäter verderben ... Ein Feind, den ich aus den weiten Lufträumen der Erde zusenden werde wie ein dahinzuckender Blitz mit großem Getöse. Wahrlich, gegen den werden vergeblich kämpfen alle Heere der Erde (77).

Das Innere Wort der Gegenwart: .. Eine ungeheure Gefahr schwebt auf die Menschheit zu, nur Einer kann euch erretten (261). — Eine Naturkatastrophe wird die Erde heimsuchen und die Kämpfenden auseinanderreißen. Nur kurz wird dieser Vorgang dauern, aber eine völlig veränderte Weltlage schaffen (261) ... Die Bewohner der Sonnen werden sich mächtig erregen und diese Bewegung wird sich erstrecken von der Venus bis zur Zentralsonne (!). Dadurch werden die Kräfte des Himmels in Bewegung geraten (262) ... Wie ein Beben wird durch die Menschheit die bange Frage gehen: „Wer kann uns noch Schutz gewähren?" Geistig *und* materiell wird sich alles neugestalten, weite Teile der Welt werden größte Veränderungen erleiden (263) ... Wehe, wenn der Funke ins Welttreiben schlagen wird! Da wird die Erde erzittern. Es ist die

Größe des kommenden Geschehens jetzt noch nicht zu begreifen (263). In einem euch unbekannten Zeitpunkte wird sich die Erde entzünden und die Menschheit wird in Verwirrung geraten (263). Die mächtigste Wandlung lastet auf der Menschheit, ihre tausendjährige Beständigkeit wird zerstört (270).

Die Jenseitsbotschaften der Gegenwart: ... Ein nahendes Geschehen wird wie ein Ungewitter mit furchtbaren Anzeichen am Horizonte aufflammen (275) ... Die Stunde der größten Offenbarung des Himmels an die Erde ist nahe herangekommen. Gewaltig und unerwartet wird diese hereinbrechen und den *ganzen* Planeten überdecken wie ein Netz. Ein jeder Erdenbewohner wird dieses Zeichen wahrnehmen. Ungezählte Menschen werden erzittern über die gewaltigen Umwälzungen ... Der Himmel wird wie ein klarer Kristall (!) die höheren Sphären sehen lassen. Die Erde wird in neuem Glanze erstrahlen (275) ... Alles Geschöpfliche wird verwandelt werden, und es wird nicht geben Anfang und Ende (276) ... Es ist das *seltsamste* Geschehen, das sich vorbereitet, aber auch das, was auf eurer Erde die endgültige Wende herbeiführen wird ... Alle Geschöpfe der Welt haben Teil an dieser Umwandlung (277) ... Nun lebt ihr in der Zeit des kommenden Lichtes. Die Gesetze des Alls (!) treiben alles unaufhaltsam vorwärts (278) ... Die Stunde der Ankunft der mächtigsten Geistmacht ist da. Die kommenden Jahre bergen Entscheidungen, die der menschliche Verstand nicht ermessen kann. Die Seelen sollen in ein Erleben geraten, das die letzte Hülle durchdringt und sie *sehend* machen wird (281).

... Umwälzendes Geschehen bereitet sich vor, ein Markstein für das Schicksal der Erde und Menschheit ... Unfaßbare Gewalten der Sphären treffen sich in ihrer Wechselwirkung ... Der Entwicklungsprozeß beschreitet *neue Bahnen* (282) ... Bevor die endgültige Neuumwandlung der Erde vor sich geht, müßt ihr große Naturereignisse erwarten ... Solche Vorgänge sind der *naturhafte* Teil der Weltwende, nicht aber der Untergang der Erde ... Wer durch Verharren im Bösen seiner Tiernatur sich nicht zu einer höheren Seelenschwingung wird erheben, der wird nicht teilhaben können am neuen Leben auf Erden (283/284).

Die Visionen der Hellseher: ... Im Sternbild der Krone wird ein neuer Stern hellglänzend erscheinen. Dann ist die Zeit nahe, wo jene Tage über die Menschheit kommen werden (291) ... Himmlisches Feuer vom Westen her droht, und vom Süden wird es züngeln bis Ost, die Pflanzen sterben ab ohne Wurzeln ... Der Himmel, an dem die Sonne sonst steht, erbebt: Kein Lebender hat je erlebt, was nun zu sehen ist! (292) ... Als sollte der ganze Erdkreis zusammenstürzen (!), eine solch überaus wunderbare Veränderung wird sich ergeben, daß kein Sterblicher solchen Wechsel vermuten könnte, (293) ... Etwa fünfzig Jahre vor dem Jahre Zweitausend wird Satan auf die Menschheit losgelassen (294) ... Die Menschen werden krank, und niemand kann ihnen helfen ... Wer diese Zeit überlebt, wird zum wildfremden Menschen Bruder sagen ... Wenn aber die Menschen gesiebt sind, kommt wieder eine gute Zeit und alles Böse ist überstanden (295).

Wie unbekannt sind doch dem Menschen schon die Gesetze des eigenen Sonnensystems, wenngleich die Teleskope den Blick zu Sternenwelten vermitteln, deren Ferne nur astronomische Zahlen andeuten können! Nur die Geistesschau des inneren Auges vermag Raum und Zeit zu überbrücken und das Wirken der Gestirnskräfte zu erforschen. Die Kirchenlehre hat die Schlüssel zum prophetischen Wort verloren, die Wissenschaft hat sie noch nicht gefunden. Wer soll und wird da der Menschheit belehrend zur Seite stehen, wenn sich wirklich einmal „kosmische Kräfte des Himmels" bewegen? Werden dann auch die Propheten im eigenen und im fernen Lande nichts gelten wie heute in unserem „aufgeklärten" Zeitalter? Die Zukunft wird es lehren.

EINE ZEITNAHE DEUTUNG DER APOKALYPSE

Wie bereits in der Besprechung der Johannesoffenbarung erwähnt, fand diese größte aller christlichen Weissagungen durch alle Jahrhunderte ein weites Echo in den Herzen zahlloser gläubiger Menschen. Nicht etwa, weil die Kirche dieses Mysterium den Gemeinden aufzuschließen vermochte — weiß doch bis heute die dogmatische Theologie nichts Rechtes damit anzufangen —, sondern gerade wegen ihrer seltsam bildhaften Sprache, die sich mehr an das Unbewußte im Menschen wendet als an den rechnenden Verstand. Die innere Erhabenheit dieser Himmel und Erde umfassenden Schauung wurde stets mehr erahnt als erkannt. Immer wieder aber zeigten neue Deutungsversuche der überreichen Symbolik, daß sich in allen Generationen ernste und geiststrebende Menschen um Auslegungen bemühten, die das Werk auch dem begrifflichen Denken zugänglich machen wollten.

Was von bedeutenden Kirchen-Exegeten (Kommentatoren der Bibeltexte) als Beitrag zur Offenbarungsdeutung vorliegt, ist und bleibt jedoch mehr oder weniger Theologie, indem es sich zwangsläufig den Lehren anpassen muß, welche die christlichen Kirchen als glaubensverbindlich vorschreiben. Geistige und geistliche Einsicht sind jedoch zwei verschiedene Dinge, wenngleich zugegeben werden muß, daß sich auch aus Kirchenkreisen Männer fanden, die — über die Dürre theologischer Begriffe weit hinausragend — dem heiligen Sinn des ewigen Evangeliums der Apokalypse sehr nahe kamen. Allen diesen Ausführungen jedoch gemeinsam ist ein viel zu enger Rahmen, in den sie Bilder dieser Visionen einzufangen trachten. Denn jene Deuter fassen die Worte der Offenbarung fast immer nur als eine Schilderung der vergangenen und zukünftigen Heilsgeschichte des Christentums auf, wobei sie letzteres zumeist mit der Organisation der Weltkirche identifizieren. In Wahrheit aber geht es der Offenbarung um die *gesamte Menschheit,* um den Kampf zwischen Finsternis und Licht auf Erden, um die Auseinandersetzung des Menschen für oder gegen Gott.

Die endzeitliche Prophetie von Verfolgung, Trübsal und Leiden gilt nicht allein der Kirche, die solche gerne als eine „Prüfung Gottes" zu betrachten geneigt ist, ohne zu bedenken, daß ihr eigener Pakt mit der Welt diese Lage nach geistigen Gesetzen heraufbeschwören mußte. Das Wort vom Endgerichte gilt der ganzen Menschheit, die sich vom Geiste des Antichrist, vom Egoismus der Habsucht und des Machtwahnes nicht zu befreien vermochte, und nun Sturm erntet, wo sie Wind gesät hat. Und nur, weil sich auch die Kirche von dem göttlichen Liebegebot Christi getrennt hat und nicht mehr dem inneren, ewigen Begriff „Kirche" entspricht, verlor sie die Kraft der geistigen Führung. Darum wird sie von antichristlichen Mächten, die sie selbst groß werden ließ, gerichtet werden, damit eine neue, gottverbundene Kirche das hohe Erbe antreten kann, wahre Mittlerin zwischen Himmel und Erde zu sein.

Indem sich die Offenbarung als eine reingeistige Schau wieder nur dem Geiste voll eröffnet, waren es gerade die großen Mystiker, denen sich der apokalyptische Sinngehalt klarer erschloß als den im Denken der Kirche gebundenen Auslegern. In Männern wie Böhme, Swedenborg und Lorber wohnte selbst etwas von jenem prophetischen Sehertum, das einst den Christusjünger Johannes so tief beseelte. Was sich davon in ihren Werken abzeichnet, wurde in unserem Buche anzudeuten versucht. Und dennoch waren deren Worte für die Zeitgenossen dieser Vorboten und Vorkünder noch keine Entsiegelung in dem Sinn, daß sie das Bild ihres Zeitalters darin so zu erkennen vermochten, wie es uns heute, gemessen am Geschehen unserer Epoche, möglich ist. Die Sinnbilder der Apokalypse spiegelten irdisch sich nicht mit solch unerbittlicher Schärfe ab wie heute, wo ein Kenner der Entsprechungsbedeutung zu einer jeden dieser Bildvisionen die analogen Vorgänge im äußeren Weltverlauf zu finden weiß.

Die Geheimnisse der Offenbarung mit diesem Schlüssel auch dem klaren Denken des Gegenwartsmenschen zugänglich zu machen, war geradezu eine Forderung unserer Zeit, sollte nicht anders die Weissagung das bleiben, was sie bisher noch immer war: eine mystisch verhüllte Schau, deren realer Sinn nur wenigen tieferblickenden Menschen zum Bewußtsein kam. Ein wahrhaft großer Geist, der vor kurzem verstorbene Innsbrucker Maler *Max Prantl*, veröffentlichte im Jahre 1950 — geboren aus geistiger Schauung und Kenntnis der übersinnlichen und irdischen Zusammenhänge — eine Schrift unter dem Titel „Die Geheime Offenbarung des Johannes in der Sprache der neuen Zeit". (Das im Verlag „Mehr Licht", Linz/Donau erschienene Werk ist zur Zeit leider vergriffen.) Mit dieser Deutung wandte sich Prantl ausschließlich an den modernen Menschen, sofern dieser Glaube und Vernunft sinnvoll zu bewahren wußte. Was ist eigentlich die „Sprache unserer Zeit"? Sie bedient sich heute jener abstrakten Ausdrucksweise, die dem begrifflichen Intellekt ebenso angepaßt ist, wie einst die vergleichende Bildersprache des Altertums dem mehr anschaulichen Denken seiner Völker entsprach. So drückt sich der heutige Mensch abstrakt aus, wenn er von „Geist und Materie" spricht, wofür die Alten gleichnishaft „Himmel und Erde" setzten. Oder er benennt einen Zustand, so grauenhaft er sein mag, einfach mit „Krieg", während die alte Sehersprache vom „Drachen der Verwüstung" redete, usw. — Geistige Symbolik durch sprachliche Anpassung dem heutigen Verständnis nahezubringen, erfordert jedoch, hinter die Dinge zu sehen und auf Grund eigenen Erlebens die Bildsprache des Geistes zu beherrschen.

Prantls Deutung der Apokalypse geht allerdings von religiösen Grundlagen aus, die jedem Menschen *inneres* Glaubensgut sein müssen, will er diesem Brückenschläger von der Geistwelt zur Sphäre des Irdischen folgen können. Es geht ihm nicht darum, vorerst die Existenz Gottes und das geistige Wesen von

Weltall und Mensch beweisen zu wollen. Er sucht nur dem Erleben des begrifflich eingeengten Menschen von heute neue Wege zu zeigen, um nicht nur seinen Glauben, sondern auch seine höhere Vernunft in die Bahnen erkennenden Schauens zu lenken. Auch Prantl deutet alle Visionen der Offenbarung primär als gleichnishafte Bilder von Vorgängen in der menschlichen Seelenwelt. Gedanken und Gefühle sind jedoch Strahlungskräfte, denen die entsprechende irdische Tat auf dem Fuße folgt. Betrachten wir daher den Verlauf der Weltgeschichte aus geistigem Blickfeld, so können wir daraus schließen, was sich vorbildend zuerst in den übersinnlichen Sphären abspielte, das heißt geistig von der Menschheit in Bewegung gesetzt wurde. Dies und nichts anderes malen die weissagenden Sinnbilder der Offenbarung! Wir können somit ihren Schilderungen alle Zusammenhänge entnehmen, die geist-seelisches und irdisch-sichtbares Geschehen wie Ursache und Wirkung verknüpfen.

Die Offenbarung umreißt den göttlichen Plan eines vorgezeichneten Werdegangs der Menschheit. Sie zeigt ferner auf, wie sich diese Welt — zufolge der Willensfreiheit — durch das luziferische Erbe in sich gegen den Plan Gottes über lange Zeitalter hinaus aufzulehnen vermag. Sie zeigt mit ihren „Siegeln" die verschiedenen Entwicklungsstufen der Menschheit, mit ihren „Posaunen" die mahnende und warnende göttliche Führung, und mit ihren plagenden „Zornesschalen" das steigende Maß von Leid, das der Mensch im Beharren gegen die Gottesordnung freiwillig auf sich herabzieht. Alle diese Bilder fanden und finden in der Menschheitsgeschichte auf Erden ihre Analogie, denn jede seelische Haltung löst zwangsläufig entsprechende Ereignisse guter oder böser Art aus.

Um das Verständnis für diese Wahrheiten zu wecken, kommentiert Prantl nicht flächenhaft, sondern im Detail. Er ergreift jede Einzelvision der Apokalypse samt ihrer klar umrissenen Symbolik und stellt ihr das zugehörige, jedem erfahrbare Weltereignis gegenüber. Er abstrahiert damit gleichsam die Schauungen aus der Seelenwelt, indem er bewußt die irdische

Deutung in den Vordergrund rückt. Andererseits führt er den Leser zum inneren Verständnis dessen, was als leidvolle Welttragik und schicksalhaftes Völkergeschehen seit Jahrhunderten die Menschheit heimsucht, — nicht zuletzt, weil sie die Apokalypse als den prophetisch warnenden Heiligen Geist Christi nicht erkannte oder wissentlich mißachtete. Man hat Prantl zuweilen verständnislos vorgeworfen, daß er eine religiöse Schrift zur Politik wandle. Darauf wäre zu erwidern: Sind nicht die Bilder der Offenbarung selbst von einer schonungslosen Schärfe? Ein Seher, dem es um die reine Wahrheit geht, muß daher auch das entsprechende Irdische beim rechten Namen nennen. Wenn Luzifer sich in der Menschheit Machtsysteme schuf — seien sie geistlicher oder staatlicher Natur —, so müssen eben die seelisch gesehenen Bilder auch Erscheinungen auf Erden hervorbringen, die vielleicht „Papsttum" oder „Sowjetsystem" heißen und bei einer Deutung nicht anders umschrieben werden können.

Sehr zu beachten ist, daß Prantl das michaelische Element der Apokalypse zutiefst erschaute und — wer erinnert sich dabei nicht an den Propheten Maleachi und an die Weissagung des Malachias? — die Geistesmacht *Michael* — als den heute beauftragten „Engel des Herrn", den Vorläufer Christi verkündet. Sah doch der Seher von Patmos einen Engel vom Himmel auf die Erde niedersteigen (eine göttliche Kraft irdisch wirksam werden). Und weiter schildert die Offenbarung, wie Michael den ewigen Widersacher Satan vom Himmel auf die Erde wirft (d. h. für die Menschheit gesehen: aus seinem geistigen „Inkognito" zur irdischen Demaskierung seines Wesens zwingt). Das alles ist doch keine fromme Legende, sondern teils beglückende, teils grausame Wirklichkeit, Jahr um Jahr deutlicher wahrnehmbar! Gesteigerte Hinwendung zu religiöser Verinnerlichung, opferbereite Liebe und Hilfsbereitschaft auf der einen Seite, erbarmungslose Unterdrückung, Raub und Mord auf der anderen. So geht das Wirken von Christus/Michael und von Luzifer/Satan mitten durch das heutige Welttreiben, ja es erfaßt jeden einzelnen Menschen und führt ihn zu jener klaren inneren Entscheidung, die das Wesen unserer großen Weltwende kennzeichnet.

Wie „nur-biblisch" klingt zum Beispiel das Apokalypsenwort vom „Satan, der umhergeht in großem Zorne, denn er weiß, daß er nur noch kurze Frist hat". Wie gegenwartsnahe dagegen wird diese Vision, wenn wir an die Dämonie unseres Zeitalters des Unfriedens und der ins Gigantische gesteigerten Vernichtungswaffen denken, die Luzifer der endzeitlichen Menschheit in die Hand gedrückt hat! Hier die Augen aufzumachen und geistig sehen zu lernen, ist das Gebot der Weltenstunde, da die Menschheit am Scheidewege zwischen Leben und Tod steht. Durch Prantls „Sprache der neuen Zeit" lernen wir die Sprache unseres Zeitgeschehens auf eine neue irdische *und* geistige Art verstehen, und das ist es, was allen Menschen nottäte. Um darzulegen, daß die Entsprechungssymbolik der Offenbarung ein klares Bild unserer heutigen Weltlage geweissagt hat, seien hier einige Textstellen der Apokalypse samt der Erklärung Max Prantls angeführt. Möge sie den Lesern Anregung bieten, alle Zeichen der Zeit mit dem Erbgute des ganzen prophetischen Weisheitsschatzes zu vergleichen, um geistig über die Not des Alltags hinauszuwachsen!

(Aus Offbg. Kap. 9:) ... „Ich sah einen Stern vom Himmel auf die Erde niederstürzen. Ihm wurde der Schlüssel zum Brunnen des Abgrundes gegeben. Und er tat den Brunnen des Abgrundes auf. Da stieg Rauch aus dem Brunnen herauf wie der Rauch eines großen Ofens, und die Sonne und Luft wurden davon verfinstert..."

(Deutung:) Der auf die Erde niedergestürzte (in das Denken der Menschen tretende) Stern ist Luzifer. Ihm, der bisher nur auf böswillige oder verblendete Einzelmenschen seinen Einfluß ausüben konnte und im übrigen auf geistige und weltliche Gemeinschaften, die an sich das Gute wollten, gelingt nun zum ersten Male die Errichtung einer eindeutig teuflischen Macht von weltumspannender Wirksamkeit: das Sowjetsystem, die bis jetzt größte und gierigste Zusammenballung von Herrschsucht und Machtwahn. Christus muß sein Entstehen und Großwerden zulassen, da die Menschheit in den fast zwei Jahrtausenden seit dem irdischen Wirken Christi das Eindeutig-Böse, die satanische Grausamkeit in ihrer Verhüllung als Herrschsucht und Machtwahn aller Art nie erkennen wollte. Schritt für Schritt mußte dem Geistig-Bösen eine immer umfassendere und greifbarere irdische Auswirkung zugestanden werden, damit die Menschheit endlich durch das handgreifliche irdische Erlebnis zur klaren Erkenntnis von Gut und Böse und damit zur Scheidung der Geister erwachen sollte. Denn diese ist die unerläßliche Voraussetzung für die Höherentwicklung im geistigen und irdischen Bereiche.

Wegen der selbstverschuldeten geistigen Blindheit der Menschen muß die göttliche Weltführung schließlich das Ärgste geschehen lassen. Luzifer wird der Schlüssel zum Brunnen des Abgrundes überlassen: er darf eine Organisation ins Leben rufen, die die abgründigsten menschlichen Leidenschaften in breiten Volksmassen entfesselt und die mit ihren Greueltaten (dem Rauch), die Sonne (Erkenntnis der Wahrheit) und die Luft (das irdische Leben der Allgemeinheit) verfinstert. Noch will die Menschheit nicht erkennen, daß sie selbst die Augen vor dem Lichte Gottes verschließt, das Geistig-Böse muß daher noch greifbarer werden:

... „Aus dem Rauche kamen Heuschrecken auf die Erde. Ihnen wurde Macht gegeben, wie die Skorpione der Erde sie haben. Es wurde ihnen geboten, das Gras der Erde, das Grün und die Bäume nicht zu schädigen, sondern nur die Menschen, die das Siegel Gottes nicht auf ihrer Stirne tragen. Und es wurde ihnen geboten, sie nicht zu töten, sondern sie fünf Monate lang zu peinigen. Ihre Pein ist wie die eines Skorpions, wenn er einen Menschen sticht ..."

Heuschrecken sind die Seelengestalt des gierigen Materialismus, der die ganze Welt kahlfressen möchte: der Plan der bolschewistischen Weltrevolution, der seine Vorläufer im Kapitalismus jeder Art seit Jahrtausenden hat. Diesen Ideen ist das Gift des Skorpions eigen: sie versetzen die Menschen in Raserei und besinnungslosen Taumel. Sie vermögen aber weder die großen Volksmassen (das Gras) geistig zu schädigen, noch die unreifen Entwicklungsstufen der Menschheit (das Grün) oder die führenden Persönlichkeiten (die Bäume). Nur solche Menschen verfallen ihnen, die das Siegel Gottes (die Wahrheit des Göttlichen) nicht auf ihren Stirnen (im denkenden Bewußtsein) tragen: die *böswillig* Verblendeten. Durch fünf Monate (Perioden) werden diese Menschen in besinnungsloser Gier einem materialistischen Scheinwert nachjagen, um seinetwegen jedes Gesetz brechen und der Menschlichkeit hohnsprechen: In den fünf Zeitaltern des Goldes, des Eisens, der Kohle, des Erdöls und des Uraniums. Die Qual der Skorpione ist die nie zu befriedigende Gier, welche diese Menschen beseelt.

... „Die Heuschrecken waren kriegsgerüsteten Rossen ähnlich. Auf ihren Köpfen trugen sie goldähnliche Kronen und ihre Gesichter waren wie Menschengesichter. Sie hatten Haare wie Frauenhaare und ihre Zähne waren wie Löwenzähne. Sie hatten Brustharnische wie eiserne Panzer und das Rasseln ihrer Flügel war wie das Rasseln vieler Streitwagen, die in den Kampf stürmen. Sie haben Schwänze und Stacheln gleich Skorpionen und in ihnen liegt die Kraft, die Menschen fünf Monate lang zu schädigen. Sie haben als König über sich den Engel des Abgrundes, der da heißt hebräisch Abaddon, auf griechisch Apollyon ..."

Heuschrecken wie kriegsgerüstete Rosse: der gierige Materialismus, der zur totalen Welteroberung ansetzt. — Goldähnliche Kronen (Talmigold, Scheinwert): der Anspruch, Könige und Beherrscher der Menschheit zu sein. — Gesichter *wie* Menschen: auch Untermenschen gehören zoologisch der Gattung Mensch an. — Haare wie Frauenhaare: das Einschmeichelnde, Werbende und Lockende der materialistischen Ideen und ihrer politischen Systeme. — Zähne wie Löwenzähne: Raubtierhaftes, erbarmungsloses Festhalten der Opfer. — Brustharnische wie eiserne Panzer: ihre Überzeugung (Brust), ihre Weltanschauung ist *scheinbar* unangreifbar, hieb- und stichfest (zwingend beweisbar). — Rasselnde Flügel wie Kampfwagen: Ausbreitung dieser Ideologien mit ungeheurem Propagandalärm. — Schwänze und Stacheln wie Skorpione: die giftige, heimtückisch zersetzende Kehrseite. (Die Vorderseite der Heuschrecken, die Fassade des Systems ist imponierend, kraftvoll und daher verführerisch.) — Im Hintergrund lauert Skorpion- oder Schlangengift: Quälsucht, Zersetzen, Aufpeitschen, Lähmen. — Ihr König (Beherrscher von der Seelenwelt her) ist Luzifer, der sich stets als rechtmäßiger Herrscher der Welt gebärdet und sich statt auf die innere Lebenssonne (Geist) auf den Verstand und die kalte Vernunft stützt.

... „Die Köpfe der Rosse waren wie Löwenköpfe. Aus ihren Mäulern kam Feuer, Rauch und Schwefel hervor. Durch diese drei Übel wurde ein Drittel der Menschheit getötet. Die Gefährlichkeit der Rosse liegt in ihrem Maule und ihren Schweifen. Diese sind schlangenähnlich und haben Häupter, die Zerstörung bewirken. Die übrigen Menschen, die durch diese Plagen nicht umkamen, gaben ihre Verblendung nicht auf. Sie beteten weiterhin die bösen Geister an und die Götzenbilder aus Gold, Silber, Eisen, Stein und Holz. Ihre Taten blieben dieselben: Mord und Totschlag, Fälschung, Unzucht, Diebstahl und Raub ..."

Die Löwenköpfe der Rosse (tragenden Volksmassen): das kämpferisch Raubtierhafte der Menschheit dieser Zeit. — Feuer, Rauch und Schwefel aus den Mäulern: die irdisch-seelische Auswirkung der von den Menschheitsführern wachgerufenen Kräfte. Feuer: Macht- und Besitzgier. Rauch: sexuelle Gier und Mordlust. Schwefel: Lebensüberdruß, verneinende Einstellung zu den wahren Lebenswerten. — Etwa ein Drittel der Menschheit verfällt diesen Verzerrungen und geht daran teils seelisch, teils irdisch zugrunde. — Schlangenähnliche Schweife und zerstörende Köpfe: die Kehrseite der ehrlich mit geistigen Waffen kämpfenden Fronten, also Absinken in berechnende Verleumdung, planmäßige Aufstachelung zu Quälereien und satanischen Untaten. Die „Köpfe" sind die geistigen Anstifter und Drahtzieher. (Das äußere Geschehen der beiden Weltkriege und der Nachkriegszeit bis zu unserer Gegenwart spiegelte deutlich die hier geschilderte Seelenverfassung wider.)

Die Menschen, die durch diese Greuel nicht seelisch zugrunde gehen (in sklavischer Unterwerfung unter die Herrschaft der satanischen Mächte dieser Welt), beten weiterhin die bösen Geister an (Haß, Rachgier, Neid) und die Götzenbilder (Rohstoffe, Handelsware und Geld als die höchsten Werte des Lebens). — Ihre Taten blieben dieselben: Mord und Kriegsdrohung, Einschüchterung und Fälschung, Hurerei und Raub. Dazu ist besonders für unsere Zeit keine weitere Erläuterung nötig ...

*

Es ging hier darum, an einem einzigen Beispiel zwei Dinge nachzuweisen. Zunächst die erschütternde Wahrheit der Offenbarungsvision, die Ereignisse und Entwicklungen einer so fernen Zukunft wie unsere Zeitepoche bis in die Einzelheiten vorauszukünden wußte. Zum anderen aber, welche Bedeutung die Apokalypse gerade für die heutige Menschheit gewinnt, wenn ein Kommentator aufsteht, der den Schleier von ihrer mystischen Ausdrucksweise wegzuziehen vermag. Denn durch Vergleich der Bildsymbolik mit den Gegebenheiten der Weltgeschichte gewinnen wir einen Maßstab, an welchem Punkte die Menschheit heute steht und was sie in den alarmierenden Zustand der Endzeit geführt hat. Zugleich enthüllt sich damit die verborgene Ursache allen Leides, mit dem unser Jahrhundert so schwer zu ringen hat und das doch nur einem Ziele dient: geistig zu erwachen und die Verblendung Luzifers erkennend abzuschütteln.

Die Schlußkapitel der Johannesoffenbarung lehren, daß dieser Weg in die Freiheit mit Hilfe lichter Geistmächte möglich ist und beschritten werden wird. Ihre ebenso vielgestaltigen Zukunftsvisionen reichen dabei jedoch weit über die irdischseelische Welt hinaus und verbinden das Menschliche bereits mit den göttlich-geistigen Sphären. Trotzdem diese transzendente Symbolik ungleich schwieriger in der Sprache unserer Zeit zu erläutern ist, hat Max Prantl auch diese hohe Aufgabe ebenso vollständig gemeistert. Wer nicht im eigenen religiösen Empfinden durch kirchlich-dogmatische Lehren eingeengt ist, wird seine Offenbarungsdeutung mit echter Ergriffenheit aufnehmen. Denn durch ihn spricht wie ein Vorläufer der Geist des neuen Zeitalters, in dem sich der Friede Gottes, alles erneuernd, auf die Menschheit herabsenken wird.

SCHLUSSWORT UND AUSKLANG

Schicksalstage — Schicksalsfrage
Helle oder Dunkelheit:
Wohin neigt sich nun die Waage
Irdischer Entscheidungszeit?

Weltjahrs Ende — Zeitenwende
Führt sie hin zum Weltgericht?
Söhne Gottes, streckt die Hände,
Sprecht das Wort „Es werde Licht!"

Neues Leben — neues Weben
Altes Schöpfungswort verheißt,
Wenn des Herzens tiefstes Streben
Nach dem einen Urgrund weist.

Frei die Wahl und frei der Wille,
Doch gebunden ist die Tat:
Wie der Keim in seiner Hülle,
So die Frucht nach ihrer Saat!

                              Kahir

SCHLUSSWORT UND AUSKLANG

Das große Thema aller religiösen Prophetie ist die Beziehung des Menschen zu Gott. Und alle Weissagung verkündet, wie die Ordnung Gottes auf den freien Willensentscheid der Menschheit antwortet. Innerhalb der geistigen Weltgesetze vermag sich der Mensch als Einzelwesen frei in der Gesamtheit zu entwickeln. Was er dabei fördernd oder hemmend erlebt, ist noch nicht Menschheitsschicksal, sondern Einzelschicksal, geboren aus seiner eigenen Seelenstärke oder Schwäche.

Allein, über seine Individualität hinaus ist jeder Mensch als Geistwesen zugleich ein Glied der großen Menschheitsfamilie und baut damit an ihrem gemeinsamen Fortschritt oder auch Rückgang. So wie er durch seine persönliche Seelenstrahlung das übersinnliche Kollektivbewußtsein der Menschheit mitformt, empfängt er andererseits aus diesem Gesamtkomplex ungezählte unterbewußte Impulse, die sein eigenes Denken und Fühlen weitgehend beeinflussen. Hier leben sogar die Schwingungskräfte der Vergangenheit weiter und erzeugen die Gebundenheit der Tradition, und da treten neue hinzu und bewirken den unterschiedlichen Zeitgeist jeder Epoche, deren eine die andere ablöst und stets neue Entfaltungsmöglichkeiten des Geistes bildet.

Diese Seelenaura der Gesamtmenschheit verdunkelte sich im nun ablaufenden Zeitalter umso stärker, je mehr die Zahl der Einzelwesen anwuchs, die mit ihren niederen Seelenschwingungen auf das Kollektivbewußtsein entscheidenden Einfluß gewannen. Über das *Warum* wurde in den Kommentaren unseres Buches genügend gesprochen: Entartete Religion und Geistlehre die Ursache, seelische Verrohung und geistige Blindheit die Wirkung! Wie sich dieser zunehmende Verfall im Weltgeschehen auswirkte, zeigten am sinnfälligsten die beiden Weltkriege unseres Jahrhunderts, die wie eine Kettenreaktion neues Unheil auszulösen drohen. Daß dieser seelische „Dunkelnebel" noch immer das Herdendenken und -fühlen beherrscht, beweisen die nur spärlichen Reaktionen einzelner führender Geister gegen die eiskalte Planung der atomaren Kriegsrüstung. Eine solche wäre überhaupt nicht möglich, würde ein einziger Aufschrei der Empörung durch die ganze Menschheit gehen. Was heute an sonstigen Protestaktionen gegen den Mißbrauch der Atomenergie erfolgt, entspringt nur zum geringen Teile religiös-sittlichen Erwägungen, sondern wird zumeist nur von der nackten Furcht um das Dasein diktiert. Lebensangst ist jedoch keine geistige Grundlage zur inneren Wendung der Dinge, die nur aus einem einschneidenden Gesamterlebnis übersinnlicher Natur hervorgehen kann und wird.

Auch die Menschheit ist für sich kein abgeschlossenes Ganzes, denn sie ist geistig nur eine Zelle im großen universalen Weltenmenschen, worunter die Gesamtheit aller geschaffenen Wesen zu verstehen ist. In diesem geistig-kosmischen Organismus wirkt alles auf alles, das Kleinste auf das Größte und umgekehrt. Wie im sichtbaren Universum dieses Zusammenspiel die Harmonie der Gestirnläufe erzeugt, so unterliegt auch geistig die Erdenmenschheit den gemeinsam wirkenden Gesetzen des Schöpfungsplanes. Hier aber endet die Willensfreiheit des unvollendeten Menschen, der ohne kosmisches Bewußtsein sich gegen die Ordnung des Alls auflehnen zu können glaubt und die Naturordnung verletzt. Es ist mehr als ein Symbol, daß die heutige Wissenschaft schon beim ersten Griff nach den atomaren Urbausteinen mehr Unheil als Segen erntet.

Nun soll diesem Eingriff der Ausgriff in den Weltenraum folgen: elementare Gewalten werden zur Triebkraft der Raketen und Erdsatelliten gezwungen. Aber welche *seelischen* Triebkräfte stehen hinter diesem Tun? Nur dürftig verhüllen die Pläne der Machthaber, was wie immer das Leitmotiv ihrer Planungen ist: Weltraumstationen als mögliche Kriegsbasen, kosmische Strahlen als vernichtende Waffe, Landung auf dem Monde zwecks Besitzergreifung — das sind die seelischen Hintergründe, die Ausgriffe eines nunmehr ins Gigantische gesteigerten Machtwahns. Polarstationen zur näheren Bekämpfung des Gegners, Wettlauf um die Uran- und Erzvorkommen des Südpols, wenn nötig unter Atomsprengung der Eisdecke: das ist der geophysikalische Eingriff des Herrn der Welt in das Gefüge seines planetaren Wohnhauses. Wann aber und wie wird das letzte Abenteuer der Menschheit enden? ...

Schon zu Beginn dieses Buches wurde die Frage aufgeworfen, ob wir nicht nur gefühlsmäßig, sondern auch bei Anwendung kritischer Logik das Recht besitzen, die alte Weissagung vom kommenden Weltgerichte gerade auf unsere Zeitepoche zu beziehen. Vom Verstandestyp der Gegenwart mit seinem nüchtern sachlichen Intellekt darf kaum gefordert werden, geoffenbarte Weissagungen — auch wenn sie von Jesus Christus stammen — ohne Beweise als höhere Wahrheit anzuerkennen. Dennoch besitzen für zahllose Menschen zum Beispiel die Worte Christi in Lorbers Großem Evangelium Johannis, die das Endgericht nach nahezu zweitausend Jahren verkünden, einen unbezweifelten Wahrheitsgehalt, indem ihre innere Stimme und Empfindung dazu ihr Ja sagt. Hingegen müßte ein jeder Mensch mit ungetrübtem Blick und klarer Urteilskraft die heutigen Zeichen der Zeit richtig einschätzen können. Denn von Jahr zu Jahr offenbaren die Dinge des Weltgeschehens immer deutlicher, an welchem Entscheidungspunkte die Menschheit nunmehr angelangt ist. Sie sind doch sonst so stolz auf ihr messerscharfes Denken, diese Staatsmänner und Diplomaten, Wissenschaftler, Generäle und Finanzgewaltigen! Erkennen sie wirklich noch immer nicht, wohin ihr Kurs steuert? Noch ein letztesmal wollen sie das üble Geschäft dieser Welt wagen und wissen nicht, wer sie selbst leitet wie Marionetten am Bande des ewigen Widersachers.

Ist diese Verblendung seiner Werkzeuge der große Triumph Luzifers? In diesen Zeiten scheint seine Gewalt übermächtig zu werden. Allein, der gefallene Urgeist ist nicht mehr, wie in der

Urschöpfung, Träger der Erkenntniskraft! Wurde er nicht — wie das Bild der Apokalypse malt — durch den anderen Erzengel *Michael* aus dem Himmel geworfen, das heißt, seiner göttlichen Anschauung verlustig? Darum bleibt ihm auch der geheime Plan Gottes mit der Menschheit verborgen und läßt ihn noch immer auf den Sieg über das Licht des Gottesgeistes hoffen. Nur um des Erwachens der Menschheit willen läßt die göttliche Führung das Negative groß werden und sich in der Weltgeschichte überdeutlich demaskieren. Indessen, auch dem Bösen ist sein Maß gesetzt und niemals vermag Luzifer Christus zu besiegen oder den vorbestimmten Entwicklungsweg des Menschengeschlechtes zu zerstören. Keine Prophetie, die nicht diese Wahrheit klar zum Ausdruck brachte und vom Endsiege des Lichtes über die Finsternis weissagte! Das aber genügt dem Erkennenden, um frei von jeder Weltangst zu bleiben, mag immer kommen, was da kommen muß.

Es wäre noch ein Wort darüber zu sagen, warum nur ein *übersinnliches* Ereignis universeller Art die entscheidende Wende in der Menschheitsentwicklung herbeiführen kann. Kein irdisches Geschehen noch so leidvoller Größe vermochte bisher die Menschheit aufzurütteln und zur Umkehr zu bewegen. Weder die beiden weltumspannenden Kriege samt ihrem Nachkriegselend, noch die Völkerwanderung der heimatvertriebenen Massen, noch die Versklavung ganzer Nationen an die Systeme totaler Unterdrückung erfaßte die Gesamtheit aller Menschen. Auch reichte das Seelenleid der davon Betroffenen nicht bis an die tiefsten Wurzeln ihres Seins, da sie — zum Großteil im Materialismus oder äußerer Scheinreligion verhaftet — die inneren Zusammenhänge und den wahren Ursprung ihres Schicksals nicht begreifen konnten.

Wenn nun die religiöse Prophetie stets auf das allumfassende Moment des kommenden Endgerichtes hinweist, so muß es von solcher Beschaffenheit sein, daß sich kein einziger Mensch auf Erden diesem entziehen kann. Es kann nur in einem Erleben bestehen, das — mag es auch auf jeden gemäß seiner Natur anders einwirken — ausnahmslos *alle* Menschen ergreift. Dazu schrieb der große Seher Max Prantl nach seiner Deutung der Apokalypse: „In wenigen Jahren wird das bisher Verborgene ins volle Tagesbewußtsein der Menschheit geworfen werden. Kein Mensch vermag heute zu ahnen, was sich dann Schlag auf Schlag abspielen wird!" — Da sich jedoch unter dem scheinbar dunklen Ausspruche nur wenige etwas Konkretes vorstellen dürften, sei mir als Verfasser dieses Buches gestattet, ohne selbst Prophet zu sein, einen Deutungsversuch vom Wesen dieses Ereignisses zu wagen. Die dabei verwendete Sprache unserer Zeit möge dazu dienen, zwischen Physik und Metaphysik eine gangbare Brücke zu schlagen:

Das dem Menschen der heutigen Entwicklungsstufe „Verborgene" liegt außerhalb des Schwingungsfeldes seiner grobstofflichen Sinnesorgane. Es ist das Übersinnliche jener feinstofflichen Sphären, in der der Mensch als Seelenwesen schon während seines Erdendaseins lebt und handelt, ohne daß es seinem irdischen Denken zum Bewußtsein gelangt. Der Lebensträger des Menschen für die Seelenwelt ist sein Seelenleib, der als Astralkörper allen Geistlehren seit Urzeiten bekannt ist. Er ist aus dem feinstofflichen Seelenäther (Od) der Weltschöpfung geformt und ist der Träger aller psychischen Strahlungen, die wir Gefühle, Empfindungen, Wünsche, Begierden und sonstige Seelentriebe nennen. (Paracelsus verwendet für diesen Körper den Ausdruck „siderischer Leib".) Von der Beschreibung einer noch feineren Ätherart, die das Medium unserer Gedankenschwingungen ist und deren Träger der menschliche „Geistleib" ist, wird hier abgesehen, weil dies nicht dem nachfolgenden Thema zugehört. Wichtiger hierfür ist folgendes: Um die Sinneswahrnehmungen der Materie vom physischen Gehirn auf das Seelenbewußtsein zu übertragen, besitzt der Mensch noch einen weiteren dichteren Ätherkörper, der aus dem — gegenüber dem Seelenäther viel verfestigteren — materiebildenden Elementaräther gebildet ist. Dieser Ätherleib bringt durch weitere Verdichtung den grobstofflichen physischen Körper hervor. Er ist somit das Bindeglied zwischen zwei an sich getrennten Schwingungssphären und seine Organe stehen sowohl zur materiellen Sinnenwelt wie zur feinstofflichen Seelenwelt in inniger Beziehung. (Paracelsus nennt diesen Körper den „Elementarleib".)

Naturgesetzlich durchdringt zwar der feinere Seelenäther den gröberen Elementaräther wie die Luft die dichteren Aggregatzustände, doch gehen beide Ätherarten keine direkte Verbindung miteinander ein, da sie eine zu verschiedene Schwingungsfrequenz aufweisen. Was kann aber geschehen, wenn der Mensch als Seelen- und Stoffwesen einen Eingriff vornimmt, der — wenn auch im begrenzten Maße der Erdenwelt — die Schwingungsenergie beider Ätherarten unbewußt verändert? Um dies zu beantworten, ist sowohl physikalisches wie metaphysisches Verständnis nötig. Ersteres hat sich die Wissenschaft durch die Atomkernphysik schon weitgehend erobert mit dem Erfolg, daß sie durch Atomspaltung oder -verschmelzung die zu Stoff verdichteten Gebilde des Elementaräthers wieder in freie Energie zurückzuführen vermag. Irdisch äußert sich dies in der gefürchteten radioaktiven Abstrahlung, wobei Materie eben durch eine höhere Schwingungsfrequenz *entdichtet* wird. Wenn heute führende Atomexperten errechnet haben, daß durch die bisherigen nuklearen Experimente bereits ein radioaktiver Gürtel von rund hundert Tonnen Strahlungselementen in ca. 30 bis 40 km Höhe die Erdatmosphäre durchzieht, so sind ihre Warnrufe mehr als alarmierend. Hier liegt ein Eingriff in Naturgesetze vor, der bei fortgesetzter Wiederholung zu einem Angelpunkt des elementaren Weltgerichtes zu werden droht!

Weniger bewandert ist der heutige Mensch in der Metaphysik. Zwar wird in allen Tonarten gelehrt, daß Gedanken und Gefühle wirksame Kräfte sind, doch werden wenig Konsequenzen daraus gezogen. Welch höchst reale Folgen jedoch die seelische Ausstrahlung der Menschheit für ihr eigenes Lebenselement, den astralen Seelenäther hat, darüber scheint die Psychologie noch wenig nachgesonnen zu haben. Dieser moderne

Wissenszweig nennt sich zwar „Tiefenpsychologie", untersucht jedoch nur die an die Oberfläche tretenden seelischen Äußerungen, ohne vom Wesen der Seele selbst das geringste aussagen zu können. Wer nun glaubt, daß die Millionen Gefallener der beiden Weltkriege — unvollendet hinübergegangen und mit Gefühlen des Schmerzes, des Hassens und der Rache behaftet —keine negativen Strahlungskräfte in der Seelenwelt entfalten, der irrt gewaltig. Desgleichen sind die heutige Weltangst und der verlorene Friede unserer Welt nur die Antwort darauf, daß auch die irdische Menschheit jahrzehntelang niederfrequente Seelenschwingungen in den Äther ausgestrahlt hat. Sie hat damit den Seelenäther der Astralwelt zu einem dichten „Dunkelnebel" geballt, dessen Wolken nun drückend auf dem Gemüt unserer Generation lasten und alle Sehnsucht nach Harmonie und Friedfertigkeit unerfüllt lassen.

„Astraltechnisch" gesprochen: durch die millionenfach ausgestrahlten negativen Seelenschwingungen luziferischer Natur wie Herrschsucht, Lieblosigkeit, Haß, Neid und selbstsüchtigen Regungen aller Art — genährt durch Verzweiflung und Erbitterung über ein scheinbar unverdientes Schicksal — erfuhr der astrale Äther (das Fluidum der menschlichen Seelenwelt) eine zunehmende Herabsetzung seiner Schwingungsfrequenz und damit eine bedrohliche *Verdichtung*, die das seelische Kollektivbewußtsein der Menschheit schwer belastet. Hier liegt also wieder ein vom Menschen herbeigeführter übersinnlicher Zustand vor, der zum zweiten Angelpunkte, dem seelischen Teile des Weltgerichtes zu werden droht!

Wohl ist es richtig, daß die Radioaktivität sich zunächst zum körperlichen Unheil der Menschheit auszuweiten beginnt, indem sie die Bausteine seines elementaren und physischen Leibes zerstört. Nicht von ungefähr sind es gerade die Keimzellen, die zuerst der Entartung zum Opfer fallen. Darüber hinaus geschieht aber etwas noch viel Umstürzenderes: die *Radioaktivität entdichtet den materiebildenden Elementaräther!* — Wohl ist es tragisch, daß die dunklen Wolken der Seelenwelt im Menschen das Licht höherer Gemütsregungen kaum mehr aufkommen lassen, so daß statt seelischer Ausgeglichenheit weltschmerzliche Lebensangst oder hektische Zerstreuungssucht das Zeitbild beherrschen. Darüber hinaus aber geschieht noch weit mehr: diese *Seelenabstrahlung der Menschheit verdichtet den Astraläther* immer stärker!

Welche Schlußfolgerungen sind nun aus beiden Feststellungen (Entdichtung des elementaren Materieäthers und Verdichtung des astralen Seelenäthers) zu ziehen? Mit fortschreitender radioaktiver Ausstrahlung und mit fortgesetzter negativer Seelenausstrahlung beginnen sich die Schwingungsfrequenzen beider Ätherarten immer mehr zu nähern. Und es wird schließlich so weit kommen, daß sich die Grenzen beider verwischen und damit ein Einbruch der bisher unsichtbaren Seelensphären in die Sinnenwelt der Materie stattfindet. Da nun der Mensch mit seinem elementaren Ätherkörper und seinem siderischen Seelenleib (auch Aura — Strahlkörper genannt) sowohl in der grobstofflichen wie in der feinstofflichen Welt lebt, so wird auch sein zweifaches Bewußtsein — bisher als Tages- und Unterbewußtsein getrennt — zu verschmelzen beginnen. Oder anders ausgedrückt: Bei Annäherung oder Vermischung beider Ätherarten muß ein jeder Mensch bei voller Wahrung seines irdischen Bewußtseins zugleich astral hellsehend werden! Er wird die Bilder der Seelenwelt in sich und dennoch wie außerhalb seiner selbst erschauen. Was einst nur Visionären durch Vermittlung des Geistes gezeigt wurde, wird die gesamte Menschheit wahrnehmend erleben.

Wer könnte genügend Phantasie aufbringen, sich die Verwirrung unter den Menschen vorzustellen, die jener Einbruch der übersinnlichen Sphäre in das Wachbewußtsein einer Menschheit hervorrufen muß, die fast gänzlich im Materiellen versunken ist und alles „Jenseitige" zu leugnen pflegt! Warum aber soll jenes Ereignis das „letzte Gericht" darstellen? Weil einem jeden Hellsehenden zunächst dasjenige entgegentritt, was er selbst durch seine positive oder negative Seelenstrahlung geschaffen hat. Die Anschauungsweise der Seele ist nicht abstrakt, sondern bildhaft, wobei sich die jeweiligen Seeleneigenschaften wie reale Erscheinungen in entsprechenden Bildern kundgeben. (Man vergleiche hiezu das Traumleben!) Es wird daher an der inneren Beschaffenheit jedes Einzelnen liegen, was er zu sehen bekommt an erhebenden oder schreckhaften Symbolen, an erlösenden oder vernichtenden psychischen Erlebnissen. Welche irdischen Handlungen sich dann als Reaktion solcher Hellsehvisionen ergeben, sei der Nachdenklichkeit des Lesers überlassen. Wer aus diesem Blickfeld die Schauungen der Apokalypse und der alten Propheten noch einmal überprüft, dürfte erkennen, daß es tatsächlich keine größere Scheidung der Geister geben kann als — hellsehend zu werden und in diesem Zustande freudig zu bestehen oder in Angst und Verzweiflung unterzugehen.

In diesem Lichte wird auch begreiflich, warum durch ein solches übersinnliches Ereignis (bei Lorber ist es im Bilde des „Feindes aus den Lüften" dargestellt) keinem vertrauenden und gottverbundenen Menschen auch nur ein Haar gekrümmt wird. Denn wessen Seele sich nicht lieblos gänzlich vom Geiste gelöst hat, der wird auch in seiner Seelenschau vom Geiste geführt werden und den neuen Bewußtseinszustand richtig erfassen. (Vgl. Hesses „Jüngster Tag" und die Annahme oder Ablehnung des Menschen durch die „manasische Schwingung"!) — Hier sei auch an das Pauluswort erinnert, daß „in einem Augenblicke, zur Zeit der letzten Posaune *alle* verwandelt werden." Was ein jeder bis zu diesem Zeitpunkt zu seiner seelischen Läuterung noch tun kann und will, liegt in der Freiheit seines Willens. Das Christuswort „Tut Öl in eure Lampen", das heißt: Lasset die Liebe in euch aufleuchten, — ist die große Mahnung vor dem Gerichtstage des Herrn, wo ein jeder nicht durch Gott gerichtet wird, sondern sich selbst richtet nach seines Herzens Wärme oder Kälte ...

*

Vorstehender Deutungsversuch eines das Weltgericht einleitenden Momentes will keinen Anspruch erheben, als Prophetie gewertet zu werden. Er sollte nur eine der Möglichkeiten aufzeigen, welchen Ablauf die Dinge nehmen können, wenn technische und seelische Entwicklungstendenzen ihren abgründigen Weg wie bisher weiterverfolgen. Wüßte die Wissenschaft um das Leben des Atoms, das heißt, würde sie im Atomkern (Proton) den Geist und in den kreisenden Elektronen die Seelenhülle jener Äthergebilde erkennen, die schon Lorber als „Urlebensfunken" beschrieb, — vielleicht zögerte sie im letzten Augenblick, diese elementaren Naturgewalten noch weiter herauszufordern. Wüßte die Menschheit um die Gesetze der Seelenwelt und des Astraläthers als ihres psychischen Lebensträgers, vielleicht nähme sie ihr unbeherrschtes Triebleben doch an die Zügel und sorgte mehr für seelisch reine Luft, statt sie ständig durch negative Ausstrahlung zu vergiften. Wie aber ein Gewitter die verdorbene Atmosphäre reinigt, um reinere Lebensbedingungen wiederherzustellen, so werden auch geistige und natürliche Gesetze dahin walten, das Dasein der Menschheit samt ihrem kosmischen Wohnhause auf neue, vergeistigtere Grundlagen zu stellen. Um das *Wie* soll sich der Mensch nicht sorgen, sondern nur davon ablassen, hochmütig die seiner Körper- und Seelennatur gesetzten Grenzen verrücken zu wollen. Es könnte sonst geschehen, daß sein Ikarusflug mit gebrochenen Flügeln endet.

*

Große Ereignisse werfen ihre Schatten voraus. So auch jene, die nahe an zweitausend Jahre nach Christi Wortverkündung irdische Gestalt gewinnen. Jeder Schatten aber bedingt eine Lichtquelle. Betrachten wir daher das vom Menschen heraufbeschworene Weltgericht nur als einen Schatten, an dessen Finsternis sich die Größe des dahinter wirkenden Lichtes ermessen läßt. Dieses geistige Licht ist die Liebe und Weisheit des ewigen Weltenschöpfers, und seine unermeßliche Güte hüllt auch die irrende Erdenmenschheit in den Mantel seiner Barmherzigkeit.

Wer diese Liebe vertrauenslos zurückweist, begibt sich freien Willens der einzigen Arche, die ihn sicher über das chaotische Seelenmeer der kommenden Tage zu tragen vermag.

Hoch über aller Weissagung vom gottabtrünnigen Menschen und seinem Selbstgericht aber steht die Verkündigung vom nahenden Reiche Gottes auf Erden: eine Verheißung, die *allen* Menschen guten Willens heute noch ebenso gilt wie die Friedensbotschaft von Bethlehem. Die Herrlichkeit vom Durchbruche des Göttlichen im Menschenreich mit Worten zu schildern, ist der irdischen Sprache nicht gegeben. Auch die Propheten durften sie nur in gleichnishaften Bildern erschauen. Es ist leichter, vom Weltgerichte zu reden, als auch nur einen Strahl geistiger Verklärung im Worte aufleuchten zu lassen. Doch eine Freude ohnegleichen erfüllt die Herzen derer, die der Höhenflug göttlicher Weissagung der Sonne entgegenträgt. Inmitten der Weltennacht erschauen sie die Morgenröte des jungen Tages, der am Firmament des neuen Zeitalters heraufdämmert.

LITERATURNACHWEIS

(Eine Auswahl moderner und zumeist im Buchhandel
noch erhältlicher Schriften)

Zu Kapitel III:

E. Benz, „Emanuel Swedenborg" (Rinn, München 1948)

G. Gollwitzer, „Die durchsichtige Welt" (G. Neske, Pfullingen 1953)

„E. Swedenborgs Leben und Lehre" (Mittnacht, Frankfurt/Main 1880)

Zu Kapitel IV:

J. Lorber, „Das Große Evangelium Johannis" (11 Bände)
— „Die Haushaltung Gottes" (3 Bände)
— „Die Jugend Jesu"
— „Die natürliche Sonne" — „Erde und Mond"
sowie alle anderen Werke (Lorber-Verlag, Bietigheim/Württ.)

Dr. W. Lutz, „Die Grundfragen des Lebens" (3 Bde.) — Ebenda 1930

Zu Kapitel V:

Die Bibel (Hl. Schrift): Das Alte und Neue Testament. (Sämtliche Ausgaben der christlichen Weltkonfessionen)

W. Nigg, „Das ewige Reich" (Artemis-Verlag, Zürich 1949)
— „Das Buch der Ketzer" (ebenda)

Zu Kapitel VI:

A. Rosenberg, „Joachim von Fiore — Das Reich des Hl. Geistes" (Barth, München 1955)

E. Benz, „Ecclesia spiritualis" (Rinn, München 1934)

W. E. Peuckert, „Die große Wende" (Claasen und Goverts, Hamburg 1948)

F. Spirago, „Die Malachias-Weissagung über die Päpste" (Lingen/Ems 1920)

A. Hübscher, „Die große Weissagung" (Heimeran, München 1952)

H. Kayser, „Theophrastus Paracelsus' Schriften" (Insel, Leipzig 1921)

F. Spunda, „Das Weltbild des Paracelsus" (Andermann, Wien 1941)

Dr. N. Centurio, „Nostradamus, der Prophet der Weltgeschichte" (Schikowski, Berlin 1953)

C. Loog, „Die Weissagungen des Nostradamus" (Pfullingen 1921)

E. Dennert, "Nostradamus und das zweite Gesicht" (ebenda 1931)
J. Böhme, "Sämtliche Schriften", Faksimile-Neudruck der Ausgabe von 1730 in elf Bänden (Frommann, Stuttgart 1957)
— "Sechs theosophische Punkte" (Insel, Leipzig 1921)
W. Widler "Buch der Weissagung" (Manz, München 1955)
J. Lorber, "Himmelsgaben" (2 Bde.). Lorber-Verlag, Bietigheim

Zu Kapitel VII:

Zeitschrift "Das Wort". Blätter f. christl. Erneuerung (ebenda)
Zeitschrift "Mitternachtsfanal" (Unabhäng. religionswissenschaftl. Zeitschrift, La Cumbre, Argentinien)
U.G.-Hefte (Schriftreihe des Urgemeinde-Verlags, Wiesbaden)
Zeitschrift "Das Geistige Reich". Blätter f. geistiges Licht und Leben (Ambrosia-Verlag, Grödig, Salzburg)
Zeitschrift "Okkulte Stimme" (Die andere Welt). Löwen-Verlag, Braunschweig
J. Illig, "Historische Prophezeiungen" (Pfullingen 1920)
P. Ellerhorst, "Prophezeiungen über das Schicksal Europas" (Schnell u. Steiner, München 1950)
A. Gustavsson, "Merkwürdige Gesichte — Die Zukunft der Völker". Gesehen vom Eismeerfischer Johansson (Sverigefondens-Verlag, Stockholm 1953)
C. Adlmaier, "Die Gesichte des Stormberger und Irlmeier" (Traunstein/Bayern 1950)
P. J. Warner, "Prophezeiungen über den 3. Weltkrieg" (Philadelphia-Verlag, Leonberg/Württ. 1953)
E. Tiede, "Urarische Gotteserkenntnis" (Barsdorf, Berlin 1917)
O. v. Bressendorf, "Zahl und Kosmos" (Dom-Verlag Seitz, Augsburg 1930)
P. O. Hesse, "Der Jüngste Tag" (Arve-Verlag, Winden i. Thg./Schweiz 1959; Auslieferung für Deutschland: Turm-Verlag, Bietigheim)
Dr. W. Martin, "Gott, Welt, Lebenssinn" (Turm-Verlag, Bietigheim 1953)
— "Ufos, Atombombe und unsere Zukunft" (ebenda 1954)
— "Die geistigen Aufgaben unseres Atomzeitalters" (Lorber-Verlag, Bietigheim 1956)
Evolutius, "Erneute Katastrophen oder erneuerte Glaubenslehren" (Religio-Verlag, Berlin/Dahlem 1956)
K. Schulze-Angern, "Ewiges-Vergängliches" (Bausteine für die neue Zeit), ebenda 1958
M. Prantl, "Die Geheime Offenbarung des Johannes in der Sprache der neuen Zeit" (Verlag Mehr Licht, Linz/Donau 1, 1950; zur Zeit vergriffen)